딥러닝 텐서플로 교과서
Deep Learning with TensorFlow

초판 발행 · 2021년 4월 30일
초판 4쇄 발행 · 2024년 1월 31일

지은이 · 서지영
발행인 · 이종원
발행처 · (주)도서출판 길벗
출판사 등록일 · 1990년 12월 24일
주소 · 서울시 마포구 월드컵로 10길 56(서교동)
대표 전화 · 02)332-0931 | **팩스** · 02)323-0586
홈페이지 · www.gilbut.co.kr | **이메일** · gilbut@gilbut.co.kr

기획 및 책임편집 · 안윤경(yk78@gilbut.co.kr) | **디자인** · 최주연 | **제작** · 이준호, 손일순, 이진혁
마케팅 · 임태호, 전선하, 차명환, 박민영, 지운집, 박성용 | **영업관리** · 김명자 | **독자지원** · 윤정아, 최희창

교정교열 · 김윤지 | **전산편집** · 여동일 | **출력 및 인쇄** · 북토리 | **제본** · 신정문화사

ISBN 979-11-6521-547-7 93000
(길벗 도서번호 080263)

정가 28,000원

독자의 1초를 아껴주는 정성 길벗출판사

길벗 | IT단행본, IT교육서, 교양&실용서, 경제경영서
길벗스쿨 | 어린이학습, 어린이어학

페이스북 · www.facebook.com/gbitbook
예제 소스 · https://github.com/gilbutITbook/080263

서지영 지음

딥러닝
텐서플로
교과서

DEEP LEARNING
WITH TENSORFLOW

딥러닝이 궁금한가요? 텐서플로를 이용해서 딥러닝을 구현해 보고 싶은가요?

이 책은 딥러닝뿐만 아니라 텐서플로(TensorFlow) 입문자를 위한 책으로 다음과 같은 분들이 보면 좋습니다.

- 딥러닝과 텐서플로를 처음 접하는 분
- 딥러닝에 대한 기본적인 지식은 있지만, 텐서플로를 이용한 구현 경험이 없는 분
- 텐서플로를 다룰 수 있지만, 딥러닝에 대한 지식이 없는 분

책에서는 딥러닝에 대한 이론뿐만 아니라 텐서플로를 이용한 구현 방법도 함께 설명합니다. 따라서 순차적으로 매 장을 따라가면서 실습하다 보면 어렵지 않게 딥러닝과 텐서플로에 익숙해질 수 있습니다. 실습할 때는 예제 코드를 내려받아 실행하는 것보다는 직접 코드를 입력하고 실습해야 좀 더 실력이 빨리 향상됩니다.

딥러닝은 범위가 방대하고, 내용을 이해하는 것도 쉽지 않습니다. 따라서 입문하는 분들이 쉽게 접근할 수 있게 하는 데 중점을 두고 집필했습니다. 특히 딥러닝과 텐서플로를 처음 접하는 분들이 어려워서 포기하지 않도록 처음부터 끝까지 난이도를 조절하는 데 중점을 두었습니다.

1~4장은 머신 러닝과 딥러닝에 대한 기본적인 내용뿐만 아니라 텐서플로 실습을 위한 환경 설정 방법에 대해 다룹니다.

5~11장은 딥러닝의 핵심적인 신경망에 대해 배웁니다. 합성곱 신경망, 순환 신경망 및 자연어 처리와 관련된 다양한 신경망을 다룹니다. 또한, 모델의 성능을 향상시킬 수 있는 방법도 알아봅니다.

12~13장은 강화 학습과 생성 모델을 배웁니다.

책 한 권에 딥러닝 전체를 아우를 수 있는 내용을 담으려고 노력하다 보니 신경망별로 깊이 있는 내용은 부족합니다. 대략적인 개요를 익힌 후 개별적인 신경망에 대해 깊이 있게 학습하려면 많은 논문을 살펴보는 것이 좋습니다. 논문에서 딥러닝 관련 지식이나 신경망이 어떻게 발전되고 있는지 흐름을 살펴볼 수 있습니다. 특히 머신러닝국제학회(International Conference on Machine Learning, ICML)와 표현학습국제학회(International Conference on Learning Representations, ICLR)에서 발표되는 논문들을 눈여겨보면 좋습니다.

더불어 텐서플로에 대한 구준한 관심도 필요합니다. 이 책을 집필하는 동안에도 텐서플로 버전이 업그레이드되어 전체 코드를 수정했을 정도로 기술이 빠르게 변화하고 있습니다. 텐서플로의 새로운 버전 관련 내용은 https://www.tensorflow.org/tutorials/quickstart/beginner?hl=ko 웹 사이트에서 지속적으로 확인하면 좋습니다.

또한, 딥러닝을 실무에 적용해 보기 위해서는 논문의 내용을 텐서플로로 구현해 보는 연습을 해야 합니다. 물론 처음에는 어려울 수 있습니다. 하지만 책 내용을 완전히 숙지한 후 텐서플로 코드가 제공되는 논문들을 찾아서 연습하고 제공되지 않는 논문들은 직접 코드로 구현해 보는 단계적 노력이 필요합니다.

이 책이 여러분이 딥러닝 세계에 입문하는 데 도움이 되면 더 바랄 것이 없을 것 같습니다.

이 책을 집필할 수 있도록 도움을 주신 길벗출판사 안윤경 차장님과 임직원 모두에게 감사드리며, 집필하는 동안 저를 믿고 도와준 부모님께 사랑한다는 이야기를 전하고 싶습니다.

2021년 4월

서지영

예제 파일 내려받기

이 책에서 사용하는 예제 파일은 길벗출판사 웹 사이트에서 도서 이름으로 검색하여 내려받거나 깃허브에서 내려받을 수 있습니다.

- **길벗출판사 웹 사이트:** http://www.gilbut.co.kr
- **길벗출판사 깃허브:** https://github.com/gilbutITbook/080263

예제 파일 구조 및 참고 사항

 chap2

chap3

chap5

...

- 텐서플로 2.4를 기준으로 합니다(주피터 노트북과 코랩용 파일 제공).

- 책에서는 가상 환경을 만들어 실습합니다. 책의 환경과 다를 경우 버전 관련 오류가 있을 수 있습니다.

- 실습에 필요한 데이터셋 대부분은 장별 data 폴더에 들어 있습니다.
  - 10장 wiki.ko.vec는 웹 사이트에서 별도로 내려받아 사용합니다(약 2GB).
  - 10장 data 폴더의 IMDB Dataset.zip 파일은 압축을 풀어 data 폴더에 넣어 사용합니다.

- 대용량 데이터셋은 깃허브에 올라가지 않습니다. 다음 파일은 본문에서 안내한 URL에서 내려받거나 길벗출판사 깃허브 첫 페이지에 안내된 URL에서 내려받은 후 각 장의 data 폴더에 넣어 사용하세요.
  - 6장 vgg19_weights_tf_dim_ordering_tf_kernels.h5
  - 9장 covtype.csv
  - 10장 glove.6B.100d.txt

임베디드 XR 환경에서 딥러닝 모델의 성능 향상을 연구하고 있습니다. 딥러닝 이론을 바탕으로 실제 예제까지 적용할 수 있도록 하는 책의 구성이 좋습니다. 무엇보다 결정 트리, 로지스틱 회귀와 같은 특정 기법을 사용하는 이유에 대해 자세히 설명하는 것이 마음에 들었습니다. 딥러닝을 사용하여 스스로 특정 분야에 접목시킬 때 참고할 수 있는 내용이 가득하고, 딥러닝에 입문하는 분들에게 이론부터 실제 적용 프로세스까지 알 수 있게 하는 책입니다.

> • **실습 환경** Windows 10, Python 3.7 | 1~8장

김범수_중앙대학교 예술공학대학 학부연구생

빅데이터와 IoT 비전 인식 프로젝트에 참여한 것을 계기로 딥러닝 학습을 이어 오고 있습니다. 이미지 분류의 경우 LeNet과 AlexNet 이외 VGGNet, GoogLeNet, R-CNN, ResNet50, MobileNetV2 같은 이후 논문들에 대한 내용이 포함되어 있고, 특히 성능 최적화나 GPU 적용에 대해 별도의 장을 두고 자세히 다루고 있어 정리가 잘 됩니다. 자연어 처리도 시계열 분석과는 구분을 두고 많은 양을 할애하여 설명하고 있으며, 책 전반적으로 최신 동향을 반영한 설명으로 도움이 많이 되었습니다.

> • **실습 환경** Windows, TensorFlow 2.4.1, Python 3.8.5 | 1~8장

이진_휴맥스 S/W 엔지니어

제조, HR 분야에서 데이터 분석 과제를 수행하고, 현재는 카드사에서 예측 모델을 만드는 업무를 하고 있습니다. 머신 러닝부터 CNN, NLP, GAN 등을 개괄적으로 볼 수 있다는 점이 좋았습니다. 특히 딥러닝 외에 SVM, ARIMA 등 여전히 알아 두어야 하는 기본 내용도 설명하며 직접 실습해 볼 수 있습니다. 현업에서 문제를 풀다 보면 CNN 외에 시계열 분석 과제를 풀어야 하는 등 자신이 주로 공부한 분야 외의 파트도 접할 때가 있는데, 이때를 대비해서 읽어 두면 좋을 것 같습니다. 다만 앞부분은 과제의 데이터셋이 titanic 등에 그치고 feature engineering 부분에 대한 연습을 할 수 없다는 점이 아쉽습니다. 그래도 여러 알고리즘을 쉽게 설명하고 있는 만큼 이 책을 읽고 새로운 데이터셋에 적용해 보는 연습을 한다면 더 좋을 것 같습니다.

> • **실습 환경** Windows 10 64Bit, Google Colab, 모든 패키지는 책의 버전과 동일 | 1~8장

임소현_현대카드 Data Scientist

코랩(Colab)을 사용하여 SCM 업무에 필요한 데이터 분석을 하고 있습니다. 1~8장을 읽고 주어진 예제 코드들을 실습하는 데 약 일주일 정도 걸렸습니다. 이 책은 '딥러닝 텐서플로 교과서'라는 제목처럼 현업에서 사용하던 머신 러닝의 원리와 개념을 충실하게 소개해 주고. 많은 시각화 예제를 보여 주어 비전공자 출신이라도 스스로 작동 원리를 이해하는 데 도움이 많이 되는 구성이었습니다. 특히 4~5장에서 딥러닝에 대한 설명은 추상적으로 이해하던 개념들을 친절하게 설명해 주어 인상 깊었습니다.

- **실습 환경** Windows OS, Google Colab, TensorFlow 2.4.1 | 1~8장

채종석_슈피겐 B2B SCM 담당

AI 데이터 솔루션 개발과 AI 강사 업무를 하고 있습니다. 그리고 머신 러닝과 딥러닝 관련 책을 가능한 많이 보고 분석해 보고 있습니다. 이 책은 머신 러닝과 딥러닝의 개념과 원리, 핵심. 실습을 스킵하는 부분 없이 연결하여 제대로 설명해 주는 점이 마음에 들었습니다. 그래서 AI 입문 레벨에서는 어렵지 않고, 중급 레벨에서는 전반적인 정리를 하는 데 도움이 되는 책입니다. 특히 딥러닝에서 난이도가 있는 자연어 처리, 강화 학습. 생성 모델 분야에서는 세심한 설명과 함께 이해를 돕는 그림-수식-실습 코드의 조화가 잘 이루어져 있어 매우 유용합니다.

- **실습 환경** Windows 10(Colab, Jupyter Notebook), Ubuntu 18.04 LTS(Colab, Jupyter Notebook) | 2장. 9~13장, 부록

박경규_AI 데이터 솔루션 개발자, KT

생체 신호를 이용한 딥러닝 연구를 하고 있습니다. 9~13장을 이틀에 걸쳐 실습했습니다. 평소에 다루어 보지 못했던 자연어 처리와 강화 학습을 실습해 볼 수 있었던 좋은 기회였습니다. 특히 강화 학습을 자세한 수식과 함께 설명해 주어 좋았습니다. 생성적 모델에서는 GAN을 실습해 볼 때 그대로 따라 하면 조금은 아쉬운 결과물이 나오지만, 실습 내용을 기반으로 더 좋은 성능을 내도록 여러 가지 실험을 추가로 진행하면 도움이 많이 될 것이라 생각됩니다. 전반적으로 유익하고 즐거운 실습을 할 수 있었습니다.

- **실습 환경** Windows 10, tensorflow-gpu 2.4.0, Python 3.8.0 | 2장, 9~13장, 부록

이현빈_광운대학교 학부연구생

텐서플로 2를 이용해서 딥러닝에 대한 전반적인 이론과 실습을 할 수 있습니다. 특히 장별로 중요한 핵심 개념들을 깔끔하게 도식화한 것과 이를 코드로 바로 실습할 수 있는 점이 공부하는 데 굉장히 유용했습니다. 실습 코드역시 로컬 버전과 코랩 버전 두 가지가 있어 GPU가 없는 로컬 환경이더라도 코랩으로 편하게 실습할 수 있기에 GPU 머신에 대한 부담이 없습니다. 파이썬과 머신 러닝 공부를 어느 정도 한 상태에서 딥러닝에 대한 기본을 다지고 싶다면 이 책을 꼭 추천하고 싶습니다.

- **실습 환경** Ubuntu 18.04, AMD Ryzen 7 3700X, RTX 2070 SUPER, TensorFlow 2.4, Python 3.7, Colab Pro | 2장, 9~13장, 부록

장대혁_NLP Researcher

실무에서 다국어 관련 AI 프로젝트를 준비 중입니다. 실습에 약 10일 정도 시간이 소요되었으며 코랩 환경에서 오류 없이 잘 동작하는 것을 확인했습니다. 전체적으로 직관적으로 기술되어 있으며 읽기 편합니다. 특히 9~10장에서 영어와 한국어 간 NLP를 비교하거나 페이스북의 fastText를 활용하는 점이 인상적이었습니다. 실습 코드에 오류가 없으나 가급적 코랩을 활용하길 추천합니다.

- **실습 환경** Windows 10, TensorFlow 2.3.0, Python 3.8.3, conda 4.9.2, Colab | 2장, 9~13장, 부록

허민_한국외국어대학교 정보지원처

1장

머신 러닝과
딥러닝

1.1 인공지능, 머신 러닝과 딥러닝

인공지능(Artificial Intelligence, AI)은 인간의 지능을 모방하여 사람이 하는 일을 컴퓨터(기계)가 할 수 있도록 하는 기술입니다. 인공지능을 구현하는 방법으로 머신 러닝(machine learning)과 딥러닝(deep learning)이 있습니다.

인공지능과 머신 러닝, 딥러닝의 관계는 다음과 같습니다.

인공지능 > 머신 러닝 > 딥러닝

이를 정리하면 다음 그림과 같습니다.

▼ 그림 1-1 인공지능과 머신 러닝, 딥러닝의 관계

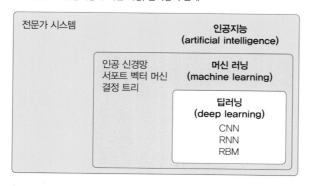

목적과 주어진 환경에 맞게 데이터를 분석하려면 머신 러닝과 딥러닝 차이를 명확하게 이해해야 합니다.

머신 러닝과 딥러닝 모두 학습 모델을 제공하여 데이터를 분류할 수 있는 기술입니다. 하지만 둘은 접근 방식에 차이가 있습니다. **머신 러닝**은 주어진 데이터를 인간이 먼저 처리(전처리)합니다. 이미지 데이터라면 사람이 학습(train) 데이터를 컴퓨터가 인식할 수 있도록 준비해 주어야 합니다. 머신 러닝은 범용적인 목적을 위해 제작된 것으로 데이터의 특징을 스스로 추출하지 못합니다. 이 과정을 인간이 처리해 주어야 하는 것이 머신 러닝입니다. 즉, 머신 러닝의 학습 과정은 각 데이터(혹은 이미지) 특성을 컴퓨터(기계)에 인식시키고 학습시켜 문제를 해결합니다. 반면 **딥러닝**은 인간이 하던 작업을 생략합니다. 대량의 데이터를 신경망에 적용하면 컴퓨터가 스스로 분석한 후 답을 찾습니다.

▼ 그림 1-2 머신 러닝과 딥러닝 차이

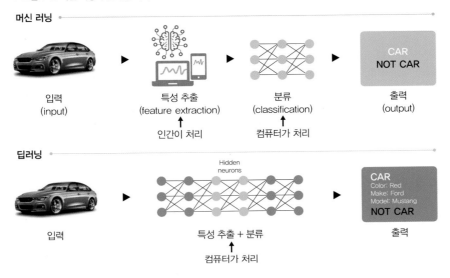

머신 러닝과 딥러닝 차이를 간단히 정리하면 다음 표와 같습니다.

▼ 표 1-1 머신 러닝과 딥러닝

구분	머신 러닝	딥러닝
동작 원리	입력 데이터에 알고리즘을 적용하여 예측을 수행한다.	정보를 전달하는 신경망을 사용하여 데이터 특징 및 관계를 해석한다.
재사용	입력 데이터를 분석하기 위해 다양한 알고리즘을 사용하며, 동일한 유형의 데이터 분석을 위한 재사용은 불가능하다.	구현된 알고리즘은 동일한 유형의 데이터를 분석하는 데 재사용된다.
데이터	일반적으로 수천 개의 데이터가 필요하다.	수백만 개 이상의 데이터가 필요하다.
훈련 시간	단시간	장시간
결과	일반적으로 점수 또는 분류 등 숫자 값	출력은 점수, 텍스트, 소리 등 어떤 것이든 가능

그럼 인공지능을 구현하는 방법인 머신 러닝과 딥러닝을 좀 더 자세히 알아보겠습니다.

1.2 / 머신 러닝이란

머신 러닝은 인공지능의 한 분야로, 컴퓨터 스스로 대용량 데이터에서 지식이나 패턴을 찾아 학습하고 예측을 수행하는 것입니다. 즉, 컴퓨터가 학습할 수 있게 하는 알고리즘과 기술을 개발하는 분야라고 할 수 있습니다.

1.2.1 머신 러닝 학습 과정

머신 러닝은 다음 그림과 같이 크게 학습 단계(learning)와 예측 단계(prediction)로 구분할 수 있습니다. 훈련 데이터를 머신 러닝 알고리즘에 적용하여 학습시키고, 이 학습 결과로 모형이 생성됩니다. 예측 단계에서는 학습 단계에서 생성된 모형에 새로운 데이터를 적용하여 결과를 예측합니다.

▼ 그림 1-3 머신 러닝 학습 과정

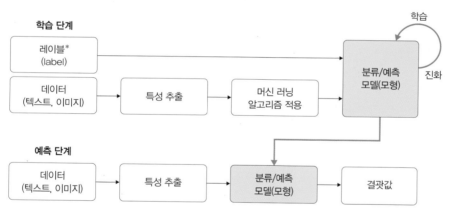

* 레이블은 지도 학습에서 정답을 의미

> Note ≡ **특성 추출**
>
> 머신 러닝에서 컴퓨터가 스스로 학습하려면, 즉 컴퓨터가 입력받은 데이터를 분석하여 일정한 패턴이나 규칙을 찾아내려면 사람이 인지하는 데이터를 컴퓨터가 인지할 수 있는 데이터로 변환해 주어야 합니다. 이때 데이터별로 어떤 특징을 가지고 있는지 찾아내고, 그것을 토대로 데이터를 벡터로 변환하는 작업을 특성 추출(feature extraction)이라고 합니다.

▼ 그림 1-4 특성 추출

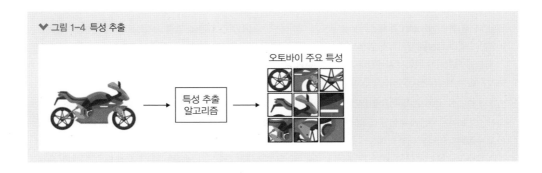

머신 러닝의 주요 구성 요소는 데이터와 모델(모형)입니다.

데이터는 머신 러닝이 학습 모델을 만드는 데 사용하는 것으로, 훈련 데이터가 나쁘다면 실제 현상의 특성을 제대로 반영할 수 없으므로 실제 데이터의 특징이 잘 반영되고 편향되지 않는 훈련 데이터를 확보하는 것이 중요합니다.

또한, 학습에 필요한 데이터가 수집되었다면 '훈련 데이터셋'과 '테스트 데이터셋' 용도로 분리해서 사용합니다. 혹은 '훈련 데이터셋'을 또 다시 '훈련 데이터셋'과 '검증 데이터셋'으로 분리해서 사용하기도 합니다. 보통 데이터의 80%는 훈련용으로, 20%는 테스트용으로 분리해서 사용합니다.

모델은 머신 러닝의 학습 단계에서 얻은 최종 결과물로 가설이라고도 합니다. 예를 들어 "입력 데이터의 패턴은 A와 같다."라는 가정을 머신 러닝에서는 모델이라고 합니다. 모델의 학습 절차는 다음과 같습니다.

1. 모델(또는 가설) 선택

2. 모델 학습 및 평가

3. 평가를 바탕으로 모델 업데이트

이 세 단계를 반복하면서 주어진 문제를 가장 잘 풀 수 있는 모델을 찾습니다.

Note ≡ **훈련과 검증, 테스트 데이터셋**

수집된 데이터셋은 크게 훈련(training)과 테스트(test) 데이터셋으로 분리하여 사용됩니다. 하지만 종종 훈련 데이터셋을 다시 훈련과 검증(Validation) 용도로 분리해서 사용하는 경우를 볼 수 있는데 이들 간의 차이에 대해 알아봅시다.

▼ 그림 1-5 훈련과 검증, 테스트 데이터셋

전체 데이터셋		
훈련(training) 데이터셋		테스트(test) 데이터셋
훈련(training) 데이터셋	검증(validation) 데이터셋	테스트(test) 데이터셋

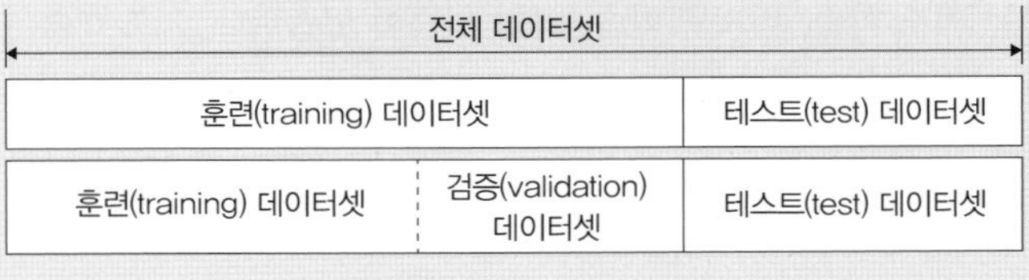

일반적으로 훈련(training)과 테스트(test 용도의 데이터셋만 필요할 것 같은데, 검증(validation) 데이터셋이 필요한 이유는 모델의 성능을 평가하기 위해서입니다. 즉, 훈련 데이터셋으로 모델을 학습시킨 후에 모델이 잘 예측을 하는지 그 성능을 평가하기 위해서 사용합니다. 하지만 검증 용도의 데이터셋은 훈련 데이터셋의 일부를 떼어서 사용하기 때문에 학습에 사용되는 데이터셋의 양이 많지 않다면 검증 데이터셋을 사용하는 것은 좋지 않습니다.

그러면 모델의 성능 평가는 왜 필요할까요? 첫 번째는 테스트 데이터셋에 대한 성능을 가늠해볼 수 있기 때문입니다. 딥러닝의 목적은 새롭게 수집될 데이터에 대해서 정확한 예측을 하는 데 있습니다. 이때 검증 데이터셋을 사용해서 새롭게 수집될 데이터에 대해서 예측을 평가해 볼 수 있습니다. 두 번째는 모델의 성능을 높이는 데 도움을 줍니다. 예를 들어 훈련 데이터셋에 대한 정확도는 높은데 검증 데이터셋에 대한 정확도가 낮다면 훈련 데이터셋에 과적합이 일어났을 가능성을 생각해 볼 수 있습니다. 이러한 경우 정규화(regularization)를 하거나 에포크(epoch)를 줄이는 등의 방식으로 과적합을 막을 수 있습니다.

▼ 그림 1-6 머신 러닝의 문제 풀이 과정

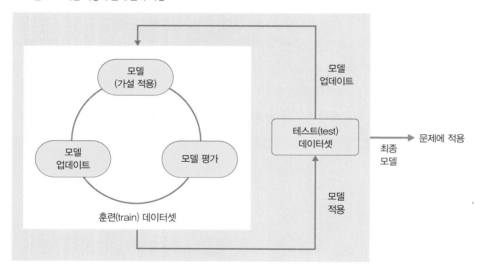

최종적으로 완성된 모델(모형)을 해결하고자 하는 문제에 적용해서 분류 및 예측에 대한 결과를 도출합니다.

1.2.2 머신 러닝 학습 알고리즘

머신 러닝의 학습 알고리즘으로는 지도 학습, 비지도 학습, 강화 학습이 있습니다. **지도 학습**은 이름에서 알 수 있듯이 정답이 무엇인지 컴퓨터에 알려 주고 학습시키는 방법입니다.

▼ 그림 1-7 지도 학습

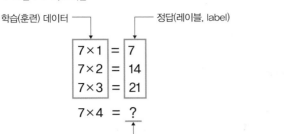

반면 **비지도 학습**은 정답을 알려 주지 않고 특징(예 다리 길이가 짧은 초식 동물)이 비슷한 데이터(예 토끼, 다람쥐)를 클러스터링(범주화)[1]하여 예측하는 학습 방법입니다. 즉, 다음 그림과 같이 지도 학습은 주어진 데이터에 대해 A 혹은 B로 명확한 분류가 가능한 반면, 비지도 학습은 유사도 기반(데이터 간 거리 측정)으로 특징이 유사한 데이터끼리 클러스터링으로 묶어서 분류합니다.

▼ 그림 1-8 지도 학습과 비지도 학습

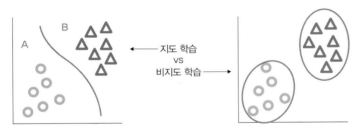

마지막으로 **강화 학습**은 머신 러닝의 꽃이라고 부를 만큼 어렵고 복잡합니다. 분류할 수 있는 데이터가 있는 것도 아니고 데이터가 있다고 해도 정답이 없기 때문입니다. 강화 학습은 자신의 행동에 대한 보상을 받으며 학습을 진행합니다. 게임이 대표적인 사례입니다. 혹시 〈쿠키런〉이라는 국내 게임을 알고 있나요? 쿠키가 에이전트(agent)이며(즉, 게이머가 에이전트가 되겠죠?) 게임 배경이 환경(environment)입니다. 이때 에이전트가 변화하는 환경에 따라 다른 행동(action)을 취하게 됩니다. 동전이나 젤리를 취득하는 등 행동에 따라 보상(몸집이 커짐)을 얻습니다. 강화 학습은 이러한 보상이 커지는 행동은 자주 하도록 하고, 줄어드는 행동은 덜 하도록 하여 학습을 진행합니다. 자세한 내용은 '12장 강화 학습'에서 설명합니다.

---

1 특성이 비슷한 데이터끼리 하나의 그룹으로 묶어 주는 것입니다.

▼ 그림 1-9 강화 학습(〈쿠키런〉게임)(출처: https://www.devsisters.com/ko/product/games/)

에이전트 ──

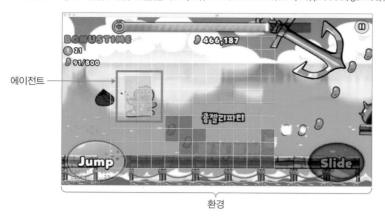

환경

지도 학습, 비지도 학습, 강화 학습에서 자주 사용되는 알고리즘은 다음 표와 같습니다.

▼ 표 1-2 지도 학습, 비지도 학습, 강화 학습

구분	유형	알고리즘
지도 학습 (supervised learning)	분류(classification)	• K-최근접 이웃(K-Nearest Neighbor, KNN) • 서포트 벡터 머신(Support Vector Machine, SVM) • 결정 트리(decision tree) • 로지스틱 회귀(logistic regression)
	회귀(regression)	선형 회귀(linear regression)
비지도 학습 (unsupervised learning)	군집(clustering)	• K-평균 군집화(K-means clustering) • 밀도 기반 군집 분석(DBSCAN)
	차원 축소 (dimensionality reduction)	주성분 분석 (Principal Component Analysis, PCA)
강화 학습 (reinforcement learning)	–	마르코프 결정 과정 (Markov Decision Process, MDP)

각 알고리즘은 '3장 머신 러닝 핵심 알고리즘'에서 간단히 살펴봅니다.

1.3 딥러닝이란

딥러닝은 인간의 신경망 원리를 모방한 심층 신경망 이론을 기반으로 고안된 머신 러닝 방법의 일종입니다. 즉, 딥러닝이 머신 러닝과 다른 큰 차이점은 인간의 뇌를 기초로 하여 설계했다는 것입니다.

인간의 뇌가 엄청난 수의 뉴런(neuron)과 시냅스(synapse)로 구성되어 있는 것에 착안하여 컴퓨터에 뉴런과 시냅스 개념을 적용했습니다. 각각의 뉴런은 복잡하게 연결된 수많은 뉴런을 병렬 연산하여 기존에 컴퓨터가 수행하지 못했던 음성·영상 인식 등의 처리를 가능하게 합니다.

❤ 그림 1-10 인간의 신경망 원리를 모방한 심층 신경망

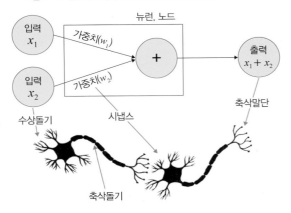

- **수상돌기**: 주변이나 다른 뉴런에서 자극을 받아들이고, 이 자극들을 전기적 신호 형태로 세포체와 축삭돌기로 보내는 역할을 합니다.
- **시냅스**: 신경 세포들이 이루는 연결 부위로, 한 뉴런의 축삭돌기와 다음 뉴런의 수상돌기가 만나는 부분입니다.
- **축삭돌기**: 다른 뉴런(수상돌기)에 신호를 전달하는 기능을 하는 뉴런의 한 부분입니다. 뉴런에서 뻗어 있는 돌기 중 가장 길며, 단 한 개만 있습니다.
- **축삭말단**: 전달된 전기 신호를 받아 신경 전달 물질을 시냅스 틈새로 방출합니다.

1.3.1 딥러닝 학습 과정

딥러닝의 학습 과정도 머신 러닝과 크게 다르지 않습니다. 물론 자세히 다룬다면 데이터를 구하고 전처리하는 방법부터 튜닝하는 방법까지 포함되겠지만, 세세한 부분까지 작성하고 다루기에는 딥러닝 분야가 너무 넓습니다. 따라서 데이터 준비부터 모델(모형)을 정의하고 사용하는 부분까지 진행합니다.

▼ 그림 1-11 딥러닝 모델의 학습 과정

데이터 준비 → 모델(모형) 정의

옵티마이저 선택 → 모델(모형) 컴파일 ← 손실 함수 선택

모델(모형) 훈련

모델(모형) 평가

- **데이터 준비**: 초보자가 데이터를 쉽게 구할 수 있는 방법은 두 가지입니다. 첫째, 텐서플로(https://www.tensorflow.org/)나 케라스(https://keras.io/)에서 제공하는 데이터셋을 사용하는 것입니다. 제공되는 데이터들은 이미 전처리를 했기 때문에 바로 사용할 수 있으며, 수많은 예제 코드를 쉽게 구할 수 있는 장점이 있습니다. 둘째, 캐글(Kaggle)[2] 같은 곳에 공개된 데이터를 사용하는 것입니다. 물론 국내의 공개 데이터들도 사용할 수 있으나 상당히 많은 전처리를 해야 하기에 가능하면 캐글 같은 플랫폼에 제공된 데이터를 활용하길 권장합니다.

- **모델(모형) 정의**: 모델(모형) 정의 단계에서 신경망을 생성합니다. 일반적으로 은닉층 개수가 많을수록 성능이 좋아지지만 과적합[3]이 발생할 확률이 높습니다. 즉, 은닉층 개수에 따른 성능과 과적합은 서로 상충 관계에 있다고 할 수 있습니다. 따라서 모델 정의 단계에서 신경망을 제대로 생성하는 것이 중요합니다.

- **모델(모형) 컴파일**: 컴파일 단계에서 활성화 함수[4], 손실 함수[5], 옵티마이저[6]를 선택합니다. 이때 데이터 형태에 따라 다양한 옵션이 가능합니다. 훈련 데이터셋 형태가 연속형[7]이라면 평균 제곱 오차(Mean Squared Error, MSE)를 사용할 수 있으며, 이진 분류(binary classification)[8]라면 크로스 엔트로피(cross-entropy)를 선택합니다. 또한, 과적합을 피할 수 있는 활성화 함수 및 옵티마이저 선택이 중요합니다.

---

2 캐글(https://www.kaggle.com/)은 AI 경진 대회 플랫폼으로, 공개된 데이터가 많습니다.

3 훈련 데이터를 과하게 학습하여 훈련 데이터에서는 오차가 감소하지만, 새로운 데이터에서는 오차가 커지는 것을 의미합니다.

4 활성화 함수는 입력 신호가 일정 기준 이상이면 출력 신호로 변환하는 함수로 시그모이드, 하이퍼볼릭 탄젠트, 렐루 등이 있습니다. '4장 딥러닝 시작'에서 자세히 다룹니다.

5 손실 함수는 모델의 출력 값과 사용자가 원하는 출력 값(레이블)의 차이, 즉 오차를 구하는 함수로 평균 제곱 오차(mean squared error)와 크로스 엔트로피 오차(cross entropy error)가 있습니다. '4장 딥러닝 시작'에서 자세히 다룹니다.

6 옵티마이저는 손실 함수를 기반으로 네트워크 업데이트 방법을 결정합니다. 업데이트 결정 방법에 사용되는 것으로는 아담(Adam), 알엠에스프롭(RMSProp) 등이 있습니다. '4장 딥러닝 시작'에서 자세히 다룹니다.

7 연속적인 값을 갖는 데이터입니다.

8 '그렇다/아니다'처럼 두 개로 분류하는 것입니다.

- **모델(모형) 훈련**: 훈련 단계에서는 한 번에 처리할 데이터양을 지정합니다. 이때 한 번에 처리해야 할 데이터양이 많아지면 학습 속도가 느려지고 메모리 부족 문제를 야기할 수 있기 때문에 적당한 데이터양을 선택하는 것이 중요합니다. 따라서 전체 훈련 데이터셋에서 일정한 묶음으로 나누어 처리할 수 있는 배치와 훈련의 횟수인 에포크 선택이 중요합니다. 이때 훈련 과정에서 값의 변화를 시각적으로 표현하여 눈으로 확인하면서 파라미터[9]와 하이퍼파라미터[10]에 대한 최적의 값을 찾을 수 있어야 합니다. 참고로 모델과 관련하여 훈련과 학습이라는 용어는 같은 의미를 갖기 때문에 교재에서도 혼용해서 사용합니다.

▼ 그림 1-12 모델 훈련에 필요한 하이퍼파라미터

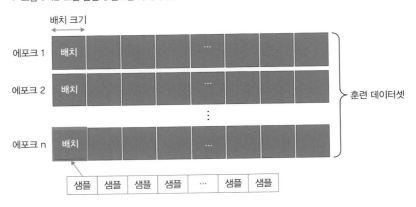

'훈련 데이터셋 1000개에 대한 배치 크기가 20'이라면 샘플 단위 20개마다 모델 가중치를 한 번씩 업데이트시킨다는 의미입니다. 즉, 총 50번(=1000/20)의 가중치가 업데이트됩니다. 이때 에포크가 10이고 배치 크기가 20이라면, 가중치를 50번 업데이트하는 것을 총 열 번 반복한다는 의미입니다. 각 데이터 샘플이 총 열 번씩 사용되는 것이므로, 결과적으로 가중치가 총 500번 업데이트됩니다.

> Note ≡ **성능이 좋다는 의미는?**
>
> 머신 러닝/딥러닝에서 '성능(performance)'에 대한 공식적인 정의는 없습니다. 궁극적으로 모델 성능은 데이터가 수집된 산업 분야와 모델이 생성된 목적에 의존한다고 볼 수 있습니다. 즉, 모델 성능이 좋다는 의미는 다음과 같은 다양한 의미로 사용할 수 있습니다.
>
> - 예측을 잘한다(정확도가 높다).
> - 훈련 속도가 빠르다.

---

9   모델 내부에서 결정되는 변수입니다.

10 튜닝 또는 최적화해야 하는 변수로, 사람들이 선험적 지식으로 설정해야 하는 변수입니다.

- **모델(모형) 예측**: 검증 데이터셋을 생성한 모델(모형)에 적용하여 실제로 예측을 진행해 보는 단계입니다. 이때 예측력이 낮다면 파라미터를 튜닝하거나 신경망 자체를 재설계해야 할 수도 있습니다.

딥러닝 학습 과정에서 중요한 핵심 구성 요소는 신경망과 역전파입니다. 딥러닝은 머신 러닝의 한 분야이기는 하지만, 심층 신경망(deep neural network)[11]을 가지고 있다는 점에서 머신 러닝과 차이가 있습니다. 심층 신경망에는 데이터셋의 어떤 특성들이 중요한지 스스로에게 가르쳐 줄 수 있는 기능이 있습니다.

▼ 그림 1-13 신경망과 심층 신경망

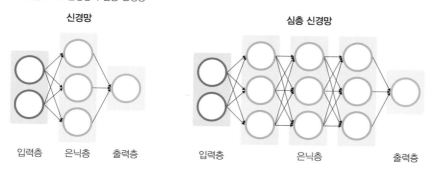

또한, 가중치 값을 업데이트하기 위한 역전파가 중요합니다. 특히 역전파 계산 과정에서 사용되는 미분(오차를 각 가중치로 미분)이 성능에 영향을 미치는 주요한 요소라고 할 수 있습니다.

▼ 그림 1-14 역전파 계산

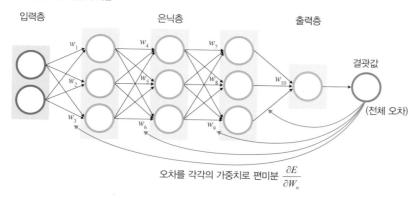

하지만 텐서플로 같은 프레임워크를 이용하면 역전파 알고리즘을 자동으로 처리해 주기 때문에 딥러닝 알고리즘 구현이 굉장히 간단해집니다. 즉, 텐서플로를 이용하면 딥러닝 알고리즘 구현이

---

11 은닉층이 두 개 이상인 신경망입니다.

간단하고 편리합니다.

1.3.2 딥러닝 학습 알고리즘

딥러닝 학습 알고리즘은 머신 러닝처럼 간단하지 않습니다. 활용 분야에 따라 지도 학습과 비지도 학습, 전이 학습으로 분류되는데, 먼저 **지도 학습**으로 분류되는 알고리즘을 살펴보겠습니다.

이미지 분류는 이미지 또는 비디오상의 객체를 식별하는 컴퓨터 비전 기술입니다. 컴퓨터 비전에서 가장 많이 사용되는 것이 **합성곱 신경망**(Convolutional Neural Network, CNN)입니다. 합성곱 신경망은 목적에 따라 이미지 분류, 이미지 인식, 이미지 분할로 분류할 수 있습니다. 이미지 분류는 이미지를 알고리즘에 입력하면 그 이미지가 어떤 클래스에 속하는지 알려 주기 때문에 말 그대로 이미지 데이터를 유사한 것끼리 분류할 때 사용합니다. 이미지 인식은 사진을 분석하여 그 안에 있는 사물의 종류를 인식하는 것으로, 의료 이미지에서 질병 식별을 하거나 산업 검사 및 로봇 비전 등과 같은 다양한 분야에서 활용할 수 있습니다. 그리고 이미지 분할은 영상에서 사물이나 배경 등 객체 간 영역을 픽셀 단위로 구분하는 기술입니다. 이미지 분할은 X-ray, CT(Computer Tomography), MRI(Magnetic Resonance Imaging) 등 다양한 의료 영상에서 분할된 이미지 정보를 활용해서 질병 진단 등에 사용하고 있습니다.

❤ 그림 1-15 이미지 인식(출처: https://www.researchgate.net/figure/Object-detection-in-a-dense-scene_fig4_329217107)

시계열 데이터를 분류할 때 사용되는 것이 **순환 신경망**(Recurrent Neural Network, RNN)입니다. 주식 데이터처럼 시간에 따른 데이터가 있을 때 순환 신경망을 사용하지만, 역전파 과정에서 기울기 소멸 문제가 발생하는 단점이 있습니다. 이러한 문제점을 개선하고자 게이트(gate)를 세 개 추가한 것이 바로 LSTM(Long Short-Term Memory)입니다. 망각 게이트(과거 정보를 잊기 위한 게이트), 입력 게이트(현재 정보를 기억하기 위한 게이트)와 출력 게이트(최종 결과를 위한 게이트)를 도입하여 기울기 소멸 문제를 해결했으며, 현재 시계열 문제에서 가장 활발히 사용하고 있습니다.

▼ 그림 1-16 구글과 아마존 주식에 대한 시계열 데이터 사례(출처: https://www.fool.com/investing/2019/05/26/better-buy-amazon-vs-google.aspx)

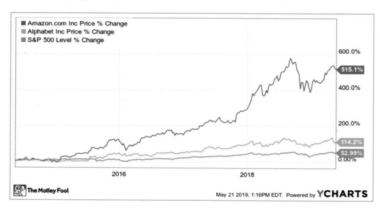

비지도 학습으로는 **워드 임베딩**과 **군집**이 있습니다. 자연어(사람의 언어)를 컴퓨터가 이해하고 효율적으로 처리하게 하려면 컴퓨터가 이해할 수 있도록 자연어를 적절히 변환하는 것이 필요합니다. 이때 워드 임베딩(word embedding) 기술을 이용하여 단어를 벡터로 표현합니다. 워드 임베딩에서는 단어 의미를 벡터화하는 워드투벡터(Word2Vec)와 글로브(GloVe)를 가장 많이 사용하고 있습니다. 워드 임베딩은 자연어 처리 분야의 일종으로 번역이나 음성 인식 등 서비스에서 사용합니다.

▼ 그림 1-17 워드 임베딩을 이용한 워드 클라우드

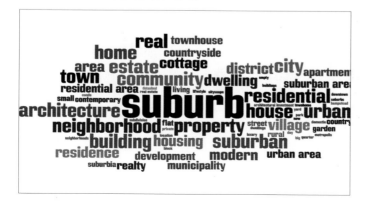

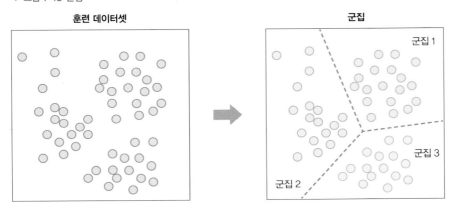

군집은 아무런 정보가 없는 상태에서 데이터를 분류하는 방법입니다. 한 클러스터 안의 데이터는 매우 비슷하게 구성하고, 다른 클러스터의 데이터와 구분되도록 나누는 것이 목표입니다. 군집은 머신 러닝의 군집과 다르지 않습니다. 하지만 머신 러닝에서 군집화를 처리할 때 딥러닝과 함께 사용하면 모델 성능을 높일 수 있기 때문에 머신 러닝 단독으로 군집 알고리즘을 적용하기보다 딥 러닝과 함께 쓰면 좋습니다(신경망에서 군집 알고리즘 사용).

▼ 그림 1-18 군집

전이 학습(transfer learning)은 사전에 학습이 완료된 모델(pre-training model)(사전 학습 모델)을 가 지고 우리가 원하는 학습에 미세 조정 기법을 이용하여 학습시키는 방법입니다. 따라서 전이 학습 에는 사전에 학습이 완료된 모델이 필요하며, 학습이 완료된 모델을 어떻게 활용하는지에 대한 접 근 방법이 필요합니다.

사전 학습 모델은 풀고자 하는 문제와 비슷하면서 많은 데이터로 이미 학습이 되어 있는 모델입니 다. 일반적으로 많은 데이터를 구하기도 어렵지만, 많은 데이터로 모델을 학습시키는 것은 오랜 시간과 연산량이 필요합니다. VGG, 인셉션(Inception), MobileNet 같은 사전 학습 모델을 사용 하면 효율적인 학습이 가능합니다. 따라서 분석하려는 주제에 맞는 사전 학습 모델을 선택하고 활 용합니다. 사전 학습 모델을 활용하는 방법으로 특성 추출과 미세 조정 기법이 있는데, '5장 합성 곱 신경망 I'에서 자세히 다룹니다.

강화 학습은 머신 러닝과 동일하기 때문에 설명을 생략합니다.

딥러닝에서 지도 학습, 비지도 학습, 강화 학습을 정리하면 표 1-3과 같습니다. 단순한 알고리즘 만 고려했을 때의 구분이며, 서로 혼합하여 사용하거나 분석 환경에 제약을 둘 경우 구분이 달라 질 수 있음에 주의해야 합니다.

▼ 표 1-3 지도 학습, 비지도 학습, 강화 학습

구분	유형	알고리즘
지도 학습(supervised learning)	이미지 분류	• CNN • AlexNet • ResNet
	시계열 데이터 분석	• RNN • LSTM
비지도 학습 (unsupervised learning)	군집 (clustering)	• 가우시안 혼합 모델(Gaussian Mixture Model, GMM) • 자기 조직화 지도(Self-Organizing Map, SOM)
	차원 축소	• 오토인코더(AutoEncoder) • 주성분 분석(PCA)
전이 학습(transfer learning)	사전 학습 모델	엘모(ELMo)
	전이 학습	• 버트(BERT) • MobileNetV2
강화 학습(reinforcement learning)	–	마르코프 결정 과정(MDP)

머신 러닝과 딥러닝의 개념 및 대략적인 내용을 살펴보았으니 3장에서 머신 러닝을 좀 더 자세히 알아보겠습니다.

2^장

실습 환경 설정과
텐서플로 기초

2.1 텐서플로 개요

텐서플로(TensorFlow)는 데이터 흐름 그래프(data flow graph)를 사용하여 데이터의 수치 연산을 하는 오픈 소스 소프트웨어 프레임워크입니다. 혹은 넘파이(NumPy) 같은 다양한 라이브러리를 묶어 놓은 패키지라고도 할 수 있습니다. 텐서플로는 머신 러닝과 딥뉴럴 네트워크 연구를 목적으로 구글 인공지능 연구 조직인 구글 브레인 팀의 연구자와 엔지니어들이 개발했습니다.

다음 그림은 텐서플로에서 데이터의 수치 연산을 수행하기 위한 그래프입니다. 그림과 같이 그래프의 노드(node)는 수학적 연산을 처리하고, 에지(edge)는 노드 사이의 관계를 표현하며, 데이터 (텐서(tensor)) 이동을 수행합니다.

▼ 그림 2-1 데이터 흐름 그래프

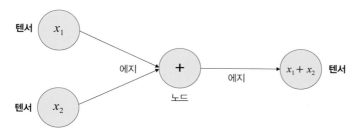

Note ≡ **벡터, 행렬, 텐서**

인공지능(머신 러닝/딥러닝)에서 데이터는 벡터(vector)로 표현됩니다. 벡터는 [1.0, 1.1, 1.2]처럼 숫자들의 리스트로, 1차원 배열 형태입니다. 행렬(matrix)은 행과 열로 표현되는 2차원 배열 형태입니다. 이때 가로줄을 행(row)이라고 하며, 세로줄을 열(column)이라고 합니다. 마지막으로 텐서는 3차원 이상의 배열 형태입니다.

▼ 표 2-1 벡터, 행렬, 텐서의 형태

벡터	행렬	텐서
$\begin{bmatrix} 1 \\ 2 \end{bmatrix}$	$\begin{bmatrix} 1 & 2 \\ 3 & 4 \end{bmatrix}$	$\begin{bmatrix} [1 \ 2] & [3 \ 4] \\ [5 \ 6] & [7 \ 8] \end{bmatrix}$

자세한 내용은 선형대수학 도서를 참고하기 바랍니다.

2.1.1 텐서플로 특징 및 장점

텐서플로는 다양한 환경에서 사용 가능하도록 설계되었습니다. 이러한 유연성 외에 다음과 같은 특징들이 있습니다.

- 데스크톱, 서버 혹은 모바일 디바이스에서 CPU나 GPU를 사용하여 연산을 구동할 수 있습니다.
- 분산(distributed) 환경에서 실행 가능합니다.
- 단순한 아이디어 테스트부터 서비스 단계까지 모두 이용 가능합니다.
- GradientTape를 사용하여 자동으로 미분을 계산할 수 있습니다. 딥러닝 역전파 과정에서 오차를 최소화하고자 편미분을 이용하여 가중치를 업데이트합니다. 이때 미분 계산을 자동화하는 것이 GradientTape이며, 다음과 같이 사용합니다.

```
Import tensorflow as tf
with tf.GradientTape() as tape:
    tape.watch(model.input)
    model_vals = model(v)
```

텐서플로는 구글에서 공식 배포하기 때문에 많은 학습 자료와 다양한 레퍼런스가 있어 다음과 같은 장점이 있습니다.

- 구글에서 공식 배포했기 때문에 다양한 학습 자료가 제공됩니다.
- 사용하기 편리합니다. 텐서플로 2.x부터는 데이터를 훈련하고 예측하는 과정이 매우 단순해졌습니다.
- 코드 수정 없이 CPU/GPU 모드로 동작할 수 있습니다.
- (빠른 속도를 제공하는) C++ 애플리케이션에서 텐서플로 사용이 편리합니다.
- 직관적이고 접근하기 쉬운 파이썬 인터페이스를 제공합니다.

Note ≡ **텐서플로 1.x와 텐서플로 2.x 버전의 실행 과정 차이점**

텐서플로 1.x에서 데이터를 사용하여 훈련하려면 그래프를 만들고 플레이스홀더(placeholder)를 정의한 후 세션 (session)을 실행해야만 합니다. 즉, 세션 실행(run(feed_dict)) 시점에 입력 데이터셋을 플레이스홀더에 넣고 처 리하는 복잡한 과정이 필요했습니다.

하지만 텐서플로 2.x부터는 즉시 실행(eager execution)이 기본 모드로 설정되어 있기 때문에 플레이스홀더, 세션, 실행 등 과정이 필요하지 않습니다. 즉, 모델을 사용하여 데이터를 훈련하고 예측하는 과정이 매우 단순해졌습니다. 즉 시 실행은 텐서플로를 대화형으로 프로그래밍할 수 있도록 하는 것입니다. 텐서플로 1.x처럼 그래프 기반 방식에서 벗 어나 그래프 생성 없이 연산을 즉시 실행할 수 있는 환경을 제공합니다.

다음은 텐서플로 1.x와 텐서플로 2.x 버전의 코드를 비교한 것입니다. 텐서플로 1.x에서 길고 복잡했던 코드들이 텐서 플로 2.x에서는 간단하게 바뀐 것을 확인할 수 있습니다.

```
# 텐서플로 1.x
with tf.Session() as session:
    session.run(tf.global_variables_initializer())
    session.run(tf.tables_initializer())
    model.fit(X_train, y_train, validation_data=(X_valid, y_valid),
            epochs=10, batch_size=64)

# 텐서플로 2.x
model.fit(X_train, y_train, validation_data=(X_valid, y_valid),
            epochs=10, batch_size=64)
```

Note ≡ **플레이스홀더와 세션**

텐서플로 1.x에서 사용하던 플레이스홀더와 세션을 알아보겠습니다.

텐서플로는 그래프를 미리 만들어 놓고, 나중에 필요할 때 그래프를 실행하는 방식으로 동작합니다. 변수 타입을 미리 설정해 놓고 나중에 필요할 때 이 변수를 호출하여 사용합니다. 이때 사용되는 것이 플레이스홀더입니다. 즉, 텐서플로 에서 입력 데이터(텐서)를 보관하기 위한 장소가 플레이스홀더입니다. 따라서 플레이스홀더는 데이터를 입력받는 비어 있는 변수라고 생각할 수 있습니다. 먼저 그래프를 생성하고, 그 그래프가 실행되는 시점에 입력 데이터를 넣어 주며, 다음 방식으로 사용합니다.

```
import tensorflow as tf

input_data = [1,2,3]
x = tf.placeholder(dtype=tf.float32)
y = x * 2
```

세션은 그래프를 실행하는 단위입니다. 탐색기 파일과 같다고 생각하면 됩니다. 파일에 그래프를 저장하여 언제든지 실 행할 수 있습니다. 앞서 입력 데이터를 넣어 두기 위해 플레이스홀더를 정의하고, 그래프가 실행되는 시점에 입력 데이 터를 넣어 준다고 했습니다. 이때 그래프가 실행되는 시점을 세션이 실행되는 시점으로 이해하면 됩니다. 또한, 세션은 그래프에 [1,2,3] 입력 데이터를 넣어 y = x * 2 연산을 수행하는 역할을 하며, 다음 방식으로 사용합니다.

↻ 계속

```
sess = tf.Session()
result = sess.run(y, feed_dict={x:input_data})
```

세션은 선언 → 실행(run) → 종료 순서로 사용됩니다.

▼ 그림 2-2 세션 사용 순서

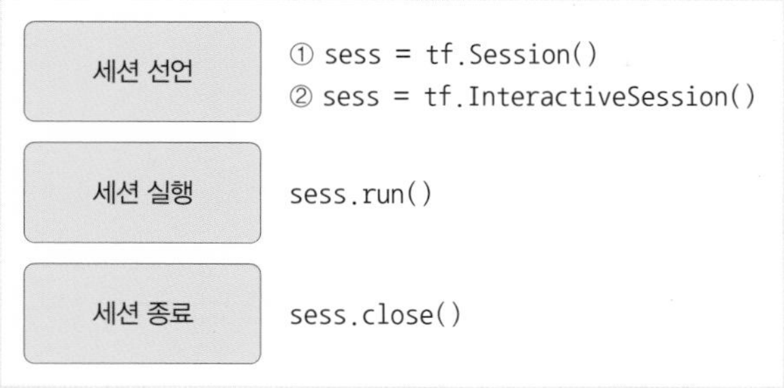

세션 선언	① sess = tf.Session() ② sess = tf.InteractiveSession()
세션 실행	sess.run()
세션 종료	sess.close()

2.1.2 텐서플로의 일반적인 아키텍처

텐서플로의 아키텍처는 간단합니다(텐서플로 1.x와 텐서플로 2.x 모두에 적용되는 일반적인 아키텍처를 기준으로 설명합니다). 준비된 데이터를 사용하여 모델(모형)을 생성합니다. 생성된 모델을 사용하여 분류 및 예측으로 마무리할 수도 있지만, 텐서플로 허브(TensorFlow Hub)에 게시하여 재사용할 수도 있습니다. 또한, 사용자에게 웹이나 모바일로 서비스를 배포할 수 있는 환경도 제공합니다.

▼ 그림 2-3 텐서플로 아키텍처

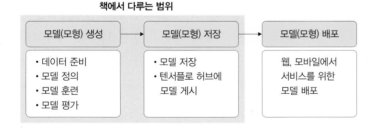

- **모델(모형) 생성**: 모델 학습을 위한 데이터셋과 모델 생성 및 훈련을 위한 환경을 제공합니다. 또한, 모델의 학습 과정을 시각화하여 보여 줄 수 있는 텐서보드 같은 도구들을 제공합니다.

- **모델(모형) 저장**: 텐서플로는 분산 환경에서 모델을 저장하고 배포할 수 있는 환경을 제공합니다. 특히 웹이나 모바일 같은 다양한 환경에서 사용 가능하도록 호환성이 고려된 모델 저장소를 제공합니다.

- **모델(모형) 배포**: 서버나 웹 환경에서 텐서플로를 사용하면 언어 및 플랫폼에 상관없이 모델을 쉽게 학습시키고 배포할 수 있습니다. 텐서플로 2.x에서는 포맷을 표준화하기 때문에 플랫폼과 컴포넌트 간 호환성도 확보할 수 있습니다.

2.2 텐서플로 2.x 기초 문법

텐서플로 2[1]는 기존 1 버전의 불편했던 문법을 개선하고 tf.keras를 중심으로 고수준 API를 제공합니다. 따라서 텐서플로 1에서 배웠던 복잡한 문법들을 배울 필요 없이 간단한 API 사용만으로 간편하게 텐서플로 2에서 딥러닝 모델을 구현할 수 있습니다. 즉, 케라스(Keras)[2]에 익숙한 사용자는 텐서플로 2를 어렵지 않게 사용할 수 있으며, 케라스가 익숙하지 않은 초보자라 할지라도 기초 문법을 읽어 보면 어렵지 않게 따라 할 수 있을 것입니다. 기초 문법이라고 제목을 달았지만, 텐서플로에서 딥러닝을 구현하는 순차적 방법으로 이해하면 됩니다.

2.2.1 데이터 준비

데이터 호출에는 파이썬 라이브러리(판다스(Pandas))를 이용하는 방법과 텐서플로를 이용하는 방법이 있습니다. 데이터가 이미지일 경우(이미지 모델을 사용해야 할 경우) 분산된 파일에서 데이터를 읽은 후 전처리를 하고 배치 단위로 분할하여 처리합니다. 데이터가 텍스트일 경우(텍스트 모델을 사용해야 할 경우) 임베딩 과정[3]을 거쳐 서로 다른 길이의 시퀀스(sequence)를 배치 단위로 분할하여 처리합니다.

---

1   이후로는 읽기 편하도록 텐서플로 2.x와 텐서플로 1.x는 텐서플로 2와 텐서플로 1로 표기합니다.

2   케라스 공식 사이트에서는 '사용하기 쉬운 고차원 딥러닝 API'라고 케라스를 정의합니다. 이때 고차원은 텐서플로, CNTK, 시아노(Theano) 같은 다른 딥러닝 라이브러리의 상위 개념으로, 사용자에게 친숙한 API를 제공하는 것입니다. 예를 들어 케라스 2.3.x 이후 버전부터는 텐서플로에 포함된 tf.keras로 텐서플로에서 편리하게 케라스를 사용할 수 있습니다. 자세한 내용은 케라스 도서를 참고하세요.

3   사람이 쓰는 자연어를 기계가 이해할 수 있는 숫자 형태인 벡터로 바꾼 결과 혹은 그 일련의 과정 전체를 의미합니다. 자세한 내용은 '10장 자연어 처리를 위한 임베딩'을 참고하세요.

다음은 텐서플로를 이용하여 데이터셋을 불러오는 다양한 방법입니다. 각 방법을 하나씩 살펴보 겠습니다. 참고로 2.2절의 코드는 모두 사용 방법에 대한 예시이므로 눈으로만 살펴보세요.

임의(무작위) 데이터셋 사용

np.random을 이용하여 임의의 데이터들을 Dataset으로 만든 후 텐서(tf.Tensor)로 변환하여 사 용합니다.

```
import tensorflow as tf ------ 텐서플로 라이브러리 호출
x = np.random.sample((100,3)) ------ (100, 3) 형태의 무작위 난수 생성
dataset = tf.data.Dataset.from_tensor_slices(x) ------ 일반 이미지나 배열을 list 형식으로
                                                         Dataset에 넣어 줍니다.
```

텐서플로에서 제공하는 데이터셋 사용

이때는 tensorflow_datasets라는 별도의 패키지를 사용합니다. tensorflow_datasets 패키지를 사용하려면 먼저 pip 명령어로 패키지를 설치해야 합니다.

```
> pip install tensorflow-datasets
```

그러고 나서 tfds 이름으로 tensorflow_datasets 패키지를 호출합니다.

```
import tensorflow_datasets as tfds
ds = tfds.load('mnist', split='train', shuffle_files=True)
```

케라스에서 제공하는 데이터셋 사용

이때는 텐서플로에서 제공하는 케라스 모듈을 사용합니다.

```
import tensorflow as tf
data_train, data_test = tf.keras.datasets.mnist.load_data() ----- 케라스를 이용하여 MNIST
                                                                  데이터셋을 내려받기
(images_train, labels_train) = data_train ------ 훈련 데이터셋 정의
(images_test, labels_test) = data_test ------ 검증 데이터셋 정의
```

인터넷에서 데이터셋을 로컬 컴퓨터에 내려받아 사용

이때는 텐서플로에서 제공하는 tf.keras.utils.get_file 메서드를 사용합니다.

```
import tensorflow as tf
url = 'https://storage.googleapis.com/download.tensorflow.org/data/illiad/butler.txt'
text_path = tf.keras.utils.get_file("butler.txt", origin=url)
```

2.2.2 모델 정의

모델을 정의하는 방법은 크게 세 가지입니다. 초보자가 주로 사용하는 Sequential API, 다차원 입출력을 갖는 신경망을 자유자재로 구현할 수 있는 전문가용 Functional API와 Model Subclassing API가 있습니다.

Sequential API를 이용하는 방법

Sequential API는 직관적이고 간결하며 사실상 머신 러닝과 딥러닝 문제의 95% 정도에 적합한 API로, 머신 러닝과 딥러닝을 처음 접하는 사용자에게 적합합니다. 텐서플로 2에서 케라스를 이용한 Sequential API는 다음 그림과 같은 구조로 동작합니다. 최상위에 사용자가 쉽게 사용할 수 있는 케라스가 있으며, 케라스는 텐서플로 런타임을 이용하여 동작합니다. 또한, 텐서플로는 CPU와 GPU 환경에서 실행 가능합니다.

▼ 그림 2-4 Sequential API를 사용하기 위한 케라스

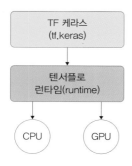

다음은 텐서플로 2에서 케라스를 사용하는 코드입니다.

```
from tensorflow.keras import models, Dense
model = tf.keras.sequential()
```

텐서플로 안에 있는 케라스 라이브러리를 가져온 후 케라스 라이브러리 안에 있는 models 모듈에서 sequential()을 가져오겠다는 의미입니다. 케라스 API는 tf.keras로 텐서플로의 패키지로 제공됩니다.

모델을 정의하는 방법을 선택한 후에는 계층(layer)을 만듭니다.

▼ 그림 2-5 Sequential API

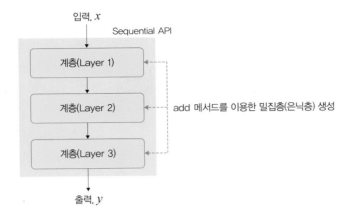

계층은 x를 입력으로 받아 y를 출력하는 형태의 계산을 표현합니다. 예를 들어 $y=wx+b$ 형태의 계산을 위해서는 딥러닝 기본 층인 밀집층(dense layer)을 사용합니다. 밀집층은 입력과 출력을 연결해 주며, 입력과 출력을 각각 연결하는 가중치를 포함하고 있습니다. 또한, 밀집층은 add라는 메서드[4]를 사용하여 모형에 계층을 추가합니다.

```
model.add(Dense(4, activation='sigmoid',
                input_shape=(4,), weights=(w, b), name="dense1"))
```

Sequential API는 대중적으로 많이 사용하기는 하지만, 단순히 층을 여러 개 쌓는 형태이므로 복잡한 모델을 생성할 때는 한계가 있습니다.

Functional API를 이용하는 방법

Functional API는 Sequential API로 복잡한 모델을 생성할 때의 한계를 극복할 수 있습니다. 입력과 출력을 사용자가 정의해서 모델 전체를 규정할 수 있기 때문에 다중 입력(multi-input)과 다중 출력(multi-output) 등 복잡한 모델을 정의할 수 있습니다.

---

4   클래스에 포함된 함수를 메서드라고 표현하며, 넓은 의미에서는 일반적으로 함수라고 이해하면 됩니다.

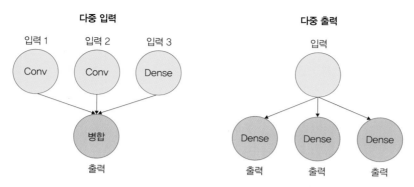

▼ 그림 2-6 Functional API

Functional API와 Sequential API 차이는 다음과 같습니다.

* Functional API는 입력 데이터의 형태(shape)를 input( )의 파라미터로 사용하여 입력층을 정의해 주어야 합니다.

* 이전 층을 다음 층의 입력으로 사용합니다.

* model( )에 입력과 출력을 정의합니다.

다음은 Functional API를 이용한 예시 코드입니다.

```
from tensorflow.keras.layers import Input, Dense
from tensorflow.keras.models import Model
inputs = Input(shape=(5,)) ------ 입력층(열(특성) 다섯 개를 입력으로 받음)
x = Dense(8, activation="relu")(inputs) ------ 은닉층 1
x = Dense(4, activation="relu")(x) ------ 은닉층 2
x = Dense(1, activation="softmax")(x) ------ 출력층
model = Model(inputs, x)
```

간단한 구조의 모델을 만들 때는 Sequential API를 사용하고, 직관적이며 빠르게 복잡한 구조의 모델을 만들 때는 주로 Functional API를 사용한다고 이해하면 됩니다.

Model Subclassing API를 이용하는 방법

본질적으로는 Functional API와 차이가 없지만, Model Subclassing API는 다음 예시 코드처럼 사용자가 가장 자유롭게 모델을 구축할 수 있는 방법입니다.

```
class ResNet(tf.keras.Model):
    def __init__(self):
        super(ResNet, self).__init__()
        self.block_1 = layers.Dense(32, activation='relu')
        self.block_2 = layers.Dense(num_classes, activation='sigmoid')
    def call(self, inputs):
        x = self.block_1(input)
        return self.block_2(x)
```

2.2.3 모델 컴파일

모델을 훈련하기 전에 필요한 파라미터들을 정의합니다. 사전에 정의할 파라미터는 다음과 같습니다.

- **옵티마이저**(optimizer): 데이터와 손실 함수를 바탕으로 모델의 업데이트 방법을 결정합니다.

- **손실 함수**(loss function): 훈련하는 동안 출력과 실제 값(정답) 사이의 오차를 측정합니다. 즉, $wx+b$를 계산한 값과 실제 y의 오차를 구해서 모델 정확성을 측정합니다. 이때 y가 연속형 변수일 경우에는 평균 제곱 오차(MSE)를 많이 사용합니다.

- **지표**(metrics): 훈련과 테스트 단계를 모니터링하여 모델의 성능을 측정합니다.

다음 코드는 모델을 컴파일하는 예시 코드입니다.

```
model.compile(optimizer='adam', loss='sparse_categorical_crossentropy',
              ⓐ                     ⓑ
              metrics=['accuracy'])
              ⓒ
```

model.compile에 대한 파라미터는 다음과 같습니다.

ⓐ 아담(Adam) 옵티마이저를 사용합니다.

ⓑ sparse_categorical_crossentropy는 다중 분류에서 사용되는 손실 함수입니다.

ⓒ 'accuracy'는 훈련에 대한 정확도를 나타내는 것으로, 값이 1에 가까울수록 좋은 모델이라고 할 수 있습니다.

2.2.4 모델 훈련

앞서 만들어 둔 데이터로 모형을 학습시킵니다. 이때 학습을 시킨다는 것은 $y=wx+b$라는 매핑 함수에서 w와 b의 적절한 값을 찾는다는 의미입니다. w와 b에 임의의 값을 적용하여 시작하며, 모델에 데이터를 입력하면서 오차를 구하게 됩니다. 이때 오차가 줄어드는 방향으로 파라미터를 수정합니다.

다음은 모델을 훈련시키는 예시 코드입니다.

```
model.fit(x_train, y_train, epochs=10, batch_size=100,
              ⓐ        ⓑ         ⓒ           ⓓ
          validation_data=(x_test, y_test), verbose=2)
                        ⓔ                       ⓕ
```

`model.fit`에 대한 파라미터는 다음과 같습니다.

ⓐ 입력 데이터

ⓑ 정답(label) 데이터셋

ⓒ 학습 데이터 반복 횟수

ⓓ 한 번에 학습할 때 사용하는 데이터 개수

ⓔ 테스트 데이터를 나타내는 것으로, 테스트 데이터를 사용하면 각 에포크마다 테스트 데이터의 정확도도 함께 출력됩니다. 하지만 이 정확도는 훈련이 잘 되고 있는지 보여 줄 뿐이며, 실제로 모델이 테스트 데이터를 학습하지는 않습니다.

ⓕ 학습 진행 상황을 보여 줄지 지정하는 것으로, 1 값으로 설정하면 학습 진행 상황을 볼 수 있습니다.

2.2.5 모델 평가

주어진 테스트 데이터셋을 사용하여 모델을 평가합니다. 평가가 끝나면 테스트 데이터셋에 대한 오차와 정확도가 결과로 표시됩니다. 모델에 대한 평가는 다음 예시 코드처럼 사용합니다.

```
model.evaluate(x_test, y_test, batch_size=32)
                  ⓐ       ⓑ         ⓒ
```

model.evaluate에서 사용하는 파라미터는 다음과 같습니다.

 ⓐ 검증 데이터셋

 ⓑ 정답(label) 데이터셋

 ⓒ 한 번에 학습할 때 사용하는 데이터 개수

2.2.6 훈련 과정 모니터링

텐서플로로 딥러닝 모델을 만들어 학습해 보면 학습이 진행되는 과정에서 각 파라미터에 어떤 값들이 어떻게 변화하는지 모니터링하기 어렵습니다. 이때 텐서보드를 이용하면 학습에 사용되는 각종 파라미터 값이 어떻게 변화하는지 손쉽게 시각화하여 볼 수 있습니다.

텐서플로 2에서 텐서보드를 사용하는 방법은 간단히 다음과 같습니다. (실습은 뒷장에서 합니다. 여기에서는 간단히 과정만 살펴보세요.)

먼저 다음 코드를 입력합니다.

```
log_dir = "logs/fit/"
tensorboard_callback = tf.keras.callbacks.TensorBoard(log_dir=log_dir,
                                                      histogram_freq=1) ------ ①

model.fit(x=x_train,
          y=y_train,
          epochs=5,
          validation_data=(x_test, y_test),
          callbacks=[tensorboard_callback]) ------ model.fit() 안에 callbacks를 옵션으로 넣어 줍니다.
```

① tensorboard_callback의 각 파라미터는 다음과 같습니다.

 tf.keras.callbacks.TensorBoard(log_dir=log_dir, histogram_freq=1)
             ⓐ   ⓑ

 ⓐ log_dir: 로그가 저장될 디렉터리 위치를 지정합니다.

 ⓑ histogram_freq: histogram_freq=1로 설정하면 모든 에포크마다 히스토그램 계산(값에 대한 분포도 확인 용도)을 활성화합니다. 기본값은 0으로, 히스토그램 계산이 비활성화되어 있습니다.

텐서보드 사용을 위해서는 먼저 콜백(callback) 함수를 만들고 앞서 만든 log_dir 변수를 넣어 줍니다. 마지막으로 model.fit() 메서드의 마지막 파라미터로 callbacks에 tensorboard_callback을 넣은 후 cmd 창에서 다음 명령을 실행합니다. 참고로 cmd 창뿐만 아니라 주피터 노트북(jupyter notebook)에서도 실행 가능합니다.

다음 명령어를 입력하면 텐서보드를 실행할 수 있습니다.

```
> tensorboard --logdir=./logs/fit/
```

마지막으로 웹 브라우저에서 http://localhost:6006을 입력하면 다음과 같은 웹 페이지가 열립니다.

▼ 그림 2-7 텐서보드

2.2.7 모델 사용

마지막으로 훈련된 모델을 사용하여 다음 예시 코드처럼 실제 예측을 진행하면 됩니다.

```
model.predict(y_test)
```

2.3 실습 환경 설정

책의 실습 환경을 만들어 봅시다. 아나콘다를 설치한 후 가상 환경을 만들어 텐서플로 2를 설치할 것입니다.

2.3.1 아나콘다 설치

1. 다음 웹 사이트에서 아나콘다(Anaconda)를 내려받습니다. **Download**를 누른 후 자신에게 맞는 버전을 내려받습니다. 책에서는 윈도를 기준으로 설명하므로 64-Bit Graphical Installer를 내려받았습니다. macOS에서도 동일하게 진행하면 됩니다.

   https://www.anaconda.com/products/individual

▼ 그림 2-8 아나콘다 웹 페이지에서 [Download] 클릭

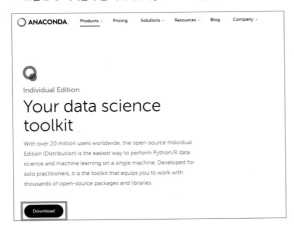

▼ 그림 2-9 설치 파일 내려받기

2. 내려받은 설치 파일(책에서는 Anaconda3-2020.07-Windows-x86_64.exe 파일이며, 파일 이름은 다를 수 있음)을 실행하면 설치 화면이 나옵니다. **Next**를 누릅니다.

▼ 그림 2-10 설치 시작

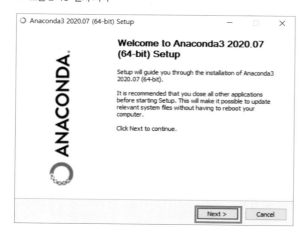

3. 라이선스 동의 화면이 나오면 **I Agree**를 누릅니다.

▼ 그림 2-11 라이선스 동의

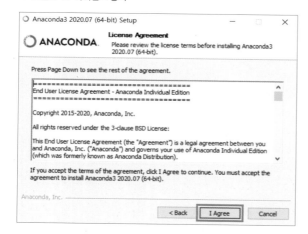

4. 다음 화면이 나오면 Just Me를 선택하고 Next를 누릅니다.

▼ 그림 2-12 설치 유형 선택

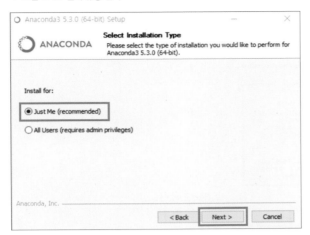

5. 설치 경로를 선택하는 화면이 나오면 기본값으로 두고 Next를 누릅니다. 원하는 경로로 변경해도 됩니다.

▼ 그림 2-13 설치 경로 선택

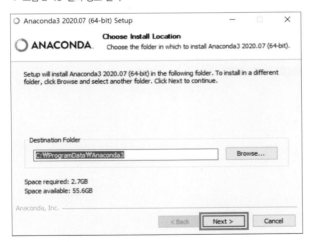

6. 다음 화면이 나오면 옵션 두 개를 모두 체크한 후 Install을 누릅니다. 첫 번째 옵션을 선택하면 아나콘다 환경 변수가 자동으로 등록됩니다.

▼ 그림 2-14 설치 시작

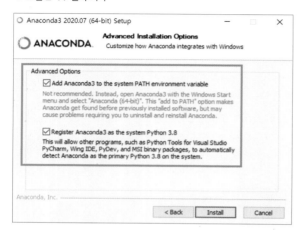

7. 다음과 같이 설치가 시작됩니다.

▼ 그림 2-15 설치 중

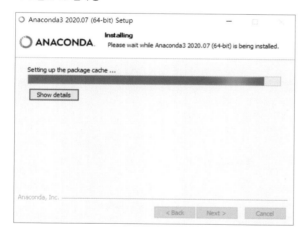

8. 설치를 확인한 후 **Next**를 누릅니다. 완료 화면이 나오면 **Finish**로 설치를 완료합니다.

▼ 그림 2-16 설치 확인 및 PyCharm 안내

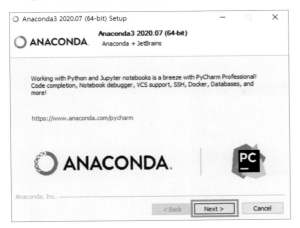

▼ 그림 2-17 설치 완료

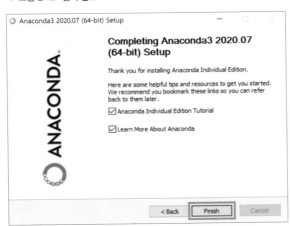

9. 윈도 탐색기에서 내 PC를 마우스 오른쪽 버튼으로 누르고 **속성** 〉 **고급 시스템 설정** 〉 **환경 변수**를 선택하면 다음과 같이 아나콘다 관련 환경 변수가 생성된 것을 확인할 수 있습니다. 4 과정에서 환경 변수를 자동으로 등록하는 옵션을 선택했기 때문입니다.

▼ 그림 2-18 아나콘다 환경 변수

> **Note ≡   환경 변수를 설정한 이유**
>
> 사용자 환경에 따라 환경 변수가 구성되지 않을 경우 다음 오류가 발생할 수 있기 때문에 설치 후에는 환경 변수를 등록하는 것이 좋습니다.
>
> ```
> > c:\windows\system32>python
> 'python' is not recognized as an internal or external command, operable program
> or batch file
> ```

2.3.2 가상 환경 생성 및 텐서플로 2 설치

텐서플로는 PC에 직접 설치할 수도 있고, 가상 환경을 만들어 설치할 수도 있습니다. 직접 설치할 때는 파이썬과 텐서플로를 포함한 라이브러리 버전 관리가 어려울 수 있어 책에서는 가상 환경으로 진행하겠습니다.

가상 환경 생성하기

1. 윈도 메뉴 시작 화면에서 Anaconda3 〉 Anaconda Prompt를 선택합니다.

▼ 그림 2-19 아나콘다 프롬프트

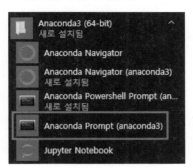

2. 가상 환경을 만들어 보겠습니다. conda create -n 환경이름 python=3.8(설치된 파이썬 버전에 따라 다름) 명령을 이용하여 가상 환경을 생성할 수 있습니다. 다음과 같이 입력하여 'tf2_book' 이라는 이름의 가상 환경을 만들어 주세요. 중간에 설치 여부를 묻는다면 'y'를 입력합니다.

```
> conda create -n tf2_book python=3.9
```

3. 생성된 가상 환경을 확인합니다. 다음 명령으로 아나콘다의 가상 환경 목록을 확인할 수 있습니다.

```
> conda env list
# conda environments:
#
base                     e:\Anaconda3
tf2_book                 e:\Anaconda3\envs\tf2_book
```

tf2_book 가상 환경이 만들어졌네요.

4. 다음 명령어를 입력하여 가상 환경을 활성화합니다.

```
> activate tf2_book
```

가상 환경을 잘못 만들어서 삭제하고 싶을 때는 다음 명령으로 삭제할 수 있습니다.

```
> conda env remove -n tf2_book
```

5. 생성된 가상 환경에 주피터 노트북을 설치합니다.

```
> pip install ipykernel
```

또한, 가상 환경에 커널(kernel)을 연결하기 위해 다음을 실행합니다.

```
> python -m ipykernel install --user --name tf2_book --display-name " tf2_book"
```

텐서플로 설치하기

아나콘다 프롬프트에서 다음 명령들을 입력하여 텐서플로 2를 설치할 수 있습니다(다음과 같이 특정 버전을 지정하여 설치해도 무방합니다). 책에서는 현재 시점의 최신 버전인 2.3.0 버전을 설치하겠습니다.

사용하는 환경이 CPU라면 다음 명령으로 설치합니다.[5]

```
> conda install tensorflow==2.6.2
```

혹은

```
> pip install tensorflow==2.6.2
```

마지막으로 주피터 노트북을 설치합니다.

```
> pip3 install jupyter
```

이제 가상 환경에서 jupyter notebook을 입력하면 주피터 노트북을 실행할 수 있습니다.

```
> jupyter notebook
```

> Note ≡ **GPU 환경일 경우**
>
> GPU에서 텐서플로를 설치하고 싶다면 다음 명령을 사용합니다.
>
> ```
> > pip install tensorflow-gpu==2.6.2
> ```
>
> 자세한 내용은 '8장 성능 최적화'를 참고하세요.

---

5 책의 모든 예제는 독자 여러분의 실습을 고려하여 CPU만으로도 실습 가능하도록 구성했습니다. GPU를 사용하는 독자는 이어지는 노트와 '8장 성능 최적화'를 참고하세요.

> Note ≡ **코랩일 경우**
>
> 구글 코랩(Colab)은 클라우드 기반의 무료 주피터 노트북 개발 환경입니다. 코랩은 구글 드라이브, 도커, 리눅스, 구글 클라우드로 구성되어 있습니다. 구글 코랩을 사용하는 이유는 사용하는 PC의 성능 한계 때문입니다. 일반적으로 딥러닝 모델을 이용하여 데이터를 분석할 때는 대량의 데이터를 다룹니다. 이때 고성능 PC(혹은 서버)가 필요한데, 고성능 PC 환경을 개인이 갖추기는 어렵기 때문에 코랩을 많이 사용하는 추세입니다.
>
> 코랩 사용법은 '부록'을 참고하세요.

이제 실습 환경이 완료되었습니다. 본격적으로 학습하기 전에 다음 절에서 텐서플로 2 코드를 간단히 살펴보겠습니다.

DEEP LEARNING

2.4 텐서플로 2 코드 맛보기

텐서플로 2를 사용하여 간단한 분류 및 회귀 모델을 개발하는 방법을 살펴보겠습니다. 그대로 따라 하세요.

'이 책의 활용법'에서 안내한 대로 예제 파일을 내려받은 후 chap2\data 폴더의 car_evaluation. csv 파일을 데이터셋으로 사용합니다. 데이터셋을 열어 보면 다음과 같이 특성(칼럼) 일곱 개로 구성되어 있습니다.

1. price(자동차 가격)

2. maint(자동차 유지 비용)

3. doors(자동차 문 개수)

4. persons(수용 인원)

5. lug_capacity(수하물 용량)

6. safety(안전성)

7. output(차 상태): 이 데이터는 unacc(허용 불가능한 수준) 및 acc(허용 가능한 수준), 양호(good) 및 매우 좋은(very good) 중 하나의 값을 갖습니다.

이때 **1~6**의 칼럼 정보를 이용하여 일곱 번째 칼럼(차 상태)을 예측하는 코드를 구현해 보겠습니다.

먼저 필요한 라이브러리를 설치합니다. 터미널 커맨드라인(아나콘다 프롬프트)에서 pip 명령어를 사용하여 다음 라이브러리를 설치합니다.

```
> pip install pandas
> pip install matplotlib
> pip install seaborn
> pip install scikit-learn
```

이미 설치되어 있다면 다음 명령으로 업그레이드를 진행합니다.

```
> pip install --upgrade pandas --use-feature=2020-resolver
> pip install --upgrade matplotlib --use-feature=2020-resolver
> pip install --upgrade seaborn --use-feature=2020-resolver
> pip install --upgrade scikit-learn --use-feature=2020-resolver
```

2020년 10월부터 pip에 대한 종속성 충돌 문제를 해결하는 방식이 바뀌었기 때문에 **--use-feature=2020-resolver**를 사용하지 않으면 오류가 발생합니다.

Note ≡ **설치한 라이브러리 설명**

- **pandas**: 데이터 처리를 위한 라이브러리입니다.
- **matplotlib**: 수많은 파이썬 라이브러리 중에서 플롯(그래프)을 그릴 때 주로 쓰는 2D, 3D 플롯팅 패키지(라이브러리)입니다.
- **seaborn**: 데이터 프레임으로 다양한 통계 지표를 낼 수 있는 시각화 차트를 제공하기 때문에 데이터 분석에서 활발히 사용하는 라이브러리입니다.
- **scikit-learn**: 분류(classification), 회귀(regression), 군집(clustering), 결정 트리(decision tree) 등 다양한 머신 러닝 알고리즘을 적용할 수 있는 함수를 제공하는 머신 러닝 라이브러리입니다.

이제 필요한 라이브러리(혹은 패키지)를 호출합니다.

코드 2-1 필요한 라이브러리 호출

```
import pandas as pd ------ 데이터 분석(data analysis)을 위해 널리 사용되는 파이썬 라이브러리 패키지
import numpy as np ------ 벡터 및 행렬 연산에서 매우 편리한 기능을 제공하는 파이썬 라이브러리 패키지
import tensorflow as tf

import matplotlib.pyplot as plt
%matplotlib inline

import seaborn as sns
sns.set(style="darkgrid")
```

내려받은 데이터를 불러옵니다. 데이터는 예제 파일의 car_evaluation.csv입니다. 데이터를 호출하는 경로는 자신의 환경에 맞게 수정하세요.

코드 2-2 데이터 호출

```
cols = ['price', 'maint', 'doors', 'persons', 'lug_capacity', 'safety','output']
cars = pd.read_csv('../chap2/data/car_evaluation.csv', names=cols, header=None) ------ ①
```

① CSV 파일에는 헤더(header, 칼럼 이름)가 포함되어 있지 않으므로 header=None으로 지정했습니다.

다음은 출력(output)에 대한 데이터 분포를 파이 차트를 이용하여 살펴보는 코드입니다.

코드 2-3 예제 데이터셋 분포

```
plot_size = plt.rcParams["figure.figsize"]
plot_size [0] = 8
plot_size [1] = 6
plt.rcParams["figure.figsize"] = plot_size
cars.output.value_counts().plot(kind='pie', autopct='%0.05f%%', colors=['lightblue',
                        'lightgreen', 'orange', 'pink'], explode=(0.05,0.05,0.05,0.05))
```

다음 그림은 예제 데이터셋 분포 출력 결과입니다.

▼ 그림 2-20 예제 데이터셋 분포 결과

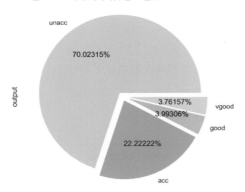

결과에 따르면 대부분의 자동차(70%)는 허용 불가능한 상태에 있고 20%만 허용 가능한 수준입니다. 즉, 양호한 상태의 자동차 비율이 매우 낮은 것을 볼 수 있습니다. 예제 데이터 정보를 확인했으니 본격적으로 데이터에 대한 전처리를 해 봅시다.

딥러닝은 통계 알고리즘을 기반으로 하기 때문에 범주 정보를 숫자로 변환해야 합니다(CSV 파일은 범주 정보로 구성되어 있습니다). 이를 위해 원-핫 인코딩(one-hot encoding) 방법을 사용합니다(원-핫 인코딩은 '10장 자연어 처리를 위한 임베딩'에서 자세히 다룹니다). 원-핫 인코딩은 범주형 데이터에 대해 고윳값을 갖는 새로운 열을 생성하는데, 고윳값을 갖는 경우 1 값을 부여합니다. 다음 코드로 간단히 살펴보겠습니다. 이 장의 코드는 맛보기 코드이므로 흐름만 간략히 익히고 넘어갑니다.

코드 2-4 원-핫 인코딩 적용

```
price = pd.get_dummies(cars.price, prefix='price') ------ ①
maint = pd.get_dummies(cars.maint, prefix='maint')

doors = pd.get_dummies(cars.doors, prefix='doors')
persons = pd.get_dummies(cars.persons, prefix='persons')

lug_capacity = pd.get_dummies(cars.lug_capacity, prefix='lug_capacity')
safety = pd.get_dummies(cars.safety, prefix='safety')

labels = pd.get_dummies(cars.output, prefix='condition')

X = pd.concat([price, maint, doors, persons, lug_capacity, safety], axis=1) ------ ②
y = labels.values ------ 레이블을 넘파이 배열로 변환
```

① get_dummies는 가변수(dummy variable)로 만들어 주는 메서드입니다. 가변수로 만들어 준다는 의미는 문자를 숫자 (0, 1)로 바꾸어 주는 것으로, 0은 '없음', 1은 '있음'을 의미합니다. 이때 get_dummies는 문자열 특성만 인코딩되며 숫자 특성은 바뀌지 않습니다.

② 여섯 개의 열을 병합하기 위해 concat( ) 메서드를 사용합니다.

concat( ) 메서드는 선택된 범위 여러 개 또는 텍스트 여러 개를 하나의 문자열로 결합합니다. 즉, 칼럼 여섯 개를 concat( ) 메서드로 병합하여 하나의 문자열로 바꾸겠다는 의미입니다.

▼ 표 2-2 원-핫 인코딩이 적용된 데이터셋

	price_high	price_low	price_med	price_vhigh	maint_high	maint_low	maint_med
0	0	0	0	1	0	0	0
1	0	0	0	1	0	0	0
2	0	0	0	1	0	0	0
3	0	0	0	1	0	0	0
4	0	0	0	1	0	0	0

데이터셋을 훈련(train)과 테스트(test) 용도로 분리합니다.

코드 2-5 훈련과 테스트 데이터셋으로 분리

```
from sklearn.model_selection import train_test_split
X_train, X_test, y_train, y_test = train_test_split(X, y, test_size=0.20, random_state=42) ····· ①
```

① train_test_split은 데이터셋을 훈련용과 테스트용으로 분리하는 메서드입니다. 메서드에서 사용되는 파라미터는 다음과 같습니다.

```
X_train, X_test, y_train, y_test = train_test_split(X, y, test_size=0.20, random_state=42)
                                                   ⓐ          ⓑ             ⓒ
```

ⓐ 첫 번째와 두 번째 파라미터: 데이터셋

데이터는 list, arrays, matrics, dataframe 등 다양한 형태를 포함합니다. 클래스 값을 포함하여 하나의 데이터로 받을 수도 있고, 클래스 값을 분리해서 데이터 두 개로도 받을 수 있습니다.

- 클래스 값을 포함하여 하나의 데이터로 받는 경우

```
df_train, df_test = train_test_split(df, test_size=0.4, random_state=0)
```

- 클래스를 개별 배열로 받는 경우

```
X_train, X_test, y_train, y_test = train_test_split(X, y, test_size=0.5)
```

ⓑ test_size: 테스트 데이터셋 비율을 나타냅니다. 0.20은 전체 데이터셋의 20%를 테스트 데이터셋으로 지정하겠다는 의미입니다. 기본값은 0.25입니다.

ⓒ random_state: 데이터셋을 섞을 때 해당 값(int 값)을 참조하여 섞습니다. 하이퍼파라미터 (hyper-parameter)[6]를 튜닝할 때 이 값을 고정해 두어야 매번 데이터셋이 변경되는 것을 방지할 수 있습니다.

이제 모델을 생성합니다.

코드 2-6 모델 생성 및 컴파일

케라스 API를 이용하여 Input, Dense, Activation, Drop 클래스를 호출

```
from tensorflow.keras.layers import Input, Dense, Activation, Dropout ······
from tensorflow.keras.models import Model ······ 역시 케라스 API를 이용하여 Model 클래스 호출

input_layer = Input(shape=(X.shape[1],)) ······ ①
```

---

6 학습률(learning rate)처럼 모델링을 할 때 사용자가 직접 세팅하는 값입니다.

```
dense_layer_1 = Dense(15, activation='relu')(input_layer)
dense_layer_2 = Dense(10, activation='relu')(dense_layer_1)
output = Dense(y.shape[1], activation='softmax')(dense_layer_2)

model = Model(inputs=input_layer, outputs=output)


model.compile(loss='categorical_crossentropy', optimizer='adam', metrics=['acc'])

model.summary()
```

① model.summary() 결과에서 확인할 수 있는 것처럼 모델은 밀집층(혹은 완전연결층이라고도 함) 총 세 개로 구성되어 있습니다. 처음 두 개는 각각 렐루(ReLU) 활성화 함수를 사용하는 노드 15개와 노드 열 개로 구성되어 있습니다. 마지막 밀집층은 노드 네 개(y.shape[1] == 4)와 소프트맥스(softmax) 활성화 함수를 포함하고 있습니다. 또한, 손실 함수로 categorical_crossentropy를 사용하며, 옵티마이저는 아담(Adam)을 사용합니다. 참고로 sparse_categorical_crossentropy와 categorical_crossentropy 모두 다중 분류에 대한 손실 함수로 사용합니다. 하지만 categorical_crossentropy의 출력 값은 원-핫 인코딩된 결과가 출력되지만, sparse_categorical_crossentropy는 정수 형태(원-핫 인코딩하지 않고 정수 형태)로 출력됩니다.

다음은 모델 생성 및 컴파일 실행 결과입니다.

```
Model: "function_1"

_____
Layer (type)                 Output Shape              Param #
=================================================================
input_1 (InputLayer)         [(None, 21)]              0
_____
dense (Dense)                (None, 15)                330
_____
dense_1 (Dense)              (None, 10)                160
_____
dense_2 (Dense)              (None, 4)                 44
=================================================================
Total params: 534
Trainable params: 534
Non-trainable params: 0
_____
```

이제 모델을 훈련시키겠습니다.

코드 2-7 모델 훈련

```
history = model.fit(X_train, y_train, batch_size=8, epochs=50, verbose=1,
                    validation_split=0.2)
```

다음과 같이 모델 훈련 결과가 출력됩니다.

```
Epoch 1/50
1105/1105 [==============================] - 1s 648us/sample - loss: 1.0441 - acc:
0.6471 - val_loss: 0.9126 - val_acc: 0.6498
Epoch 2/50
1105/1105 [==============================] - 0s 321us/sample - loss: 0.6818 - acc:
0.7204 - val_loss: 0.7107 - val_acc: 0.6498
Epoch 3/50
1105/1105 [==============================] - 0s 358us/sample - loss: 0.5226 - acc:
0.7529 - val_loss: 0.5742 - val_acc: 0.7545
Epoch 4/50
1105/1105 [==============================] - 0s 373us/sample - loss: 0.4225 - acc:
0.8308 - val_loss: 0.4853 - val_acc: 0.8339
...(이하 생략)...
```

학습을 진행할수록 오차는 줄어들지만 정확도는 높아지고 있기 때문에 훈련이 잘 진행되었다고
볼 수 있습니다.

Note ≡ **배치와 에포크**

배치(batch)는 모델 가중치를 한 번 업데이트시킬 때 사용되는 데이터의 묶음입니다. 예를 들어 훈련 데이터셋이 총 1000개 있을 때, 배치 크기가 20이라면 데이터 20개마다 모델 가중치를 업데이트합니다. 즉, 가중치가 총 50번 (=1000/20) 업데이트되기 때문에 하나의 데이터셋을 배치 50개로 나누어서 훈련을 진행한다고 이해하면 됩니다.

에포크(epoch)는 학습 횟수를 의미합니다. 예를 들어 에포크가 10이고 배치 크기가 20이면, 가중치를 50번 업데이트하는 것을 총 열 번 반복한다는 것입니다. 따라서 각 데이터가 총 열 번씩 사용되고, 결과적으로 가중치가 총 500번 업데이트된다고 이해하면 됩니다.

훈련(학습)된 모델에 대한 평가 지표는 정확도(accuracy)를 사용합니다.

코드 2-8 모델 평가

```
score = model.evaluate(X_test, y_test, verbose=1)
print("Test Score:", score[0])
print("Test Accuracy:", score[1])
```

다음은 모델 평가를 실행한 결과입니다.

```
11/11 [==============================] - 0s 1ms/step - loss: 0.0824 - acc: 0.9653
Test Score: 0.08236907422542572
Test Accuracy: 0.9653179049491882
```

테스트 정확도(test accuracy)의 결괏값이 0.96으로, 정확도는 약 97%입니다(백분율로 계산합니다). 정확도가 높기 때문에 학습이 잘되었다고 할 수 있습니다.

마지막으로 딥러닝 분류 모델의 성능 평가 지표를 알아보겠습니다. 성능 평가 지표로 정확도(accuracy), 재현율(recall), 정밀도(precision), F1-스코어(F1-Score)가 있습니다.

정확도를 확인하기 전에 필요한 용어들부터 살펴보겠습니다.

- **True Positive**: 모델(분류기)이 '1'이라고 예측했는데 실제 값도 '1'인 경우입니다.
- **True Negative**: 모델(분류기)이 '0'이라고 예측했는데 실제 값도 '0'인 경우입니다.
- **False Positive**: 모델(분류기)이 '1'이라고 예측했는데 실제 값은 '0'인 경우로, Type I 오류라고도 합니다.
- **False Negative**: 모델(분류기)이 '0'이라고 예측했는데 실제 값은 '1'인 경우로, Type II 오류라고도 합니다.

이러한 용어들을 사용하여 정확도, 재현율, 정밀도, F1-스코어에 대해 알아보겠습니다.

정확도

전체 예측 건수에서 정답을 맞힌 건수의 비율입니다. 이때 맞힌 정답이 긍정(Positive)이든 부정(Negative)이든 상관없습니다.

$$\frac{\textit{True Positive} + \textit{True Negative}}{\textit{True Positive} + \textit{True Negative} + \textit{False Positive} + \textit{False Negative}}$$

재현율

실제로 정답이 1이라고 할 때 모델(분류기)도 1로 예측한 비율입니다. 따라서 처음부터 데이터가 1일 확률이 적을 때 사용하면 좋습니다.

$$\frac{True\ Positive}{True\ Positive + False\ Negative}$$

정밀도

모델(분류기)이 1이라고 예측한 것 중에서 실제로 정답이 1인 비율입니다.

$$\frac{True\ Positive}{True\ Positive + False\ Positive}$$

F1-스코어

일반적으로 정밀도와 재현율은 트레이드오프(trade-off) 관계입니다. 정밀도가 높으면 재현율이 낮고, 재현율이 높으면 정밀도가 낮습니다. 이러한 트레이드오프 문제를 해결하려고 정밀도와 재현율의 조화 평균(harmonic mean)을 이용한 것이 F1-스코어 평가입니다. 이때 조화 평균은 다음 공식으로 구할 수 있습니다.

$$2 \times \frac{\text{Precision} \times \text{Recall}}{\text{Precision} + \text{Recall}}$$

지금까지 실습 환경 설정 방법과 텐서플로 기초에 대해 알아보았습니다. 3장에서 머신 러닝 핵심 알고리즘을 간단히 살펴본 후 4장부터 본격적으로 딥러닝을 학습하겠습니다. 머신 러닝을 잘 안다면 3장은 간단히 살펴본 후 넘어가도 됩니다.

memo

3^장

머신 러닝
핵심 알고리즘

1장에서 언급한 머신 러닝 핵심 알고리즘들을 하나씩 살펴보겠습니다. 이 장에서는 간단히 핵심 원리만 이해하고 넘어갈 것입니다.[1]

3.1 지도 학습

지도 학습은 정답(레이블(label))을 컴퓨터에 미리 알려 주고 데이터를 학습시키는 방법입니다. 지도 학습에는 분류와 회귀가 있습니다. 분류(classification)는 주어진 데이터를 정해진 범주에 따라 분류하고, 회귀(regression)는 데이터들의 특성(feature)을 기준으로 연속된 값을 그래프로 표현하여 패턴이나 트렌드를 예측할 때 사용합니다.

분류와 회귀 차이는 다음 표와 같습니다.

▼ 표 3-1 분류와 회귀 차이

구분	분류	회귀
데이터 유형	이산형 데이터	연속형 데이터
결과	훈련 데이터의 레이블 중 하나를 예측	연속된 값을 예측
예시	학습 데이터를 A · B · C 그룹 중 하나로 매핑 예 스팸 메일 필터링	결괏값이 어떤 값이든 나올 수 있음 예 주가 분석 예측

다음 그림을 보면 분류와 회귀 차이를 좀 더 명확히 알 수 있습니다.

▼ 그림 3-1 분류와 회귀

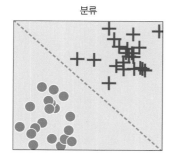
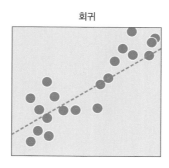

분류   회귀

---

1 이 책은 딥러닝을 중점적으로 다루므로 독자 여러분이 딥러닝 학습 전에 머신 러닝을 경험한 적 있다고 가정합니다. 딥러닝 학습을 위한 핵심 원리만 이해하는 데는 이 책 내용만으로도 충분합니다. 머신 러닝을 좀 더 자세히 알고 싶다면 다른 머신 러닝 도서를 참고하세요.

지금부터 지도 학습의 알고리즘을 하나씩 살펴보겠습니다.

3.1.1 K-최근접 이웃

▼ 표 3-2 K-최근접 이웃을 사용하는 이유와 적용 환경

왜 사용할까?	주어진 데이터에 대한 분류
언제 사용하면 좋을까?	K-최근접 이웃은 직관적이며 사용하기 쉽기 때문에 초보자가 쓰면 좋습니다. 또한, 훈련 데이터를 충분히 확보할 수 있는 환경에서 사용하면 좋습니다.

K-최근접 이웃(K-nearest neighbor)은 새로운 입력(학습에 사용하지 않은 새로운 데이터)을 받았을 때 기존 클러스터에서 모든 데이터와 인스턴스(instance)[2] 기반 거리를 측정한 후 가장 많은 속성을 가진 클러스터에 할당하는 분류 알고리즘입니다. 즉, 과거 데이터를 사용하여 미리 분류 모형을 만드는 것이 아니라, 과거 데이터를 저장해 두고 필요할 때마다 비교를 수행하는 방식입니다. 따라서 K 값의 선택에 따라 새로운 데이터에 대한 분류 결과가 달라질 수 있음에 유의해야 합니다.

다음 그림과 같이 네모, 세모, 별 모양의 클러스터로 구성된 데이터셋이 있다고 합시다. 신규 데이터인 동그라미가 유입되었다면 기존 데이터들과 하나씩 거리를 계산하고 거리상으로 가장 가까운 데이터 다섯 개(K=5)를 선택하여 해당 클러스터에 할당합니다.

▼ 그림 3-2 K-최근접 이웃

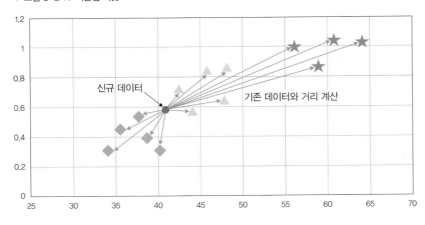

---

2 새로운 데이터가 들어왔을 때 데이터와 데이터 사이의 거리를 측정한 관측치(혹은 데이터 값)를 의미합니다.

예를 들어 다음 그림과 같이 새로운 입력 데이터(빨간색 외각선 원)가 세 개 있을 때 새로운 입력에 대한 분류를 진행해 보겠습니다(K=3).

- **새로운 입력 ❶**: 주변 범주 세 개가 주황색이므로 주황색으로 분류
- **새로운 입력 ❷**: 주변 범주 두 개가 주황색, 한 개가 녹색이므로 주황색으로 분류
- **새로운 입력 ❸**: 주변 범주 두 개가 녹색, 한 개가 주황색이므로 녹색으로 분류

▼ 그림 3-3 K-최근접 이웃 학습 절차

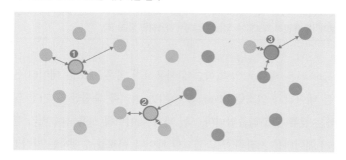

이제 코드에서 구체적으로 확인해 보겠습니다. 예제 목표는 붓꽃에 대한 분류입니다. 참고로 머신러닝 코드는 심층 신경망이 필요하지 않기 때문에 사이킷런(scikit-learn)을 이용합니다.

다음 과정으로 K 값을 예측할 것입니다.

▼ 그림 3-4 K-최근접 이웃 예제

먼저 필요한 라이브러리를 호출하고 데이터를 준비하겠습니다. 데이터는 내려받은 예제 파일의 data 폴더에 있는 iris.data 파일을 사용합니다.[3] iris.data 데이터 경로는 자신의 실습 환경에 맞게 수정해서 사용할 수 있습니다.

---

3 iris.data 데이터셋은 1936년 논문에서 영국 통계학자이자 생물학자인 로널드 피셔(R. A. Fisher)가 소개한 다변량 데이터셋입니다(https://archive.ics.uci.edu/ml/machine-learning-databases/iris).

코드 3-1 라이브러리 호출 및 데이터 준비

```python
import numpy as np ------ 벡터 및 행렬의 연산 처리를 위한 라이브러리
import matplotlib.pyplot as plt ------ 데이터를 차트나 플롯(plot)으로 그려 주는 라이브러리
import pandas as pd ------ 데이터 분석 및 조작을 위한 라이브러리
from sklearn import metrics ------ 모델 성능 평가
                                                데이터셋에 열(column) 이름 할당
names = ['sepal-length', 'sepal-width', 'petal-length', 'petal-width', 'Class'] ------

dataset = pd.read_csv('../chap3/data/iris.data', names=names) ------
                  데이터를 판다스 데이터프레임(dataframe)에 저장, 경로는 수정해서 진행
```

준비한 데이터를 전처리하고 훈련과 테스트 데이터셋으로 분리합니다.

코드 3-2 훈련과 테스트 데이터셋 분리

```python
X = dataset.iloc[:, :-1].values ------ 모든 행을 사용하지만 열(칼럼)은 뒤에서 하나를 뺀 값을 가져와서 X에 저장
y = dataset.iloc[:, 4].values ------ 모든 행을 사용하지만 열은 앞에서 다섯 번째 값만 가져와서 y에 저장

from sklearn.model_selection import train_test_split
X_train, X_test, y_train, y_test = train_test_split(X, y, test_size=0.20) ------
                  X, y를 사용하여 훈련과 테스트 데이터셋으로 분리하며, 테스트 세트의 비율은 20%만 사용
from sklearn.preprocessing import StandardScaler
s = StandardScaler() ------ 특성 스케일링(scaling), 평균이 0, 표준편차가 1이 되도록 변환
X_train = s.transform(X_train) ------ 훈련 데이터를 스케일링 처리
X_test = s.transform(X_test) ------ 테스트 데이터를 스케일링 처리
```

모델을 생성하고 훈련시킵니다.

코드 3-3 모델 생성 및 훈련

```python
from sklearn.neighbors import KNeighborsClassifier
knn = KNeighborsClassifier(n_neighbors=50) ------ K=50인 K-최근접 이웃 모델 생성
knn.fit(X_train, y_train) ------ 모델 훈련
```

다음은 모델 생성 및 훈련에 대한 출력 결과입니다.

```
KNeighborsClassifier(n_neighbors=50)
```

모델에 대한 정확도를 측정합니다.

```
from sklearn.metrics import accuracy_score
y_pred = knn.predict(X_test)
print("정확도: {}".format(accuracy_score(y_test, y_pred)))
```

그러면 다음 결과가 출력됩니다.

정확도: 0.9333333333333333

참고로 정확도 실행 결과가 책 결과와 다를 수 있습니다. train_test_split() 메서드는 데이터를 무작위로 분할하므로 코드를 실행할 때마다 정확도에 차이가 있습니다. 여러 차례 실행한 후 평균을 찾는 것이 좋습니다.

K=50일 때 예측 값이 약 93%로, 수치가 높습니다. 그럼 이제 최적의 K 값을 구하고 그것에 대한 정확도를 살펴보겠습니다.

for 문을 이용하여 K 값을 1부터 10까지 순환하면서 최적의 K 값과 정확도를 찾습니다.

```
k = 10
acc_array = np.zeros(k)
for k in np.arange(1, k+1, 1):  ------ K는 1에서 10까지 값을 취함
    classifier = KNeighborsClassifier(n_neighbors=k).fit(X_train, y_train) ------
    y_pred = classifier.predict(X_test)          for 문을 반복하면서 K 값 변경
    acc = metrics.accuracy_score(y_test, y_pred)
    acc_array[k-1] = acc

max_acc = np.amax(acc_array)
acc_list = list(acc_array)
k = acc_list.index(max_acc)
print("정확도", max_acc, "으로 최적의 k는", k+1, "입니다.")
```

다음은 최적의 K와 그에 대한 정확도 결과입니다.[4]

정확도 1.0 으로 최적의 k는 1 입니다.

---

4 실행 결과가 책과 다를 수 있습니다.

K 값이 50일 때 정확도가 93%였다면 K 값이 1일 때는 정확도가 100%로 높아졌습니다. 이와 같이 K−최근접 이웃 알고리즘은 K 값에 따라 성능이 달라질 수 있으므로 초기 설정이 매우 중요합니다.

3.1.2 서포트 벡터 머신

▼ 표 3-3 서포트 벡터 머신을 사용하는 이유와 적용 환경

왜 사용할까?	주어진 데이터에 대한 분류
언제 사용하면 좋을까?	서포트 벡터 머신은 커널만 적절히 선택한다면 정확도가 상당히 좋기 때문에 정확도를 요구하는 분류 문제를 다룰 때 사용하면 좋습니다. 또한, 텍스트를 분류할 때도 많이 사용합니다.

서포트 벡터 머신(Support Vector Machine, SVM)은 분류를 위한 기준선을 정의하는 모델입니다. 즉, 분류되지 않은 새로운 데이터가 나타나면 결정 경계(기준선)를 기준으로 경계의 어느 쪽에 속하는지 분류하는 모델입니다. 따라서 서포트 벡터 머신에서는 결정 경계를 이해하는 것이 중요합니다.

결정 경계는 데이터를 분류하기 위한 기준선입니다. 다음 그림과 같이 주황색 공과 녹색 공이 있을 때 이 공들을 색상별로 분류하기 위한 기준선이 결정 경계입니다.

▼ 그림 3-5 서포트 벡터 머신 결정 경계

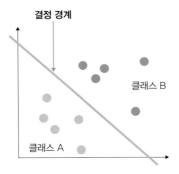

그렇다면 결정 경계는 어디에 위치하면 가장 좋을까요? 다음 그림의 (a)~(c) 중에서 어떤 그림이 가장 안정적으로 보이나요? (b)가 가장 안정적으로 보이지 않나요?

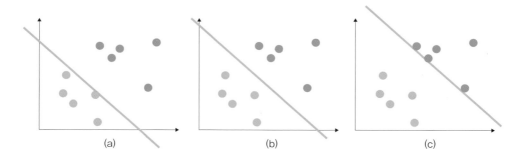

결정 경계는 데이터가 분류된 클래스에서 최대한 멀리 떨어져 있을 때 성능이 가장 좋습니다. 서포트 벡터 머신을 이해하려면 결정 경계 외에도 마진이라는 개념을 이해해야 합니다.

마진(margin)은 결정 경계와 서포트 벡터 사이의 거리를 의미합니다. 그럼 서포트 벡터는 무엇일까요? 서포트 벡터(support vector)는 결정 경계와 가까이 있는 데이터들을 의미합니다. 이 데이터들이 경계를 정의하는 결정적인 역할을 한다고 할 수 있습니다. 즉, 정리하면 최적의 결정 경계는 마진을 최대로 해야 합니다.

❤ 그림 3-7 서포트 벡터 머신의 서포트 벡터

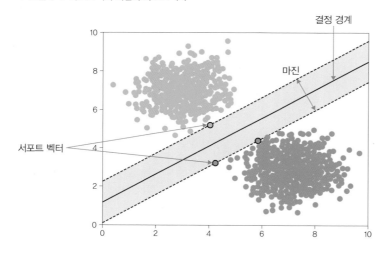

서포트 벡터 머신은 데이터들을 올바르게 분리하면서 마진 크기를 최대화해야 하는데, 결국 이상치(outlier)[5]를 잘 다루는 것이 중요합니다. 이때 이상치를 허용하지 않는 것을 하드 마진(hard margin)이라고 하며, 어느 정도의 이상치들이 마진 안에 포함되는 것을 허용한다면 소프트 마진

---

5 패턴에서 벗어난 값입니다.

(soft margin)이라고 합니다. 그림 3-7이 이상치를 허용하지 않는 하드 마진이라면, 그림 3-8은 이상치를 허용하는 소프트 마진입니다.

▼ 그림 3-8 서포트 벡터 머신의 마진

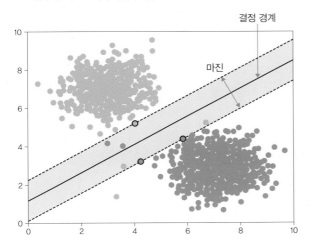

이제 코드로 서포트 벡터 머신을 자세히 살펴보겠습니다. 서포트 벡터 머신의 예제도 붓꽃 분류로 진행해 보겠습니다. 하지만 코드로 풀어 나가는 방법은 다르므로 잘 살펴보기 바랍니다.

▼ 그림 3-9 서포트 벡터 머신 예제

먼저 훈련에 필요한 데이터를 로드하고 필요한 라이브러리를 호출합니다.

코드 3-6 라이브러리 호출

```
from sklearn import svm
from sklearn import metrics
from sklearn import datasets
from sklearn import model_selection
```

```
import tensorflow as tf
import os
os.environ['TF_CPP_MIN_LOG_LEVEL'] = '3' ······ ①
```

① TF_CPP_MIN_LOG_LEVEL이라는 환경 변수를 사용하여 로깅을 제어(기본값은 0으로 모든 로그가 표시되며, INFO 로그를 필터링하려면 1, WARNING 로그를 필터링하려면 2, ERROR 로그를 추가로 필터링하려면 3으로 설정)합니다.

환경 변수 값을 바꾸어 가면서 실행해 보는 것도 학습에 좋은 방법입니다.

데이터셋을 불러와 훈련과 테스트 데이터셋으로 분리합니다.

코드 3-7 iris 데이터를 준비하고 훈련과 테스트 데이터셋으로 분리

```
iris = datasets.load_iris() ······ 사이킷런에서 제공하는 iris 데이터 호출
X_train, X_test, y_train, y_test =
model_selection.train_test_split(iris.data,
                                 iris.target,       ┌·· 사이킷런의 model_selection 패키지에서
                                 test_size=0.6,     ┊   제공하는 train_test_split 메서드를 활용하여
                                 random_state=42) ······ 훈련셋(train set)과 테스트셋(test set)으로 분리
```

먼저 사이킷런으로 SVM 모델을 생성 및 훈련시킨 후 테스트 데이터셋을 이용한 예측을 수행합니다.

코드 3-8 SVM 모델에 대한 정확도

```
svm = svm.SVC(kernel='linear', C=1.0, gamma=0.5) ······ ①
svm.fit(X_train, y_train) ······ 훈련 데이터를 사용하여 SVM 분류기를 훈련
predictions = svm.predict(x_test) ······ 훈련된 모델을 사용하여 테스트 데이터에서 예측
score = metrics.accuracy_score(y_test, predictions)
print('정확도: {0:f}'.format(score)) ······ 테스트 데이터 (예측) 정확도 측정
```

다음은 SVM 모델에 대한 정확도 출력 결과입니다.

정확도: 0.988889

① SVM은 선형 분류와 비선형 분류를 지원합니다. 비선형에 대한 커널은 선형으로 분류될 수 없는 데이터들 때문에 발생했습니다.

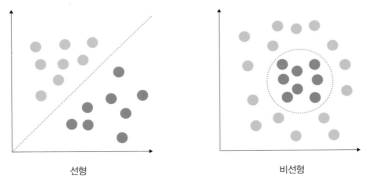

▼ 그림 3-10 선형과 비선형 분류

선형   비선형

비선형 문제를 해결하는 가장 기본적인 방법은 저차원 데이터를 고차원으로 보내는 것인데, 이것
은 많은 수학적 계산이 필요하기 때문에 성능에 문제를 줄 수 있습니다.[6]

▼ 그림 3-11 비선형과 선형 분류

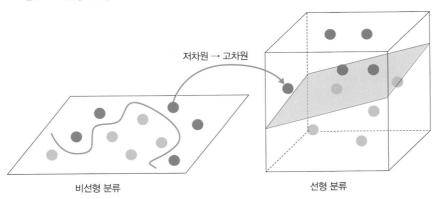

저차원 → 고차원

비선형 분류   선형 분류

이러한 문제를 해결하고자 도입한 것이 바로 '커널 트릭(kernel trick)'입니다. 선형 모델을 위한 커
널(kernel)에는 선형(linear) 커널이 있고, 비선형을 위한 커널에는 가우시안 RBF 커널과 다항식 커
널(poly)이 있습니다. 가우시안 RBF 커널과 다항식 커널은 수학적 기교를 이용하는 것으로, 벡터
내적을 계산한 후 고차원으로 보내는 방법으로 연산량을 줄였습니다(벡터 내적은 별도의 인공지
능 수학 관련 도서를 참고하기 바랍니다).

---

6   저차원 데이터는 특성이 적은 데이터이고, 고차원 데이터는 특성이 많은 데이터입니다.

- **선형 커널**(linear kernel): 선형으로 분류 가능한 데이터에 적용하며, 다음 수식을 사용합니다.

$$K(a,b) = a^T \cdot b$$
$$(a, b: 입력 벡터)$$

또한, 선형 커널은 기본 커널 트릭으로 커널 트릭을 사용하지 않겠다는 의미와 일맥상통합니다.

- **다항식 커널**(polynomial kernel): 실제로는 특성을 추가하지 않지만, 다항식 특성을 많이 추가한 것과 같은 결과를 얻을 수 있는 방법입니다. 즉, 실제로는 특성을 추가하지 않지만, 엄청난 수의 특성 조합이 생기는 것과 같은 효과를 얻기 때문에 고차원으로 데이터 매핑이 가능하게 합니다.

$$K(a,b) = (\gamma a^T \cdot b)^d$$
$$\begin{pmatrix} a, b: 입력 벡터 \\ \gamma: 감마(gamma) \\ d: 차원, 이때 \gamma, d는 하이퍼파라미터 \end{pmatrix}$$

- **가우시안 RBF 커널**(Gaussian RBF kernel): 다항식 커널의 확장이라고 생각해도 좋습니다. 입력 벡터를 차원이 무한한 고차원으로 매핑하는 것으로, 모든 차수의 모든 다항식을 고려합니다. 즉, 다항식 커널은 차수에 한계가 있는데, 가우시안 RBF는 차수에 제한 없이 무한한 확장이 가능합니다.

$$K(a,b) = \exp(-\gamma \| a-b \|^2)$$
$$(이때 \gamma는 하이퍼파라미터)$$

코드 3-8과 같이 세 가지 커널에서 사용되는 수치 값 중 C 값은 오류를 어느 정도 허용할지 지정하는 파라미터이며, C 값이 클수록 하드 마진이고 작을수록 소프트 마진입니다. 그리고 감마(gamma)는 결정 경계를 얼마나 유연하게 가져갈지 지정합니다. 즉, 훈련 데이터에 얼마나 민감하게 반응할지 지정하기 때문에 C와 개념이 비슷합니다. 감마 값이 높으면 훈련 데이터에 많이 의존하기 때문에 결정 경계가 곡선 형태를 띠며 과적합을 초래할 수 있으니 주의해야 합니다.

▼ 그림 3-12 서포트 벡터 머신 커널의 감마 값에 따른 변화

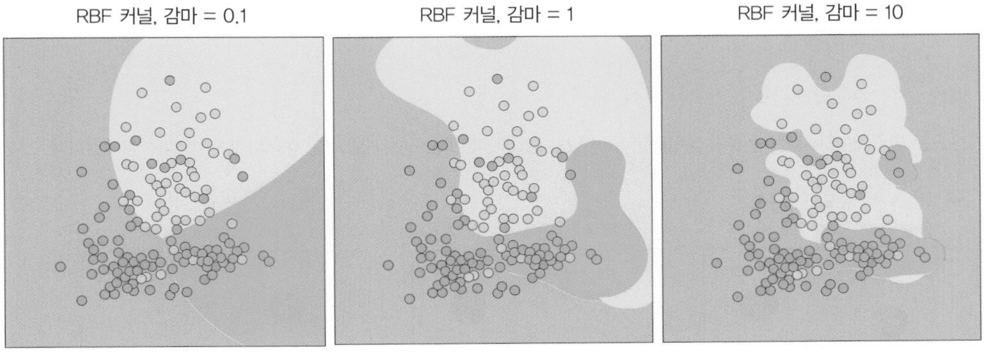

RBF 커널, 감마 = 0.1   RBF 커널, 감마 = 1   RBF 커널, 감마 = 10

3.1.3 결정 트리

▼ 표 3-4 결정 트리를 사용하는 이유와 적용 환경

왜 사용할까?	주어진 데이터에 대한 분류
언제 사용하면 좋을까?	결정 트리는 이상치가 많은 값으로 구성된 데이터셋을 다룰 때 사용하면 좋습니다. 또한, 결정 과정이 시각적으로 표현되기 때문에 머신 러닝이 어떤 방식으로 의사 결정을 하는지 알고 싶을 때 유용합니다.

결정 트리(decision tree)는 데이터를 분류하거나 결괏값을 예측하는 분석 방법입니다. 결과 모델이 트리 구조이기 때문에 결정 트리라고 합니다. 다음 그림은 결정 과정을 보여 줍니다.

▼ 그림 3-13 결정 트리 사례

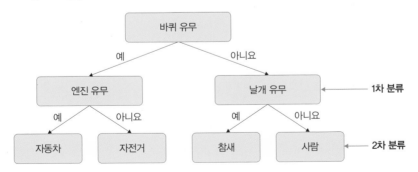

결정 트리는 데이터를 1차로 분류한 후 각 영역의 순도(homogeneity)는 증가하고, 불순도(impurity)와 불확실성(uncertainty)은 감소하는 방향으로 학습을 진행합니다. 순도가 증가하고 불확실성이

감소하는 것을 정보 이론에서는 정보 획득(information gain)이라고 하며, 순도를 계산하는 방법에는 다음 두 가지를 많이 사용합니다.

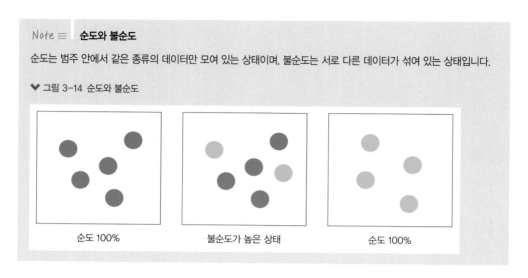

Note ≡ **순도와 불순도**

순도는 범주 안에서 같은 종류의 데이터만 모여 있는 상태이며, 불순도는 서로 다른 데이터가 섞여 있는 상태입니다.

❤ 그림 3-14 순도와 불순도

순도 100%　　　　　　불순도가 높은 상태　　　　　　순도 100%

결정 트리에서 불확실성을 계산하는 방법은 두 가지입니다.

엔트로피(entropy)

확률 변수의 불확실성을 수치로 나타낸 것으로, 엔트로피가 높을수록 불확실성이 높다는 의미입니다. 즉, 엔트로피 값이 0과 0.5라고 가정할 때 다음 도출이 가능합니다.

엔트로피 = 0 = 불확실성 최소 = 순도 최대

엔트로피 = 0.5 = 불확실성 최대 = 순도 최소

레코드 m개가 A 영역에 포함되어 있다면 엔트로피는 다음 식으로 정의됩니다.

$$Entropy(A) = -\sum_{k=1}^{m} p_k \log_2(p_k)$$

(P_k=A 영역에 속하는 데이터 가운데 k 범주에 속하는 데이터 비율)

예를 들어 동전을 두 번 던져 앞면이 나올 확률이 1/4이고 뒷면이 나올 확률이 3/4일 때, 엔트로피는 다음과 같습니다.

$$Entropy(A) = -(\frac{1}{4})\log(\frac{1}{4}) - (\frac{3}{4})\log(\frac{3}{4})$$
$$= \frac{2}{4} + \frac{3}{4} \times 0.42$$
$$= 0.31$$

지니 계수(Gini index)

불순도를 측정하는 지표로, 데이터의 통계적 분산 정도를 정량화해서 표현한 값입니다. 즉, 지니 계수는 원소 n개 중에서 임의로 두 개를 추출했을 때, 추출된 두 개가 서로 다른 그룹에 속해 있을 확률을 의미합니다.

지니 계수는 다음 공식으로 구할 수 있으며, 지니 계수가 높을수록 데이터가 분산되어 있음을 의미합니다.

$$G(S) = 1 - \sum_{i=1}^{c} p_i^2$$

(S: 이미 발생한 사건의 모음, c: 사건 개수)

지니 계수는 로그를 계산할 필요가 없어 엔트로피보다 계산이 빠르기 때문에 결정 트리에서 많이 사용합니다.

그럼 코드로 자세히 살펴보겠습니다. 이 예제의 목표는 타이타닉 승객의 생존 여부를 예측하는 것입니다.

❤ 그림 3-15 결정 트리 예제

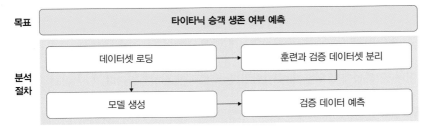

먼저 필요한 데이터를 불러오겠습니다. 데이터는 내려받은 예제 파일의 data 폴더에 있는 train. csv 파일을 사용합니다.[7]

---

7 캐글에서 제공하는 타이타닉 데이터셋입니다(https://www.kaggle.com/c/titanic/data).

```
import pandas as pd                                    판다스를 이용하여 train.csv 파일을 로드해서 df에 저장
df = pd.read_csv('../chap3/data/titanic/train.csv', index_col='PassengerId')
print(df.head())  ------ train.csv 데이터의 상위 행 다섯 개를 출력
```

라이브러리 호출 및 데이터 준비 코드를 실행하면 다음과 같이 출력됩니다.

```
             Survived  Pclass  \
PassengerId
1                   0       3
2                   1       1
3                   1       3
4                   1       1
5                   0       3


                                                        Name     Sex   Age  \
PassengerId
1                                    Braund, Mr. Owen Harris    male  22.0
2            Cumings, Mrs. John Bradley (Florence Briggs Th...  female  38.0
3                                     Heikkinen, Miss. Laina  female  26.0
4               Futrelle, Mrs. Jacques Heath (Lily May Peel)  female  35.0
5                                   Allen, Mr. William Henry    male  35.0

             SibSp  Parch            Ticket     Fare Cabin Embarked
PassengerId
1                1      0         A/5 21171   7.2500   NaN        S
2                1      0          PC 17599  71.2833   C85        C
3                0      0  STON/O2. 3101282   7.9250   NaN        S
4                1      0            113803  53.1000  C123        S
5                0      0            373450   8.0500   NaN        S
```

타이타닉 전체 데이터 중 분석에 필요한 데이터(칼럼)만 추출하여 전처리합니다.

```
                      승객의 생존 여부를 예측하려고 'Pclass', 'Sex', 'Age', 'SibSp', 'Parch', 'Fare' 사용
df = df[['Pclass', 'Sex', 'Age', 'SibSp', 'Parch', 'Fare', 'Survived']]
df['Sex'] = df['Sex'].map({'male': 0, 'female': 1})  ------ 성별을 나타내는 'sex'를 0 또는 1의
df = df.dropna()  ------ 값이 없는 데이터 삭제                              정수 값으로 변환
X = df.drop('Survived', axis=1)
y = df['Survived']  ------ 'Survived' 값을 예측 레이블로 사용
```

훈련과 테스트 데이터셋으로 분리합니다.

```
from sklearn.model_selection import train_test_split
X_train, X_test, y_train, y_test = train_test_split(X, y, random_state=1)
```

사이킷런에서 제공하는 결정 트리 라이브러리를 이용하여 모델을 생성합니다.

```
from sklearn import tree
model = tree.DecisionTreeClassifier()
```

준비된 훈련 데이터셋을 이용하여 모델을 훈련시킵니다.

```
model.fit(X_train, y_train) ------ 모델을 훈련시킵니다.
```

다음은 모델 훈련에 대한 실행 결과입니다.

```
DecisionTreeClassifier()
```

테스트 데이터셋을 이용하여 모델에 대한 예측을 진행합니다.

```
y_predict = model.predict(X_test)
from sklearn.metrics import accuracy_score
accuracy_score(y_test, y_predict) ------ 테스트 데이터에 대한 예측 결과를 보여 줍니다.
```

다음은 모델 예측에 대한 출력 결과입니다.

```
0.8379888268156425
```

결과가 83%로 높은 수치를 보이고 있습니다. 즉, 학습이 잘되었습니다.

이번에는 혼동 행렬을 이용한 결과를 살펴보겠습니다.

코드 3-15 혼동 행렬을 이용한 성능 측정

```
from sklearn.metrics import confusion_matrix
pd.DataFrame(
    confusion_matrix(y_test, y_predict),
    columns=['Predicted Not Survival', 'Predicted Survival'],
    index=['True Not Survival', 'True Survival']
)
```

다음 그림은 혼동 행렬에 대한 출력 결과입니다.

▼ 그림 3-16 결정 트리 코드 실행 결과

	Predicted Not Survival	Predicted Survival
True Not Survival	99	13
True Survival	16	51

결과가 제대로 나왔는지 확인하려면 혼동 행렬의 개념을 이해해야 합니다.

혼동 행렬은 알고리즘 성능 평가에 사용됩니다. 혼동 행렬에서 사용되는 다음 표를 먼저 살펴보겠습니다.

▼ 표 3-5 혼동 행렬

		예측 값	
		Positive	Negative
실제 값	Positive	TP	FN
	Negative	FP	TN

혼동 행렬에서 사용하는 용어는 2장에서 다루었지만 리마인드 차원에서 다시 정리하면 다음과 같습니다.

- **True Positive**: 모델(분류기)이 '1'이라고 예측했는데 실제 값도 '1'인 경우
- **True Negative**: 모델(분류기)이 '0'이라고 예측했는데 실제 값도 '0'인 경우
- **False Positive**: 모델(분류기)이 '1'이라고 예측했는데 실제 값은 '0'인 경우
- **False Negative**: 모델(분류기)이 '0'이라고 예측했는데 실제 값은 '1'인 경우

혼동 행렬을 이용하면 2장에서 배운 정밀도, 재현율, 정확도 같은 지표를 얻을 수 있습니다.

혼동 행렬을 바탕으로 모델의 훈련 결과를 확인해 봅시다. 잘못된 예측(다음 그림의 파란색)보다

는 정확한 예측(다음 그림의 빨간색)의 수치가 더 높으므로 잘 훈련되었다고 할 수 있습니다.

▼ 그림 3-17 혼동 행렬 훈련 결과

	Predicted Not Survival	Predicted Survival
True Not Survival	99	13
True Survival	16	51

이와 같이 주어진 데이터를 사용하여 트리 형식으로 데이터를 이진 분류(0 혹은 1)해 나가는 방법이 결정 트리이며, 결정 트리를 좀 더 확대한 것(결정 트리를 여러 개 묶어 놓은 것)이 랜덤 포레스트(random forest)입니다.

3.1.4 로지스틱 회귀와 선형 회귀

회귀란 변수가 두 개 주어졌을 때 한 변수에서 다른 변수를 예측하거나 두 변수의 관계를 규명하는 데 사용하는 방법입니다. 이때 사용되는 변수 유형은 다음과 같습니다.

- **독립 변수(예측 변수)**: 영향을 미칠 것으로 예상되는 변수
- **종속 변수(기준 변수)**: 영향을 받을 것으로 예상되는 변수

이때 두 변수 간 관계에서 독립 변수와 종속 변수의 설정은 논리적인 타당성이 있어야 합니다. 예를 들어 몸무게(종속 변수)와 키(독립 변수)는 둘 간의 관계를 규명하는 용도로 사용됩니다.

로지스틱 회귀

먼저 로지스틱 회귀 분석에 대해 살펴보겠습니다.

▼ 표 3-6 로지스틱 회귀를 사용하는 이유와 적용 환경

왜 사용할까?	주어진 데이터에 대한 분류
언제 사용하면 좋을까?	로지스틱 회귀 분석은 주어진 데이터에 대한 확신이 없거내(예를 들어 분류 결과에 대해 확신이 없을 때) 향후 추가적으로 훈련 데이터셋을 수집하여 모델을 훈련시킬 수 있는 환경에서 사용하면 유용합니다.

로지스틱 회귀(logistic regression)는 분석하고자 하는 대상들이 두 집단 혹은 그 이상의 집단으로 나누어진 경우, 개별 관측치들이 어느 집단에 분류될 수 있는지 분석하고 이를 예측하는 모형을 개발하는 데 사용되는 통계 기법입니다. 따라서 일반적인 회귀 분석과는 차이가 있습니다.

▼ 표 3-7 일반 회귀 분석과 로지스틱 회귀 분석 차이

구분	일반적인 회귀 분석	로지스틱 회귀 분석
종속 변수	연속형 변수	이산형 변수
모형 탐색 방법	최소제곱법	최대우도법
모형 검정	F-테스트, t-테스트	X^2 테스트

Note ☰ **최소제곱법과 최대우도법**

최소제곱법(mean squared)과 최대우도법(maximum likelihood)은 랜덤 표본에서 모집단 모수를 추정하는 데 사용됩니다. 최소제곱법은 일반적인 회귀 분석에서 사용하지만, 최대우도법은 로지스틱 회귀 분석에서 사용합니다. 이 둘 간에 어떤 차이가 있는지 알아봅시다.

최소제곱법은 실제 값에서 예측 값을 뺀 후 제곱해서 구할 수 있습니다(최소제곱법은 1장에서 언급한 평균 제곱 오차와 동일합니다).

▼ 그림 3-18 최소제곱법

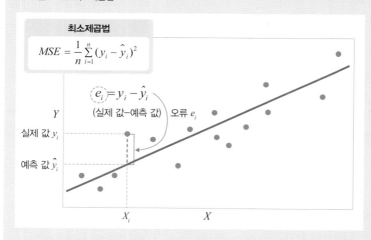

최대우도법을 이해하려면 먼저 우도 개념을 알아야 합니다.

우도(likelihood, 가능도)는 나타난 결과에 따라 여러 가능한 가설을 평가할 수 있는 척도(measure)를 의미합니다. 따라서 최대우도는 나타난 결과에 해당하는 가설마다 계산된 우도 값 중 가장 큰 값입니다. 즉, 일어날 가능성(우도)이 가장 큰 것을 의미합니다. 이 모든 것을 종합하여 최대우도법을 정의하면 최대우도 추정치 또는 최대 가능성 추정량이라고 할 수 있습니다.

최대우도법은 다음 수식으로 구할 수 있습니다.

$$\theta_{ml} = \arg\max_{\theta} P_{\text{model}}(Y \mid X; \theta) \text{ -------------- ①}$$

$$\theta_{ml} = \arg\max_{\theta} \sum_{i=1}^{m} \log P_{\text{model}}(y_i \mid x_i; \theta) \text{ ------- ②}$$

● 계속

수식 ①과 같이 입력 값 X와 모델의 파라미터 θ가 주어졌을 때, Y가 나타날 확률을 최대화하는 θ를 찾는 것이 최대 우도법입니다. X와 Y가 고정된 상태에서 모델에 X를 넣었을 때 실제 값 Y에 가장 가까운 θ를 찾는 것이 수식입니다. 이때 관측치 m개가 모두 서로 독립이라고 가정할 때, 언더플로를 방지하고자 우도에 로그를 취한다면 최대우도 추정 치는 수식 ②와 같습니다.

또한, 로지스틱 회귀 분석은 다음 절차에 따라 분석을 진행합니다.

- **1단계**: 각 집단에 속하는 확률의 추정치를 예측합니다. 이때 추정치는 이진 분류의 경우 집단 1에 속하는 확률 $P(Y=1)$로 구합니다.

- **2단계**: 분류 기준 값(cut-off)을 설정한 후 특정 범주로 분류합니다.

  예 $P(Y=1) \geq 0.5 \rightarrow$ 집단 1로 분류
  $P(Y=1) < 0.5 \rightarrow$ 집단 0으로 분류

로지스틱 회귀 분석이 어렵게 느껴진다면 확률과 통계에 익숙하지 않기 때문입니다. 이쯤에서 인공지능 관련 수학을 다시 찾아보길 권합니다.

로지스틱 회귀 분석 코드를 살펴봅시다. 목표는 신규 데이터(숫자(digit))에 대한 정확한 예측입니다.

▼ 그림 3-19 로지스틱 회귀 분석 예제

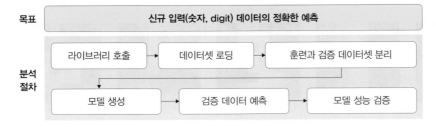

라이브러리를 호출하고 데이터를 준비합니다. 사용할 digits 숫자 데이터셋은 사이킷런에서 제공하는 데이터셋입니다.

코드 3-16 라이브러리 호출 및 데이터 준비

```
%matplotlib inline
from sklearn.datasets import load_digits
digits = load_digits()  ------ 숫자 데이터셋(digits)은 사이킷런에서 제공

print("Image Data Shape", digits.data.shape)  ------ digits 데이터셋의 형태(이미지가 1797개 있으며,
                                                      8×8 이미지의 64차원을 가짐)
```

```
print("Label Data Shape", digits.target.shape) ------ 레이블 이미지 1797개가 있음
```

코드를 실행하면 다음과 같이 digits 데이터셋 형태를 출력해서 보여 줍니다.

```
Image Data Shape (1797, 64)
Label Data Shape (1797,)
```

digits 데이터셋의 이미지와 레이블이 어떻게 생겼는지 시각화해서 확인해 봅시다.

코드 3-17 digits 데이터셋의 시각화

```
import numpy as np
import matplotlib.pyplot as plt

plt.figure(figsize=(20,4))
for index, (image, label) in enumerate(zip(digits.data[0:5], digits.target[0:5])): ------
    plt.subplot(1, 5, index+1)                                    예시로 이미지 다섯 개만 확인
    plt.imshow(np.reshape(image, (8,8)), cmap=plt.cm.gray)
    plt.title('Training: %i\n' % label, fontsize=20)
```

다음 그림은 digits 데이터셋을 시각화한 출력 결과입니다.

▼ 그림 3-20 로지스틱 회귀 예제 데이터

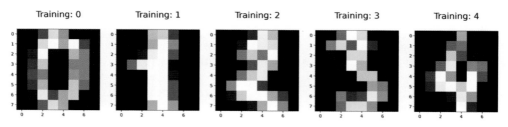

훈련과 테스트 데이터셋으로 분리한 후 분리된 데이터를 사용하여 모델을 훈련시킵니다.

코드 3-18 훈련과 테스트 데이터셋 분리 및 로지스틱 회귀 모델 생성

```
from sklearn.model_selection import train_test_split
x_train, x_test, y_train, y_test = train_test_split(digits.data, digits.target,
                                                    test_size=0.25, random_state=0)

from sklearn.linear_model import LogisticRegression
logisticRegr = LogisticRegression() ------ 로지스틱 회귀 모델의 인스턴스 생성
logisticRegr.fit(x_train, y_train) ------ 모델 훈련
```

코드를 실행하면 다음과 같이 출력됩니다.

```
LogisticRegression()
```

모델에 대한 예측을 테스트 데이터셋을 사용해서 진행해 봅시다.

코드 3-19 일부 데이터를 사용한 모델 예측

```
logisticRegr.predict(x_test[0].reshape(1,-1)) ----- 새로운 이미지(테스트 데이터)에 대한
                                                     예측 결과를 넘파이 배열로 출력
logisticRegr.predict(x_test[0:10]) ----- 이미지 열 개에 대한 예측을 한 번에 배열로 출력
```

열 개의 이미지 데이터를 사용한 로지스틱 회귀 모델에 대한 예측 결과는 다음과 같이 출력됩니다.

```
array([2, 8, 2, 6, 6, 7, 1, 9, 8, 5])
```

모델 성능을 측정하겠습니다. 모델 성능을 측정하는 방법으로는 혼동 행렬(정확도, 정밀도, 재현율), F1-스코어, ROC 커브 등이 있습니다. 먼저 정확도에 대한 성능을 확인해 보겠습니다. 정확도는 전체 데이터를 이용하여 진행합니다.

코드 3-20 전체 데이터를 사용한 모델 예측

```
predictions = logisticRegr.predict(x_test) ----- 전체 데이터셋에 대한 예측
score = logisticRegr.score(x_test, y_test) ----- 스코어(score) 메서드를 사용한 성능 측정
print(score)
```

코드를 실행하면 다음과 같은 예측 결과가 출력됩니다.

```
0.9511111111111111
```

성능 측정 결과는 95%로 나쁘지 않습니다. 결과를 좀 더 명확하게 확인하고자 혼동 행렬로 표현해 보겠습니다.

혼동 행렬은 지도 학습에서 테스트 데이터셋에 대한 분류 모델 성능을 설명하는 데 자주 사용됩니다. 혼동 행렬을 표현하기 위해 파이썬 패키지 Seaborn을 사용합니다.

코드 3-21 혼동 행렬 시각화

```
import numpy as np
import seaborn as sns
from sklearn import metrics
```

```
cm = metrics.confusion_matrix(y_test, predictions) ------ 혼동 행렬(confusion_matrix)
plt.figure(figsize=(9,9))
sns.heatmap(cm, annot=True, fmt=".3f", linewidths=.5, square=True, cmap='Blues_r'); ------
plt.ylabel('Actual label'); ------ y축                                    heatmap으로 표현
plt.xlabel('Predicted label'); ------ x축
all_sample_title = 'Accuracy Score: {0}'.format(score)
plt.title(all_sample_title, size=15);
plt.show();
```

다음 그림은 시각화 실행 결과입니다.

❤ 그림 3-21 로지스틱 회귀 예제 실행 결과

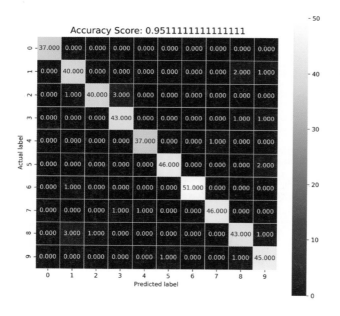

결과를 확인하기는 좋지만, 직관적으로 이해하기에는 난해합니다. 따라서 혼동 행렬은 단지 결과
확인용으로만 사용하길 권장합니다.

선형 회귀

이번에는 선형 회귀 분석을 살펴보겠습니다.

▼ 표 3-8 선형 회귀를 사용하는 이유와 적용 환경

왜 사용할까?	주어진 데이터에 대한 분류
언제 사용하면 좋을까?	로지스틱 회귀는 주어진 데이터에서 독립 변수(x)와 종속 변수(y)가 선형 관계를 가질 때 사용하면 유용합니다. 또한, 복잡한 연산 과정이 없기 때문에 컴퓨팅 성능이 낮은 환경(CPU/GPU 혹은 메모리 성능이 좋지 않을 때)에서 사용하면 좋습니다.

선형 회귀(linear regression)는 독립 변수 x를 사용하여 종속 변수 y의 움직임을 예측하고 설명하는 데 사용됩니다. 독립 변수 x는 하나일 수도 있고, x1, x2, x3처럼 여러 개일 수도 있습니다. 하나의 x 값으로 y 값을 설명할 수 있다면 단순 선형 회귀(simple linear regression)라고 하며, x 값이 여러 개라면 다중 선형 회귀(multiple linear regression)라고 합니다.

선형 회귀는 종속 변수와 독립 변수 사이의 관계를 설정하는 데 사용됩니다. 즉, 독립 변수가 변경되었을 때 종속 변수를 추정하는 데 유용합니다. 예를 들어 더운 여름철 아이스크림이 시간당 100개가 팔린다고 할 때 $y=100x$라는 함수를 가정할 수 있습니다(실제로는 더 복잡한 수식이겠지만, 설명을 위해 간단히 $y=100x$라고 하겠습니다). 이 함수에 따라 아이스크림 가격이 1000원이라고 한다면 시간당 10만 원의 매출이 될 것입니다. 이와 같이 단순 회귀를 사용하면 변수 값을 추정할 수 있습니다.

반면 로지스틱 회귀는 사건의 확률(0 또는 1)을 확인하는 데 사용됩니다. 예를 들어 고객이 A 제품을 구매할지 여부를 확인하고 싶을 때 로지스틱 회귀 분석을 이용합니다(종속 변수는 이진 변수(1=예, 0=아니요)로 표현되기 때문).

다음 그림과 같이 그래픽으로 살펴보면 선형 회귀는 직선을 출력하고, 로지스틱 회귀는 S-커브를 출력합니다.

▼ 그림 3-22 선형 회귀와 로지스틱 회귀

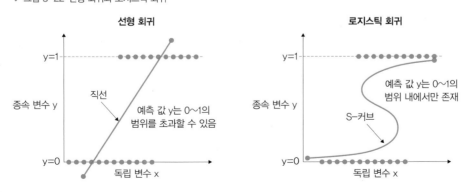

이번에는 선형 회귀에 대해 코드로 확인해 보겠습니다. 캐글에서 제공하는 날씨 데이터셋을 이용할 것입니다.[8]

▼ 그림 3-23 선형 회귀 예제

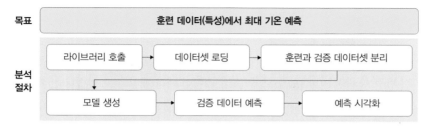

날씨 데이터셋에는 전 세계 여러 기상 관측소에서 매일 기록된 기상 조건 정보가 포함되어 있습니다. 강수량, 강설량, 기온, 풍속 및 그 날의 뇌우 등 정보들이 포함되어 있으나, 예제에서는 최대 온도를 예측하기 때문에 최소/최대 기온(MinTemp, MaxTemp) 정보만 사용합니다.

필요한 라이브러리를 호출합니다.

코드 3-22 라이브러리 호출

```
import pandas as pd
import numpy as np
import matplotlib.pyplot as plt
import seaborn as seabornInstance
from sklearn.model_selection import train_test_split
from sklearn.linear_model import LinearRegression
from sklearn import metrics
%matplotlib inline
```

내려받은 예제 파일의 data 폴더에서 날씨 데이터셋 weather.csv 파일을 불러옵니다.

코드 3-23 weather.csv 파일 불러오기

```
dataset = pd.read_csv('../chap3/data/weather.csv')
```

MinTemp와 MaxTemp 데이터 간 분포를 확인하고자 2D 그래프로 시각화합니다.

---

8 호주 기상 관측소(http://www.bom.gov.au/climate/data)의 날씨 데이터를 정리한 데이터셋입니다(https://www.kaggle.com/akdagmelih/rain-prediction-logistic-regression-example/data?select=weatherAUS.csv).

코드 3-24 데이터 간 관계를 시각화로 표현

```
dataset.plot(x='MinTemp', y='MaxTemp', style='o')
plt.title('MinTemp vs MaxTemp')
plt.xlabel('MinTemp')
plt.ylabel('MaxTemp')
plt.show()
```

다음 그림은 데이터 간 관계를 시각화로 표현한 결과입니다.

▼ 그림 3-24 선형 회귀 예제 실행 결과

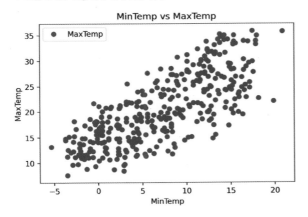

데이터를 '속성(attribute)'과 '레이블(label)'로 나눕니다. 속성은 독립 변수이고 레이블은 종속 변수입니다. 따라서 MinTemp에 따라 MaxTemp를 예측하기 위해 x 변수는 'MinTemp'로 구성하고, y 변수는 'MaxTemp'로 구성합니다.

코드 3-25 데이터를 독립 변수와 종속 변수로 분리하고 선형 회귀 모델 생성

```
X = dataset['MinTemp'].values.reshape(-1,1)          데이터의 80%를 훈련 데이터셋으로 하고
y = dataset['MaxTemp'].values.reshape(-1,1)          데이터의 20%를 검증 데이터셋으로 분할
X_train, X_test, y_train, y_test = train_test_split(X, y, test_size=0.2) ······

regressor = LinearRegression()  ------ 선형 회귀 클래스를 가져옴
regressor.fit(X_train, y_train)  ------ fit() 메서드를 사용하여 모델 훈련
```

다음은 선형 회귀 모델에 대한 실행 결과입니다.

```
LinearRegression()
```

테스트 데이터셋을 사용하여 몇 가지 예측을 해 보겠습니다. 먼저 X_test의 실제 출력 값을 예측 값과 비교해 보겠습니다.

코드 3-26 회귀 모델에 대한 예측

```
y_pred = regressor.predict(X_test)
df = pd.DataFrame({'Actual': y_test.flatten(), 'Predicted': y_pred.flatten()})
df
```

다음 그림은 회귀 모델에 대한 예측 실행 결과입니다.

▼ 그림 3-25 선형 회귀 예제 예측 결과

	Actual	**Predicted**
0	25.2	23.413030
1	11.5	13.086857
2	21.1	27.264856
3	22.2	25.461874
4	20.4	26.937041
...	...	...
69	18.9	20.216833
70	22.8	27.674625
71	16.1	21.446140
72	25.1	24.970151
73	12.2	14.070302

74 rows × 2 columns

이번에는 테스트 데이터셋을 회귀선(직선)으로 표현해 보겠습니다.

코드 3-27 테스트 데이터셋을 사용한 회귀선 표현

```
plt.scatter(X_test, y_test, color='gray')
plt.plot(X_test, y_pred, color='red', linewidth=2)
plt.show()
```

다음 그림은 테스트 데이터셋을 사용하여 회귀선으로 표현한 출력 결과입니다.

▼ 그림 3-26 선형 회귀 예측 결과를 회귀선으로 표현

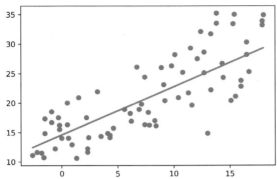

어떤가요? 출력 결과 그림을 보면 회귀선이 실제 데이터와 비슷하다는 것을 확인할 수 있습니다.

이제 거의 다 왔습니다. 마지막으로 모델을 평가해 보겠습니다. 선형 회귀는 평균 제곱 오차(평균 제곱법)와 루트 평균 제곱 오차(루트 평균제곱법)를 사용하여 모델을 평가합니다.

코드 3-28 선형 회귀 모델 평가

```
print('평균제곱법:', metrics.mean_squared_error(y_test, y_pred))
print('루트 평균제곱법:', np.sqrt(metrics.mean_squared_error(y_test, y_pred)))
```

다음은 선형 회귀 모델 평가에 대한 실행 결과입니다.

```
평균제곱법: 17.011877668640622
루트 평균제곱법: 4.124545753006096
```

루트 평균제곱법(root mean squared)은 이름에서도 알 수 있듯이 평균제곱법(mean squared)에 루트를 씌운 것입니다. 따라서 루트 평균제곱법의 공식은 다음과 같습니다.

$$\text{평균제곱법이 } MSE = \frac{1}{n} \sum_{i=1}^{n} (y_i - \hat{y}_i)^2 \text{이라면,}$$

$$\text{루트 평균제곱법은 루트만 씌운 } RMSE = \sqrt{\frac{1}{n} \sum_{i=1}^{n} (y_i - \hat{y}_i)^2} \text{ 이 됩니다.}$$

루트 평균제곱법 값(4.12)은 모든 기온 백분율에 대한 평균값(22.41)과 비교하여 10% 이상임을 알 수 있습니다. 따라서 모델 정확도는 높지 않지만 여전히 합리적으로 좋은 예측을 할 수 있음을 의미합니다.

3.2 비지도 학습

비지도 학습은 지도 학습처럼 레이블이 필요하지 않으며 정답이 없는 상태에서 훈련시키는 방식입니다. 비지도 학습에는 군집(clustering)과 차원 축소(dimensionality reduction)가 있습니다. 군집은 각 데이터의 유사성(거리)을 측정한 후 유사성이 높은(거리가 짧은) 데이터끼리 집단으로 분류하는 것입니다. 차원 축소는 차원을 나타내는 특성을 줄여서 데이터를 줄이는 방식입니다.

군집과 차원 축소 차이는 다음 표와 같습니다.

▼ 표 3-9 비지도 학습 군집과 차원 축소 비교

구분	군집	차원 축소
목표	데이터 그룹화	데이터 간소화
주요 알고리즘	K-평균 군집화(K-Means)	주성분 분석(PCA)
예시	사용자의 관심사에 따라 그룹화하여 마케팅에 활용	• 데이터 압축 • 중요한 속성 도출

Note ≡ **군집, 군집화, 클러스터**

통계학에서는 군집이라고 하며, 머신 러닝에서는 클러스터라고 합니다. 또한, 클러스터를 한국어로 바꾸면 군집화가 됩니다. 즉, 군집, 군집화, 클러스터는 같은 의미의 다른 표현입니다. 이 책에서는 군집, 군집화, 클러스터 용어를 혼용하여 사용하지만, 모두 동일한 의미로 이해하면 됩니다.

Note ≡ **데이터 간 유사도(거리) 측정 방법**

데이터 간 유사도(거리)를 측정하는 방법으로 유클리드 거리, 맨해튼 거리, 민코프스키 거리, 코사인 유사도 등이 있습니다.

각각에 대한 설명은 인공지능 수학 관련 도서를 참고하기 바랍니다.

그럼 비지도 학습의 알고리즘을 하나씩 살펴보겠습니다.

3.2.1 K-평균 군집화

▼ 표 3-10 K-평균 군집화를 사용하는 이유와 적용 환경

왜 사용할까?	주어진 데이터에 대한 군집화
언제 사용하면 좋을까?	주어진 데이터셋을 이용하여 몇 개의 클러스터를 구성할지 사전에 알 수 있을 때 사용하면 유용합니다.

K-평균 군집화(K-means clustering)는 데이터를 입력받아 소수의 그룹으로 묶는 알고리즘입니다. 레이블이 없는 데이터를 입력받아 각 데이터에 레이블을 할당해서 군집화를 수행하는데, 학습 과정은 다음과 같습니다.

1. **중심점 선택**: 랜덤하게 초기 중심점(centroid)을 선택합니다(그림에서는 $K=2$로 초기화).

2. **클러스터 할당**: K개의 중심점과 각각의 개별 데이터 간의 거리(distance)를 측정한 후, 가장 가까운 중심점을 기준으로 데이터를 할당(assign)합니다. 이 과정을 통해 클러스터가 구성됩니다(이때 클러스터링은 데이터를 하나 혹은 둘 이상의 덩어리로 묶는 과정이며, 클러스터는 덩어리 자체를 의미합니다).

3. **새로운 중심점 선택**: 클러스터마다 새로운 중심점을 계산합니다.

4. **범위 확인**(convergence): 선택된 중심점에 더 이상의 변화가 없다면 진행을 멈춥니다. 만약 계속 변화가 있다면 **1~3** 과정을 반복합니다.

다음 그림은 반복 횟수에 따른 데이터 분류 과정을 보여 줍니다.

▼ 그림 3-27 K-평균 군집화

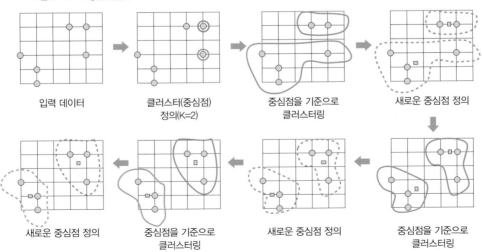

입력 데이터

클러스터(중심점) 정의(K=2)

중심점을 기준으로 클러스터링

새로운 중심점 정의

새로운 중심점 정의

중심점을 기준으로 클러스터링

새로운 중심점 정의

중심점을 기준으로 클러스터링

참고로 K-평균 군집화 알고리즘은 다음 상황에서는 데이터 분류가 원하는 결과와 다르게 발생할 수 있으므로 사용하지 않는 것이 좋습니다.

데이터가 비선형일 때

▼ 그림 3-28 비선형 데이터

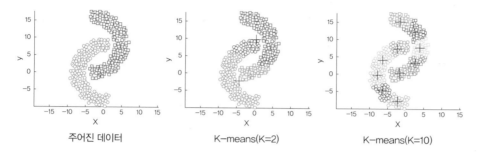

군집 크기가 다를 때

▼ 그림 3-29 서로 다른 군집 크기

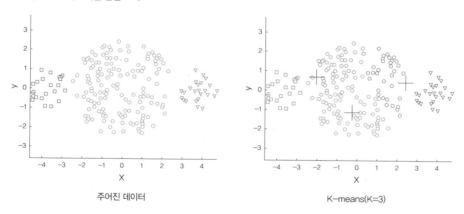

군집마다 밀집도(density)와 거리가 다를 때

▼ 그림 3-30 밀집도와 거리가 다른 군집

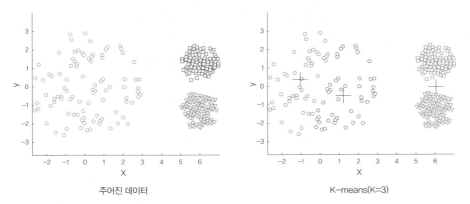

주어진 데이터 · K-means(K=3)

K-평균 군집화 예제로 자세히 알아보겠습니다. 앞서 살펴보았듯이 K-평균 군집화 알고리즘의 성능은 K 값에 따라 달라집니다. 따라서 이번 예제는 적절한 K 값을 찾는 것을 목표로 진행해 보겠습니다.

▼ 그림 3-31 K-평균 군집화 예제

먼저 필요한 라이브러리를 호출합니다.

코드 3-29 라이브러리 호출

```python
import pandas as pd
from sklearn.preprocessing import MinMaxScaler
from sklearn.cluster import KMeans
import matplotlib.pyplot as plt
```

내려받은 예제 파일의 data 폴더에서 상품에 대한 연 지출 데이터(sales data.csv) 파일을 불러옵니다.[9]

코드 3-30 상품에 대한 연 지출 데이터(sales data.csv) 호출

```
data = pd.read_csv('../chap3/data/sales data.csv')
data.head()
```

코드를 실행하면 다음 그림과 같이 다양한 제품에 대한 연 지출을 확인할 수 있습니다.

▼ 그림 3-32 K-평균 군집화 예제 데이터

	Channel	Region	Fresh	Milk	Grocery	Frozen	Detergents_Paper	Delicassen
0	2	3	12669	9656	7561	214	2674	1338
1	2	3	7057	9810	9568	1762	3293	1776
2	2	3	6353	8808	7684	2405	3516	7844
3	1	3	13265	1196	4221	6404	507	1788
4	2	3	22615	5410	7198	3915	1777	5185

불러온 데이터셋은 도매 유통업체의 고객 데이터로 신선한 제품, 유제품, 식료품 등에 대한 고객의 연간 지출 정보가 포함되어 있습니다.

- **Channel**: 고객 채널(호텔/레스토랑/카페) 또는 소매 채널(명목형 데이터)

- **Region**: 고객 지역(명목형 데이터)

- **Fresh**: 신선한 제품에 대한 연간 지출(연속형 데이터)

- **Milk**: 유제품에 대한 연간 지출(연속형 데이터)

- **Grocery**: 식료품에 대한 연간 지출(연속형 데이터)

- **Frozen**: 냉동 제품에 대한 연간 지출(연속형 데이터)

- **Detergents_Paper**: 세제 및 종이 제품에 대한 연간 지출(연속형 데이터)

- **Delicassen**: 조제 식품에 대한 연간 지출(연속형 데이터)

---

9 캐글에서 제공하는 UCI 도매 고객 데이터셋입니다(https://www.kaggle.com/binovi/wholesale-customers-data-set).

Note ≡ **자료 유형**

데이터 형태에 따라 다음과 같은 유형으로 구분할 수 있습니다.

▼ 표 3-11 자료 유형

데이터 형태	설명	예시
수치형 자료	관측된 값이 수치로 측정되는 자료	키, 몸무게, 시험 성적
연속형 자료	값이 연속적인 자료	키, 몸무게
이산형 자료	셀 수 있는 자료	자동차 사고
범주형 자료	관측 결과가 몇 개의 범주 또는 항목의 형태로 나타나는 자료	성별(남, 여), 선호도(좋다, 싫다)
순위형 자료	범주 간에 순서 의미가 있는 자료	'매우 좋다', '좋다', '그저 그렇다', '싫다', '매우 싫다' 다섯 가지 범주가 주어졌을 때, 이 범주에는 순서가 있음
명목형 자료	범주 간에 순서 의미가 없는 자료	혈액형

데이터 형태에 따라 연속형 데이터와 명목형 데이터로 분류합니다.

코드 3-31 연속형 데이터와 명목형 데이터로 분류

```
categorical_features = ['Channel', 'Region'] ------ 명목형 데이터
continuous_features = ['Fresh', 'Milk', 'Grocery', 'Frozen', 'Detergents_Paper',
                       'Delicassen'] ------ 연속형 데이터

for col in categorical_features:
    dummies = pd.get_dummies(data[col], prefix=col) ------ 명목형 데이터는 판다스의 get_ dummies() 메서드를
    data = pd.concat([data, dummies], axis=1)                사용하여 바이너리로 변환
    data.drop(col, axis=1, inplace=True)
data.head()
```

코드를 실행하면 다음과 같이 연속형 데이터와 명목형 데이터로 분류됩니다.

▼ 그림 3-33 예제 데이터를 연속형 데이터와 명목형 데이터로 분류

	Fresh	Milk	Grocery	Frozen	Detergents_Paper	Delicassen	Channel_1	Channel_2	Region_1	Region_2	Region_3
0	12669	9656	7561	214	2674	1338	0	1	0	0	1
1	7057	9810	9568	1762	3293	1776	0	1	0	0	1
2	6353	8808	7684	2405	3516	7844	0	1	0	0	1
3	13265	1196	4221	6404	507	1788	1	0	0	0	1
4	22615	5410	7198	3915	1777	5185	0	1	0	0	1

연속형 데이터의 모든 특성에 동일하게 중요성을 부여하기 위해 스케일링(scaling)을 적용합니다. 이는 데이터 범위가 다르기 때문에 범위에 따라 중요도가 달라질 수 있는 것(예를 들어 1000원과 1억 원이 있을 때 1000원의 데이터는 무시)을 방지하기 위함입니다. 일정한 범위를 유지하도록 사이킷런의 MinMaxScaler() 메서드를 사용합니다.

코드 3-32 데이터 전처리(스케일링 적용)

```
mms = MinMaxScaler()
mms.fit(data)
data_transformed = mms.transform(data)
```

데이터에 대한 전처리가 완료되었기 때문에 우리가 원하는 적당한 K 값을 알아보겠습니다.

코드 3-33 적당한 K 값 추출

```
Sum_of_squared_distances = [] ------ ①
K = range(1, 15) ------ K에 1부터 15까지 적용해 봅니다.
for k in K:
    km = KMeans(n_clusters=k) ------ 1~15의 K 값 적용
    km = km.fit(data_transformed) ------ KMeans 모델 훈련
    Sum_of_squared_distances.append(km.inertia_)

plt.plot(K, Sum_of_squared_distances, 'bx-')
plt.xlabel('k')
plt.ylabel('Sum_of_squared_distances')
plt.title('Optimal k')
plt.show()
```

코드를 실행하면 다음 그림과 같이 적당한 K 값이 출력됩니다.

❤ 그림 3-34 K-평균 군집화 예제 실행 결과

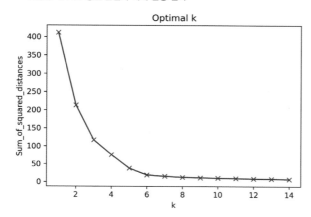

① 거리 제곱의 합(Sum of Squared Distances, SSD)은 x, y 두 데이터의 차를 구해서 제곱한 값을 모두 더한 후 유사성을 측정하는 데 사용됩니다. 즉, 가장 가까운 클러스터 중심까지 거리를 제곱한 값의 합을 구할 때 사용하며, 다음 수식을 씁니다.

$$SSD = \sum_{x,y}(I_1(x, y) - I_2(x, y))^2$$

K가 증가하면 거리 제곱의 합은 0이 되는 경향이 있습니다. K를 최댓값 n(여기에서 n은 샘플 개수)으로 설정하면 각 샘플이 자체 클러스터를 형성하여 거리 제곱 합이 0과 같아지기 때문입니다. 출력 그래프는 클러스터 개수(x축)에 따른 거리 제곱의 합(y축)을 보여 줍니다. K가 6부터 0에 가까워지고 있으므로 $K=5$가 적정하다고 판단할 수 있습니다.

3.2.2 밀도 기반 군집 분석

▼ 표 3-12 밀도 기반 군집 분석을 사용하는 이유와 적용 환경

왜 사용할까?	주어진 데이터에 대한 군집화
언제 사용하면 좋을까?	K-평균 군집화와는 다르게 사전에 클러스터의 숫자를 알지 못할 때 사용하면 유용합니다. 또한, 주어진 데이터에 이상치가 많이 포함되었을 때 사용하면 좋습니다.

밀도 기반 군집 분석(Density-Based Spatial Clustering of Applications with Noise, DBSCAN)은 일정 밀도 이상을 가진 데이터를 기준으로 군집을 형성하는 방법입니다.

▼ 그림 3-35 밀도 기반 군집 분석의 밀집도

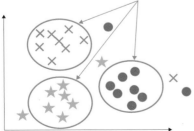

노이즈(noise)에 영향을 받지 않으며, K-평균 군집화에 비해 연산량은 많지만 K-평균 군집화가 잘 처리하지 못하는 오목하거나 볼록한 부분을 처리하는 데 유용합니다.

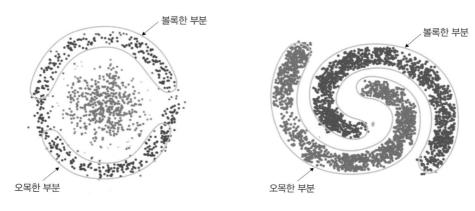

볼록한 부분

볼록한 부분

오목한 부분

오목한 부분

Note ≡ **노이즈와 이상치 차이**

노이즈는 주어진 데이터셋과 무관하거나 무작위성 데이터로 전처리 과정에서 제거해야 할 부분입니다. 이상치는 관측된 데이터 범위에서 많이 벗어난 아주 작은 값이나 아주 큰 값을 의미합니다.

✔ 그림 3-37 노이즈와 이상치

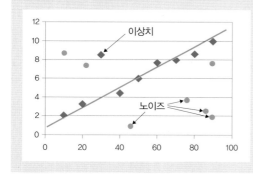

밀도 기반 군집 분석을 이용한 군집 방법은 다음 절차에 따라 진행됩니다.

1단계. 엡실론 내 점 개수 확인 및 중심점 결정

다음 그림과 같이 원 안에 점 P1이 있다고 할 때, 점 P1에서 거리 엡실론(epsilon)[10] 내에 점이 m(minPts)[11]개 있으면 하나의 군집으로 인식한다고 합시다. 이때 엡실론 내에 점(데이터) m개를 가지고 있는 점 P1을 중심점(core point)이라고 합니다. 예를 들어 minPts=3이라면 파란색 점 P1

---

10 두 점 사이의 거리로 임계치(범주) 역할을 수행합니다.
11 중심점을 만드는 구성 요건으로 엡실론 내 데이터 개수를 의미합니다.

을 중심으로 반경 엡실론 내에 점이 세 개 이상 있으면 하나의 군집으로 판단할 수 있는데, 다음 그림은 점이 네 개가 있기 때문에 하나의 군집이 되고, P1은 중심점이 됩니다.

▼ 그림 3-38 중심점과 엡실론

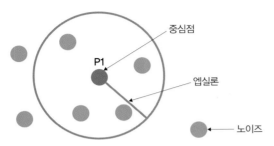

2단계. 군집 확장

1단계에서 새로운 군집을 생성했는데, 주어진 데이터를 사용하여 두 번째 군집을 생성해 보겠습니다. 데이터의 밀도 기반으로 군집을 생성하기 때문에 밀도가 높은 지역에서 중심점을 만족하는 데이터가 있다면 그 지역을 포함하여 새로운 군집을 생성합니다.

예를 들어 P1 옆에 있던 빨간색 점(그림 3-39의 오른쪽 초록색 점)을 중심점 P2로 설정하면 minPts=3을 만족하기 때문에 새로운 군집을 생성할 수 있습니다.

▼ 그림 3-39 경계점

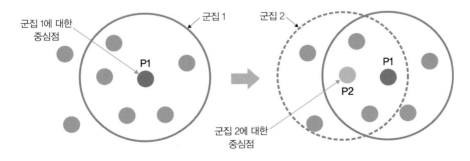

밀도 기반 군집 분석은 밀도 기반이기 때문에 주위의 점들을 대상으로 중심점을 설정하고 새로운 군집을 생성하는 것이 가능합니다.

이제 군집 두 개를 하나의 군집으로 확대합니다.

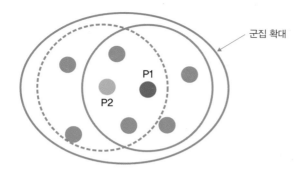

▼ 그림 3-40 군집 확대

군집 확대

P1

P2

3단계. 1~2단계 반복

데이터가 밀집된 밀도가 높은 지역에서 더 이상 중심점을 정의할 수 없을 때까지 1~2단계를 반복합니다.

4단계. 노이즈 정의

어떤 군집에도 포함되지 않은 데이터를 노이즈로 정의합니다.

3.2.3 주성분 분석(PCA)

▼ 표 3-13 PCA를 사용하는 이유와 적용 환경

왜 사용할까?	주어진 데이터의 간소화
언제 사용하면 좋을까?	현재 데이터의 특성(변수)이 너무 많을 경우에는 데이터를 하나의 플롯(plot)에 시각화해서 살펴보는 것이 어렵습니다. 이때 특성 p개를 두세 개 정도로 압축해서 데이터를 시각화하여 살펴보고 싶을 때 유용한 알고리즘입니다.

변수가 많은 고차원 데이터의 경우 중요하지 않은 변수로 처리해야 할 데이터양이 많아지고 성능 또한 나빠지는 경향이 있습니다. 이러한 문제를 해결하고자 고차원 데이터를 저차원으로 축소시켜 데이터가 가진 대표 특성만 추출한다면 성능은 좋아지고 작업도 좀 더 간편해집니다. 이때 사용하는 대표적인 알고리즘이 PCA(Principal Component Analysis)입니다. 즉, PCA는 고차원 데이터를 저차원(차원 축소) 데이터로 축소시키는 알고리즘입니다.

차원 축소 방법은 다음과 같습니다.

데이터들의 분포 특성을 잘 설명하는 벡터를 두 개 선택

다음 그림에서 e_1과 e_2 두 벡터는 데이터 분포를 잘 설명합니다. e_1의 방향과 크기, e_2의 방향과 크기를 알면 데이터 분포가 어떤 형태인지 알 수 있기 때문입니다.

벡터 두 개를 위한 적정한 가중치를 찾을 때까지 학습을 진행

▼ 그림 3-41 2D에서 PCA 예시

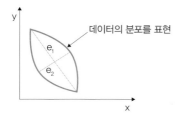

즉, PCA는 데이터 하나하나에 대한 성분을 분석하는 것이 아니라, 여러 데이터가 모여 하나의 분포를 이룰 때 이 분포의 주성분[12]을 분석하는 방법입니다.

예를 들어 코드는 간단하게 다음과 같이 구현할 수 있습니다.

```
pca = decomposition.PCA(n_components=1)
pca_x = pca.fit_transform(x_std)

result = pd.DataFrame(pca_x, columns=['dog'])
result['y-axis'] = 0.0
result['label'] = Y

sns.lmplot('dog', 'y-axis', data=result, fit_reg=False,
           scatter_kws={"s":50}, hue='label');
```

밀도 기반 군집 분석과 PCA 예제를 묶어서 진행해 보겠습니다. 밀도 기반 군집 분석을 이용하여 클러스터링을 진행하겠지만, 시각화를 위해 PCA를 사용해 보겠습니다. 이번 예제의 목표는 훈련 데이터를 정확하게 클러스터링하는 것입니다.

---

12 전체 데이터(독립 변수들)의 분산을 가장 잘 설명하는 성분이라고 할 수 있습니다. 예를 들어 전체 독립 변수가 네 개 있는데, 두 개의 변수로도 전체 데이터에 대한 분산을 충분히 설명할 수 있다면 두 개의 변수만 사용하겠다는 의미입니다.

❤ 그림 3-42 밀도 기반 군집 분석과 PCA 예제

먼저 필요한 라이브러리를 호출합니다.

코드 3-34 라이브러리 호출

```
import numpy as np
import pandas as pd
import matplotlib.pyplot as plt

from sklearn.cluster import DBSCAN ------ 밀도 기반 군집 분석
from sklearn.preprocessing import StandardScaler
from sklearn.preprocessing import normalize
from sklearn.decomposition import PCA
```

훈련을 위해 내려받은 예제 파일에서 data 폴더에 있는 credit card.csv 파일을 불러옵니다.[13]

코드 3-35 데이터 불러오기

```
X = pd.read_csv('../chap3/data/credit card.csv')
X = X.drop('CUST_ID', axis=1) ------ 불러온 데이터에서 'CUST_ID' 열(칼럼)을 삭제
X.fillna(method='ffill', inplace=True) ------ ①
print(X.head()) ------ 데이터셋 형태 확인
```

코드를 실행하면 credit card.csv 파일의 데이터셋 정보를 보여 줍니다.

	BALANCE	BALANCE_FREQUENCY	PURCHASES	ONEOFF_PURCHASES	\
0	40.900749	0.818182	95.40	0.00	
1	3202.467416	0.909091	0.00	0.00	
2	2495.148862	1.000000	773.17	773.17	
3	1666.670542	0.636364	1499.00	1499.00	
4	817.714335	1.000000	16.00	16.00	

---

13 캐글에서 제공하는 클러스터링을 위한 신용 카드 데이터셋입니다(https://www.kaggle.com/ecedolen/machine-l-on-credit-card-customer-segmentation/data).

	INSTALLMENTS_PURCHASES	CASH_ADVANCE	PURCHASES_FREQUENCY	\
0	95.4	0.000000	0.166667	
1	0.0	6442.945483	0.000000	
2	0.0	0.000000	1.000000	
3	0.0	205.788017	0.083333	
4	0.0	0.000000	0.083333	

	ONEOFF_PURCHASES_FREQUENCY	PURCHASES_INSTALLMENTS_FREQUENCY	\
0	0.000000	0.083333	
1	0.000000	0.000000	
2	1.000000	0.000000	
3	0.083333	0.000000	
4	0.083333	0.000000	

	CASH_ADVANCE_FREQUENCY	CASH_ADVANCE_TRX	PURCHASES_TRX	CREDIT_LIMIT	\
0	0.000000	0	2	1000.0	
1	0.250000	4	0	7000.0	
2	0.000000	0	12	7500.0	
3	0.083333	1	1	7500.0	
4	0.000000	0	1	1200.0	

	PAYMENTS	MINIMUM_PAYMENTS	PRC_FULL_PAYMENT	TENURE
0	201.802084	139.509787	0.000000	12
1	4103.032597	1072.340217	0.222222	12
2	622.066742	627.284787	0.000000	12
3	0.000000	627.284787	0.000000	12
4	678.334763	244.791237	0.000000	12

① 결측 값을 앞의 값으로 채웁니다.

예를 들어 df.fillna(method='ffill')을 실행할 경우 다음과 같이 앞의 값으로 결측치가 채워집니다.

▼ 그림 3-43 df.fillna() 메서드

	Data1	Data2	Data13
0		0.2	0.8
1		0.5	
2	0.2		0.6
3	0.3		

df.fillna(method='ffill')

	Data1	Data2	Data13
0	NaN	0.2	0.8
1	NaN	0.5	0.8
2	0.2	0.5	0.6
3	0.3	0.5	0.6

데이터 전처리 및 차원 축소를 진행합니다.

코드 3-36 데이터 전처리 및 데이터를 2차원으로 차원 축소

```
scaler = StandardScaler()
X_scaled = scaler.fit_transform(X) ······ 평균이 0, 표준편차가 1이 되도록 데이터 크기를 조정

X_normalized = normalize(X_scaled) ······ 데이터가 가우스 분포를 따르도록 정규화
X_normalized = pd.DataFrame(X_normalized) ······ 넘파이 배열을 데이터프레임(dataframe)으로 변환

pca = PCA(n_components=2) ······ 2차원으로 차원 축소 선언
X_principal = pca.fit_transform(X_normalized) ······ 차원 축소 적용
X_principal = pd.DataFrame(X_principal)
X_principal.columns = ['P1', 'P2']
print(X_principal.head())
```

다음은 데이터를 2차원으로 차원 축소한 결과입니다.

```
          P1        P2
0 -0.489949 -0.679976
1 -0.519099  0.544827
2  0.330633  0.268880
3 -0.481656 -0.097611
4 -0.563512 -0.482506
```

훈련된 모델에 대해 시각적으로 표현해 봅시다.

코드 3-37 DBSCAN 모델 생성 및 결과의 시각화

```
db_default = DBSCAN(eps=0.0375, min_samples=3).fit(X_principal) ······ 모델 생성 및 훈련
labels = db_default.labels_ ······ 각 데이터 포인트에 할당된 모든 클러스터 레이블의 넘파이 배열을 labels에 저장

colours = {} ······ 출력 그래프의 색상을 위한 레이블 생성
colours[0] = 'y'
colours[1] = 'g'
colours[2] = 'b'
colours[-1] = 'k'

cvec = [colours[label] for label in labels] ······ 각 데이터 포인트에 대한 색상 벡터 생성

r = plt.scatter(X_principal['P1'], X_principal['P2'], color='y');
g = plt.scatter(X_principal['P1'], X_principal['P2'], color='g');
```

```
b = plt.scatter(X_principal['P1'], X_principal['P2'], color='b');
k = plt.scatter(X_principal['P1'], X_principal['P2'], color='k'); ------ 플롯(plot)의
                                                                          범례(legend) 구성

plt.figure(figsize=(9,9))
plt.scatter(X_principal['P1'], X_principal['P2'], c=cvec) ------ 정의된 색상 벡터에 따라 X축에
                                                                  P1, Y축에 P2 플로팅(plotting)

plt.legend((r, g, b, k), ('Label 0', 'Label 1', 'Label 2', 'Label -1')) ------ 범례 구축
plt.show()
```

다음 그림은 DBSCAN 모델을 실행하여 시각화한 결과입니다.

❤ 그림 3-44 밀도 기반 군집 분석과 PCA 예제 실행 결과

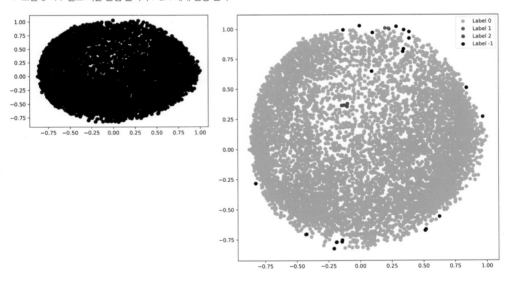

출력 결과를 보면 알겠지만, 클러스터링에 대한 튜닝이 필요합니다. 밀도 기반 군집 분석에서 사용하는 min-samples(minPts)의 하이퍼파라미터를 3에서 50으로 변경한 후 시각화 부분을 수정해 보겠습니다.

코드 3-38 모델 튜닝

```
db = DBSCAN(eps=0.0375, min_samples=50).fit(X_principal)
labels1 = db.labels_

colours1 = {}
colours1[0] = 'r'
```

```python
colours1[1] = 'g'
colours1[2] = 'b'
colours1[3] = 'c'
colours1[4] = 'y'
colours1[5] = 'm'
colours1[-1] = 'k'

cvec = [colours1[label] for label in labels1]
colors1 = ['r', 'g', 'b', 'c', 'y', 'm', 'k']

r = plt.scatter(
    X_principal['P1'], X_principal['P2'], marker='o', color=colors1[0])
g = plt.scatter(
    X_principal['P1'], X_principal['P2'], marker='o', color=colors1[1])
b = plt.scatter(
    X_principal['P1'], X_principal['P2'], marker='o', color=colors1[2])
c = plt.scatter(
    X_principal['P1'], X_principal['P2'], marker='o', color=colors1[3])
y = plt.scatter(
    X_principal['P1'], X_principal['P2'], marker='o', color=colors1[4])
m = plt.scatter(
    X_principal['P1'], X_principal['P2'], marker='o', color=colors1[5])
k = plt.scatter(
    X_principal['P1'], X_principal['P2'], marker='o', color=colors1[6])

plt.figure(figsize=(9,9))
plt.scatter(X_principal['P1'], X_principal['P2'], c=cvec)
plt.legend((r, g, b, c, y, m, k),
            ('Label 0', 'Label 1', 'Label 2', 'Label 3', 'Label 4', 'Label 5', 'Label -1'),
            scatterpoints=1,
            loc='upper left',
            ncol=3,
            fontsize=8)
plt.show()
```

다음 그림은 모델 튜닝을 실행한 결과입니다.

▼ 그림 3-45 밀도 기반 군집 분석과 PCA 예제 튜닝 결과

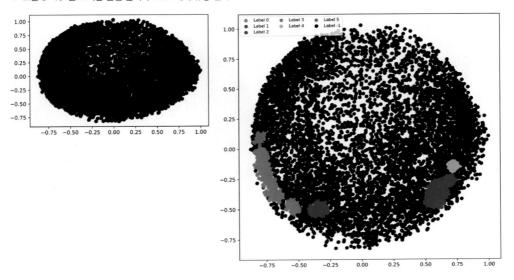

앞에서 진행했던 코드(코드 3-37)보다 군집이 잘 표현되었습니다. 추가적으로 밀도 기반 군집 분석 모델의 하이퍼파라미터 인자 min_samples를 50에서 100으로 변경해 보면 그림 3-46과 같은 그래프를 출력합니다.

코드 3-39 min_samples를 50에서 100으로 변경

```
db = DBSCAN(eps=0.0375, min_samples=100).fit(X_principal)
```

코드를 실행하면 그림 3-46과 같이 출력됩니다.

▼ 그림 3-46 밀도 기반 군집 분석과 PCA 예제에서 잘못된 하이퍼파라미터를 적용할 때의 결과

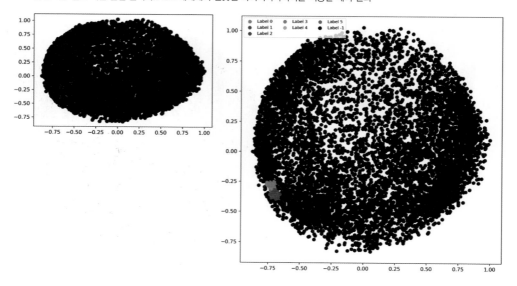

많은 클러스터 부분이 무시된 것을 확인할 수 있습니다. 이와 같이 모델에서 하이퍼파라미터 영향에 따라 클러스터 결과(성능)가 달라지므로, 최적의 성능을 내려면 하이퍼파라미터를 이용한 튜닝이 중요합니다.

모델 튜닝은 8장에서 자세히 다룰 예정이므로 이 장에서는 다루지 않습니다. 성능 최적화에서는 하드웨어 및 하이퍼파라미터를 이용한 최적화 방법에 대해 설명합니다.

4^장

딥러닝 시작

4.1 인공 신경망의 한계와 딥러닝 출현

오늘날 인공 신경망에서 이용하는 구조(입력층, 출력층, 가중치로 구성된 구조)는 프랭크 로젠블라트(Frank Rosenblatt)가 1957년에 고안한 퍼셉트론이라는 선형 분류기입니다. 이 퍼셉트론은 오늘날 신경망(딥러닝)의 기원이 되는 알고리즘입니다.

퍼셉트론은 다수의 신호(흐름이 있는)를 입력으로 받아 하나의 신호를 출력하는데, 이 신호를 입력으로 받아 '흐른다/안 흐른다(1 또는 0)'는 정보를 앞으로 전달하는 원리로 작동합니다.

▼ 그림 4-1 퍼셉트론 원리

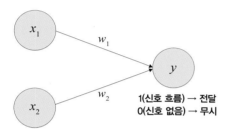

앞의 그림과 같이 입력이 두 개(x_1, x_2) 있다고 할 때 컴퓨터가 논리적으로 인식하는 방식을 알아보기 위해 논리 게이트로 확인해 봅시다.

AND 게이트

AND 게이트는 모든 입력이 '1'일 때 작동합니다. 즉, 입력 중 어떤 하나라도 '0'을 갖는다면 작동을 멈추는데, 이를 진리표로 표현하면 다음 표와 같습니다.

▼ 표 4-1 AND 게이트

x_1	x_2	y
0	0	0
1	0	0
0	1	0
1	1	1

즉, AND 게이트에서는 다음 그림과 같이 정상적으로 데이터 분류(검은색 점과 흰색 점)가 됩니다.

▼ 그림 4-2 AND 게이트

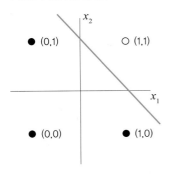

OR 게이트

OR 게이트는 입력에서 둘 중 하나만 '1'이거나 둘 다 '1'일 때 작동합니다. 즉, 입력 모두가 '0'을 갖는 경우를 제외한 나머지가 모두 '1' 값을 갖는데, 이를 진리표로 표현하면 다음 표와 같습니다.

▼ 표 4-2 OR 게이트

x_1	x_2	y
0	0	0
1	0	1
0	1	1
1	1	1

OR 게이트에서도 다음 그림과 같이 정상적으로 데이터 분류(검은색 점과 흰색 점)가 됩니다.

▼ 그림 4-3 OR 게이트

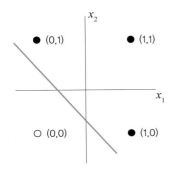

그렇다면 XOR 게이트에서는 어떨까요?

XOR 게이트

XOR 게이트는 배타적 논리합이라는 용어로 입력 두 개 중 한 개만 '1'일 때 작동하는 논리 연산입니다. 이를 진리표로 표현하면 다음 표와 같습니다.

▼ 표 4-3 XOR 게이트

x_1	x_2	y
0	0	0
1	0	1
0	1	1
1	1	0

XOR 게이트는 데이터가 비선형적으로 분리되기 때문에 제대로 된 분류가 어렵습니다. 즉, 단층 퍼셉트론에서는 AND, OR 연산에 대해서는 학습이 가능하지만, XOR에 대해서는 학습이 불가능합니다.

▼ 그림 4-4 XOR 게이트

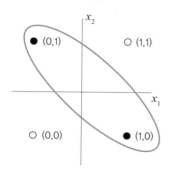

이를 극복하는 방안으로 입력층과 출력층 사이에 하나 이상의 중간층(은닉층)을 두어 비선형적으로 분리되는 데이터에 대해서도 학습이 가능하도록 다층 퍼셉트론(multi-layer perceptron)을 고안했습니다.

이때 입력층과 출력층 사이에 은닉층이 여러 개 있는 신경망을 심층 신경망(Deep Neural Network, DNN)이라고 하며, 심층 신경망을 다른 이름으로 딥러닝이라고 합니다.

4.2 딥러닝 구조

딥러닝이란 여러 층을 가진 인공 신경망을 사용하여 학습을 수행하는 것이라고 했습니다. 그렇다면 각각의 층은 어떻게 구성되었고, 또 각 층의 역할은 무엇인지 알아보겠습니다. 그 전에 딥러닝에서 사용되는 용어부터 살펴보겠습니다.

4.2.1 딥러닝 용어

딥러닝을 위한 용어들부터 알아봅시다. 딥러닝은 다음 그림과 같이 입력층, 출력층과 두 개 이상의 은닉층으로 구성되어 있습니다. 또한, 입력 신호를 전달하기 위해 다양한 함수도 사용하고 있는데, 신경망을 이루는 구성 요소에 대해 하나씩 살펴보겠습니다.

❤ 그림 4-5 딥러닝 구조

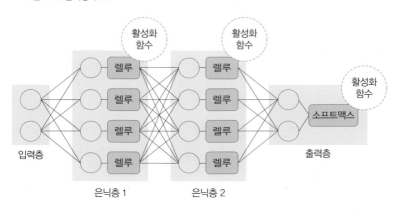

딥러닝을 구성하는 요소들을 정리하면 다음 표와 같습니다.

❤ 표 4-4 딥러닝 구성 요소

구분	구성 요소	설명
층	입력층(input layer)	데이터를 받아들이는 층
	은닉층(hidden layer)	모든 입력 노드부터 입력 값을 받아 가중합을 계산하고, 이 값을 활성화 함수에 적용하여 출력층에 전달하는 층
	출력층(output layer)	신경망의 최종 결괏값이 포함된 층

↻ 계속

구분	구성 요소	설명
가중치(weight)		노드와 노드 간 연결 강도
바이어스(bias)		가중합에 더해 주는 상수로, 하나의 뉴런에서 활성화 함수를 거쳐 최종적으로 출력되는 값을 조절하는 역할을 함
가중합(weighted sum), 전달 함수		가중치와 노드의 곱을 합한 것
함수	활성화 함수(activation function)	신호를 입력받아 이를 적절히 처리하여 출력해 주는 함수
	손실 함수(loss function)	가중치 학습을 위해 출력 함수의 결과와 실제 값 간의 오차를 측정하는 함수

입력층, 은닉층, 출력층은 표의 정의를 참고하면 되고, 나머지 용어는 하나씩 좀 더 자세히 살펴보겠습니다.

가중치

가중치는 입력 값이 연산 결과에 미치는 영향력을 조절하는 요소입니다. 예를 들어 다음 그림에서 w_1 값이 0 혹은 0과 가까운 0.001이라면, x_1이 아무리 큰 값이라도 $x_1 \times w_1$ 값은 0이거나 0에 가까운 값이 됩니다. 이와 같이 입력 값의 연산 결과를 조정하는 역할을 하는 것이 가중치입니다.

▼ 그림 4-6 가중치

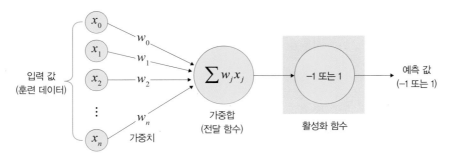

가중합 또는 전달 함수

가중합은 전달 함수라고도 합니다. 각 노드에서 들어오는 신호에 가중치를 곱해서 다음 노드로 전달되는데, 이 값들을 모두 더한 합계를 가중합이라고 합니다. 또한, 노드의 가중합이 계산되면 이 가중합을 활성화 함수로 보내기 때문에 전달 함수(transfer function)라고도 합니다.

▼ 그림 4-7 전달 함수

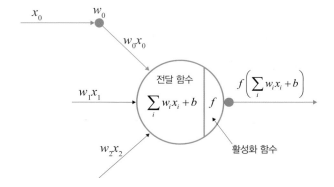

가중합을 구하는 공식은 다음과 같습니다.

$$\sum_i w_i\, x_i + b$$

$$(w: 가중치,\ b: 바이어스)$$

활성화 함수

다음으로 함수들에 대해 알아보겠습니다. 먼저 활성화 함수는 전달 함수에서 전달받은 값을 출력할 때 일정 기준에 따라 출력 값을 변화시키는 비선형 함수[1]입니다. 활성화 함수로는 시그모이드(sigmoid), 하이퍼볼릭 탄젠트(hyperbolic tangent), 렐루(ReLU) 함수 등이 있습니다. 시그모이드 함수부터 하나씩 살펴보겠습니다.

시그모이드 함수

시그모이드 함수는 선형 함수의 결과를 0~1 사이에서 비선형 형태로 변형해 줍니다. 주로 로지스틱 회귀와 같은 분류 문제를 확률적으로 표현하는 데 사용됩니다. 과거에는 인기가 많았으나, 딥러닝 모델의 깊이가 깊어지면 기울기가 사라지는 '기울기 소멸 문제(vanishing gradient problem)'가 발생하여 딥러닝 모델에서는 잘 사용하지 않습니다.

시그모이드는 다음 수식을 사용합니다.

$$f(x) = \frac{1}{1 + e^{-x}}$$

---

1   직선으로 표현할 수 없는 데이터 사이의 관계를 표현하는 함수입니다.

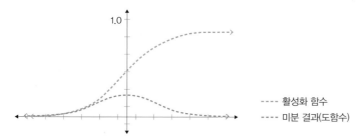

▼ 그림 4-8 시그모이드 활성화 함수와 미분 결과

활성화 함수
미분 결과(도함수)

하이퍼볼릭 탄젠트 함수

하이퍼볼릭 탄젠트 함수는 선형 함수의 결과를 −1~1 사이에서 비선형 형태로 변형해 줍니다. 시그모이드에서 결괏값의 평균이 0이 아닌 양수로 편향된 문제를 해결하는 데 사용했지만, 기울기 소멸 문제는 여전히 발생합니다.

▼ 그림 4-9 하이퍼볼릭 탄젠트 활성화 함수와 미분 결과

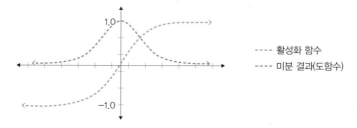

활성화 함수
미분 결과(도함수)

렐루 함수

최근 활발히 사용되는 렐루(ReLU) 함수는 입력(x)이 음수일 때는 0을 출력하고, 양수일 때는 x를 출력합니다. 경사 하강법(gradient descent)에 영향을 주지 않아 학습 속도가 빠르고, 기울기 소멸 문제가 발생하지 않는 장점이 있습니다. 렐루 함수는 일반적으로 은닉층에서 사용되며, 하이퍼볼릭 탄젠트 함수 대비 학습 속도가 6배 빠릅니다. 문제는 음수 값을 입력받으면 항상 0을 출력하기 때문에 학습 능력이 감소하는데, 이를 해결하려고 리키 렐루(Leaky ReLU) 함수 등을 사용합니다.

▼ 그림 4-10 렐루 활성화 함수와 미분 결과

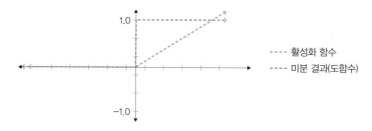

활성화 함수
미분 결과(도함수)

리키 렐루 함수

리키 렐루(Leaky ReLU) 함수는 입력 값이 음수이면 0이 아닌 0.001처럼 매우 작은 수를 반환합니다. 이렇게 하면 입력 값이 수렴하는 구간이 제거되어 렐루 함수를 사용할 때 생기는 문제를 해결할 수 있습니다.

❤ 그림 4-11 리키 렐루 활성화 함수와 미분 결과

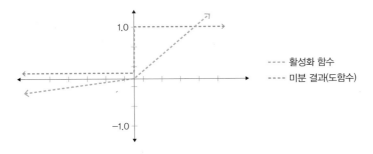

---- 활성화 함수
---- 미분 결과(도함수)

소프트맥스 함수

소프트맥스(softmax) 함수는 입력 값을 0~1 사이에 출력되도록 정규화하여 출력 값들의 총합이 항상 1이 되도록 합니다. 소프트맥스 함수는 보통 딥러닝에서 출력 노드의 활성화 함수로 많이 사용됩니다. 수식으로 표현하면 다음과 같습니다.

$$y_k = \frac{\exp(a_k)}{\sum_{i=1}^{n} \exp(a_i)}$$

$\exp(x)$(앞의 식에서는 $\exp(a_k)$와 $\exp(a_i)$를 의미)는 지수 함수(exponential function)입니다. n은 출력층의 뉴런 개수, y_k는 그중 k번째 출력을 의미합니다. 즉, 이 수식처럼 소프트맥스 함수의 분자는 입력 신호 a_k의 지수 함수, 분모는 모든 입력 신호의 지수 함수 합으로 구성됩니다.

다음은 렐루 함수와 소프트맥스 함수를 텐서플로 2에서 구현하는 코드입니다.

```
from tensorflow.keras import layers
model = tf.keras.Sequential()
model.add(layers.Dense(64, activation='relu')) ------ 유닛 64개를 가진 완전연결층을 모델에 추가합니다.
model.add(layers.Dense(64, activation='relu'))
model.add(layers.Dense(10, activation='softmax')) ------ 출력 유닛 열 개를 가지면서 소프트맥스 함수를
                                                         사용하는 출력층을 추가합니다.
```

손실 함수

경사 하강법은 학습률(η, learning rate)[2]과 손실 함수의 순간 기울기를 이용하여 가중치를 업데이트하는 방법입니다. 즉, 미분의 기울기를 이용하여 오차를 비교하고 최소화하는 방향으로 이동시키는 방법이라고 할 수 있습니다. 이때 오차를 구하는 방법이 손실 함수입니다.

즉, 손실 함수는 학습을 통해 얻은 데이터의 추정치가 실제 데이터와 얼마나 차이가 나는지 평가하는 지표라고 할 수 있습니다. 이 값이 클수록 많이 틀렸다는 의미이고, 이 값이 '0'에 가까우면 완벽하게 추정할 수 있다는 의미입니다. 대표적인 손실 함수로는 평균 제곱 오차(Mean Squared Error, MSE)와 크로스 엔트로피 오차(Cross Entropy Error, CEE)가 있습니다.

평균 제곱 오차

실제 값과 예측 값의 차이(error)를 제곱하여 평균을 낸 것이 평균 제곱 오차(MSE)입니다. 실제 값과 예측 값의 차이가 클수록 평균 제곱 오차의 값도 커진다는 것은 반대로 생각하면 이 값이 작을수록 예측력이 좋다는 것을 의미합니다. 평균 제곱 오차는 회귀에서 손실 함수로 주로 사용됩니다.

다음은 평균 제곱 오차를 구하는 수식입니다.

$$MSE = \frac{1}{n}\sum_{i=1}^{n}(y_i - \hat{y_i})^2$$

$$\left(\begin{array}{l} \hat{y_i}: \text{신경망의 출력(신경망이 추정한 값)} \\ y_i: \text{정답 레이블} \\ i: \text{데이터의 차원 개수} \end{array} \right)$$

텐서플로 2에서는 다음과 같이 사용합니다.

```
model.compile(optimizer=tf.keras.optimizers.SGD(lr=0.1), loss='mse')
```

크로스 엔트로피 오차

크로스 엔트로피 오차(CEE)는 분류(classification) 문제에서 원-핫 인코딩(one-hot encoding)[3]했을

---

2 한 번 학습할 때 얼마큼 변화를 주는지에 대한 상수입니다.

3 단어 집합의 크기를 벡터 차원으로 하고, 표현하고 싶은 단어의 인덱스에 1 값을 부여한 후 다른 인덱스에는 0을 부여하는 단어의 벡터 표현 방식으로 다음과 같이 표현합니다.

나는	딥러닝을	학습하고	있다
[1	0	0	0]
[0	1	0	0]
[0	0	1	0]
[0	0	0	1]

때만 사용할 수 있는 오차 계산법입니다.

일반적으로 분류 문제에서는 데이터의 출력을 0과 1로 구분하기 위해 시그모이드 함수를 사용하는데, 시그모이드 함수에 포함된 자연 상수 e 때문에 평균 제곱 오차를 적용하면 매끄럽지 못한 그래프(울퉁불퉁한 그래프)가 출력됩니다. 따라서 크로스 엔트로피 손실 함수를 사용하는데, 이 손실 함수를 적용할 경우 경사 하강법 과정에서 학습이 지역 최소점에서 멈출 수 있습니다. 이것을 방지하고자 자연 상수 e에 반대되는 자연 로그를 모델의 출력 값에 취합니다.

다음은 크로스 엔트로피를 구하는 수식입니다.

$$Cross\ Entropy = -\sum_{i=1}^{n} y_i \log \hat{y}_i$$

$$\begin{pmatrix} \hat{y}_i: \text{신경망의 출력(신경망이 추정한 값)} \\ y_i: \text{정답 레이블} \\ i: \text{데이터의 차원 개수} \end{pmatrix}$$

텐서플로 2에서는 다음과 같이 사용합니다.

```
model.compile(optimizer=tf.keras.optimizers.Adam(0.001),
              loss='categorical_crossentropy',
              metrics=['accuracy'])
```

Note ≡ **지역 최소점과 전역 최소점**

손실 함수의 값은 0이 가장 이상적입니다. 하지만 현실적으로 0 값을 찾는 것은 쉽지 않기 때문에 최대한 가장 작은 값을 찾는 것이 중요합니다. 이때 가장 작은 값을 찾았다고 생각되는 지점이 지역 최소점입니다. 하지만 이러한 점들은 무척 많이 발생할 수 있기 때문에 지역 최소점(local minimum) 중 가장 작은 값을 갖는 지점을 정답으로 간주하여 전역 최소점(global minimum)이라고 합니다.

▼ 그림 4-12 지역 최소점과 전역 최소점

딥러닝과 관련 있는 기본적인 용어들을 익혔으니, 이제 딥러닝을 배워 봅시다.

4.2.2 딥러닝 학습

딥러닝 학습은 크게 순전파와 역전파라는 두 단계로 진행됩니다. 먼저 그림을 봅시다.

▼ 그림 4-13 순전파와 역전파

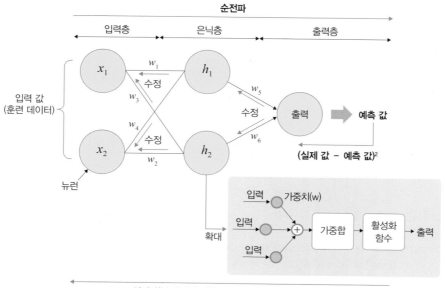

첫 번째 단계인 **순전파**(feedforward)는 네트워크에 훈련 데이터가 들어올 때 발생하며, 데이터를 기반으로 예측 값을 계산하기 위해 전체 신경망을 교차해 지나갑니다. 즉, 모든 뉴런이 이전 층의 뉴런에서 수신한 정보에 변환(가중합 및 활성화 함수)을 적용하여 다음 층(은닉층)의 뉴런으로 전송하는 방식입니다. 네트워크를 통해 입력 데이터를 전달하며, 데이터가 모든 층을 통과하고 모든 뉴런이 계산을 완료하면 그 예측 값은 최종 층(출력층)에 도달하게 됩니다.

그 다음 손실 함수로 네트워크의 예측 값과 실제 값 차이(손실, 오차)를 추정합니다. 이때 손실 함수 비용은 '0'이 이상적입니다. 따라서 손실 함수 비용이 0에 가깝도록 하기 위해 모델이 훈련을 반복하면서 가중치를 조정합니다. 손실(오차)이 계산되면 그 정보는 역으로 전파(출력층 → 은닉층 → 입력층)되기 때문에 **역전파**(backpropagation)라고 합니다. 출력층에서 시작된 손실 비용은 은닉층의 모든 뉴런으로 전파되지만, 은닉층의 뉴런은 각 뉴런이 원래 출력에 기여한 상대적 기여도에 따라(즉, 가중치에 따라) 값이 달라집니다. 좀 더 수학적으로 표현하면 예측 값과 실제 값 차이를 각 뉴런의 가중치로 미분한 후 기존 가중치 값에서 뺍니다. 이 과정을 출력층→은닉층→입력층 순서로 모든 뉴런에 대해 진행하여 계산된 각 뉴런 결과를 또다시 순전파의 가중치 값으로 사용합니다.

4.2.3 딥러닝의 문제점과 해결 방안

딥러닝의 핵심은 활성화 함수가 적용된 여러 은닉층을 결합하여 비선형 영역을 표현하는 것입니다. 다음 그림과 같이 활성화 함수가 적용된 은닉층 개수가 많을수록 데이터 분류가 잘되고 있음을 볼 수 있습니다.

▼ 그림 4-14 은닉층이 분류에 미치는 영향

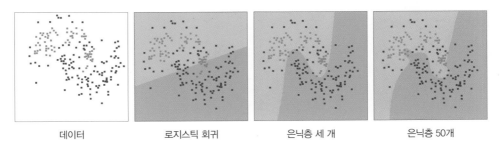

| 데이터 | 로지스틱 회귀 | 은닉층 세 개 | 은닉층 50개 |

하지만 은닉층이 많을수록 다음 세 가지 문제점이 생깁니다.

과적합 문제 발생

과적합(over-fitting)은 훈련 데이터를 과하게 학습해서 발생합니다. 일반적으로 훈련 데이터는 실제 데이터의 일부분입니다. 따라서 훈련 데이터를 과하게 학습했기 때문에 예측 값과 실제 값 차이인 오차가 감소하지만, 검증 데이터에 대해서는 오차가 증가합니다. 이러한 관점에서 과적합은 훈련 데이터에 대해 과하게 학습하여 실제 데이터에 대한 오차가 증가하는 현상을 의미합니다.

▼ 그림 4-15 과적합

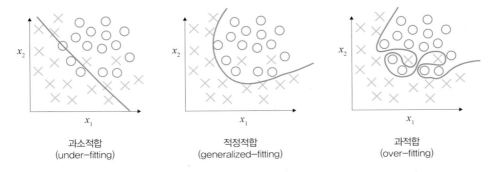

과소적합
(under-fitting)

적정적합
(generalized-fitting)

과적합
(over-fitting)

과적합을 해결하는 방법으로 드롭아웃(dropout)이 있습니다.

신경망 모델이 과적합되는 것을 피하기 위한 방법으로, 학습 과정 중 임의로 일부 노드들을 학습에서 제외시킵니다.

▼ 그림 4-16 일반적인 신경망과 드롭아웃이 적용된 신경망

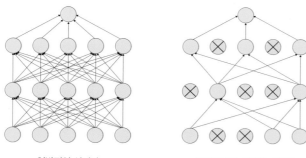

일반적인 신경망   드롭아웃이 적용된 신경망

다음은 텐서플로 2에서 드롭아웃을 구현하는 예시 코드입니다.

```
model = tf.keras.models.Sequential([
    tf.keras.layers.Flatten(input_shape=(28,28)),
    tf.keras.layers.Dense(128, activation='relu'),
    tf.keras.layers.Dropout(0.2), ⋯⋯ 드롭아웃 적용
    tf.keras.layers.Dense(10, activation='softmax')
])
```

기울기 소멸 문제 발생

기울기 소멸 문제는 은닉층이 많은 신경망에서 주로 발생하는데, 출력층에서 은닉층으로 전달되는 오차가 크게 줄어들어 학습이 되지 않는 현상입니다. 즉, 기울기가 소멸되기 때문에 학습되는 양이 '0'에 가까워져 학습이 더디게 진행되다 오차를 더 줄이지 못하고 그 상태로 수렴하는 현상입니다.

기울기 소멸 문제는 시그모이드나 하이퍼볼릭 탄젠트 대신 렐루 활성화 함수를 사용하면 해결할 수 있습니다.

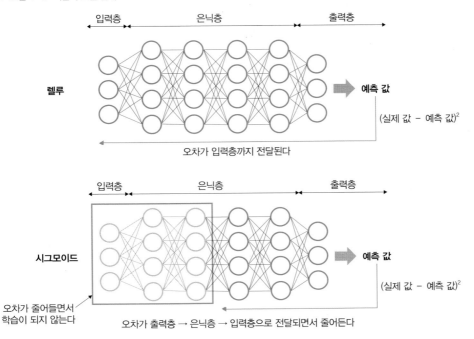

▼ 그림 4-17 기울기 소멸 문제

성능이 나빠지는 문제 발생

경사 하강법은 손실 함수의 비용이 최소가 되는 지점을 찾을 때까지 기울기가 낮은 쪽으로 계속
이동시키는 과정을 반복하는데, 이때 성능이 나빠지는 문제가 발생합니다.

▼ 그림 4-18 경사 하강법

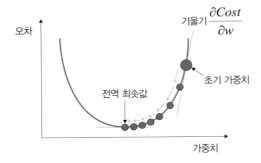

이러한 문제점을 개선하고자 확률적 경사 하강법과 미니 배치 경사 하강법을 사용합니다. 경사 하
강법을 좀 더 알아보겠습니다.

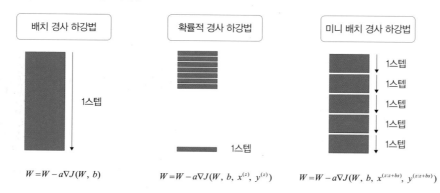

❤ 그림 4-19 경사 하강법의 유형

배치 경사 하강법(Batch Gradient Descent, BGD)은 전체 데이터셋에 대한 오류를 구한 후 기울기를 한 번만 계산하여 모델의 파라미터를 업데이트하는 방법입니다. 즉, 전체 훈련 데이터셋(total training dataset)에 대해 가중치를 편미분하는 방법입니다.

배치 경사 하강법은 다음 수식을 사용합니다.

손실 함수의 값을 최소화하기 위해 기울기($\triangledown$) 이용

$$W = W - a\triangledown J(W, b)$$
(a: 학습률, J: 손실 함수)

배치 경사 하강법은 한 스텝에 모든 훈련 데이터셋을 사용하므로 학습이 오래 걸리는 단점이 있습니다. 배치 경사 하강법의 학습이 오래 걸리는 단점을 개선한 방법이 확률적 경사 하강법입니다.

확률적 경사 하강법(Stochastic Gradient Descent, SGD)은 임의로 선택한 데이터에 대해 기울기를 계산하는 방법으로 적은 데이터를 사용하므로 빠른 계산이 가능합니다. 다음 오른쪽 그림과 같이 파라미터 변경 폭이 불안정하고, 때로는 배치 경사 하강법보다 정확도가 낮을 수 있지만 속도가 빠르다는 장점이 있습니다.

텐서플로 2에서는 다음과 같이 구현할 수 있습니다.

```
model.fit(X_train, y_train, batch_size=1) ------ 임의로 선택한 데이터의 기울기를 계산하므로
                                                  batch_size=1이 됩니다.
```

❤ 그림 4-20 배치 경사 하강법과 확률적 경사 하강법

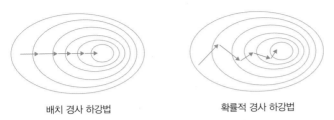

미니 배치 경사 하강법(mini-batch gradient descent)은 전체 데이터셋을 미니 배치(mini-batch) 여러 개로 나누고, 미니 배치 한 개마다 기울기를 구한 후 그것의 평균 기울기를 이용하여 모델을 업데이트해서 학습하는 방법입니다.

❤ 그림 4-21 미니 배치 경사 하강법

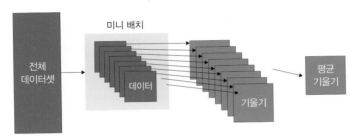

미니 배치 경사 하강법은 전체 데이터를 계산하는 것보다 빠르며, 확률적 경사 하강법보다 안정적이라는 장점이 있기 때문에 실제로 가장 많이 사용합니다. 다음 오른쪽 그림과 같이 파라미터 변경 폭이 확률적 경사 하강법에 비해 안정적이면서 속도도 빠릅니다.

텐서플로 2에서는 다음과 같이 구현할 수 있습니다.

```
model.fit(X_train, y_train, batch_size=32)
```

❤ 그림 4-22 확률적 경사 하강법과 미니 배치 경사 하강법

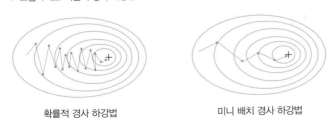

Note ≡ **옵티마이저**

확률적 경사 하강법의 파라미터 변경 폭이 불안정한 문제를 해결하기 위해 학습 속도와 운동량을 조정하는 옵티마이저(optimizer)를 적용해 볼 수 있습니다.

❤ 그림 4-23 옵티마이저 유형

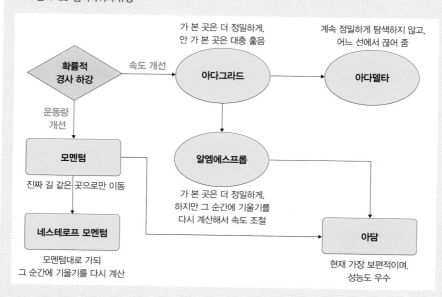

- **속도를 조정하는 방법**

아다그라드(Adagrad, Adaptive gradient)

아다그라드는 변수(가중치)의 업데이트 횟수에 따라 학습률을 조정하는 방법입니다. 아다그라드는 많이 변화하지 않는 변수들의 학습률은 크게 하고, 많이 변화하는 변수들의 학습률은 작게 합니다. 즉, 많이 변화한 변수는 최적 값에 근접했을 것이라는 가정하에 작은 크기로 이동하면서 세밀하게 값을 조정하고, 반대로 적게 변화한 변수들은 학습률을 크게 하여 빠르게 오차 값을 줄이고자 하는 방법입니다.

$$w(i+1) = w(i) - \frac{\eta}{\sqrt{G(i)+\varepsilon}} \nabla E(w(i))$$

$$G(i) = G(i-1) + (\nabla E(w(i)))^2$$

파라미터마다 다른 학습률을 주기 위해 G 함수를 추가했습니다. 이때 G 값은 이전 G 값의 누적(기울기 크기의 누적)입니다. 기울기가 크면 G 값이 커지기 때문에 $\frac{\eta}{\sqrt{G(i)+\varepsilon}}$ 에서 학습률(η)은 작아집니다. 즉, 파라미터가 많이 학습되었으면 작은 학습률로 업데이트되고, 파라미터 학습이 덜 되었으면 개선의 여지가 많기 때문에 높은 학습률로 업데이트됩니다.

예를 들어 텐서플로 2에서는 아다그라드를 다음과 같이 구현할 수 있습니다.

```
from tensorflow.keras.optimizers import Adagrad
model.compile(loss='sparse_categorical_crossentropy',
```

↻ 계속

```
optimizer='Adagrad'
distribute=None
```

아다델타(Adadelta, Adaptive delta)

아다델타는 아다그라드에서 G 값이 커짐에 따라 학습이 멈추는 문제를 해결하기 위해 등장한 방법입니다. 아다델타는 아다그라드의 수식에서 학습률(η)을 D 함수(가중치의 변화량(Δ) 크기를 누적한 값)로 변환했기 때문에 학습률에 대한 하이퍼파라미터가 필요하지 않습니다.

$$w(i+1) = w(i) - \frac{\sqrt{D(i-1)+\varepsilon}}{\sqrt{G(i)+\varepsilon}} \nabla E(w(i))$$

$$G(i) = \gamma G(i-1) + (1-\gamma)(\nabla E(w(i)))^2$$

$$D(i) = \gamma D(i-1) + (1-\gamma)(\Delta(w(i)))^2$$

예를 들어 텐서플로 2에서는 아다델타를 다음과 같이 구현할 수 있습니다.

```
from tensorflow.keras.optimizers import Adadelta
model.compile(loss='categorical_crossentropy',
              optimizer=Adadelta(rho=0.95),
              metrics=['accuracy'])
```

알엠에스프롭(RMSProp)

알엠에스프롭은 아다그라드의 $G(i)$ 값이 무한히 커지는 것을 방지하고자 제안된 방법입니다.

$$w(i+1) = w(i) - \frac{\eta}{\sqrt{G(i)+\varepsilon}} \nabla E(w(i))$$

$$G(i) = \gamma G(i-1) + (1-\gamma)(\nabla E(w(i)))^2$$

아다그라드에서 학습이 안 되는 문제를 해결하기 위해 G 함수에서 γ(감마)만 추가되었습니다. 즉, G 값이 너무 크면 학습률이 작아져 학습이 안 될 수 있으므로 사용자가 γ 값을 이용하여 학습률 크기를 비율로 조정할 수 있도록 했습니다.

예를 들어 텐서플로 2에서는 알엠에스프롭을 다음과 같이 구현할 수 있습니다.

```
from tensorflow.keras.optimizers import RMSprop
optimize = model.compile(loss='categorical_crossentropy',
                         optimizer=RMSprop(lr=0.001),
                         metrics=['accuracy'])
```

· 운동량을 조정하는 방법

모멘텀(Momentum)

경사 하강법과 마찬가지로 매번 기울기를 구하지만, 가중치를 수정하기 전에 이전 수정 방향(+, −)을 참조하여 같은 방향으로 일정한 비율만 수정하는 방법입니다. 수정이 양(+)의 방향과 음(−)의 방향으로 순차적으로 일어나는 지그재그 현상이 줄어들고, 이전 이동 값을 고려하여 일정 비율만큼 다음 값을 결정하므로 관성 효과를 얻을 수 있는 장점이 있습니다. 모멘텀은 SGD(확률적 경사 하강법)와 함께 사용합니다.

● 계속

먼저 확률적 경사 하강법의 수식이 다음과 같다고 합시다.

$$w(i+1) = w(i) - \eta \nabla E(w(i))$$

이때 $\eta \nabla E(w(i))$ 수식을 사용하여 가중치를 계산하는데, 기울기 크기와 반대 방향만큼 가중치를 업데이트합니다. 즉, 기울기가 크면 아래쪽(−) 방향으로 업데이트합니다.

또한, SGD 모멘텀(SGD with Momentum)은 확률적 경사 하강법에서 기울기($\eta \nabla E(w(i))$)를 속도(v, velocity)로 대체하여 사용하는 방식으로, 이전 속도의 일정 부분을 반영합니다. 즉, 이전에 학습했던 속도와 현재 기울기를 반영해서 가중치를 구합니다.

$$w(i+1) = w(i) - v(i)$$
$$v(i) = \gamma v(i-1) + \eta \nabla E(w(i))$$

예를 들어 텐서플로 2에서는 다음과 같이 모멘텀을 구현할 수 있습니다.

```python
# SGD()의 파라미터로 모멘텀을 지정합니다.
from tensorflow.keras.optimizers import SGD
model.compile(loss='categorical_crossentropy',
              optimizer=SGD(lr=0.01, momentum=0.9),
              metrics=['accuracy'])
```

네스테로프 모멘텀(Nesterov Accelerated Gradient, NAG)

네스테로프 모멘텀은 모멘텀 값과 기울기 값이 더해져 실제 값을 만드는 기존 모멘텀과 달리 모멘텀 값이 적용된 지점에서 기울기 값을 계산합니다. 모멘텀 방법은 멈추어야 할 시점에서도 관성에 의해 훨씬 멀리 갈 수 있는 단점이 있지만, 네스테로프 방법은 모멘텀으로 절반 정도 이동한 후 어떤 방식으로 이동해야 하는지 다시 계산하여 결정하기 때문에 모멘텀 방법의 단점을 극복할 수 있습니다. 따라서 모멘텀 방법의 이점인 빠른 이동 속도는 그대로 가져가면서 멈추어야 할 적절한 시점에서 제동을 거는 데 훨씬 용이합니다.

수식은 다음과 같습니다.

$$w(i+1) = w(i) - v(i)$$
$$v(i) = \gamma v(i-1) + \eta \nabla E(w(i) - \gamma v(i-1))$$

모멘텀과 비슷하지만 속도(v)를 구하는 과정에서 조금 차이가 있습니다. 이전에 학습했던 속도와 현재 기울기에서 이전 속도를 뺀 변화량을 반영해서(더해서) 가중치를 구합니다.

❤ 그림 4-24 모멘텀과 네스테로프 모멘텀

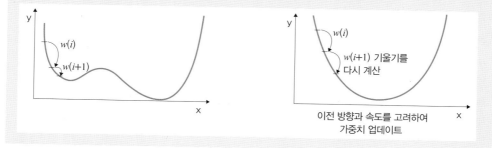

● 계속

예를 들어 텐서플로 2에서는 다음과 같이 네스테로프 모멘텀을 구현할 수 있습니다.

```
# SGD()의 파라미터로 nesterov=True를 지정하면 됩니다.
from tensorflow.keras.optimizers import SGD
model.compile(loss='categorical_crossentropy',
              optimizer=SGD(lr=0.01, momentum=0.9, nesterov=True),
              metrics=['accuracy'])
```

• 속도와 운동량에 대한 혼용 방법

아담(Adam, Adaptive Moment Estimation)

아담은 모멘텀과 알엠에스프롭의 장점을 결합한 경사 하강법입니다. 알엠에스프롭 특징인 기울기의 제곱을 지수 평균한 값과 모멘텀 특징인 $v(i)$를 수식에 활용합니다. 즉, 알엠에스프롭의 G 함수와 모멘텀의 $v(i)$를 사용하여 가중치를 업데이트합니다.

$$w(i+1) = w(i) - \frac{\eta}{\sqrt{G(i)+\varepsilon}} v(i)$$
$$G(i) = \gamma_2 G(i-1) + (1-\gamma_2)(\nabla E(w(i)))^2$$
$$v(i) = \gamma_1 v(i-1) + \eta \nabla E(w(i))$$

예를 들어 텐서플로 2에서는 다음과 같이 아담을 구현할 수 있습니다.

```
from tensorflow.keras.optimizers import Adam
model.compile(loss='categorical_crossentropy', optimizer=Adam(lr=0.0001),
              metrics=['accuracy'])
```

4.2.4 딥러닝을 사용할 때 이점

그럼 딥러닝을 사용할 때 이점에는 어떤 것이 있을까요?

특성 추출

컴퓨터가 입력받은 데이터를 분석하여 일정한 패턴이나 규칙을 찾아내려면 사람이 인지하는 데이터를 컴퓨터가 인지할 수 있는 데이터로 변환해 주어야 합니다. 이때 데이터별로 어떤 특징을 가지고 있는지 찾아내고, 그것을 토대로 데이터를 벡터로 변환하는 작업을 특성 추출(feature extraction)이라고 합니다.

딥러닝이 활성화되기 이전에 많이 사용되었던 머신 러닝 알고리즘인 SVM, 나이브 베이즈(Naïve Bayes), 로지스틱 회귀의 특성 추출은 매우 복잡하며 수집된 데이터에 대한 전문 지식(예를 들어 제조, 의료 등 수집된 데이터의 도메인 분야에 대한 지식)이 필요했습니다. 하지만 딥러닝에서는 이러한 특징 추출 과정을 알고리즘에 통합시켰습니다. 데이터 특징을 잘 잡아내고자 은닉층을 깊게 쌓는 방식으로 파라미터를 늘린 모델 구조 덕분입니다.

빅데이터의 효율적 활용

딥러닝을 사용할 때의 이점으로 특징 추출이 있다고 했습니다. 즉, 딥러닝에서는 특성 추출을 알고리즘에 통합시켰다고 했는데, 이것이 가능한 이유는 빅데이터 때문입니다. 딥러닝 학습을 이용한 특징 추출은 데이터 사례가 많을수록 성능이 향상되기 때문입니다.

다른 말로 표현하면 확보된 데이터가 적다면 딥러닝의 성능 향상을 기대하기 힘들기 때문에 머신러닝을 고려해 보아야 합니다.

4.3 딥러닝 알고리즘

딥러닝 알고리즘은 심층 신경망을 사용한다는 공통점이 있습니다. 머신 러닝 알고리즘처럼 목적에 따라 합성곱 신경망(CNN), 순환 신경망(RNN), 제한된 볼츠만 머신(RBM), 심층 신뢰 신경망(DBN)으로 분류됩니다.

4.3.1 심층 신경망

심층 신경망(DNN)은 입력층과 출력층 사이에 다수의 은닉층을 포함하는 인공 신경망입니다.

머신 러닝에서 비선형 분류를 하기 위해 여러 트릭(trick)을 사용했습니다. 하지만 심층 신경망은 다수의 은닉층을 추가했기 때문에 별도의 트릭 없이 비선형 분류가 가능합니다.

다수의 은닉층을 두었기 때문에 다양한 비선형적 관계를 학습할 수 있는 장점이 있지만, 학습을 위한 연산량이 많고 기울기 소멸 문제 등이 발생할 수 있습니다. 이러한 문제를 해결하고자 앞서 설명한 드롭아웃, 렐루 함수, 배치 정규화 등을 적용해야 합니다.

▼ 그림 4-25 심층 신경망

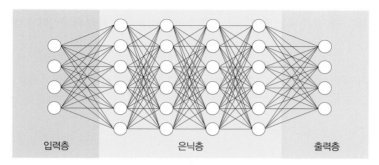

입력층   은닉층   출력층

4.3.2 합성곱 신경망

합성곱 신경망(Convolutional Neural Network, CNN)은 합성곱층(convolutional layer)과 풀링층(pooling layer)을 포함하는 이미지 처리 성능이 좋은 인공 신경망 알고리즘입니다. 영상 및 사진이 포함된 이미지 데이터에서 객체를 탐색하거나 객체 위치를 찾아내는 데 유용한 신경망입니다.

▼ 그림 4-26 합성곱 신경망

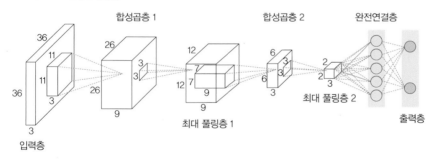

합성곱 신경망은 이미지에서 객체, 얼굴, 장면을 인식하기 위해 패턴을 찾는 데 특히 유용합니다. 대표적인 합성곱 신경망으로 LeNet-5와 AlexNet이 있습니다. 또한, 층을 더 깊게 쌓은 신경망으로는 VGG, GoogLeNet, ResNet 등이 있습니다.

참고로 기존 신경망과 비교하여 다음과 같은 차별성이 있습니다.

- 각 층의 입출력 형상을 유지합니다.
- 이미지의 공간 정보를 유지하면서 인접 이미지와 차이가 있는 특징을 효과적으로 인식합니다.
- 복수 필터로 이미지의 특징을 추출하고 학습합니다.

- 추출한 이미지의 특징을 모으고 강화하는 풀링층이 있습니다.

- 필터를 공유 파라미터로 사용하기 때문에 일반 인공 신경망과 비교하여 학습 파라미터가 매우 적습니다.

합성곱 신경망은 5~6장에서 자세히 설명합니다. 여기에서는 간단히 개념만 살피고 넘어가세요.

4.3.3 순환 신경망

순환 신경망(Recurrent Neural Network, RNN)은 시계열 데이터(음악, 영상 등) 같은 시간 흐름에 따라 변화하는 데이터를 학습하기 위한 인공 신경망입니다. 따라서 다음 그림과 같이 순환 신경망의 '순환(recurrent)'은 자기 자신을 참조한다는 것으로, 현재 결과가 이전 결과와 연관이 있다는 의미입니다.

▼ 그림 4-27 순환 신경망

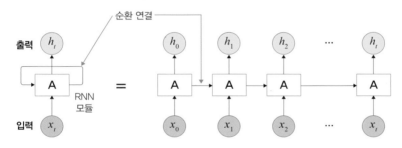

순환 신경망의 특징은 다음과 같습니다.

- 데이터에 시간성(temporal property)을 가진 데이터가 많습니다.

- 시간성 정보를 이용하여 데이터의 특징을 잘 다룹니다.

- 시간에 따라 내용이 변하므로 데이터는 동적이고, 길이가 가변적입니다.

- 매우 긴 데이터를 처리하는 연구가 활발히 진행되고 있습니다.

순환 신경망은 기울기 소멸 문제(vanishing gradient problem)로 학습이 제대로 되지 않는 문제가 있습니다. 이를 해결하고자 메모리 개념을 도입한 LSTM(Long-Short Term Memory)이 순환 신경망에서 많이 사용되고 있습니다.

순환 신경망은 자연어 처리 분야와 궁합이 맞습니다. 대표적인 예로는 언어 모델링, 텍스트 생성, 자동 번역(기계 번역), 음성 인식, 이미지 캡션 생성 등이 있습니다.

순환 신경망은 '7장 시계열 분석'에서 자세히 설명합니다.

4.3.4 제한된 볼츠만 머신

볼츠만 머신(Boltzmann machine)은 가시층(visible layer)과 은닉층(hidden layer)으로 구성된 모델입니다. 이 모델에서 가시층은 은닉층과만 연결되는데(가시층과 가시층, 은닉층과 은닉층 사이에 연결은 없는) 이것이 제한된 볼츠만 머신(Restricted Boltzmann Machine, RBM)입니다.

▼ 그림 4-28 제한된 볼츠만 머신

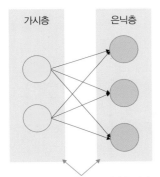

제한된 볼츠만 머신의 특징은 다음과 같습니다.

- 차원 감소, 분류, 선형 회귀 분석, 협업 필터링(collaborative filtering), 특성 값 학습(feature learning), 주제 모델링(topic modelling)에 사용합니다.
- 기울기 소멸 문제를 해결하기 위해 사전 학습 용도로 활용 가능합니다.
- 심층 신뢰 신경망(DBN)의 요소로 활용됩니다.

딥러닝에서 많이 사용되는 알고리즘은 CNN과 RNN입니다. 제한된 볼츠만 머신과 4.3.5절에서 배울 심층 신뢰 신경망은 상대적으로 많이 사용하지 않습니다. 따라서 딥러닝에서는 이 정도만 알아 두고, 이것을 활용한 심층 신뢰 신경망을 알아보겠습니다.

4.3.5 심층 신뢰 신경망

심층 신뢰 신경망(Deep Belief Network, DBN)은 입력층과 은닉층으로 구성된 제한된 볼츠만 머신을 블록처럼 여러 층으로 쌓은 형태로 연결된 신경망입니다. 즉, 사전 훈련된 제한된 볼츠만 머신을 층층이 쌓아 올린 구조로, 레이블이 없는 데이터에 대한 비지도 학습이 가능합니다. 부분적인 이미지에서 전체를 연상하는 일반화와 추상화 과정을 구현할 때 사용하면 유용합니다.

심층 신뢰 신경망의 학습 절차는 다음과 같습니다.

1. 가시층과 은닉층 1의 제한된 볼츠만 머신을 사전 훈련합니다.

2. 첫 번째 층 입력 데이터와 파라미터를 고정하여 두 번째 층 제한된 볼츠만 머신을 사전 훈련합니다.

3. 원하는 층 개수만큼 제한된 볼츠만 머신을 쌓아 올려 전체 DBN을 완성합니다.

▼ 그림 4-29 심층 신뢰 신경망

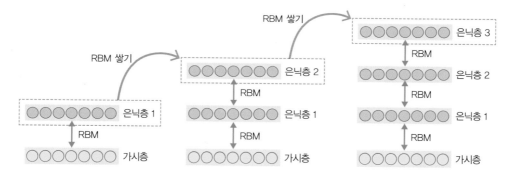

심층 신뢰 신경망의 특징은 다음과 같습니다.

- 순차적으로 심층 신뢰 신경망을 학습시켜 가면서 계층적 구조를 생성합니다.

- 비지도 학습으로 학습합니다.

- 위로 올라갈수록 추상적 특성을 추출합니다.

- 학습된 가중치를 다층 퍼셉트론의 가중치 초깃값으로 사용합니다.

4.4 우리는 무엇을 배워야 할까?

3장과 이 장에서 머신 러닝과 딥러닝을 학습했습니다. 머신 러닝을 학습할지, 딥러닝을 학습할지는 주어진 데이터를 활용하여 어떤 결과를 얻고 싶은지에 따라 다릅니다. 간단한 선형 회귀 분류를 이용하여 원하는 값을 도출할 수 있다면 머신 러닝만으로도 충분하지만, 복잡한 비선형 데이터에 대한 분류 및 예측을 도출하고 싶다면 딥러닝으로 학습해야 합니다. 즉, 머신 러닝과 딥러닝은 우리가 얻고 싶은 결과를 도출하기 위한 도구(연장)일 뿐입니다. 어떤 도구를 선택했을 때 더 좋은 성능과 효과를 얻을 수 있을지는 데이터를 수집하고 분석하는 사람만 알 수 있을 것입니다.

데이터를 활용하여 얻고자 하는 것에 따라 머신 러닝이나 딥러닝을 선택해서 학습하고 데이터를 훈련시키면 됩니다.

이 책을 선택한 우리는 아마도 딥러닝이라는 도구가 필요할 것입니다. 다음 장부터는 딥러닝 도구를 좀 더 자세히 알아보고, 활용법도 하나씩 살펴보겠습니다.

memo

5장

합성곱 신경망 I

5.1 합성곱 신경망

4장에서 배운 딥러닝의 역전파를 복습하자면, 순전파 과정에 따라 계산된 오차 정보가 신경망의 모든 노드(출력층→은닉층→입력층)로 전송됩니다. 이러한 계산 과정은 복잡하고 많은 자원(CPU 혹은 GPU, 메모리)을 요구합니다. 또한, 계산하는 데도 오래 걸립니다. 이 문제를 해결하고자 하는 것이 합성곱 신경망입니다. 합성곱 신경망은 이미지 전체를 한 번에 계산하는 것이 아닌 이미지의 국소적 부분을 계산함으로써 시간과 자원을 절약하여 이미지의 세밀한 부분까지 분석할 수 있는 신경망입니다.

5.1.1 합성곱층의 필요성

합성곱 신경망은 이미지나 영상을 처리하는 데 유용합니다. 예를 들어 다음과 같이 3×3 흑백(그레이스케일) 이미지가 있다고 가정해 봅시다(색상은 설명을 위해 추가했습니다).

이미지 분석은 다음 왼쪽 그림과 같은 3×3 배열을 오른쪽 그림과 같이 펼쳐서(flattening) 각 픽셀에 가중치를 곱하여 은닉층으로 전달하게 됩니다. 하지만 그림에서 보이는 것처럼 이미지를 펼쳐서 분석하면 데이터의 공간적 구조를 무시하게 되는데, 이것을 방지하려고 도입된 것이 합성곱층입니다.

▼ 그림 5-1 합성곱층 원리

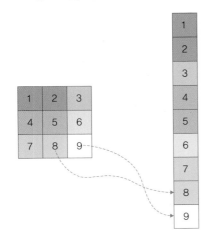

합성곱층의 필요성을 알았으니, 합성곱 신경망을 자세히 살펴보겠습니다.

5.1.2 합성곱 신경망 구조

합성곱 신경망(Convolutional Neural Network, CNN 또는 ConvNet)은 음성 인식이나 이미지/영상 인식에서 주로 사용되는 신경망입니다. 다차원 배열 데이터를 처리하도록 구성되어 컬러 이미지 같은 다차원 배열 처리에 특화되어 있으며, 다음과 같이 계층 다섯 개로 구성됩니다.

1. 입력층

2. 합성곱층

3. 풀링층

4. 완전연결층

5. 출력층

▼ 그림 5-2 합성곱 신경망 구조

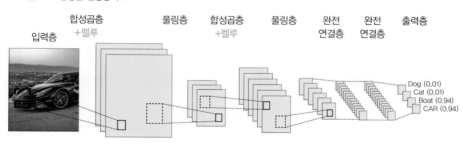

합성곱 신경망은 합성곱층과 풀링층을 거치면서 입력 이미지의 주요 특성 벡터(feature vector)를 추출합니다. 그 후 추출된 주요 특성 벡터들은 완전연결층을 거치면서 1차원 벡터로 변환되며, 마지막으로 출력층에서 활성화 함수인 소프트맥스(softmax) 함수를 사용하여 최종 결과가 출력됩니다. 그럼 입력층부터 하나씩 알아봅시다.

입력층

입력층(input layer)은 입력 이미지 데이터가 최초로 거치게 되는 계층입니다. 이미지는 단순 1차원의 데이터가 아닌 높이(height), 너비(width), 채널(channel)의 값을 갖는 3차원 데이터입니다. 이때 채널은 이미지가 그레이스케일(gray scale)이면 1 값을 가지며, 컬러(RGB)면 3 값을 갖습니다. 예를 들어 다음 그림과 같은 형태는 높이 4, 너비 4, 채널은 RGB를 갖고 있으므로, 이미지 형태(shape)는 (4, 4, 3)으로 표현할 수 있습니다.

▼ 그림 5-3 채널

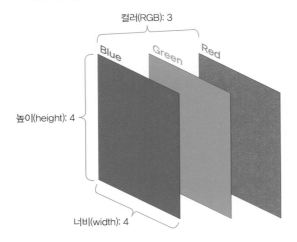

합성곱층

합성곱층(convolutional layer)은 입력 데이터에서 특성을 추출하는 역할을 수행합니다.

그럼 특성 추출은 어떻게 진행될까요? 입력 이미지가 들어왔을 때 이미지에 대한 특성을 감지하기 위해 커널(kernel)이나 필터를 사용합니다. 커널/필터는 이미지의 모든 영역을 훑으면서 특성을 추출하게 되는데, 이렇게 추출된 결과물이 특성 맵(feature map)입니다.

이때 커널은 3×3, 5×5 크기로 적용되는 것이 일반적이며, 스트라이드(stride)[1]라는 지정된 간격에 따라 순차적으로 이동합니다.

다음은 스트라이드가 1일 때 이동하는 과정입니다.

1단계. 입력 이미지에 3×3 필터 적용

입력 이미지와 필터를 포개 놓고 대응되는 숫자끼리 곱한 후 모두 더합니다.

$$(1 \times 1) + (0 \times 0) + (0 \times 1) + (0 \times 0) + (1 \times 1) + (0 \times 0) + (0 \times 1) + (0 \times 0) + (1 \times 1) = 3$$

---

1 스트라이드란 필터를 적용하는 위치의 간격을 의미합니다.

입력

1	0	0	0	0	1
0	1	0	0	1	0
0	0	1	1	0	0
1	0	0	0	1	0
0	1	0	0	1	0
0	0	1	0	1	0

필터/커널

1	0	1
0	1	0
1	0	1

출력

3			

가중합

2단계. 필터가 1만큼 이동

$$(0 \times 1) + (0 \times 0) + (0 \times 1) + (1 \times 0) + (0 \times 1) + (0 \times 0) + (0 \times 1) + (1 \times 0) + (1 \times 1) = 1$$

▼ 그림 5-5 입력 이미지에 필터가 1만큼 이동

입력 스트라이드=1

1	0	0	0	0	1
0	1	0	0	1	0
0	0	1	1	0	0
1	0	0	0	1	0
0	1	0	0	1	0
0	0	1	0	1	0

필터/커널

1	0	1
0	1	0
1	0	1

출력

3	1		

가중합

3단계. 필터가 1만큼 두 번째 이동

$$(0 \times 1) + (0 \times 0) + (0 \times 1) + (0 \times 0) + (0 \times 1) + (1 \times 0) + (1 \times 1) + (1 \times 0) + (0 \times 1) = 1$$

▼ 그림 5-6 입력 이미지에 필터가 1만큼 두 번째 이동

입력

1	0	0	0	0	1
0	1	0	0	1	0
0	0	1	1	0	0
1	0	0	0	1	0
0	1	0	0	1	0
0	0	1	0	1	0

필터/커널

1	0	1
0	1	0
1	0	1

출력

3	**1**	1	

가중합

4단계. 필터가 1만큼 세 번째 이동

$$(0 \times 1) + (0 \times 0) + (1 \times 1) + (0 \times 0) + (1 \times 1) + (0 \times 0) + (1 \times 1) + (0 \times 0) + (0 \times 1) = 3$$

▼ 그림 5-7 입력 이미지에 필터가 1만큼 세 번째 이동

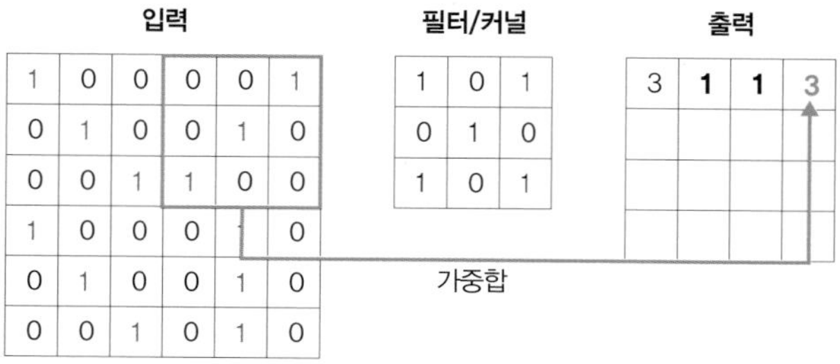

5단계. 필터가 1만큼 네 번째 이동

$$(0 \times 1) + (1 \times 0) + (0 \times 1) + (0 \times 0) + (0 \times 1) + (1 \times 0) + (1 \times 1) + (0 \times 0) + (0 \times 1) = 1$$

▼ 그림 5-8 입력 이미지에 필터가 1만큼 네 번째 이동

6단계. 필터가 1만큼 마지막으로 이동

$$(0 \times 1) + (1 \times 0) + (0 \times 1) + (0 \times 0) + (1 \times 1) + (0 \times 0) + (0 \times 1) + (1 \times 0) + (0 \times 1) = 1$$

▼ 그림 5-9 입력 이미지에 필터가 1만큼 마지막으로 이동

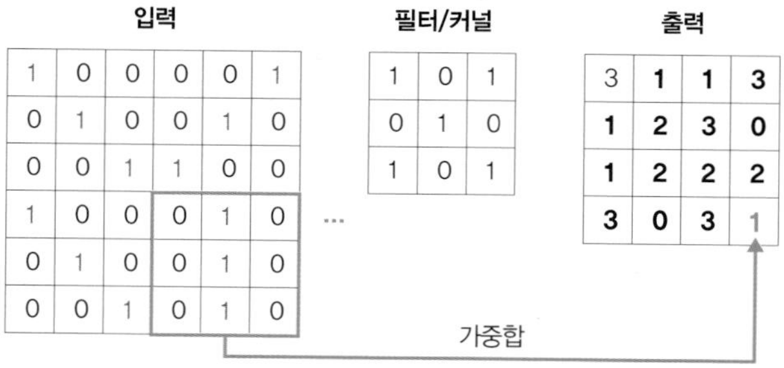

앞의 그림에서는 이미지 크기가 (6, 6, 1)이며, 3×3 크기의 커널/필터가 스트라이드 1 간격으로 이동하면서 합성곱 연산을 수행하는 것을 보여 줍니다. 이렇게 커널은 스트라이드 간격만큼 순회하면서 모든 입력 값과의 합성곱 연산으로 새로운 특성 맵을 만들게 되며, 앞의 그림과 같이 커널과 스트라이드의 상호 작용으로 원본 (6, 6, 1) 크기가 (4, 4, 1) 크기의 특성 맵으로 줄어들었습니다.

지금까지 그레이스케일에 대한 이미지를 확인했는데, 이제 컬러 이미지의 합성곱을 알아보겠습니다.

앞서 다룬 그레이스케일 이미지와 구분되는 특징은 첫째, 필터 채널이 3이라는 것과 둘째, RGB 각각에 서로 다른 가중치로 합성곱을 적용한 후 결과를 더해 준다는 것입니다. 그 외 스트라이드 및 연산하는 방법은 동일합니다. 이때 필터 채널이 3이라고 해서 필터 개수도 세 개라고 오해하기 쉬운데, 실제로는 필터 개수가 한 개라는 점에 주의해야 합니다.

▼ 그림 5-10 컬러 이미지 합성곱

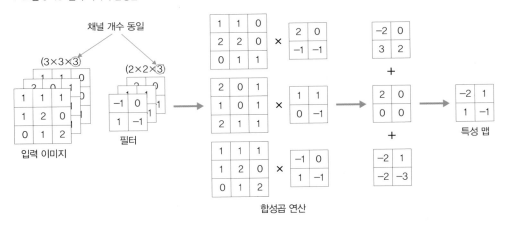

그렇다면 필터가 두 개 이상인 합성곱은 어떤 형태일까요? 필터가 두 개 이상이면 그림 5-11과 같이 필터 각각은 특성 추출 결과의 채널이 됩니다. 참고로 각 계산은 앞서 진행했던 방법과 동일합니다.

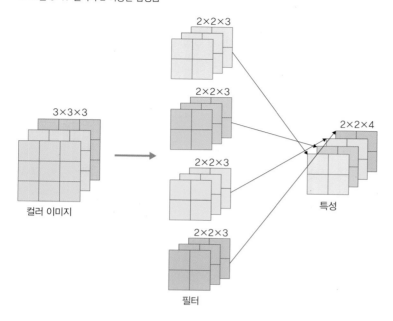

❤ 그림 5-11 필터가 2 이상인 합성곱

즉, 합성곱층을 요약하면 다음과 같습니다.

- **입력 데이터**: $W_1 \times H_1 \times D_1$($W_1$: 가로, $\times H_1$: 세로, $\times D_1$: 채널 또는 깊이)

- **하이퍼파라미터**
  - 필터 개수: K
  - 필터 크기: F
  - 스트라이드: S
  - 패딩: P

- **출력 데이터**
  - $W_2 = (W_1 - F + 2P)/S + 1$
  - $H_2 = (H_1 - F + 2P)/S + 1$
  - $D_2 = K$

풀링층

풀링층(pooling layer)은 합성곱층과 유사하게 특성 맵의 차원을 다운 샘플링하여 연산량을 감소시키고, 주요한 특성 벡터를 추출하여 학습을 효과적으로 할 수 있게 합니다.

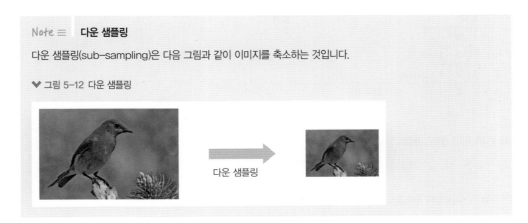

Note ≡ **다운 샘플링**

다운 샘플링(sub-sampling)은 다음 그림과 같이 이미지를 축소하는 것입니다.

▼ 그림 5-12 다운 샘플링

다운 샘플링

풀링 연산에는 두 가지가 사용됩니다.

* **최대 풀링**(max pooling): 대상 영역에서 최댓값을 추출
* **평균 풀링**(average pooling): 대상 영역에서 평균을 반환

하지만 대부분의 합성곱 신경망에서는 최대 풀링이 사용되는데, 평균 풀링은 각 커널 값을 평균화시켜 중요한 가중치를 갖는 값의 특성이 희미해질 수 있기 때문입니다.

다음은 최대 풀링의 연산 과정입니다.

첫 번째 최대 풀링 과정

3, -1, -3, 1 값 중에서 최댓값(3)을 선택합니다.

▼ 그림 5-13 첫 번째 최대 풀링 과정

두 번째 최대 풀링 과정

12, −1, 0, 1 값 중에서 최댓값(12)을 선택합니다.

▼ 그림 5-14 두 번째 최대 풀링 과정

세 번째 최대 풀링 과정

2, −3, 3, −2 값 중에서 최댓값(3)을 선택합니다.

▼ 그림 5-15 세 번째 최대 풀링 과정

네 번째 최대 풀링 과정

0, 1, 4, −1 값 중에서 최댓값(4)을 선택합니다.

▼ 그림 5-16 네 번째 최대 풀링 과정

평균 풀링의 계산 과정은 최대 풀링과 유사한 방식으로 진행하되 다음과 같이 각 필터의 평균으로
계산합니다.

$$0 = (3+(-1)+(-3)+1)/4$$

$$3 = (12+(-1)+0+1)/4$$

$$0 = (2+(-3)+3+(-2))/4$$

$$1 = (0+1+4+(-1))/4$$

다음 그림은 최대 풀링과 평균 풀링 결과를 비교한 것입니다.

❤ 그림 5-17 최대 풀링과 평균 풀링 비교

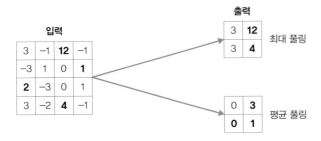

최대 풀링과 평균 풀링을 요약하면 다음과 같습니다(최대 풀링과 평균 풀링의 계산 과정은 다르
지만 사용하는 파라미터는 동일합니다).

- **입력 데이터**: $W_1 \times H_1 \times D_1$

- **하이퍼파라미터**
  - 필터 크기: F
  - 스트라이드: S

- **출력 데이터**
  - $W_2 = (W_1-F)/S+1$
  - $H_2 = (H_1-F)/S+1$
  - $D_2 = D_1$

완전연결층

합성곱층과 풀링층을 거치면서 차원이 축소된 특성 맵은 최종적으로 완전연결층(fully connected layer)으로 전달됩니다. 이 과정에서 이미지는 3차원 벡터에서 1차원 벡터로 펼쳐지게(flatten) 됩니다.

❤ 그림 5-18 완전연결층

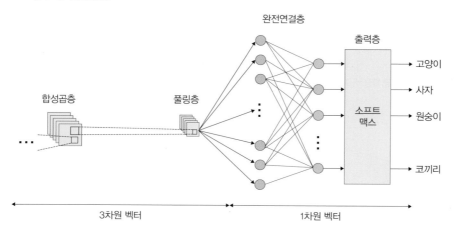

출력층

출력층(output layer)에서는 소프트맥스 활성화 함수가 사용되는데, 입력받은 값을 0~1 사이의 값으로 출력합니다. 따라서 마지막 출력층의 소프트맥스 함수를 사용하여 이미지가 각 레이블(label)에 속할 확률 값이 출력되며, 이때 가장 높은 확률 값을 갖는 레이블이 최종 값으로 선정됩니다.

5.1.3 1D, 2D, 3D 합성곱

합성곱은 이동하는 방향의 수와 출력 형태에 따라 1D, 2D, 3D로 분류할 수 있습니다.

1D 합성곱

1D 합성곱은 필터가 시간을 축으로 좌우로만 이동할 수 있는 합성곱입니다. 따라서 입력(W)과 필터(k)에 대한 출력은 W가 됩니다. 예를 들어 입력이 [1, 1, 1, 1, 1]이고 필터가 [0.25, 0.5, 0.25]라면, 출력은 [1, 1, 1]이 됩니다. 즉, 다음 그림과 같이 출력 형태는 1D의 배열이 되며, 그래프 곡선을 완화할 때 많이 사용됩니다.

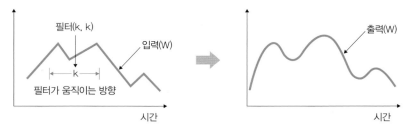

▼ 그림 5-19 1D 합성곱

- 입력: W 너비(Width)
- 필터: k×k(높이×너비)
- 출력: W 너비(Width)

2D 합성곱

2D 합성곱은 필터가 다음 그림과 같이 방향 두 개로 움직이는 형태입니다. 즉, 입력(W, H)과 필터(k, k)에 대한 출력은 (W, H)가 되며, 출력 형태는 2D 행렬이 됩니다.

▼ 그림 5-20 2D 합성곱

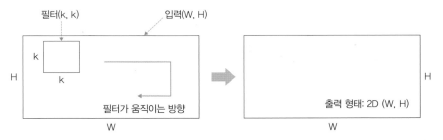

- 입력: W 너비(Width), H 높이(Height)
- 필터: k×k(높이×너비)
- 출력: W 너비(Width), H 높이(Height)

3D 합성곱

3D 합성곱은 필터가 움직이는 방향이 그림 5-21과 같이 세 개 있습니다. 입력(W, H, L)에 대해 필터(k, k, d)를 적용하면 출력으로 (W, H, L)을 갖는 형태가 3D 합성입니다. 출력은 3D 형태이며, 이때 d < L을 유지하는 것이 중요합니다.

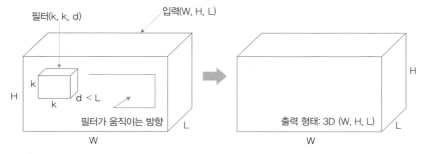

▼ 그림 5-21 3D 합성곱

- 입력: W 너비(Width), H 높이(Height), L 길이(Length)
- 필터: k×k(높이×너비), d: 깊이(depth)
- 출력: W 너비(Width), H 높이(Height), L 길이(Length)

3D 입력을 갖는 2D 합성곱

입력이 (224×224×3, 112×112×32)와 같은 3D 형태임에도 출력 형태가 3D가 아닌 2D 행렬을 취하는 것이 '3D 입력을 갖는 2D 합성곱'입니다. 이것은 필터에 대한 길이(L)가 입력 채널의 길이(L)와 같아야 하기 때문에 이와 같은 합성곱 형태가 만들어집니다. 즉, 입력(W, H, L)에 필터 (k, k, L)를 적용하면 출력은 (W, H)가 됩니다. 이때 필터는 다음 그림과 같이 두 방향으로 움직이며 출력 형태는 2D 행렬이 됩니다.

3D 입력을 갖는 2D 합성곱의 대표적 사례로는 LeNet-5와 VGG가 있으며, 이들에 대해서는 '6장 합성곱 신경망 II'에서 자세히 다룹니다.

▼ 그림 5-22 3D 입력을 갖는 2D 합성곱

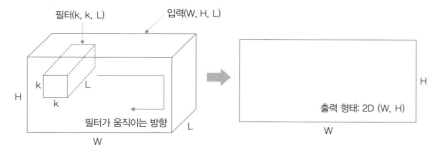

- 입력: W 너비(Width), H 높이(Height), L 길이(Length)
- 필터: k×k(높이×너비), L 길이(Length)
- 출력: W 너비(Width), H 높이(Height)

1×1 합성곱

1×1 합성곱은 3D 형태로 입력됩니다. 즉, 입력(W, H, L)에 필터(1, 1, L)를 적용하면 출력은 (W, H)가 됩니다. 1×1 합성곱에서 채널 개수를 조정해서 연산량이 감소되는 효과가 있으며, 대표적 사례로는 GoogLeNet이 있습니다. GoogLeNet 역시 '6장 합성곱 신경망 II'에서 자세히 다룹니다.

▼ 그림 5-23 1×1 합성곱

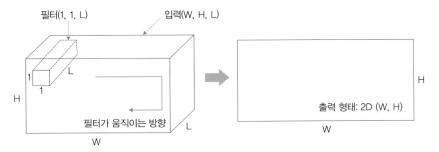

- 입력: W 너비(Width), H 높이(Height), L 길이(Length)
- 필터: 1×1(높이×너비), L 길이(Length)
- 출력: W 너비(Width), H 높이(Height)

DEEP LEARNING

5.2 / 합성곱 신경망 맛보기

fashion_mnist 데이터셋을 사용하여 합성곱 신경망을 직접 구현해 보겠습니다.

> Note ≡ **fashion_mnist 데이터셋**
>
> fashion_mnist 데이터셋은 케라스에 내장된 예제 데이터로 운동화, 셔츠, 샌들 같은 작은 이미지의 모음이며, 기본 MNIST 데이터셋처럼 열 가지로 분류될 수 있는 28×28 픽셀의 이미지 7만 개로 구성되어 있습니다.
>
> 데이터셋을 자세히 살펴보면 훈련 데이터(train_images)는 0에서 255 사이의 값을 갖는 28×28 크기의 넘파이(NumPy) 배열이고, 레이블(정답) 데이터(train_labels)는 0에서 9까지 정수 값을 갖는 배열입니다.
>
> 0에서 9까지 정수 값은 이미지(운동화, 셔츠 등)의 클래스를 나타내는 레이블입니다. 각 레이블과 클래스는 다음과 같습니다.
>
> 0 : T-shirt
> 1 : Trouser

◎ 계속

```
2 : Pullover
3 : Dress
4 : Coat
5 : Sandal
6 : Shirt
7 : Sneaker
8 : Bag
9 : Ankel boot
```

먼저 필요한 라이브러리를 호출합니다.

코드 5-1 라이브러리 호출

```
import tensorflow as tf
import matplotlib.pyplot as plt
import numpy as np
```

fashion_mnist 데이터셋은 load_data() 메서드로 내려받을 수 있습니다.

코드 5-2 fashion_mnist 데이터셋 내려받기

```
fashion_mnist = tf.keras.datasets.fashion_mnist
(x_train, y_train), (x_test, y_test) = fashion_mnist.load_data()
```

다음은 fashion_mnist 데이터를 내려받은 결과입니다. 내려받은 fashion_mnist 데이터셋을 확인하려면 C:\Users\(사용자)\.keras\datasets 폴더 하위에서 fashion_mnist라는 이름의 폴더를 확인하면 됩니다. 환경에 따라 내려받은 위치가 다를 수 있습니다.

```
Downloading data from https://storage.googleapis.com/tensorflow/tf-keras-datasets/
train-labels-idx1-ubyte.gz
32768/29515 [==================================] - 0s 2us/step
Downloading data from https://storage.googleapis.com/tensorflow/tf-keras-datasets/
train-images-idx3-ubyte.gz
26427392/26421880 [==============================] - 2s 0us/step
Downloading data from https://storage.googleapis.com/tensorflow/tf-keras-datasets/
t10k-labels-idx1-ubyte.gz
8192/5148 [===============================================] - 0s 1us/step
Downloading data from https://storage.googleapis.com/tensorflow/tf-keras-datasets/
t10k-images-idx3-ubyte.gz
4423680/4422102 [==============================] - 1s 0us/step
```

분류에 사용될 클래스를 정의합니다. 즉, 'T-shirt', 'Trouser', 'Pullover', 'Dress', 'Coat', 'Sandal', 'Shirt', 'Sneaker', 'Bag', 'Ankle boot' 유형을 기준으로 이미지를 분류합니다.

코드 5-3 분류에 사용될 클래스 정의

```
class_names = ['T-shirt', 'Trouser', 'Pullover', 'Dress', 'Coat',
               'Sandal', 'Shirt', 'Sneaker', 'Bag', 'Ankle boot']

for i in range(25):
    plt.subplot(5, 5, i+1)
    plt.grid(False)
    plt.xticks([])
    plt.yticks([])
    plt.imshow(x_train[i], cmap=plt.cm.binary)
plt.show()  ------ 이미지 데이터 25개를 시각적으로 표현
```

코드를 실행하면 다음 그림과 같이 이미지 데이터 25개가 시각적으로 표현됩니다.

▼ 그림 5-24 이미지 데이터 25개를 시각적으로 표현

합성곱 신경망과 비교를 위해 심층 신경망을 먼저 생성한 후 훈련시켜 보겠습니다. ConvNet이 적용되지 않은 네트워크를 먼저 만들어 보겠습니다.

코드 5-4 심층 신경망을 이용한 모델 생성 및 훈련

```
x_train, x_test = x_train / 255.0, x_test / 255.0 ------ ①

model = tf.keras.models.Sequential([ ------ 모델 생성
    tf.keras.layers.Flatten(input_shape=(28,28)), ------ ②
```

```
        tf.keras.layers.Dense(128, activation='relu'), ------ ③
        tf.keras.layers.Dropout(0.2), ------ ④
        tf.keras.layers.Dense(10, activation='softmax') ------ ⑤
])

model.compile(optimizer='adam',
              loss='sparse_categorical_crossentropy',
              metrics=['accuracy']) ------ ⑥

model.fit(x_train, y_train, epochs=5) ------ 훈련 데이터셋을 이용하여 모델 훈련
model.evaluate(x_test, y_test, verbose=2) ------ 검증 데이터셋을 이용하여 모델 평가
```

① 이미지 데이터를 255로 나누는데, 자세한 내용은 '노트: 이미지 데이터를 255로 나누는 이유'를 참고하세요.

② CNN에서 합성곱층이나 최대 풀링층을 거치면 주요 특징만 추출되고 완전연결층에 전달됩니다. 합성곱층이나 최대 풀링층은 2차원 데이터를 다루지만, 이 데이터를 완전연결층에 전달할 때는 1차원으로 바꾸어야 합니다. 이때 사용되는 것이 플래튼(flatten)입니다. 여기에서 ConvNet를 사용하지는 않지만 이미지를 1차원 데이터로 변형하기 위해 사용합니다.

③ 합성곱층에서 특성 맵을 만들고, 풀링층에서는 차원을 감소시킵니다. 차원이 감소된 특성 맵은 밀집층(dense layer)의 입력으로 사용되고 그 결과가 출력층과 연결됩니다. 여기에서는 입력층과 출력층을 연결하기 위해 밀집층(Dense)을 사용합니다.

단순한 심층 신경망에서는 이미지의 공간적 특성들이 무시되는 단점이 있었습니다. 하지만 합성곱 신경망에서 밀집층을 사용하게 되면 밀집층 직전의 입력과 그 후의 출력만 완전연결층으로 만들기 때문에 이미지의 공간 정보를 유지할 수 있습니다.

```
tf.keras.layers.Dense(128, activation='relu')
                      ⓐ              ⓑ
```

ⓐ 첫 번째 파라미터: 은닉층이 갖는 뉴런의 개수를 의미합니다.

ⓑ activation: 활성화 함수를 설정합니다.

④ 과적합을 방지하기 위한 방법으로 특정 노드를 0으로 만듭니다. 또한, (0.2)는 입력 데이터의 20% 노드들을 무작위로 0으로 만들라는 의미입니다. 드롭아웃은 '8장 성능 최적화'에서 자세히 다룹니다.

⑤ 출력층의 노드 개수는 열 개이고, 활성화 함수는 소프트맥스를 사용합니다.

⑥ compile( )에서 사용하는 주요 파라미터는 다음과 같습니다.

```
model.compile(optimizer='adam', loss='sparse_categorical_crossentropy',
                      ⓐ                                    ⓑ
              metrics=['accuracy'])
                         ⓒ
```

ⓐ optimizer: 옵티마이저란 손실 함수를 사용하여 구한 값으로 기울기를 구하고 네트워크(신경망)의 파라미터(W, b)를 학습에 어떻게 반영할지 결정하는 방법으로, 여기에서는 'adam'을 사용합니다.

ⓑ loss: 최적화 과정에서 사용될 손실 함수(loss function)를 설정합니다. 여기에서는 운동화, 셔츠 등 다수의 클래스를 사용하기 때문에 'sparse_categorical_crossentropy' 손실 함수를 사용합니다.

ⓒ metrics: 모델의 평가 기준을 지정합니다.

Note ≡ **이미지 데이터를 255로 나누는 이유**

이미지 데이터를 왜 255로 나누어 줄까요? 예제로 살펴봅시다.

먼저 필요한 라이브러리를 호출합니다.[2]

코드 5-5 라이브러리 호출

```python
import numpy as np
from skimage.color import rgb2lab, rgb2gray, lab2rgb
from skimage.io import imread, imshow
import matplotlib.pyplot as plt
```

이미지 요약 정보를 표시하도록 함수를 구현합니다. 이미지 형태 및 벡터 값 범위 등 정보를 확인합니다.

코드 5-6 이미지 정보를 보여 주는 함수

```python
def print_image_summary(image, labels):

    print('--------------')
    print('Image Details:')
    print('--------------')
    print(f'Image dimensions: {image.shape}')
```

◑ 계속

---

2 노트 내용을 실습하고 싶다면 scikit_image 라이브러리를 설치해야 합니다.
  〉 **pip install scikit_image**

```
print('Channels:')

if len(labels) == 1:
    image = image[..., np.newaxis]

for i, lab in enumerate(labels):
    min_val = np.min(image[:,:,i])
    max_val = np.max(image[:,:,i])
    print(f'{lab} : min={min_val:.4f}, max={max_val:.4f}')
```

예제를 진행할 이미지를 호출합니다.

코드 5-7 이미지 호출

```
image_gs = imread('../chap5/data/bird.jpg', as_gray=True) ------ ①
fig, ax = plt.subplots(figsize=(9,16))
imshow(image_gs, ax=ax)
ax.set_title('Grayscale image')
ax.axis('off');
```

① 이미지를 호출하기 위해 imread() 메서드를 사용합니다. 또한, 원래 이미지가 컬러였기 때문에 그레이스케일 이미지로 변환하고자 as_gray=True 옵션을 사용합니다.

코드를 실행하면 다음 그림과 같이 이미지를 보여 줍니다.

▼ 그림 5-25 그레이스케일로 호출된 이미지

❍ 계속

이제 앞서 생성했던 함수를 사용하여 이미지 정보를 살펴보겠습니다.

코드 5-8 이미지 정보 표현

```
print_image_summary(image_gs, ['G'])
```

다음과 같이 이미지 정보를 알 수 있습니다.

```
----------------------------
Image Details:
----------------------------
Image dimensions: (703, 454)
Channels:
G : min=0.0000, max=1.0000
----------------------------
```

min과 max의 값이 어떻게 나타나나요? min은 0 값을 갖고, max는 1 값을 갖습니다. 이것은 모든 이미지에 대해 동일하게 적용됩니다. 이미지 데이터는 2D 행렬로 (703, 454) 형태를 가지면서 최솟값과 최댓값이 각각 0과 1이기 때문에 이미지 값의 범위를 0~255에서 0~1 값의 범위를 갖도록 255로 나누는 작업을 하게 됩니다. 즉, 이미지 데이터에 255로 나누는 작업은 이미지 데이터를 처리할 때 반드시 진행해야 하는 과정이라고 할 수 있습니다.

코드를 실행하면 다음과 같이 모델이 훈련됩니다.

```
Epoch 1/5
1875/1875 [==============================] - 2s 952us/step - loss: 0.5380 - accuracy:
0.8083
Epoch 2/5
1875/1875 [==============================] - 2s 906us/step - loss: 0.3979 - accuracy:
0.8550
Epoch 3/5
1875/1875 [==============================] - 2s 1ms/step - loss: 0.3656 - accuracy:
0.8663
Epoch 4/5
1875/1875 [==============================] - 3s 1ms/step - loss: 0.3450 - accuracy:
0.8746
Epoch 5/5
1875/1875 [==============================] - 2s 1ms/step - loss: 0.3289 - accuracy:
0.8795
313/313 - 0s - loss: 0.3608 - accuracy: 0.8668
[0.3608403205871582, 0.8668000102043152]
```

심층 신경망에 대한 모델 생성과 성능을 평가해 보았다면, 이제 합성곱 신경망을 생성해 보겠습니다. 먼저 0~255 범위의 픽셀 값을 갖는 기본 이미지 데이터를 0~1 범위의 픽셀 값을 갖도록 데이터에 대한 전처리를 합니다. 전처리란 분석에 적합하도록 데이터를 가공하는 것으로, 이상치 데이터를 식별하거나 데이터 불일치를 교정하는 작업입니다.

코드 5-9 데이터 전처리

```
X_train_final = x_train.reshape((-1,28,28,1)) / 255.
X_test_final = x_test.reshape((-1,28,28,1)) / 255.
```

이번에는 합성곱 네트워크를 이용한 모델을 생성합니다.

코드 5-10 합성곱 네트워크를 이용한 모델 생성

```
model_with_conv = tf.keras.Sequential([
    tf.keras.layers.Conv2D(32, (3,3), padding='same', activation='relu',
                        input_shape=(28,28,1)), ······①
    tf.keras.layers.MaxPooling2D((2,2), strides=2), ······②
    tf.keras.layers.Conv2D(64, (3,3), padding='same', activation='relu'),
    tf.keras.layers.MaxPooling2D((2,2), strides=2),
    tf.keras.layers.Flatten(),
    tf.keras.layers.Dense(128, activation='relu'),
    tf.keras.layers.Dense(10, activation='softmax') ······③
])

model_with_conv.compile(optimizer='adam',
                    loss='sparse_categorical_crossentropy',
                    metrics=['accuracy'])
```

신경망은 Conv와 MaxPooling의 쌍으로 구성됩니다.

① 첫 번째 층은 입력 이미지에 적용되는 합성곱층으로 필터는 (3,3)이며, 패딩을 사용하여 원래 이미지 크기를 유지합니다.

```
tf.keras.layers.Conv2D(32, (3,3), padding='same', activation='relu',
                        ⓐ    ⓑ        ⓒ              ⓓ
                    input_shape=(28,28,1))
                            ⓔ
```

ⓐ 첫 번째 파라미터: 합성곱 필터 개수

ⓑ 두 번째 파라미터: 합성곱 커널의 행과 열

ⓒ padding: 경계 처리 방법

- valid: 유효한 영역만 출력되므로 출력 이미지 크기는 입력 이미지 크기보다 작습니다.

- same: 출력 이미지 크기가 입력 이미지 크기와 동일합니다.

ⓓ activation: 활성화 함수 설정

- linear: 기본값. 입력 뉴런과 가중치로 계산된 결괏값이 그대로 출력됩니다.

- relu: 렐루라고 하며, 은닉층에서 주로 씁니다.

- sigmoid: 시그모이드라고 하며, 이진 분류 문제에서 출력층에 주로 사용됩니다.

- tanh: 하이퍼볼릭 탄젠트라고 하며, 함수 중심 값을 0으로 옮겨 시그모이드의 최적화 과정이 느려지는 문제를 개선했습니다.

- softmax: 소프트맥스라고 하며, 다중 클래스 분류 문제에서 출력층에 주로 씁니다.

ⓔ input_shape: 입력 데이터의 형태를 정의합니다. 모델에서 첫 계층만 정의하면 됩니다. (행, 열, 채널 개수)로 정의하며, 그레이스케일 영상은 채널을 1로 설정하고, 컬러(RGB) 영상은 채널을 3으로 설정합니다.

② 풀링층은 필터 크기가 (2,2)이고, 스트라이드가 2입니다.

③ 소프트맥스 활성화 함수가 적용된 출력층입니다.

Note ≡ **패딩**

합성곱 연산을 수행하는 과정에서 커널/필터와 스트라이드의 작용으로 원본 이미지 크기가 줄어듭니다. 이렇게 특성 맵의 크기가 작아지는 것을 방지하려고 패딩(padding) 기법을 이용합니다. 쉽게 말해 단순히 원본 이미지에 0이라는 패딩 값을 채워 넣어 이미지를 확장한 후 합성곱 연산을 적용합니다.

오른쪽 그림을 보면 (5, 5, 1) 크기의 이미지에 사방으로 빈 공간(0)이 한 칸씩 더 채워져 있는 것을 확인할 수 있는데, 이것이 패딩입니다. 이후 3×3 크기의 커널/필터를 적용하면 (3, 3, 1) 크기의 특성 맵이 아닌 원본 이미지와 똑같은 (5, 5, 1) 크기의 특성 맵이 출력됩니다(스트라이드=1).

즉, 원본 이미지 크기를 줄이지 않으면서 합성곱 연산이 가능하게 하는 것이 패딩의 역할이라고 할 수 있습니다.

▼ 그림 5-26 패딩

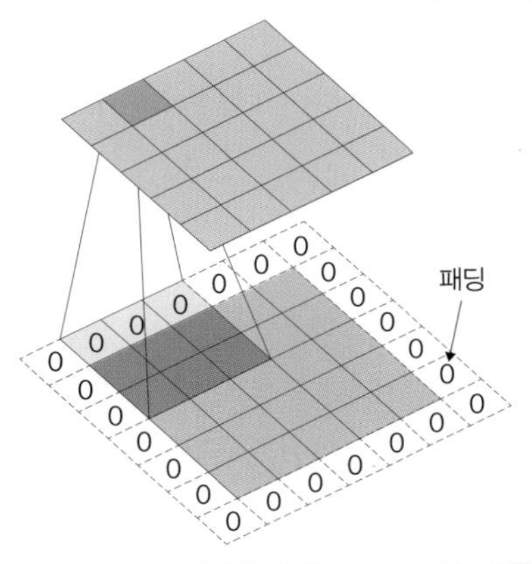

패딩

컴파일이 완료되었다면 모델을 훈련시키고 성능에 대해 평가합니다.

코드 5-11 모델 훈련 및 성능 평가

```
model_with_conv.fit(X_train_final, y_train, epochs=5)
model_with_conv.evaluate(X_test_final, y_test, verbose=2)
```

다음과 같은 모델 훈련 결과를 볼 수 있습니다.

```
Epoch 1/5
1875/1875 [==============================] - 35s 19ms/step - loss: 0.8342 - accuracy:
0.6931
Epoch 2/5
1875/1875 [==============================] - 37s 20ms/step - loss: 0.5398 - accuracy:
0.8009
Epoch 3/5
1875/1875 [==============================] - 39s 21ms/step - loss: 0.4776 - accuracy:
0.8269
Epoch 4/5
1875/1875 [==============================] - 37s 20ms/step - loss: 0.4329 - accuracy:
0.8436
Epoch 5/5
1875/1875 [==============================] - 36s 19ms/step - loss: 0.4059 - accuracy:
0.8528
313/313 - 1s - loss: 0.4223 - accuracy: 0.8503
[0.42226240038871765, 0.8503000140190125]
```

심층 신경망과 비교하여 정확도(85%)가 낮은데, 더 많은 층을 쌓는다면 심층 신경망보다 정확도가 높아질 수 있습니다. 개별적으로 층을 더 쌓아 결과를 확인해 보는 것도 좋은 학습 방법이 될 것입니다.

5.3 전이 학습

일반적으로 합성곱 신경망 기반의 딥러닝 모델을 제대로 훈련시키려면 많은 양의 데이터가 필요합니다. 그런데 불행히도 충분히 큰 데이터셋을 얻는 것은 쉽지 않습니다. 큰 데이터셋을 확보하려면 많은 돈과 시간이 필요하기 때문입니다.

이러한 현실적인 어려움을 해결한 것이 전이 학습(transfer learning)입니다. 전이 학습이란 이미지넷(ImageNet)[3]처럼 아주 큰 데이터셋을 써서 훈련된 모델의 가중치를 가져와 우리가 해결하려는 과제에 맞게 보정해서 사용하는 것을 의미합니다. 이때 아주 큰 데이터셋을 사용하여 훈련된 모델을 사전 훈련된 모델(네트워크)이라고 합니다. 결과적으로 비교적 적은 수의 데이터를 가지고도 우리가 원하는 과제를 해결할 수 있습니다.

❤ 그림 5-27 전이 학습

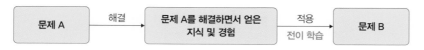

전이 학습을 위한 방법으로는 특성 추출과 미세 조정 기법이 있습니다. 특성 추출 기법부터 하나씩 살펴보겠습니다.

5.3.1 특성 추출 기법

특성 추출(feature extractor)은 ImageNet 데이터셋으로 사전 훈련된 모델을 가져온 후 마지막에 완전연결층 부분만 새로 만듭니다. 즉, 학습할 때는 마지막 완전연결층(이미지의 카테고리를 결정하는 부분)만 학습하고 나머지 계층들은 학습되지 않도록 합니다.

특성 추출은 이미지 분류를 위해 두 부분으로 구성됩니다.

- **합성곱층**: 합성곱층과 풀링층으로 구성
- **데이터 분류기(완전연결층)**: 추출된 특성을 입력받아 최종적으로 이미지에 대한 클래스를 분류하는 부분

사전 훈련된 네트워크의 합성곱층(가중치 고정)에 새로운 데이터를 통과시키고, 그 출력을 데이터 분류기에서 훈련시킵니다.

여기에서 사용 가능한 이미지 분류 모델은 다음과 같습니다.

- Xception
- Inception V3

---

3   영상 인식 기술의 성능을 평가하는 주된 이미지 데이터셋입니다. 클래스 2만 개 이상과 이미지 총 1419만 7122장으로 구성되어 있습니다.

165

- ResNet50

- VGG16

- VGG19

- MobileNet

▼ 그림 5-28 특성 추출 기법

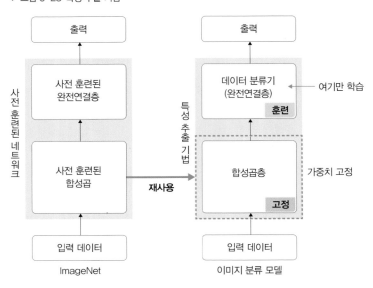

예제로 특성 추출에 대해 알아보겠습니다.

먼저 필요한 모든 라이브러리를 가져와서 모델을 만들어 봅시다. 예제에서는 ImageNet 데이터에 대해 가중치가 선행 학습된 ResNet50 모델을 사용합니다.

코드 5-12 라이브러리 호출

```
import numpy as np
import tensorflow as tf
import matplotlib.pyplot as plt
import matplotlib.image as mpimg

from tensorflow.keras import Model
from tensorflow.keras.models import Sequential
from tensorflow.keras.layers import Dense, GlobalMaxPool2D, GlobalAveragePooling2D
from tensorflow.keras.applications import ResNet50
from tensorflow.keras.preprocessing.image import ImageDataGenerator
```

예제에서 사용할 모델은 사전 훈련된 ResNet50을 사용합니다. 모델을 생성하면 자동으로 내려받을 수 있습니다.

코드 5-13 사전 훈련된 모델 내려받기

```
model = ResNet50(include_top=True,
                 weights="imagenet",
                 input_tensor=None,
                 input_shape=None,
                 pooling=None,
                 classes=1000) ------ ①
```

① ResNet50에서 사용되는 파라미터는 다음과 같습니다.

```
model = ResNet50(include_top=True, weights="imagenet",
                           ⓐ              ⓑ
                 input_tensor=None, input_shape=None, pooling=None,
                           ⓒ              ⓓ              ⓔ
                 classes=1000)
                     ⓕ
```

ⓐ include_top: 네트워크 상단에 완전연결층을 포함할지 여부를 지정하며, 기본값은 True입니다.

ⓑ weights: 가중치를 의미하며, None(무작위 초기화)과 'imagenet(ImageNet에서 사전 훈련된 값)'을 지정할 수 있습니다.

ⓒ input_tensor: 입력 데이터의 텐서

ⓓ input_shape: 입력 이미지에 대한 텐서 크기입니다.

ⓔ pooling: 풀링에서 사용할 수 있는 값은 다음과 같습니다.

 − None: 마지막 합성곱층이 출력됩니다.

 − avg: 마지막 합성곱층에 글로벌 평균 풀링이 추가됩니다.

 − max: 마지막 합성곱층에 글로벌 최대 풀링이 추가됩니다.

ⓕ classes: weights로 'imagenet'을 사용하려면 classes 값이 1000이어야 합니다. 다른 값으로 사용하고 싶다면 'None'으로 지정합니다.

다음은 사전 훈련된 ResNet50을 내려받은 결과입니다.

내려받기가 완료되면 C:\Users\(사용자)\.keras\models 폴더에서 resnet50_weights_tf_dim_ordering_tf_kernels.h5 파일을 확인할 수 있습니다(환경에 따라 위치가 다를 수 있습니다).

```
Downloading data from https://storage.googleapis.com/tensorflow/keras-applications/
resnet/resnet50_weights_tf_dim_ordering_tf_kernels.h5
102973440/102967424 [==============================] - 8s 0us/step
```

내려받은 ResNet50 네트워크 구조를 살펴봅시다.

코드 5-14 ResNet50 네트워크 구조 확인

```
model.summary()
```

다음과 같이 ResNet50 네트워크가 출력됩니다. ResNet50 네트워크는 유지하고, 여기에 추가 계층을 생성하여 사용할 예정입니다.

```
Model: "resnet50"
_____
Layer (type)                  Output Shape           Param #   Connected to
==============================================================================
input_1 (InputLayer)          [(None, 224, 224, 3)   0
_____
conv1_pad (ZeroPadding2D)     (None, 230, 230, 3)    0         input_1[0][0]
_____
conv1_conv (Conv2D)           (None, 112, 112, 64)   9472      conv1_pad[0][0]
_____
conv1_bn (BatchNormalization) (None, 112, 112, 64)   256       conv1_conv[0][0]
_____
...(중간 생략)...
_____
conv5_block3_out (Activation) (None, 7, 7, 2048)     0         conv5_block3_add[0][0]
_____
```

```
avg_pool (GlobalAveragePooling2 (None, 2048)          0        conv5_block3_out[0][0]
_____
predictions (Dense)             (None, 1000)      2049000    avg_pool[0][0]
================================================================================
Total params: 25,636,712
Trainable params: 25,583,592
Non-trainable params: 53,120
_____
```

Note ≡ GlobalAveragePooling은 플래튼(flatten)이 일어나기 직전 혹은 마지막 합성곱층에 적용하는 방식으로 각 특성 맵의 평균값을 뽑아 벡터로 만듭니다. 이해를 돕고자 마지막 합성곱층의 특성 맵 개수는 세 개이고 각각의 크기는 3×3이라고 가정해 봅시다.

❤ 그림 5-29 GlobalAveragePooling

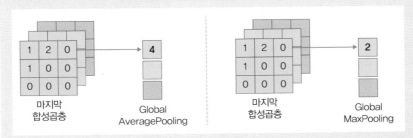

이 예시에서 GlobalAveragePooling은 각 특성 맵에 대해 모든 값을 더하고, GlobalMaxPooling은 모든 값 중 최댓값을 뽑아 벡터로 만듭니다. 평균(average)을 취하면 1+2+1을 한 후 9로 나누어야 맞겠지만, GlobalAveragePooling은 단순하게 합으로 대체합니다.

이제 사전 훈련된 합성곱층의 가중치를 고정하고 시그모이드 활성화 함수가 포함된 밀집층(완전연결층)을 추가하겠습니다.

❤ 그림 5-30 훈련된 계층을 고정하고 밀집층 추가

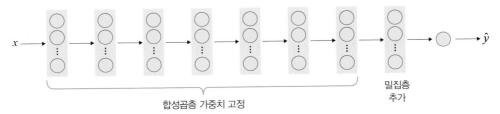

앞서 생성했던 모델(model)에 밀집층을 추가하는 코드는 다음과 같습니다.

코드 5-15 ResNet50 네트워크에 밀집층 추가

```
model.trainable = False
model = Sequential([model,
                    Dense(2, activation='sigmoid')]) ------ 시그모이드 함수가 포함된 밀집층 추가
model.summary()
```

다음은 밀집층이 추가된 ResNet50 네트워크의 출력 결과입니다.

```
Model: "sequential_1"
_____
Layer (type)                 Output Shape              Param #
=================================================================
resnet50 (Functional)        (None, 1000)              25636712
_____
dense_1 (Dense)              (None, 2)                 2002
=================================================================
Total params: 25,638,714
Trainable params: 2,002
Non-trainable params: 25,636,712
_____
```

다음으로 모델이 효과적으로 구현될 수 있게 여러 가지 환경을 설정합니다.

코드 5-16 훈련에 사용될 환경 설정

```
model.compile(loss='binary_crossentropy',
              optimizer='adam',
              metrics=['accuracy'])
```

이 예제에서 사용할 데이터셋은 캐글에서 제공하는 개와 고양이에 대한 이미지[4]입니다. 여기에서 제공하는 데이터가 많기 때문에 다음 예제에서는 일부 이미지만 사용합니다.

케라스에서는 이미지 데이터 학습을 돕는 다양한 패키지를 제공하는데, 그중 하나가 ImageDataGenerator 클래스입니다. ImageDataGenerator 클래스를 사용하여 객체를 생성할 때 파라미터를 전달해 줌으로써 데이터의 전처리를 쉽게 할 수 있습니다. 또 이 객체의 flow_from_directory 메

---

4 이 데이터셋은 캐글에서 제공하는 개와 고양이 이미지입니다. 데이터셋은 고양이 1만 2501개, 개 1만 2501개로 구성되어 있습니다(https://www.kaggle.com/c/dogs-vs-cats).

서드를 활용하면 폴더 형태의 데이터 구조를 바로 가져와서 사용할 수 있는 장점이 있습니다.

코드 5-17 모델 훈련

```
BATCH_SIZE = 32
image_height = 224
image_width = 224
train_dir = "../chap5/data/catanddog/train"
valid_dir = "../chap5/data/catanddog/validation"

train = ImageDataGenerator(
                rescale=1./255,
                rotation_range=10,
                width_shift_range=0.1,
                height_shift_range=0.1,
                shear_range=0.1,
                zoom_range=0.1) ······ ①

train_generator = train.flow_from_directory(train_dir,
                                    target_size=(image_height, image_width),
                                    color_mode="rgb",
                                    batch_size=BATCH_SIZE,
                                    seed=1,
                                    shuffle=True,
                                    class_mode="categorical") ······ ②

valid = ImageDataGenerator(rescale=1.0/255.0)
valid_generator = valid.flow_from_directory(valid_dir,
                                    target_size=(image_height, image_width),
                                    color_mode="rgb",
                                    batch_size=BATCH_SIZE,
                                    seed=7,
                                    shuffle=True,
                                    class_mode="categorical")
history = model.fit(train_generator,
                    epochs=10,
                    validation_data=valid_generator,
                    verbose=2) ······ ③
```

① ImageDataGenerator를 사용하면 rescale, shear_range, zoom_range, horizontal_flip과 같은 설정을 할 수 있어 데이터의 전처리를 쉽게 할 수 있습니다. 이때 사용하는 파라미터는 다음과 같습니다.

```
ImageDataGenerator(rescale=1./255, rotation_range=10,
                      ⓐ                  ⓑ
              width_shift_range=0.1, height_shift_range=0.1,
                      ⓒ                  ⓓ
              shear_range=0.1, zoom_range=0.1)
                      ⓔ              ⓕ
```

ⓐ rescale: 원본 영상은 0~255의 RGB 계수로 구성되는데, 1/255로 스케일링하여 0~1 범위로 변환시켜 줍니다.

ⓑ rotation_range: 이미지 회전 범위(degrees). rotation_range=10은 0~10도 범위 내에서 임의로 원본 이미지를 회전하겠다는 의미입니다.

ⓒ width_shift_range: 그림을 수평으로 랜덤하게 평행 이동시키는 범위. width_shift_range=0.1은 전체 넓이가 100일 경우, 0.1의 값을 적용하면서 10픽셀 내외로 이미지를 좌우로 이동시키겠다는 의미입니다.

ⓓ height_shift_range: 그림을 수직으로 랜덤하게 평행 이동시키는 범위. height_shift_range=0.1은 전체 높이가 100일 경우, 0.1의 값을 적용하면서 10픽셀 내외로 이미지를 상하로 이동시키겠다는 의미입니다.

ⓔ shear_range: 원본 이미지를 임의로 변형(전단)시키는 범위. shear_range=0.1은 0.1라디안 내외로 시계 반대 방향으로 이미지를 변환시키겠다는 의미입니다.

ⓕ zoom_range: 임의 확대/축소 범위. zoom_range=0.1은 0.9에서 1.1배의 크기로 이미지를 변환시키겠다는 의미입니다.

Note ≡ **라디안이란**

라디안(radian)은 각도를 표현하는 방법입니다. 보통 라디안은 부채꼴의 중심각을 가지고 설명되는데, 다음 그림과 같이 호의 길이가 반지름과 같게 되는 만큼의 각을 1라디안이라고 정의합니다.

❤ 그림 5-31 라디안

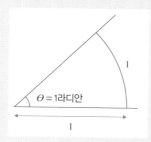

② flow_from_directory 메서드를 사용하면 폴더 구조를 그대로 가져와서 ImageDataGenerator 에 실제 데이터를 채워 줍니다. 이때 사용되는 파라미터는 다음과 같습니다.

```
train_generator = train.flow_from_directory(train_dir,
                                    ⓐ
                        target_size=(image_height, image_width),
                                    ⓑ
                        color_mode="rgb", batch_size=BATCH_SIZE,
                              ⓒ                    ⓓ
                        seed=1, shuffle=True, class_mode="categorical")
                          ⓔ        ⓕ                    ⓖ
```

ⓐ 첫 번째 파라미터: 훈련 이미지 경로입니다.

ⓑ target_size: 이미지 크기이며, 모든 이미지는 이 크기로 자동 조정됩니다.

ⓒ color_mode: 이미지가 그레이스케일이면 'grayscale'을 사용하고, 색상이 있으면 'rgb'를 사용합니다.

ⓓ batch_size: 배치당 generator에서 생성할 이미지 개수입니다.

ⓔ seed: 이미지를 임의로 섞기 위한 랜덤한 숫자(정수)입니다.

ⓕ shuffle: 이미지를 섞어서 사용하려면 shuffle을 True로 설정하고, 그렇지 않으면 False로 설정합니다.

ⓖ class_mode: 예측할 클래스가 두 개뿐이라면 "binary"를 선택하고, 그렇지 않으면 "categorical"을 선택합니다.

③ 모델을 훈련시키기 위한 파라미터는 다음과 같습니다.

```
history = model.fit(train_generator, epochs=10,
                          ⓐ              ⓑ
                    validation_data=valid_generator, verbose=2)
                          ⓒ                              ⓓ
```

ⓐ 첫 번째 파라미터: 학습에 사용되는 데이터셋입니다.

ⓑ epochs: 학습에 대한 반복 횟수를 의미합니다.

ⓒ validation_data: 테스트 데이터셋을 설정합니다.

ⓓ verbose: 훈련의 진행 과정을 보여 줍니다. 0이면 아무것도 출력하지 않고, 1이면 훈련의 진행도를 표시하는 진행 막대를 보여 줍니다. 2면 미니 배치마다 훈련 정보를 출력합니다.

코드를 실행하면 다음과 같이 훈련 결과가 출력됩니다.

```
Found 385 images belonging to 2 classes.
Found 98 images belonging to 2 classes.
Epoch 1/10
13/13 - 8s - loss: 0.6934 - accuracy: 0.4182 - val_loss: 0.6933 - val_accuracy: 0.5000
Epoch 2/10
13/13 - 8s - loss: 0.6933 - accuracy: 0.4727 - val_loss: 0.6933 - val_accuracy: 0.5000
Epoch 3/10
13/13 - 8s - loss: 0.6934 - accuracy: 0.4727 - val_loss: 0.6933 - val_accuracy: 0.5000
Epoch 4/10
13/13 - 8s - loss: 0.6934 - accuracy: 0.4727 - val_loss: 0.6933 - val_accuracy: 0.5000
Epoch 5/10
13/13 - 8s - loss: 0.6931 - accuracy: 0.5065 - val_loss: 0.6933 - val_accuracy: 0.5000
Epoch 6/10
13/13 - 8s - loss: 0.6929 - accuracy: 0.5273 - val_loss: 0.6933 - val_accuracy: 0.5000
Epoch 7/10
13/13 - 8s - loss: 0.6929 - accuracy: 0.5273 - val_loss: 0.6933 - val_accuracy: 0.5000
Epoch 8/10
13/13 - 8s - loss: 0.6927 - accuracy: 0.5273 - val_loss: 0.6933 - val_accuracy: 0.5000
Epoch 9/10
13/13 - 8s - loss: 0.6927 - accuracy: 0.5273 - val_loss: 0.6933 - val_accuracy: 0.5000
Epoch 10/10
13/13 - 8s - loss: 0.6926 - accuracy: 0.5273 - val_loss: 0.6933 - val_accuracy: 0.5000
```

이제 모델의 정확도를 시각적으로 표현해 봅시다.

코드 5-18 모델의 정확도 시각화

```python
import matplotlib as mpl
import matplotlib.pylab as plt
from matplotlib import font_manager

font_fname = 'C:/Windows/Fonts/malgun.ttf' ------ 주피터 노트북에서 한글이 깨지는 문제 해결
font_family = font_manager.FontProperties(fname=font_fname).get_name()

plt.rcParams["font.family"] = font_family

accuracy = history.history['accuracy'] ------ ①
val_accuracy = history.history['val_accuracy']

loss = history.history['loss']
```

```
val_loss = history.history['val_loss']

epochs = range(len(accuracy))

plt.plot(epochs, accuracy, label="훈련 데이터셋")
plt.plot(epochs, val_accuracy, label="검증 데이터셋")
plt.legend()
plt.title('정확도')
plt.figure()

plt.plot(epochs, loss, label="훈련 데이터셋")
plt.plot(epochs, val_loss, label="검증 데이터셋")
plt.legend()
plt.title('오차')
```

① model.fit() 메서드에 대한 반환값으로 history 객체를 얻을 수 있는데, 이 history 객체는 다음 정보를 가지고 있습니다.

  - accuracy: 매 에포크에 대한 훈련의 정확도를 나타냅니다.

  - loss: 매 에포크에 대한 훈련의 손실 값을 나타냅니다.

  - val_accuracy: 매 에포크에 대한 검증의 정확도를 나타냅니다.

  - val_loss: 매 에포크에 대한 검증의 손실 값을 나타냅니다.

다음 그림은 모델의 정확도와 오차를 시각화한 결과입니다. 이 예제는 훈련 이미지의 랜덤 사용(앞서 shuffle=True로 설정)으로 출력 결과가 책과 다를 수 있습니다.

▼ 그림 5-32 정확도와 오차에 대한 결과

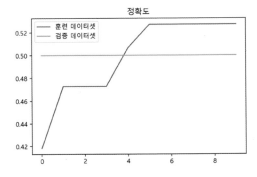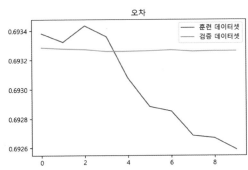

다음 그림은 맷플롯립(matplotlib) 라이브러리로 출력하는 그림에서 사용되는 용어들을 정리한 것입니다.

❤ 그림 5-33 맷플롯립

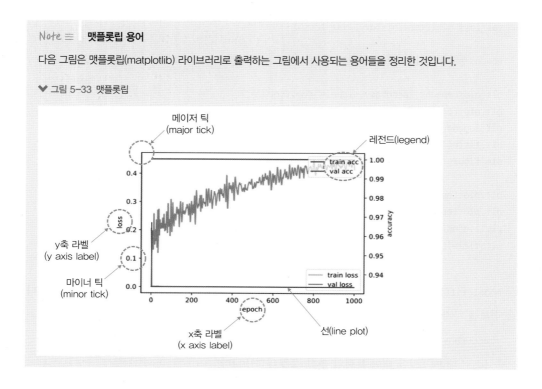

훈련 데이터는 시간이 흐를수록 정확도는 높아지고 오차는 낮아지고 있지만, 테스트 데이터는 시간이 흘러도 변동이 없는 것을 확인할 수 있습니다. 즉, 예측력이 좋지 못하다는 것을 의미하는데, 실제로 개와 고양이에 대한 예측을 진행해 보겠습니다.

코드 5-19 훈련된 모델의 예측

```
class_names = ['cat', 'dog'] ------ 개와 고양이에 대한 클래스 두 개
validation, label_batch = next(iter(valid_generator)) ------ ①
prediction_values = np.argmax(model.predict(validation), axis=-1)
prediction_values = np.argmax(prediction_values, axis=1)

fig = plt.figure(figsize=(12,8))
fig.subplots_adjust(left=0, right=1, bottom=0, top=1, hspace=0.05, wspace=0.05)

for i in range(8): ------ 이미지 여덟 개에 대해 출력
    ax = fig.add_subplot(2, 4, i+1, xticks=[], yticks=[])
    ax.imshow(validation[i,:], cmap=plt.cm.gray_r, interpolation='nearest')
    if prediction_values[i] == np.argmax(label_batch[i]):
        ax.text(3, 17, class_names[prediction_values[i]], color='yellow', fontsize=14)
    else:
        ax.text(3, 17, class_names[prediction_values[i]], color='red', fontsize=14)
```

① 반복자(iterator)를 사용하려면 iter() 메서드와 next() 메서드가 필요합니다. iter() 메서드는 전달된 데이터의 반복자를 꺼내 반환하며, next() 메서드는 반복자를 입력으로 받아 그 반복자가 다음에 출력해야 할 요소를 반환합니다. 즉, iter() 메서드로 반복자를 구하고 그 반복자를 next() 메서드에 전달하여 차례대로 꺼낼 수 있습니다. 앞의 코드에서 반복자는 valid_generator가 되기 때문에 validation, label_batch에 valid_generator의 값을 순차적으로 저장합니다.

다음 그림은 개와 고양이에 대한 예측 결과입니다. 노란색은 개와 고양이를 정확하게 예측한 것이고, 빨간색은 예측이 잘못되었음을 의미합니다.

▼ 그림 5-34 개와 고양이에 대한 예측 결과

결과를 살펴보니 예측이 정확하지 않은 것을 확인할 수 있습니다. 물론 훈련 데이터를 더 늘리고, 에포크 횟수도 늘려 보면 더 좋은 결과를 얻을 수 있을 것입니다.

이번에는 텐서플로 허브를 사용하는 예제를 살펴보겠습니다.

텐서플로 허브 사용

사전 훈련된 모델을 이용하는 또 다른 방법으로 텐서플로 허브(TensorFlow Hub)가 있습니다.

텐서플로 허브는 일반화된 문제들에 대해 모델의 재사용성을 극대화하려고 구글에서 공개한 API입니다. 즉, 텐서플로 허브는 모델에서 재사용 가능한 부분을 게시, 검색, 사용하기 위한 API를 제공합니다.

텐서플로 허브를 사용하려면 tensorflow_hub 라이브러리를 설치해야 합니다.

```
> pip install tensorflow_hub
```

다음은 텐서플로 허브를 이용한 코드입니다. 먼저 필요한 라이브러리를 호출하고, ResNet50을 내려받습니다.

내려받은 ResNet50 합성곱층의 가중치를 고정하고 분류를 위해 새로운 계층(소프트맥스 활성화 함수가 추가된 밀집층)을 추가합니다.

▼ 그림 5-35 계층을 고정하고 분류를 위해 새로운 계층 추가

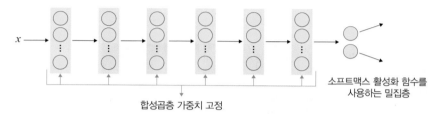

코드 5-20 라이브러리 호출 및 ResNet50 내려받기

```
import tensorflow_hub as hub
model = tf.keras.Sequential([
        hub.KerasLayer("https://tfhub.dev/google/imagenet/resnet_v2_152/feature_vector/4",
                        input_shape=(224,224,3),
                        trainable=False),
        tf.keras.layers.Dense(2, activation='softmax')  ┄┄ 사전 훈련된 모델을 가져와서
])                                                          밀집층(완전연결층)을 추가
```

훈련과 테스트 데이터셋을 충분히 확보하기 위해 ImageDataGenerator를 사용하여 데이터를 확장합니다.

코드 5-21 데이터 확장

```
train = ImageDataGenerator(
                rescale=1./255,
                rotation_range=10,
                width_shift_range=0.1,
                height_shift_range=0.1,
                shear_range=0.1,
                zoom_range=0.1)

train_generator = train.flow_from_directory(train_dir,
                                    target_size=(image_height, image_width),
```

```
                                color_mode="rgb",
                                batch_size=BATCH_SIZE,
                                seed=1,
                                shuffle=True,
                                class_mode="categorical")

valid = ImageDataGenerator(rescale=1.0/255.0)
valid_generator = valid.flow_from_directory(valid_dir,
                                target_size=(image_height, image_width),
                                color_mode="rgb",
                                batch_size=BATCH_SIZE,
                                seed=7,
                                shuffle=True,
                                class_mode="categorical")

model.compile(loss='binary_crossentropy',
            optimizer='adam',
            metrics=['accuracy'])
```

다음은 데이터 확장에 대한 실행 결과입니다. 참고로 데이터 확장은 훈련 과정에서 진행되므로 다음 결과는 실제 이미지에 대한 결과를 보여 줍니다.

```
Found 385 images belonging to 2 classes.
Found 98 images belonging to 2 classes.
```

Note ≡   앞에서 ImageDataGenerator를 이용할 경우 이미지 데이터에 대한 전처리가 용이하다고 설명했습니다. ImageDataGenerator는 이미지 전처리뿐만 아니라 데이터를 증가(augmentation)시킬 때도 사용할 수 있습니다.

ImageDataGenerator를 이용하여 이미지 데이터를 증가시키는 방법에 대해 알아봅시다.

먼저 예제를 진행하기 위한 라이브러리와 이미지 데이터를 불러옵니다. 이미지 데이터는 '이미지 데이터를 255로 나누는 이유'에서 사용했던 데이터입니다.

코드 5-22 라이브러리 및 데이터 호출

```
from numpy import expand_dims
from tensorflow.keras.preprocessing.image import load_img
from tensorflow.keras.preprocessing.image import img_to_array
from tensorflow.keras.preprocessing.image import ImageDataGenerator
from matplotlib import pyplot as plt

img = load_img('../chap5/data/bird.jpg')
```

ⓞ 계속

```
data = img_to_array(img) ⸳⸳⸳⸳⸳⸳ 이미지를 배열 형태로 바꾸어 줍니다.
```

데이터를 증가시키기 위해 이미지를 좌우로 이동시켜 봅니다.

코드 5-23 width_shift_range를 이용한 이미지 증가

```
img_data = expand_dims(data, 0) ⸳⸳⸳⸳⸳⸳ 차원을 추가하여 데이터 확장
data_gen = ImageDataGenerator(width_shift_range=[-200,200]) ⸳⸳⸳⸳⸳ 이미지 데이터를 좌우로
                                                                움직일 수 있는 범위 설정
data_iter = data_gen.flow(img_data, batch_size=1) ⸳⸳⸳⸳⸳⸳ iteration 적용
fig = plt.figure(figsize=(30,30))
for i in range(9):
    plt.subplot(3, 3, i+1)
    batch = data_iter.next()
    image = batch[0].astype('uint16')
    plt.imshow(image)
plt.show()
```

다음 그림은 이미지가 좌우로 이동된 결과를 보여 줍니다.

▼ 그림 5-36 width_shift_range를 적용한 이미지

⊙ 계속

데이터 증가를 위해 이미지를 상하로 이동시켜 봅니다.

코드 5-24 height_shift_range를 이용한 이미지 증가

```
img_data = expand_dims(data, 0)
data_gen = ImageDataGenerator(height_shift_range=0.5)  ┈┈ 이미지 데이터를 상하로 움직일 수
data_iter = data_gen.flow(img_data, batch_size=1)            있는 범위 설정
fig = plt.figure(figsize=(30,30))
for i in range(9):
    plt.subplot(3, 3, i+1)
    batch = data_iter.next()
    image = batch[0].astype('uint16')
    plt.imshow(image)
plt.show()
```

다음 그림은 이미지가 상하로 이동된 결과를 보여 줍니다.

▼ 그림 5-37 height_shift_range를 적용한 이미지

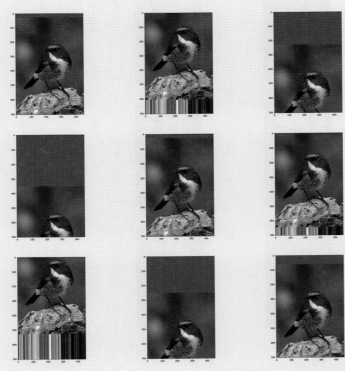

데이터 증가를 위해 이미지를 뒤집어(flip) 봅니다.

ⓞ 계속

```
img_data = expand_dims(data, 0)
data_gen = ImageDataGenerator(horizontal_flip=True, vertical_flip=True) ┈┄
data_iter = data_gen.flow(img_data, batch_size=1)                이미지 데이터를 뒤집기
fig = plt.figure(figsize=(30,30))
for i in range(9):
    plt.subplot(3, 3, i+1)
    batch = data_iter.next()
    image = batch[0].astype('uint16')
    plt.imshow(image)
plt.show()
```

다음 그림은 이미지가 뒤집힌 결과를 보여 줍니다.

▼ 그림 5-38 flip을 적용한 이미지

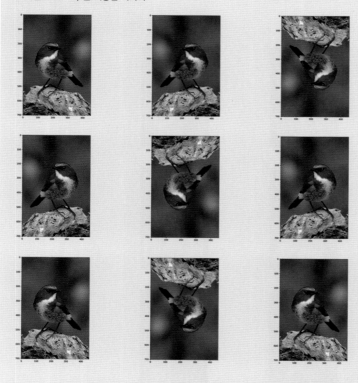

데이터를 증가시키기 위해 이미지를 90도 회전시켜 봅니다.

⊙ 계속

코드 5-26 rotation_range를 이용한 이미지 증가

```
img_data = expand_dims(data, 0)
data_gen = ImageDataGenerator(rotation_range=90) ------ 이미지 데이터를 90도 회전
data_iter = data_gen.flow(img_data, batch_size=1)
fig = plt.figure(figsize=(30,30))
for i in range(9):
    plt.subplot(3, 3, i+1)
    batch = data_iter.next()
    image = batch[0].astype('uint16')
    plt.imshow(image)
plt.show()
```

다음 그림은 이미지가 90도 회전된 결과를 보여 줍니다.

❤️ **그림 5-39** rotation_range를 적용한 이미지

데이터 증가를 위해 이미지의 밝기를 조정해 봅니다.

❍ 계속

코드 5-27 brightness를 이용한 이미지 증가

```
img_data = expand_dims(data, 0)
data_gen = ImageDataGenerator(brightness_range=[0.3,1.2]) ------ 이미지 데이터 밝기 조정
data_iter = data_gen.flow(img_data, batch_size=1)
fig = plt.figure(figsize=(30,30))
for i in range(9):
    plt.subplot(3, 3, i+1)
    batch = data_iter.next()
    image = batch[0].astype('uint16')
    plt.imshow(image)
plt.show()
```

다음 그림은 이미지의 밝기가 변환된 결과를 보여 줍니다.

▼ 그림 5-40 brightness를 적용한 이미지

데이터 증가를 위해 이미지의 일부만 확대(zoom)시켜 봅니다.

◑ 계속

```
img_data = expand_dims(data, 0)
data_gen = ImageDataGenerator(zoom_range=[0.4,1.5]) ------ 이미지 데이터를 확대
data_iter = data_gen.flow(img_data, batch_size=1)
fig = plt.figure(figsize=(30,30))
for i in range(9):
    plt.subplot(3, 3, i+1)
    batch = data_iter.next()
    image = batch[0].astype('uint16')
    plt.imshow(image)
plt.show()
```

다음 그림은 이미지의 일부가 확대된 결과를 보여 줍니다.

▼ 그림 5-41 zoom을 적용한 이미지

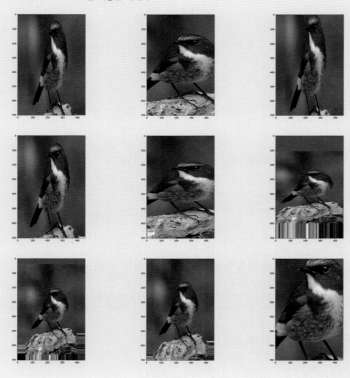

앞서 정의한 네트워크를 이용하여 모델을 훈련시켜 봅시다.

코드 5-29 모델 훈련

```
history = model.fit(train_generator,
                    epochs=10,
                    validation_data=valid_generator,
                    verbose=2)
```

코드를 실행하면 다음과 같이 모델이 훈련됩니다.

```
Epoch 1/10
13/13 - 22s - loss: 0.8898 - accuracy: 0.7403 - val_loss: 0.3419 - val_accuracy:
0.8673
Epoch 2/10
13/13 - 20s - loss: 0.3538 - accuracy: 0.8675 - val_loss: 0.2667 - val_accuracy:
0.9184
Epoch 3/10
13/13 - 21s - loss: 0.2982 - accuracy: 0.9065 - val_loss: 0.2420 - val_accuracy:
0.9082
...(중간 생략)...
Epoch 8/10
13/13 - 20s - loss: 0.1357 - accuracy: 0.9429 - val_loss: 0.2321 - val_accuracy:
0.8878
Epoch 9/10
13/13 - 20s - loss: 0.1299 - accuracy: 0.9455 - val_loss: 0.1902 - val_accuracy:
0.9184
Epoch 10/10
13/13 - 22s - loss: 0.1284 - accuracy: 0.9506 - val_loss: 0.2279 - val_accuracy:
0.8980
```

모델의 훈련이 끝났으므로, 모델의 정확도를 시각적으로 표현해 봅시다.

코드 5-30 모델의 정확도를 시각적으로 표현

```
accuracy = history.history['accuracy']
val_accuracy = history.history['val_accuracy']

loss = history.history['loss']
val_loss = history.history['val_loss']

epochs = range(len(accuracy))

plt.plot(epochs, accuracy, label="훈련 데이터셋")
```

```
    plt.plot(epochs, val_accuracy, label="검증 데이터셋")
    plt.legend()
    plt.title('정확도')
    plt.figure()

    plt.plot(epochs, loss, label="훈련 데이터셋")
    plt.plot(epochs, val_loss, label="검증 데이터셋")
    plt.legend()
    plt.title('오차')
```

다음 그림은 모델의 훈련 결과를 시각적으로 표현한 것입니다.

▼ 그림 5-42 텐서플로 허브를 이용할 경우 정확도 및 손실

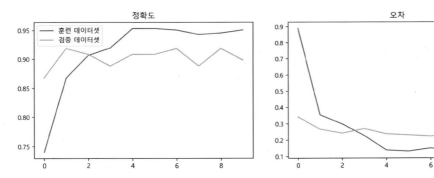

정확도는 시간이 흐를수록 높아지고 오차는 낮아지기 때문에 훈련이 잘되었다고 할 수 있습니다.

마지막으로 이미지 분류에 대한 예측을 시각화해 보겠습니다. 마찬가지로 노란색은 개와 고양이를 정확하게 예측했고 빨간색은 예측이 잘못되었음을 의미합니다.

코드 5-31 이미지에 대한 예측 확인

```
class_names = ['cat', 'dog']
validation, label_batch = next(iter(valid_generator))
prediction_values = np.argmax(model.predict(validation), axis=-1)
prediction_values = np.argmax(prediction_values, axis=1)

fig = plt.figure(figsize=(12,8))
fig.subplots_adjust(left=0, right=1, bottom=0, top=1, hspace=0.05, wspace=0.05)

for i in range(8):
    ax = fig.add_subplot(2, 4, i+1, xticks=[], yticks=[])
    ax.imshow(validation[i,:], cmap=plt.cm.gray_r, interpolation='nearest')
    if prediction_values[i] == np.argmax(label_batch[i]):
        ax.text(3, 17, class_names[prediction_values[i]], color='yellow', fontsize=14)
```

```
        else:
            ax.text(3, 17, class_names[prediction_values[i]], color='red', fontsize=14)
```

다음 그림은 개와 고양이에 대한 예측 결과입니다.

▼ 그림 5-43 모델 예측 결과

그림에서 보는 것처럼 텐서플로 허브를 사용할 때의 예측력이 더 좋음을 확인할 수 있습니다.

예제에서 확인할 수 있듯이 전이 학습을 사용하면 단시간(수 시간~수 일로 데이터양에 따라 상이)에 정말 좋은 결과를 얻을 수 있기 때문에 딥러닝에서 많이 사용되는 추세입니다.

5.3.2 미세 조정 기법

미세 조정(fine-tuning) 기법은 특성 추출 기법에서 더 나아가 사전 훈련된 모델과 합성곱층, 데이터 분류기의 가중치를 업데이트하여 훈련시키는 방식입니다. 특성 추출은 목표 특성을 잘 추출했다는 전제하에 좋은 성능을 낼 수 있습니다. 특성이 잘못 추출되었다면(예를 들어 ImageNet 데이터셋의 이미지 특징과 전자상거래 물품의 이미지 특징이 다르다면) 미세 조정 기법으로 새로운 (전자상거래) 이미지 데이터를 사용하여 네트워크의 가중치를 업데이트해서 특성을 다시 추출할 수 있습니다. 즉, 사전 학습된 모델을 목적에 맞게 재학습시키거나 학습된 가중치의 일부를 재학습시키는 것입니다.

미세 조정 기법은 사전 훈련된 네트워크를 미세 조정하여 분석하려는 데이터셋에 잘 맞도록 모델의 파라미터를 조정하는 기법입니다. 미세 조정 과정에서 많은 연산량이 필요하기 때문에 CPU보다는 GPU를 사용하길 권장합니다.

미세 조정 기법은 훈련시키려는 데이터셋의 크기와 사전 훈련된 모델에 따라 다음 전략을 세울 수 있습니다.

- **데이터셋이 크고 사전 훈련된 모델과 유사성이 작을 경우**: 모델 전체를 재학습시킵니다. 데이터셋 크기가 크기 때문에 재학습시키는 것이 좋은 전략입니다.

- **데이터셋이 크고 사전 훈련된 모델과 유사성이 클 경우**: 합성곱층의 뒷부분(완전연결층과 가까운 부분)과 데이터 분류기를 학습시킵니다. 데이터셋이 유사하기 때문에 전체를 학습시키는 것보다는 강한 특징이 나타나는 합성곱층의 뒷부분과 데이터 분류기만 새로 학습하더라도 최적의 성능을 낼 수 있습니다.

- **데이터셋이 작고 사전 훈련된 모델과 유사성이 작을 경우**: 합성곱층의 일부분과 데이터 분류기를 학습시킵니다. 데이터가 적기 때문에 일부 계층에 미세 조정 기법을 적용한다고 해도 효과가 없을 수 있습니다. 따라서 합성곱층 중 어디까지 새로 학습시켜야 할지 적당히 설정해 주어야 합니다.

- **데이터셋이 작고 사전 훈련된 모델과 유사성이 클 경우**: 데이터 분류기만 학습시킵니다. 데이터가 적기 때문에 많은 계층에 미세 조정 기법을 적용하면 과적합이 발생할 수 있습니다. 따라서 최종 데이터 분류기인 완전연결층에 대해서만 미세 조정 기법을 적용합니다.

▼ 그림 5-44 미세 조정 기법

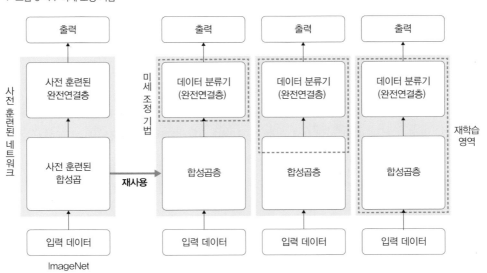

미세 조정은 파라미터 업데이트 과정에서 파라미터에 큰 변화를 주게 되면 과적합 문제가 발생할수 있기 때문에 정교하고 미세한 파라미터 업데이트가 필요합니다.

5.4 설명 가능한 CNN

설명 가능한 CNN(explainable CNN)은 딥러닝 처리 결과를 사람이 이해할 수 있는 방식으로 제시하는 기술입니다. CNN은 블랙박스와 같아 내부에서 어떻게 동작하는지 설명하기 어렵습니다. 따라서 CNN으로 얻은 결과는 신뢰하기 어려운데, 이를 해결하려면 CNN 처리 과정을 시각화해야할 필요성이 있습니다.

▼ 그림 5-45 CNN의 블랙박스

CNN을 구성하는 각 중간 계층부터 최종 분류까지 입력된 이미지에서 특성이 어떻게 추출되고 학습하는지를 시각적으로 설명할 수 있어야 결과에 대한 신뢰성을 얻을 수 있습니다. CNN의 시각화 방법에는 필터에 대한 시각화와 특성 맵에 대한 시각화가 있지만, 책에서는 특성 맵에 대한 시각화만 다루겠습니다.

5.4.1 특성 맵 시각화

특성 맵(feature map)(혹은 활성화 맵)은 입력 이미지 또는 다른 특성 맵처럼 필터를 입력에 적용한결과입니다. 따라서 특정 입력 이미지에 대한 특성 맵을 시각화한다는 의미는 특성 맵에서 입력특성을 감지하는 방법을 이해할 수 있도록 돕는 것입니다.

특성 맵 시각화 예제를 살펴보기 위해 먼저 케라스 라이브러리를 설치합니다.

```
> pip install keras
```

그리고 필요한 라이브러리를 호출합니다.

```python
import tensorflow as tf
from tensorflow import keras
import numpy as np
import matplotlib.pyplot as plt
import cv2
from tensorflow.keras.models import Model
from sklearn.model_selection import train_test_split
from tensorflow.keras.utils import to_categorical
```

이제 Sequential API를 이용하여 모델을 만들어 봅시다. 모델은 합성곱층과 최대 풀링층 쌍을 네 개 쌓고 완전연결층을 순차적으로 쌓습니다.

코드 5-33 새로운 모델 생성

```python
model = tf.keras.models.Sequential([
    tf.keras.layers.Conv2D(input_shape=(100,100,3), activation='relu',
                           kernel_size=(5,5), filters=32),
    tf.keras.layers.MaxPooling2D(),
    tf.keras.layers.Conv2D(activation='relu', kernel_size=(5,5), filters=64),
    tf.keras.layers.MaxPooling2D(),
    tf.keras.layers.Conv2D(activation='relu', kernel_size=(5,5), filters=64),
    tf.keras.layers.MaxPooling2D(),
    tf.keras.layers.Conv2D(activation='relu', kernel_size=(5,5), filters=64),
    tf.keras.layers.MaxPooling2D(),
    tf.keras.layers.Flatten(),
    tf.keras.layers.Dense(128, activation='relu'),
    tf.keras.layers.Dense(64, activation='relu'),
    tf.keras.layers.Dense(32, activation='relu'),
    tf.keras.layers.Dense(2, activation='softmax')
])
model.summary()
```

생성한 모델에 대한 실행 결과는 다음과 같습니다.

```
Model: "sequential_4"
_____
Layer (type)              Output Shape            Param #
=============================================================
conv2d_2 (Conv2D)         (None, 96, 96, 32)      2432
_____
```

191

```
max_pooling2d_2 (MaxPooling2    (None, 48, 48, 32)         0
-----------------------------------------------------------------------

conv2d_3 (Conv2D)              (None, 44, 44, 64)         51264
-----------------------------------------------------------------------

max_pooling2d_3 (MaxPooling2   (None, 22, 22, 64)         0
-----------------------------------------------------------------------

conv2d_4 (Conv2D)              (None, 18, 18, 64)         102464
-----------------------------------------------------------------------

max_pooling2d_4 (MaxPooling2   (None, 9, 9, 64)           0
-----------------------------------------------------------------------

conv2d_5 (Conv2D)              (None, 5, 5, 64)           102464
-----------------------------------------------------------------------

max_pooling2d_5 (MaxPooling2   (None, 2, 2, 64)           0
-----------------------------------------------------------------------

flatten_2 (Flatten)            (None, 256)                0
-----------------------------------------------------------------------

dense_6 (Dense)                (None, 128)                32896
-----------------------------------------------------------------------

dense_7 (Dense)                (None, 64)                 8256
-----------------------------------------------------------------------

dense_8 (Dense)                (None, 32)                 2080
-----------------------------------------------------------------------

dense_9 (Dense)                (None, 2)                  66
=======================================================================
Total params: 301,922
Trainable params: 301,922
Non-trainable params: 0
-----------------------------------------------------------------------
```

이 예제에서는 특성 맵의 시각화에 대해 살펴볼 예정이므로, 특성 맵을 정의해야 합니다. 특성 맵은 합성곱층을 입력 이미지와 필터를 연산하여 얻은 결과입니다. 따라서 합성곱층에서 입력과 출력을 확인한다면 특성 맵에 대한 시각화가 가능할 것입니다.

코드 5-34 특성 맵 정의

```
ins = model.inputs ······ 모델 입력으로 (None, 100, 100, 3)의 형태를 갖습니다.
outs = model.layers[0].output ······ 첫 번째 계층에 대한 출력으로 (None, 96, 96, 32)의 형태를 갖습니다.
feature_map = Model(inputs=ins, outputs=outs) ······ ins와 outs를 모델 입력과 출력으로 사용하여
feature_map.summary()                                특성 맵을 정의합니다.
```

다음은 특성 맵을 위한 모델 생성 결과입니다.

```
Model: "functional_1"
_____
Layer (type)                 Output Shape              Param #
=================================================================
conv2d_2_input (InputLayer)  [(None, 100, 100, 3)]     0
_____
conv2d_2 (Conv2D)            (None, 96, 96, 32)        2432
=================================================================
Total params: 2,432
Trainable params: 2,432
Non-trainable params: 0
_____
```

모델 생성이 완료되었기 때문에 훈련에 사용할 이미지를 호출합니다.

코드 5-35 이미지 호출

```
img = cv2.imread("../chap5/data/cat.jpg")
plt.imshow(img)
```

▼ **그림 5-46** 예제에서 사용할 이미지

불러온 이미지를 전처리한 후 특성 맵을 확인합니다.

코드 5-36 이미지 전처리 및 특성 맵 확인

```
img = cv2.resize(img, (100,100)) ------ 이미지 크기 조정
input_img = np.expand_dims(img, axis=0) ------ 이미지 차원 조정
print(input_img.shape) ------ 입력 이미지 형태 출력

feature = feature_map.predict(input_img) ------ 이미지를 모델에 적용
print(feature.shape) ------ 특성 맵에 대한 형태 출력
fig = plt.figure(figsize=(50,50))
for i in range(16): ------ 이미지 16개 출력
```

```
ax = fig.add_subplot(8, 4, i+1) ······ subplot(m, n, p)는 m×n 그리드로 나누고,
ax.imshow(feature[0,:,:,i])              p로 지정된 위치에 좌표축을 만듭니다.
```

다음은 첫 번째 계층에서 특성 맵에 대한 출력 결과입니다.

```
(1, 100, 100, 3)
(1, 96, 96, 32)
```

▼ 그림 5-47 첫 번째 계층에서 특성 맵

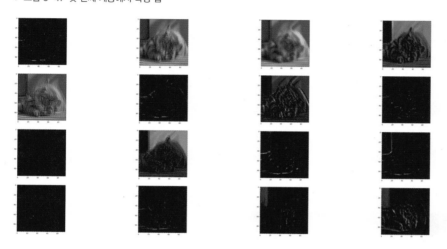

입력층과 가까운 계층으로 입력 이미지의 형태가 많이 유지되고 있습니다. 추가적으로 두 번째 계층과 여섯 번째 계층에 대한 특성 맵도 함께 살펴보겠습니다.

먼저 두 번째 계층에 대한 특성 맵을 살펴봅시다.

코드 5-37 이미지를 모델에 적용

```
ins = model.inputs ······ 모델 입력으로 (None, 100, 100, 3)의 형태를 갖습니다.
outs = model.layers[2].output ······ 두 번째 계층에 대한 출력으로 (None, 1000)의 형태를 갖습니다.
feature_map = Model(inputs=ins, outputs=outs) ······ 앞서 정의한 ins와 outs를 모델 입력과
                                                       출력으로 전달합니다.
img = cv2.imread("../chap5/data/cat.jpg") ······ 이미지 호출
img = cv2.resize(img, (100,100))
input_img = np.expand_dims(img, axis=0)

feature = feature_map.predict(input_img)
fig = plt.figure(figsize=(50,50))
for i in range(48): ······ 이미지 48개 출력
    ax = fig.add_subplot(8, 8, i+1)
```

```
ax.imshow(feature[0,:,:,i])
```

두 번째 계층에 대한 특성 맵의 결과는 다음 그림과 같습니다.

▼ 그림 5-48 두 번째 계층에서 특성 맵

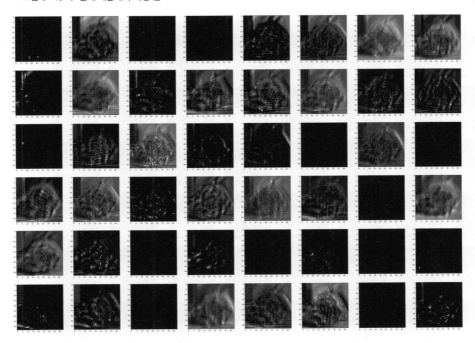

아직까지는 첫 번째 계층과 큰 차이가 없어 보입니다. 여전히 고양이 형태는 유지하고 있습니다.

이번에는 여섯 번째 계층에서 특성 맵 결과를 살펴봅시다.

코드 5-38 이미지를 모델에 적용

```
ins = model.inputs ------ 모델 입력으로 (None, 100, 100, 3)의 형태를 갖습니다.
outs = model.layers[6].output ------ 여섯 번째 계층에 대한 출력으로 (None, 1000)의 형태를 갖습니다.
feature_map = Model(inputs=ins, outputs=outs) ------ 앞서 정의한 ins와 outs를 모델 입력과
                                                      출력으로 전달합니다.
img = cv2.imread("../chap5/data/cat.jpg") ------ 이미지 호출
img = cv2.resize(img, (100,100))
input_img = np.expand_dims(img, axis=0)

feature = feature_map.predict(input_img)
fig = plt.figure(figsize=(50,50))
for i in range(48): ------ 이미지 48개 출력
```

```
ax = fig.add_subplot(8, 8, i+1)
ax.imshow(feature[0,:,:,i])
```

여섯 번째 특성 맵의 결과는 다음 그림과 같습니다.

▼ 그림 5-49 여섯 번째 계층에서 특성 맵

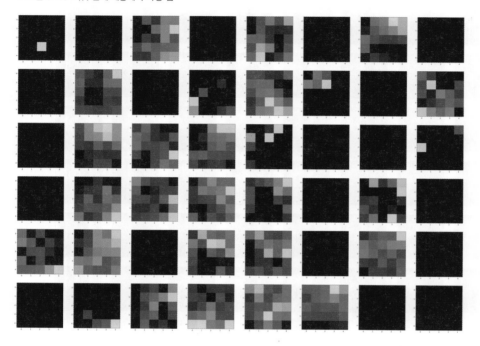

이제 원래 입력 이미지의 형태는 전혀 찾아볼 수 없습니다. 즉, 출력층에 가까울수록 원래 형태는 찾아볼 수 없고, 이미지 특징들만 전달되는 것을 확인할 수 있습니다.

지금까지 특성 맵을 시각화하여 CNN의 내부 구조를 살펴보았습니다. 최근 딥러닝 결과에 대한 신뢰성이 문제가 되면서 설명 가능한 인공지능이 이슈가 되고 있는데, CNN은 필터와 특성 맵을 시각화해서 결과의 신뢰성을 확보할 수 있습니다.

5.5 그래프 합성곱 네트워크

그래프 합성곱 네트워크(graph convolutional network)는 그래프 데이터를 위한 신경망입니다. 그래프 합성곱 네트워크를 이해하기 앞서 먼저 그래프란 무엇인지 알아봅시다.

5.5.1 그래프란

그래프는 방향성이 있거나(directed) 없는(undirected) 에지로 연결된 노드(nodes=verticals)의 집합입니다. 여기에서 노드와 에지는 일반적으로 풀고자 하는 문제에 대한 전문가 지식이나 직관 등으로 구성됩니다. 즉, 다음 그림과 같은 형태를 취하는 것이 그래프입니다.

❤ 그림 5-50 그래프

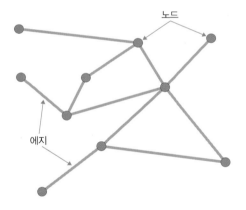

그래프의 구성 요소는 다음과 같습니다.

- **노드**(node, vertex): 그림 5-50에서 파란색 원이 노드입니다.
- **에지**(edge): 두 노드를 연결한 선을 의미합니다.

즉, 노드는 원소들을 의미하고, 에지는 결합 방법(single, double, triple, aromatic 등)을 의미합니다.

5.5.2 그래프 신경망

그래프 신경망(Graph Neural Network, GNN)은 그래프 구조에서 사용하는 신경망을 의미합니다. 그래프 데이터에 대한 표현은 다음과 같이 두 단계로 이루어집니다.

1단계. 인접 행렬(adjacency matrix)

- 그림 5-51의 왼쪽과 같은 네트워크가 있을 때 노드 n개를 n×n 행렬(matrix)로 표현합니다.
- 이렇게 생성된 인접 행렬 내의 값은 'A_{ij}는 i와 j의 관련성 여부'를 만족하는 값으로 채워 줍니다.

즉, 인접 행렬 과정은 컴퓨터가 이해하기 쉽게 그래프로 표현하는 과정이라고 할 수 있습니다.

2단계. 특성 행렬(feature matrix)

- 각 입력 데이터에서 이용할 특성을 선택합니다(**예** RGB 값 세 개, 전치(transpose) 한 개 등).
- 특성 행렬에서 각 행은 선택된 특성에 대해 각 노드가 갖는 값을 의미합니다(**예** 첫 번째 행은 첫 번째 노드의 특성 값).

▼ 그림 5-51 특성 행렬

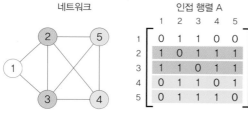

즉, 특성 행렬 과정을 거쳐 그래프 특성(graph feature)이 추출됩니다.

5.5.3 그래프 합성곱 네트워크

그래프 합성곱 네트워크(Graph Convolutional Network, GCN)는 이미지에 대한 합성곱을 그래프 데이터로 확장한 알고리즘입니다.

그래프 합성곱 네트워크 구조는 다음 그림과 같습니다.

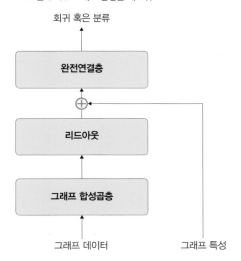

여기에서 리드아웃(readout)은 특성 행렬을 하나의 벡터로 변환하는 함수입니다. 즉, 전체 노드의 특성 벡터에 대해 평균을 구하고 그래프 전체를 표현하는 하나의 벡터를 생성합니다.

GCN에서 가장 중요한 부분은 그래프 합성곱층(graph convolutional layer)입니다. 그래프 합성곱층을 이용하여 그래프 형태의 데이터는 행렬 형태의 데이터로 변환되어 딥러닝 알고리즘을 적용할 수 있기 때문입니다(기존 그래프 형태의 데이터로는 딥러닝 알고리즘을 적용할 수 없습니다).

또한, GCN은 다음과 같은 곳에서 활용됩니다.

- SNS에서 관계 네트워크

- 학술 연구에서 인용 네트워크

- 3D Mesh

이 장에서 합성곱 신경망의 전반적인 내용을 살펴보았습니다. 이어서 6장에서 합성곱 신경망을 좀 더 알아보겠습니다.

memo

6^장

합성곱 신경망 II

6.1 이미지 분류를 위한 신경망

입력 데이터로 이미지를 사용한 분류(classification)는 특정 대상이 영상 내에 존재하는지 여부를 판단하는 것입니다. 이미지 분류(image classification)에서 주로 사용되는 합성곱 신경망의 유형을 알아보겠습니다.

6.1.1 LeNet-5

LeNet-5는 합성곱 신경망이라는 개념을 최초로 얀 르쿤(Yann LeCun)이 개발한 구조입니다. 1995년 얀 르쿤, 레옹 보토(Leon Bottu), 요슈아 벤지오(Yosua Bengio), 패트릭 하프너(Patrick Haffner)가 수표에 쓴 손글씨 숫자를 인식하는 딥러닝 구조 LeNet-5를 발표했는데, 그것이 현재 CNN의 초석이 되었습니다. LeNet-5는 합성곱(convolutional)과 다운 샘플링(sub-sampling)(혹은 풀링)을 반복적으로 거치면서 마지막에 완전연결층에서 분류를 수행합니다.

다음 그림을 이용하여 구체적으로 살펴보면 C1에서 5×5 합성곱 연산 후 28×28 크기의 특성 맵(feature map) 여섯 개를 생성합니다. S2에서 다운 샘플링하여 특성 맵 크기를 14×14로 줄입니다. 다시 C3에서 5×5 합성곱 연산하여 10×10 크기의 특성 맵 16개를 생성하고, S4에서 다운 샘플링하여 특성 맵 크기를 5×5로 줄입니다. C5에서 5×5 합성곱 연산하여 1×1 크기의 특성 맵 120개를 생성하고, 마지막으로 F6에서 완전연결층으로 C5의 결과를 유닛(unit)(또는 노드) 84개에 연결시킵니다. 이때 C로 시작하는 것은 합성곱층을 의미하고, S로 시작하는 것은 풀링층을 의미합니다. 또한, F로 시작하는 것은 완전연결층을 의미합니다.

▼ 그림 6-1 LeNet-5

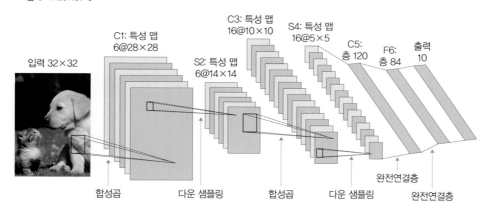

LeNet-5를 사용하는 예제를 구현해 봅시다. 앞 장에서 사용한 개와 고양이 데이터셋을 다시 사용합니다. 우리가 구현할 신경망은 다음 그림과 같습니다.

▼ 그림 6-2 LeNet-5 예제 신경망

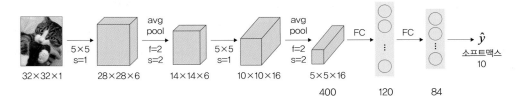

32×32 크기의 이미지에 합성곱층과 평균 풀링층이 쌍으로 두 번 적용된 후 완전연결층을 거쳐 이미지가 분류되는 신경망입니다.

신경망에 대한 자세한 설명은 다음 표와 같습니다.

▼ 표 6-1 LeNet-5 예제 신경망 상세

계층 유형	특성 맵	크기	커널 크기	스트라이드	활성화 함수
이미지	1	32×32	–	–	–
합성곱층	6	28×28	5×5	1	렐루(ReLU)
평균 풀링층	6	14×14	2×2	2	–
합성곱층	16	10×10	5×5	1	렐루(ReLU)
평균 풀링층	16	5×5	2×2	2	–
완전연결층	–	120	–	–	렐루(ReLU)
완전연결층	–	84	–	–	렐루(ReLU)
완전연결층	–	2	–	–	소프트맥스(softmax)

예제를 진행하기 위한 라이브러리를 호출합니다.

코드 6-1 필요한 라이브러리 호출

```
%load_ext tensorboard

import numpy as np
import tensorflow as tf
import matplotlib.pyplot as plt
```

```python
from tensorflow.keras import Model
from tensorflow.keras.models import Sequential
from tensorflow.keras.utils import to_categorical
from tensorflow.keras.losses import categorical_crossentropy
from tensorflow.keras.preprocessing.image import ImageDataGenerator
from tensorflow.keras.layers import Dense, Flatten, Conv2D, AveragePooling2D, Dropout
```

데이터에 대한 전처리 없이 바로 신경망을 구축하겠습니다. 케라스에서 제공하는 Sequential API를 사용하여 모델 계층을 순차적으로 쌓아 올려 LeNet-5라는 클래스를 만들어 보겠습니다. 입력 값은 이미지이며, 출력 값은 클래스의 확률 벡터가 됩니다.

코드 6-2 LeNet-5 클래스 생성

```python
num_classes = 2
class LeNet(Sequential):
    def __init__(self, input_shape, nb_classes):
        super().__init__()

        self.add(Conv2D(6, kernel_size=(5,5), strides=(1,1), activation='relu',
                        input_shape=input_shape, padding="same")) ------ ①
        self.add(AveragePooling2D(pool_size=(2,2), strides=(2,2), padding='valid')) ---- ②
        self.add(Conv2D(16, kernel_size=(5,5), strides=(1,1), activation='relu',
                        padding='valid'))
        self.add(AveragePooling2D(pool_size=(2,2), strides=(2,2), padding='valid'))
        self.add(Flatten())
        self.add(Dense(120, activation='relu'))
        self.add(Dense(84, activation='relu'))
        self.add(Dense(nb_classes, activation='softmax'))

        self.compile(optimizer='adam',
                     loss=categorical_crossentropy,
                     metrics=['accuracy'])
```

① Conv2D의 주요 파라미터는 다음과 같습니다(5장에서 설명했지만, 리마인드를 위해 다시 설명합니다).

```python
self.add(Conv2D(6, kernel_size=(5,5), strides=(1,1), activation='relu',
                ⓐ      ⓑ              ⓒ            ⓓ
                input_shape=input_shape, padding="same"))
                ⓔ                       ⓕ
```

ⓐ 첫 번째 파라미터: 필터 개수입니다.

ⓑ 두 번째 파라미터: 커널의 행과 열을 의미합니다.

ⓒ strides: 필터를 적용하는 간격을 의미합니다.

ⓓ activation: 활성화 함수를 설정합니다. 여기에서는 렐루(ReLU)를 사용합니다.

ⓔ input_shape: 입력 이미지 형태를 정의합니다. (행, 열, 채널 개수)로 정의하며, 흑백 영상은 채널을 1로 설정하고 컬러(RGB) 영상은 채널을 3으로 설정합니다.

ⓕ padding: padding 값이 same이라는 것은 출력 이미지 크기와 입력 이미지 크기가 동일하다는 것입니다.

② AveragePooling2D의 주요 파라미터는 다음과 같습니다.

```
self.add(AveragePooling2D(pool_size=(2,2), strides=(2,2), padding='valid'))
                                    ⓐ              ⓑ                ⓒ
```

ⓐ pool_size: 연산 범위를 의미하는 것으로, 해당 범위 내 평균을 가져옵니다.

ⓑ strides: 필터가 계산 과정에서 한 스텝마다 이동하는 크기를 의미합니다. 스트라이드가 미리 설정되지 않으면 pool_size와 동일하게 설정됩니다.

ⓒ padding: 연산 전에 주변에 빈 값을 넣어 이미지 크기를 유지할지에 대해 설정합니다. 'valid' 값은 비활성화, 'same' 값은 빈 값을 넣어 입력과 출력의 크기가 같도록 합니다.

앞서 생성한 클래스(LeNet)를 호출하여 LeNet-5라는 모델을 생성합니다. 이때 LeNet 클래스에 전달되는 입력 값은 (100,100,3)의 형태이고, 출력은 개와 고양이를 표현하는 값 2가 됩니다.

코드 6-3 LeNet-5 모델 생성

```
model = LeNet((100,100,3), num_classes)
model.summary()
```

다음은 model.summary()를 실행한 결과입니다.

```
Model: "le_net"
_____
Layer (type)                 Output Shape              Param #
=================================================================
conv2d (Conv2D)              (None, 100, 100, 6)       456
_____
```

```
average_pooling2d (AveragePo (None, 50, 50, 6)          0
_____
conv2d_1 (Conv2D)            (None, 46, 46, 16)         2416
_____
average_pooling2d_1 (Average (None, 23, 23, 16)         0
_____
flatten (Flatten)            (None, 8464)               0
_____
dense (Dense)                (None, 120)                1015800
_____
dense_1 (Dense)              (None, 84)                 10164
_____
dense_2 (Dense)              (None, 2)                  170
===============================================================
Total params: 1,029,006
Trainable params: 1,029,006
Non-trainable params: 0
_____
```

필요한 파라미터에 대한 값들을 초기화하고, 개와 고양이에 대한 이미지를 호출합니다.

코드 6-4 파라미터 초기화 및 데이터 호출

```
EPOCHS = 100
BATCH_SIZE = 32
image_height = 100
image_width = 100
train_dir = "../chap6/data/catanddog/train/"
valid_dir = "../chap6/data/catanddog/validation/"
```

ImageDataGenerator를 사용하여 이미지에 대한 전처리를 합니다.

코드 6-5 이미지 데이터 증가

```
train = ImageDataGenerator(
                rescale=1./255,
                rotation_range=10,
                width_shift_range=0.1,
                height_shift_range=0.1,
                shear_range=0.1,
                zoom_range=0.1)

train_generator = train.flow_from_directory(train_dir,
                                    target_size=(image_height, image_width),
```

```
                                              color_mode="rgb",
                                              batch_size=BATCH_SIZE,
                                              seed=1,
                                              shuffle=True,
                                              class_mode="categorical")

valid = ImageDataGenerator(rescale=1.0/255.0)
valid_generator = valid.flow_from_directory(valid_dir,
                                            target_size=(image_height, image_width),
                                            color_mode="rgb",
                                            batch_size=BATCH_SIZE,
                                            seed=7,
                                            shuffle=True,
                                            class_mode="categorical")
train_num = train_generator.samples
valid_num = valid_generator.samples
```

다음은 훈련과 테스트에 대한 데이터 개수입니다. 또한, 개와 고양이에 대한 이미지 분류이므로 클래스(class)가 두 개입니다.

```
Found 385 images belonging to 2 classes.
Found 98 images belonging to 2 classes.
```

Note ≣ **이미지를 추가하는 방법**

5장에서 ImageDataGenerator를 살펴보았습니다. 여기에서는 이미지를 확장할 수 있는 추가적인 변형 방법들에 대해 알아봅시다.

먼저 코드부터 살펴봅시다(단순히 예제 코드이므로 눈으로만 보세요).

```
train_dataset = train_dataset.map(lambda x, y: (tf.image.central_crop(x, 0.75),
                                                y)) ------ ①
train_dataset = train_dataset.map(lambda x, y: (tf.image.random_flip_left_
                                                right(x), y)) ------ ②
```

여기에서 살펴볼 것은 이미지 변형을 이용한 확장으로 central_crop과 random_flip_left_right입니다.

① central_crop은 이미지의 바깥 부분을 제거하면서 이미지를 중앙 영역에 위치시킵니다.

◑ 계속

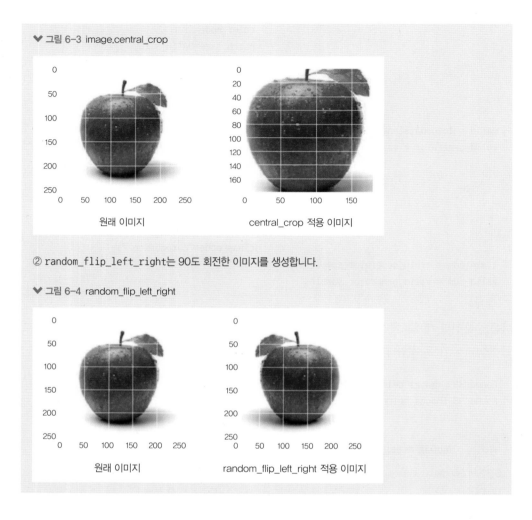

▼ 그림 6-3 image.central_crop

원래 이미지

central_crop 적용 이미지

② random_flip_left_right는 90도 회전한 이미지를 생성합니다.

▼ 그림 6-4 random_flip_left_right

원래 이미지

random_flip_left_right 적용 이미지

모델을 만든 후에는 파라미터를 훈련시켜야 합니다. 주어진 에포크(epoch)[1] 수만큼 모델을 학습시켜 봅시다. 또한, tf.keras.callbacks.TensorBoard 콜백을 추가하여 로그가 생성되고 저장되도록 합시다.

코드 6-6 텐서보드에서 모델 훈련 과정 살펴보기

```
log_dir = "../chap6/img/log6-1/"
tensorboard_callback = tf.keras.callbacks.TensorBoard(log_dir=log_dir,
                                  histogram_freq=1, profile_batch=0) ------ ①

model.fit(train_generator,
```

---

1 알고리즘이 전체 훈련 데이터셋을 반복해서 학습하는 횟수입니다.

```
        epochs=EPOCHS,
        steps_per_epoch=train_num // BATCH_SIZE,
        validation_data=valid_generator,
        validation_steps=valid_num // BATCH_SIZE,
        callbacks=[tensorboard_callback],
        verbose=1) ······ ②
```

① 케라스에서 제공하는 callback은 에포크의 시작과 끝처럼 이벤트가 발생할 때 호출되며, 다음 기능을 위해 사용됩니다.

  – 정확도가 특정 임계치를 초과할 때 저장

  – 이메일을 보내거나 학습을 종료할 때 알림 보내기

텐서보드(callbacks.TensorBoard)를 활용하기 위한 파라미터는 다음과 같습니다.

```
tensorboard_callback = tf.keras.callbacks.TensorBoard(log_dir=log_dir,
                                                      ⓐ
                            histogram_freq=1, profile_batch=0)
                                 ⓑ                ⓒ
```

ⓐ log_dir: 로그 파일이 기록될 위치입니다.

ⓑ histogram_freq: 매 에포크마다 출력을 히스토그램으로 기록합니다. 값이 0이라면 히스토그램은 기록되지 않으며, 기본값이 0입니다.

ⓒ profile_batch: 훈련이 진행되는 시간 및 시스템 자원(예 CPU, 메모리) 등에 대한 사용을 관리하는 것으로 기본적으로 두 번째 배치부터 계산을 진행합니다. 이 기능을 비활성화하려면 profile_batch=0으로 설정합니다.

② 모델을 학습시킬 때 fit() 메서드를 사용하는데, 파라미터에 따라 학습 과정 및 결과가 달라집니다. 다음은 fit 메서드에서 자주 사용되는 파라미터들입니다.

```
model.fit(train_generator, epochs=EPOCHS,
               ⓐ                ⓑ
          steps_per_epoch=train_num // BATCH_SIZE,
                         ⓒ
          validation_data=valid_generator,
                       ⓓ
          validation_steps=valid_num // BATCH_SIZE,
                         ⓔ
          callbacks=[tensorboard_callback], verbose=1)
                    ⓕ                          ⓖ
```

ⓐ 첫 번째 파라미터: 입력 데이터를 의미합니다.

ⓑ epochs: 학습 횟수를 의미하는 것으로, 에포크 횟수가 증가하면 훈련 데이터셋의 정확도는 증가하지만 검증 데이터셋의 정확도는 오히려 감소할 수 있기 때문에 적절한 설정이 중요합니다.

ⓒ steps_per_epoch: 한 에포크에서 사용한 스텝(모델이 가진 파라미터(가중치)를 1회 업데이트하는 것) 개수를 지정합니다.

ⓓ validation_data: 성능을 모니터링하는 데 사용하는 데이터셋을 설정합니다. 여기에서는 테스트 데이터셋을 사용하여 간편하게 성능을 모니터링합니다.

ⓔ validation_steps: 한 에포크가 종료될 때 사용되는 테스트 스텝 개수를 지정합니다.

ⓕ 텐서보드라는 콜백 함수를 생성한 후 fit() 메서드의 파라미터로 넣어 줍니다.

ⓖ verbose: 훈련의 진행 과정을 보여 줍니다. 0이면 아무것도 출력하지 않고, 1이면 훈련의 진행도를 표시하는 진행 막대를 보여 줍니다. 2면 미니 배치마다 훈련 정보를 출력합니다.

다음은 모델을 훈련시킨 결과입니다.

```
Epoch 1/100
12/12 [==============================] - 2s 179ms/step - loss: 0.7516 - accuracy:
0.5241 - val_loss: 0.7342 - val_accuracy: 0.5000
Epoch 2/100
12/12 [==============================] - 2s 162ms/step - loss: 0.7448 - accuracy:
0.4674 - val_loss: 0.6929 - val_accuracy: 0.5208
Epoch 3/100
12/12 [==============================] - 2s 171ms/step - loss: 0.6926 - accuracy:
0.5354 - val_loss: 0.6929 - val_accuracy: 0.5208
...(중간 생략)...
Epoch 98/100
12/12 [==============================] - 2s 200ms/step - loss: 0.2556 - accuracy:
0.8867 - val_loss: 1.1319 - val_accuracy: 0.6771
Epoch 99/100
12/12 [==============================] - 2s 197ms/step - loss: 0.2835 - accuracy:
0.8810 - val_loss: 0.9207 - val_accuracy: 0.6667
Epoch 100/100
12/12 [==============================] - 2s 199ms/step - loss: 0.3296 - accuracy:
0.8584 - val_loss: 1.1640 - val_accuracy: 0.6354
```

훈련 과정이 시각적으로 표현된 텐서보드를 작동하기 위해 아나콘다 프롬프트에서 다음 명령을
실행합니다.[2]

```
> tensorboard --logdir=../chap6/img/log6-1/
```

명령을 실행하면 마지막에 "TensorBoard 2.3.0 at http://localhost:6006/ (Press CTRL+C to
quit)"와 같은 문구가 뜹니다. 사용하는 웹 브라우저에서 http://localhost:6006을 입력합니다.[3]

다음 그림은 텐서보드를 이용한 훈련 과정을 보여 줍니다. 앞서 이미지 확장에 대한 코드에서 데이
터를 무작위로 섞어 사용(shuffle=True)하도록 했기 때문에 실행 결과가 책과 다를 수 있습니다.

▼ 그림 6-5 모델에 대한 정확도

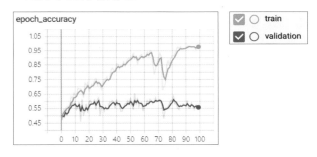

▼ 그림 6-6 모델에 대한 오차

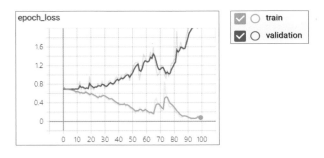

모델에 대한 정확도와 오차의 성능이 좋지 않게 나타나고 있습니다. 테스트 데이터에 대한 정확도
는 너무 낮고, 오차 역시 테스트 데이터는 시간이 흐를수록 증가하고 있습니다. 실제로 개와 고양
이에 대한 예측도 정확하지 않을 것으로 예상되지만, 어떻게 결과가 나오는지 확인해 보겠습니다.
참고로 성능 향상을 위한 튜닝을 진행할 수 있지만, 이 내용은 '8장 성능 최적화'를 참고하세요.

---

2 책에서는 tf2_book 가상 환경을 만들어 실습하므로 가상 환경에서 실행해야 합니다.

3 텐서보드 브라우저에서 오류 메시지를 만난다면 파일 경로가 제대로 설정되었는지 다시 확인해 주세요. 상대 경로를 인식하지 못한다면 ../
chap6/img/log6-1/ 대신 C:\Users\it\Desktop\tf2_book\chap6\img\log6-1처럼 절대 경로를 입력해서 실행해 보세요.

텐서보드는 주피터 노트북과 웹 브라우저에서 실행할 수 있습니다. 웹 브라우저에서 확인할 경우 다음과 같이 진행합니다. 참고로 책에서 사용하는 텐서보드는 모두 웹 브라우저에서 실행합니다.

1. 아나콘다 프롬프트를 실행합니다.
2. 텐서플로를 설치한 가상 환경으로 이동합니다.

```
> activate tf2_book
```

3. 텐서보드를 실행할 명령어를 입력합니다. 이때 logdir 위치는 앞서 지정했던 위치와 동일해야 합니다. 책에서는 log_dir = "../chap6/img/log6-1/"라고 지정했기 때문에 다음 위치를 사용합니다.

```
> tensorboard --logdir=../chap6/img/log6-1/
```

4. 웹 브라우저에서 텐서보드를 실행하기 위해 http://localhost:6006을 입력합니다. 기존에 다른 프로그램에서 포트(port) 6006을 사용하고 있다면 텐서보드를 기동할 때 임의의 포트로 변경해 주면 됩니다(다음 명령은 케라스 callback 함수와 함께 사용되므로 단독으로 실행되지 않으며, 예제와 함께 실행시켜야 결과를 확인할 수 있습니다).

```
> tensorboard --logdir=../chap6/img/log6-1/ --port=8787
```

이제 argmax() 메서드를 사용하여 결과를 예측해 봅시다(텐서플로 이전 버전에서는 predict_classes()를 사용했지만 현재 버전에서는 더 이상 지원하지 않습니다). 잘못된 예측은 빨간색으로 표시되고, 올바른 예측은 노란색으로 표시되도록 하겠습니다.

코드 6-7 이미지 데이터셋 분류에 대한 예측

```
class_names = ['cat', 'dog']
validation, label_batch = next(iter(valid_generator))
prediction_values = model.predict(validation)
prediction_values = np.argmax(prediction_values, axis=1)

fig = plt.figure(figsize=(12,8))
fig.subplots_adjust(left=0, right=1, bottom=0, top=1, hspace=0.05, wspace=0.05)

for i in range(8):
    ax = fig.add_subplot(2, 4, i+1, xticks=[], yticks=[])
    ax.imshow(validation[i,:], cmap=plt.cm.gray_r, interpolation='nearest')

    if prediction_values[i] == np.argmax(label_batch[i]):
        ax.text(3, 17, class_names[prediction_values[i]], color='yellow', fontsize=14)
    else:
        ax.text(3, 17, class_names[prediction_values[i]], color='red', fontsize=14)
```

다음 그림은 이미지 데이터셋 분류에 대한 예측을 출력한 결과입니다.

▼ 그림 6-7 모델의 예측 결과

 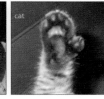  

텐서보드로 확인했던 것처럼 예측력이 좋지 못한 것을 확인할 수 있습니다.

LeNet-5의 코드를 살펴보았고, 이미지 분류에서 사용되는 또 다른 모델인 AlexNet에 대해 살펴
보겠습니다.

6.1.2 AlexNet

AlexNet은 ImageNet 영상 데이터베이스를 기반으로 한 화상 인식 대회 'ILSVRC 2012'에서 우
승한 CNN 구조입니다.

AlexNet을 설명하기에 앞서 AlexNet의 세부 블록을 이해하고자 CNN 구조를 다시 살펴봅시다.
CNN은 그림 6-8과 같이 3차원 구조를 갖는다는 것을 이해해야 합니다(이미지를 다루기 때문에
기본적으로 3차원 데이터를 다룹니다). 이미지 크기를 나타내는 너비(width)와 높이(height)뿐만 아
니라 깊이(depth)를 갖습니다. 보통 색상이 많은 이미지는 R/G/B 성분 세 개를 갖기 때문에 시작
이 3이지만, 합성곱을 거치면서 특성 맵이 만들어지고 이것에 따라 중간 영상의 깊이가 달라집니
다. 이것을 이해했다면 AlexNet 구조에 있는 숫자 의미에 대한 이해도 가능합니다.

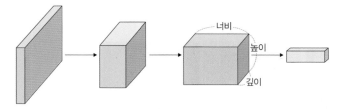

▼ 그림 6-8 CNN 구조

AlexNet은 합성곱층 총 다섯 개와 완전연결층 세 개로 구성되어 있으며, 맨 마지막 완전연결층은 카테고리 1000개로 분류하기 위해 소프트맥스 활성화 함수를 사용하고 있습니다. 전체적으로 보면 GPU 두 개를 기반으로 한 병렬 구조인 점을 제외하면 LeNet-5와 크게 다르지 않습니다. 하지만 GPU 두 개를 사용하면서 연산 속도가 빨라졌다는 것은 그 당시 획기적인 기술이었습니다.

▼ 그림 6-9 AlexNet 구조

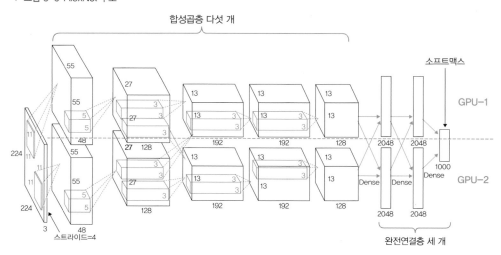

AlexNet의 합성곱층에서 사용된 활성화 함수는 렐루(ReLU)로, 각 계층의 구조적 세부 사항은 다음 표를 참고하세요.

▼ 표 6-2 AlexNet 구조 상세

계층 유형	특성 맵	크기	커널 크기	스트라이드	활성화 함수
이미지	1	227×227	–	–	–
합성곱층	96	55×55	11×11	4	렐루(ReLU)
최대 풀링층	96	27×27	3×3	2	

● 계속

계층 유형	특성 맵	크기	커널 크기	스트라이드	활성화 함수
합성곱층	256	27×27	5×5	1	렐루(ReLU)
최대 풀링층	256	13×13	3×3	2	–
합성곱층	384	13×13	3×3	1	렐루(ReLU)
합성곱층	384	13×13	3×3	1	렐루(ReLU)
합성곱층	256	13×13	3×3	1	렐루(ReLU)
최대 풀링층	256	6×6	3×3	2	–
완전연결층	–	4096	–	–	렐루(ReLU)
완전연결층	–	4096	–	–	렐루(ReLU)
완전연결층	–	1000	–	–	소프트맥스(Softmax)

네트워크에는 학습 가능한 변수가 총 6600만 개 있습니다. 네트워크에 대한 입력은 $227×227×3$ 크기의 RGB 이미지이며, 각 클래스(혹은 카테고리)에 해당하는 $1000×1$ 확률 벡터를 출력합니다.

AlexNet의 첫 번째 합성곱층 커널의 크기는 $11×11×3$이며, 스트라이드를 4로 적용하고 특성 맵을 96개 생성하여 $55×55×96$의 출력을 갖습니다. 첫 번째 계층을 거치면서 GPU-1에서는 주로 컬러와 상관없는 정보를 추출하기 위한 커널이 학습되고, GPU-2에서는 주로 컬러와 관련된 정보를 추출하기 위한 커널이 학습됩니다.

각 GPU의 결과가 다음 그림과 같이 나타납니다.

▼ 그림 6-10 AlexNet GPU-1·2 적용 결과

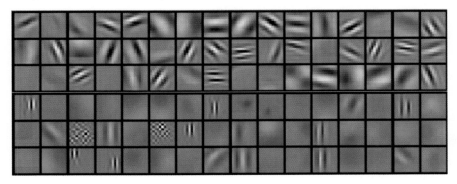

이제 텐서플로 2 코드로 AlexNet에 대해 살펴봅시다. 먼저 필요한 라이브러리를 호출합니다. 전반적인 코드는 LeNet-5와 동일하며 네트워크를 구현하는 부분만 다릅니다.

```
%load_ext tensorboard

import numpy as np
import tensorflow as tf
import matplotlib.pyplot as plt

from tensorflow.keras import Model
from tensorflow.keras.models import Sequential
from tensorflow.keras.utils import to_categorical
from tensorflow.keras.losses import categorical_crossentropy
from tensorflow.keras.preprocessing.image import ImageDataGenerator
from tensorflow.keras.layers import Dense, Flatten, Conv2D, MaxPooling2D, Dropout
```

데이터셋은 앞서 진행했던 개와 고양이 이미지를 계속 사용합니다. 이제 준비된 데이터를 이용할 네트워크를 생성해야 합니다. 원래 AlexNet의 마지막 계층에는 뉴런이 1000개 있지만 예제에서는 클래스 두 개만 사용합니다. 또한, 합성곱 신경망을 구축하는 데 Model Subclassing API를 사용합니다.

▼ 그림 6-11 AlexNet 예제 네트워크

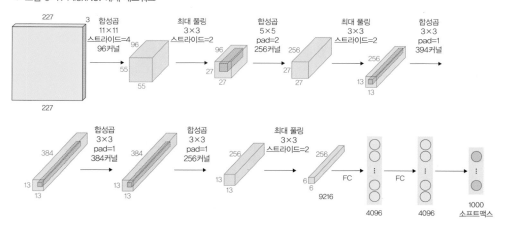

코드 6-9 모델 생성

```
num_classes = 2 ------ 개와 고양이 두 가지에 대해 분류
class AlexNet(Sequential):
    def __init__(self, input_shape, num_classes):
        super().__init__()
```

```python
        self.add(Conv2D(96, kernel_size=(11,11), strides= 4,
                        padding='valid', activation='relu',
                        input_shape=input_shape,
                        kernel_initializer='he_normal'))  ------①
        self.add(MaxPooling2D(pool_size=(3,3), strides=(2,2),
                        padding='valid', data_format='channels_last'))  ------②

        self.add(Conv2D(256, kernel_size=(5,5), strides=1,
                        padding='same', activation='relu',
                        kernel_initializer='he_normal'))
        self.add(MaxPooling2D(pool_size=(3,3), strides=(2,2),
                        padding='valid', data_format='channels_last'))

        self.add(Conv2D(384, kernel_size=(3,3), strides=1,
                        padding='same', activation='relu',
                        kernel_initializer='he_normal'))

        self.add(Conv2D(384, kernel_size=(3,3), strides=1,
                        padding='same', activation='relu',
                        kernel_initializer='he_normal'))

        self.add(Conv2D(256, kernel_size=(3,3), strides=1,
                        padding='same', activation='relu',
                        kernel_initializer='he_normal'))

        self.add(MaxPooling2D(pool_size=(3,3), strides=(2,2),
                        padding='valid', data_format='channels_last'))

        self.add(Flatten())
        self.add(Dense(4096, activation='relu'))
        self.add(Dense(4096, activation='relu'))
        self.add(Dense(1000, activation='relu'))
        self.add(Dense(num_classes, activation='softmax'))

        self.compile(optimizer=tf.keras.optimizers.Adam(0.001),
                        loss='categorical_crossentropy',
                        metrics=['accuracy'])
```

앞서 설명하지 않았던 새로운 파라미터만 간단히 살펴보겠습니다.

① 가중치 초기화 방법으로 kernel_initializer 파라미터를 사용합니다.

가중치 초기화 방법 중 자주 사용되는 몇 가지를 살펴보겠습니다.

확률 분포 기반의 가중치 초기화

확률 분포 기반의 초기화는 특정한 확률 분포에 기반하여 랜덤한(임의의) 값을 추출하여 가중치를 초기화합니다. 이때 균일 분포(uniform distribution)와 정규 분포(normal distribution)가 사용됩니다. 각각의 확률 분포 그래프는 다음 그림과 같습니다.

▼ 그림 6-12 균일 분포와 정규 분포

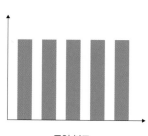
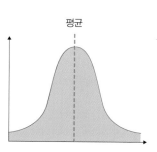

균일 분포   정규 분포

균일 분포는 최솟값과 최댓값 사이의 값들이 동일한 확률로 추출되는 분포입니다. −0.05에서 0.05 사이의 값을 동일한 확률로 추출하도록 설정되어 있습니다. 정규 분포는 종 모양의 분포를 갖습니다. 평균에 가까운 값일수록 더 높은 확률로 추출됩니다. 평균이 0, 표준편차가 0.05인 정규 분포에서 값을 추출하도록 설정되어 있습니다.

분산 조정 기반의 초기화

분산 조정 기반의 초기화란 확률 분포를 기반으로 추출한 값으로 가중치를 초기화하되, 이 확률 분포의 분산을 가중치별로 동적으로 조절해 주는 것입니다. 그리고 분산을 조절할 때는 해당 가중치에 입력으로 들어오는 텐서의 차원(fan in)과 결괏값으로 출력하는 텐서의 차원(fan out)이 사용됩니다.

다음은 케라스에서 사용되는 분산 조정 기반의 가중치 초기화 방식입니다.

- **LeCun 초기화 방식**: 이 방식에는 lecun_uniform과 lecun_normal이 있습니다. 이 방식은 입력 값의 크기가 커질수록 초기화 값의 분산을 작게 만듭니다. 그 결과로 0에 가까운 값들이 추출되는데, 수식은 다음과 같습니다.

$$lecun\_uniform : unif(-limit, +limit), limit = \sqrt{\dfrac{3}{fan\ in}}$$

$$lecun\_normal : normal(mean = 0, stddev), stddev = \sqrt{\dfrac{1}{fan\ in}}$$

- **Xavier 초기화 방식**: 이 방식에는 glorot_uniform과 glorot_normal이 있습니다. 이 방식은 fan in과 fan out을 모두 고려하여 확률 분포를 계산합니다. LeCun 방식에서 2를 곱한 후 fan in과 fan out을 합한 크기로 나누어 준 값으로 확률 분포를 조정합니다. 수식으로 표현하면 다음과 같습니다.

$$glorot\_uniform : unif(-limit, +limit), \ limit = \sqrt{\frac{6}{fan\ in + fan\ out}}$$

$$glorot\_normal : normal(mean = 0, \ stddev), \ stddev = \sqrt{\frac{2}{fan\ in + fan\ out}}$$

이 방식은 하이퍼볼릭 탄젠트를 활성화 함수로 사용하는 신경망에서 많이 사용됩니다. 하지만 렐루를 활성화 함수로 사용할 때는 잘 작동하지 않는 단점이 있습니다.

- **He 초기화 방식**: 이 방식에는 he_uniform과 he_normal이 있습니다. 이 방식은 Xavier 방식의 한계를 극복하려고 제안된 기법입니다. 또한, ResNet을 학습시킬 때 이 기법을 사용하여 실제로 CNN의 깊은 신경망을 잘 학습시킬 수 있음을 보여 주었습니다. 수식으로 표현하면 다음과 같습니다.

$$he\_uniform : unif(-limit, +limit), \ limit = \sqrt{\frac{6}{fan\ in}}$$

$$he\_normal : normal(mean = 0, \ stddev), \ stddev = \sqrt{\frac{2}{fan\ in}}$$

수식을 살펴보면 Xavier 방식에서 다시 fan out을 제거했습니다. 즉, fan out보다 fan in에 집중한 가중치로 이해하면 됩니다.

> Note ≡ **fan in과 fan out**
>
> fan in이란 해당 계층에 들어오는 입력 텐서(input tensor)에 대한 차원의 크기입니다. fan out은 해당 계층이 출력하는 출력 텐서(output tensor)의 크기입니다. 예를 들어 1000×200 크기의 완전연결층에서 fan in은 1000, fan out은 200이 됩니다. 하지만 CNN과 RNN은 좀 더 복잡해집니다.

② data_format은 입력에 대한 형식을 지정할 때 사용합니다.

입력 형식을 설정하는 파라미터로 'channels_last'와 'channels_first'가 있으며, 기본값은 'channels_last'입니다. 'channels_last'를 사용하면 입력 데이터 텐서의 형식이 (배치 크기,

높이, 너비, 채널 개수)가 되며, 'channels_first'를 사용하면 입력 데이터 텐서의 형식이 (배치 크기, 채널 개수, 높이, 너비)가 됩니다.

앞서 생성한 클래스(AlexNet)를 호출하여 AlexNet이라는 모델을 생성합니다. 이때 AlexNet 클래스에 전달되는 입력 값은 (100,100,3)의 형태이고, 출력은 개와 고양이를 표현하는 값 2가 됩니다.

코드 6-10 모델 생성

```
model = AlexNet((100,100,3), num_classes)
model.summary()
```

다음은 AlexNet에 대한 네트워크를 출력한 결과입니다.

```
Model: "alex_net"
_____
Layer (type)                 Output Shape              Param #
=================================================================
conv2d_2 (Conv2D)            (None, 23, 23, 96)        34944
_____
max_pooling2d (MaxPooling2D) (None, 11, 11, 96)        0
_____
conv2d_3 (Conv2D)            (None, 11, 11, 256)       614656
_____
max_pooling2d_1 (MaxPooling2 (None, 5, 5, 256)         0
_____
conv2d_4 (Conv2D)            (None, 5, 5, 384)         885120
_____
conv2d_5 (Conv2D)            (None, 5, 5, 384)         1327488
_____
conv2d_6 (Conv2D)            (None, 5, 5, 256)         884992
_____
max_pooling2d_2 (MaxPooling2 (None, 2, 2, 256)         0
_____
flatten_1 (Flatten)          (None, 1024)              0
_____
dense_3 (Dense)              (None, 4096)              4198400
_____
dense_4 (Dense)              (None, 4096)              16781312
_____
dense_5 (Dense)              (None, 1000)              4097000
_____
dense_6 (Dense)              (None, 2)                 2002
=================================================================
Total params: 28,825,914
```

```
Trainable params: 28,825,914
Non-trainable params: 0
_____
```

AlexNet은 파라미터를 6000만 개 사용하는데, 이때 충분한 데이터가 없으면 과적합이 발생합니다. 하지만 예제는 충분한 규모의 데이터가 아니므로 작은 데이터셋을 사용하여 강력한 성능을 낼 수 있는 전처리가 필요합니다.

여기에서는 앞서 사용했던 ImageDataGenerator를 사용합니다.

코드 6-11 데이터 호출 및 데이터셋 전처리(증가)

```python
EPOCHS = 100
BATCH_SIZE = 32
image_height = 100
image_width = 100
train_dir = "../chap6/data/catanddog/train/"
valid_dir = "../chap6/data/catanddog/validation/"


train = ImageDataGenerator(
                rescale=1./255,
                rotation_range=10,
                width_shift_range=0.1,
                height_shift_range=0.1,
                shear_range=0.1,
                zoom_range=0.1)

train_generator = train.flow_from_directory(train_dir,
                                            target_size=(image_height, image_width),
                                            color_mode="rgb",
                                            batch_size=BATCH_SIZE,
                                            seed=1,
                                            shuffle=True,
                                            class_mode="categorical")


valid = ImageDataGenerator(rescale=1.0/255.0)
valid_generator = valid.flow_from_directory(valid_dir,
                                            target_size=(image_height, image_width),
                                            color_mode="rgb",
                                            batch_size=BATCH_SIZE,
                                            seed=7,
                                            shuffle=True,
                                            class_mode="categorical")
train_num = train_generator.samples
valid_num = valid_generator.samples
```

다음은 데이터셋 전처리를 실행한 결과입니다.

```
Found 385 images belonging to 2 classes.
Found 98 images belonging to 2 classes.
```

이제 텐서보드를 설정하고 모델 훈련을 시작합니다.

코드 6-12 텐서보드 설정 및 모델 훈련

```python
log_dir = "../chap6/img/log6-2/"
tensorboard_callback = tf.keras.callbacks.TensorBoard(log_dir=log_dir,
                                                      histogram_freq=1, profile_batch=0)


model.fit(train_generator,
          epochs=EPOCHS,
          steps_per_epoch=train_num // BATCH_SIZE,
          validation_data=valid_generator,
          validation_steps=valid_num // BATCH_SIZE,
          callbacks=[tensorboard_callback],
          verbose=1)
```

다음은 모델을 훈련시킨 결과입니다.

```
Epoch 1/100
12/12 [==============================] - 7s 594ms/step - loss: 11.0654 - accuracy:
0.4561 - val_loss: 0.7079 - val_accuracy: 0.5000
Epoch 2/100
12/12 [==============================] - 8s 646ms/step - loss: 0.6976 - accuracy:
0.5071 - val_loss: 0.6932 - val_accuracy: 0.5000
Epoch 3/100
12/12 [==============================] - 8s 644ms/step - loss: 0.7006 - accuracy:
0.4674 - val_loss: 0.6927 - val_accuracy: 0.5104
...(중간 생략)...
Epoch 98/100
12/12 [==============================] - 7s 613ms/step - loss: 0.6924 - accuracy:
0.5241 - val_loss: 0.6934 - val_accuracy: 0.5000
Epoch 99/100
12/12 [==============================] - 8s 649ms/step - loss: 0.6924 - accuracy:
0.5269 - val_loss: 0.6937 - val_accuracy: 0.4896
Epoch 100/100
12/12 [==============================] - 7s 615ms/step - loss: 0.6927 - accuracy:
0.5241 - val_loss: 0.6929 - val_accuracy: 0.5104
```

훈련 과정이 시각적으로 표현된 텐서보드를 실행합니다. 아나콘다 프롬프트에서 다음 명령을 실행합니다.

```
> tensorboard --logdir=../chap6/img/log6-2/
```

다음 그림은 텐서보드에서 모델의 훈련 과정을 출력한 결과입니다.[4] AlexNet 역시 이미지 데이터를 무작위로 섞어서 사용(shuffle=True)하도록 했기 때문에 실행 결과가 책과 다를 수 있습니다.

▼ 그림 6-13 AlexNet 정확도

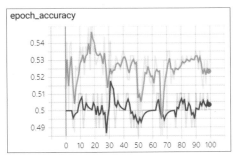

▼ 그림 6-14 AlexNet 오차

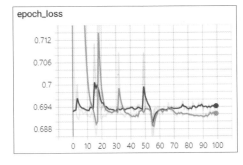

텐서보드로 확인한 결과 AlexNet 역시 성능이 좋지 않지만, 이미지 예측을 계속 진행해 보겠습니다.

이제 마지막으로 분류에 대한 예측 결과를 시각화합니다.

코드 6-13 분류에 대한 예측

```
class_names = ['cat', 'dog'] ------ 이미지를 개와 고양이 클래스 두 개로 분류
validation, label_batch = next(iter(valid_generator))
```

---

4 텐서보드 브라우저에서 오류 메시지를 만난다면 파일 경로가 제대로 설정되었는지 다시 확인해 주세요. 상대 경로를 인식하지 못한다면 ../chap6/img/log6-2/ 대신 C:\Users\it\Desktop\tf2_book\chap6\img\log6-2처럼 절대 경로를 입력해서 실행해 보세요.

```
prediction_values = np.argmax(model.predict(validation), axis=-1)
prediction_values = np.argmax(prediction_values, axis=1)

fig = plt.figure(figsize=(12,8))
fig.subplots_adjust(left=0, right=1, bottom=0, top=1, hspace=0.05, wspace=0.05)

for i in range(8):
    ax = fig.add_subplot(2, 4, i+1, xticks=[], yticks=[])
    ax.imshow(validation[i,:], cmap=plt.cm.gray_r, interpolation='nearest')

    if prediction_values[i] == np.argmax(label_batch[i]):
        ax.text(3, 17, class_names[prediction_values[i]], color='yellow', fontsize=14)
    else:
        ax.text(3, 17, class_names[prediction_values[i]], color='red', fontsize=14)
```

다음 그림은 모델이 분류한 예측 결과를 보여 줍니다. 랜덤으로 이미지를 보여 주기 때문에 결과가 책과 다를 수 있습니다.

❤ 그림 6-15 AlexNet 예측 결과

모델의 분류에 대한 예측 결과가 좋지 않은데, 파라미터에 대한 튜닝이 필요합니다. 튜닝 과정은 생략하지만, 더 많은 이미지 데이터를 사용하거나 파라미터들을 조정해서 성능을 높일 수 있기 때문에 8장을 학습한 후 다시 돌아와서 직접 튜닝을 진행해도 좋은 학습이 됩니다. 자세한 내용은 '8장 성능 최적화'에서 다룹니다.

6.1.3 VGGNet

VGGNet은 합성곱층의 파라미터 개수를 줄이고 훈련 시간을 개선하려고 탄생했습니다.

네트워크 계층의 총 개수에 따라 여러 유형의 VGGNet(VGG16, VGG19 등)이 있으며, 이 중 VGG16 네트워크의 구조적 세부 사항은 다음 그림과 같습니다.

VGG16에는 파라미터가 총 1억 3300만 개 있습니다. 여기에서 주목할 점은 모든 합성곱 커널의 크기는 3×3, 최대 풀링 커널의 크기는 2×2이며, 스트라이드는 2입니다.

▼ 그림 6-16 VGGNet16 구조

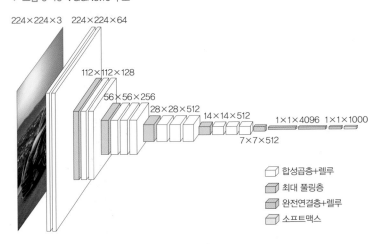

▼ 표 6-3 VGGNet16 구조 상세

계층 유형	특성 맵	크기	커널 크기	스트라이드	활성화 함수
이미지	1	224×224	–	–	–
합성곱층	64	224×224	3×3	1	렐루(ReLU)
합성곱층	64	224×224	3×3	1	렐루(ReLU)
최대 풀링층	64	112×112	2×2	2	–
합성곱층	128	112×112	3×3	1	렐루(ReLU)
합성곱층	128	112×112	3×3	1	렐루(ReLU)
최대 풀링층	128	56×56	2×2	2	–
합성곱층	256	56×56	3×3	1	렐루(ReLU)
합성곱층	256	56×56	3×3	1	렐루(ReLU)

○ 계속

계층 유형	특성 맵	크기	커널 크기	스트라이드	활성화 함수
합성곱층	256	56×56	3×3	1	렐루(ReLU)
합성곱층	256	56×56	3×3	1	렐루(ReLU)
최대 풀링층	256	28×28	2×2	2	–
합성곱층	512	28×28	3×3	1	렐루(ReLU)
합성곱층	512	28×28	3×3	1	렐루(ReLU)
합성곱층	512	28×28	3×3	1	렐루(ReLU)
합성곱층	512	28×28	3×3	1	렐루(ReLU)
최대 풀링층	512	14×14	2×2	2	–
합성곱층	512	14×14	3×3	1	렐루(ReLU)
합성곱층	512	14×14	3×3	1	렐루(ReLU)
합성곱층	512	14×14	3×3	1	렐루(ReLU)
합성곱층	512	14×14	3×3	1	렐루(ReLU)
최대 풀링층	512	7×7	2×2	2	–
완전연결층	–	4096	–	–	렐루(ReLU)
완전연결층	–	4096	–	–	렐루(ReLU)
완전연결층	–	1000	–	–	소프트맥스(softmax)

텐서플로 2로 VGG19를 구현해 봅시다. 그 전에 다음 라이브러리를 설치합니다.

```
> pip install opencv-python
```

OpenCV는 이미지, 영상 처리, 객체 검출 등 다양한 기능을 제공합니다.

설치가 끝났으면 필요한 라이브러리를 호출합니다.

코드 6-14 필요한 라이브러리 호출

```
%load_ext tensorboard

import numpy as np
import tensorflow as tf
import matplotlib.pyplot as plt
import cv2 ------ 얼굴 인식, 물체 식별, 이미지 결합 등 작업이 가능한 오픈 소스 라이브러리

from tensorflow.keras import Model
```

```python
from tensorflow.keras.models import Sequential
from tensorflow.keras.utils import to_categorical
from tensorflow.keras.losses import categorical_crossentropy
from tensorflow.keras.preprocessing.image import ImageDataGenerator
from tensorflow.keras.layers import Dense, Flatten, Conv2D, MaxPooling2D, Dropout
```

모든 라이브러리를 가져온 후 네트워크를 만들 수 있습니다. 예제에서는 VGG19에 대한 예제를 진행하지만, 신경망 형태는 앞서 살펴본 VGG16과 동일합니다. 그럼 이제 Model Subclassing API를 사용하여 네트워크를 만들어 보겠습니다.

코드 6-15 VGG19 네트워크 생성

```python
class VGG19(Sequential):
    def __init__(self, input_shape):
        super().__init__()

        self.add(Conv2D(64, kernel_size=(3,3), padding='same',
                        activation='relu', input_shape=input_shape))
        self.add(Conv2D(64, kernel_size=(3,3), padding='same',
                        activation='relu'))
        self.add(MaxPooling2D(pool_size=(2,2), strides=(2,2)))

        self.add(Conv2D(128, kernel_size=(3,3), padding='same',
                        activation='relu'))
        self.add(Conv2D(128, kernel_size=(3,3), padding='same',
                        activation='relu'))
        self.add(MaxPooling2D(pool_size=(2,2), strides= (2,2)))

        self.add(Conv2D(256, kernel_size=(3,3), padding='same',
                        activation='relu'))
        self.add(Conv2D(256, kernel_size=(3,3), padding='same',
                        activation='relu'))
        self.add(Conv2D(256, kernel_size=(3,3), padding='same',
                        activation='relu'))
        self.add(Conv2D(256, kernel_size=(3,3), padding='same',
                        activation='relu'))
        self.add(MaxPooling2D(pool_size=(2,2), strides=(2,2)))

        self.add(Conv2D(512, kernel_size=(3,3), padding='same',
                        activation='relu'))
        self.add(Conv2D(512, kernel_size=(3,3), padding='same',
                        activation='relu'))
        self.add(Conv2D(512, kernel_size=(3,3), padding='same',
```

```python
                        activation='relu'))
        self.add(Conv2D(512, kernel_size=(3,3), padding='same',
                        activation='relu'))
        self.add(MaxPooling2D(pool_size=(2,2), strides=(2,2)))

        self.add(Conv2D(512, kernel_size=(3,3), padding='same',
                        activation='relu'))
        self.add(Conv2D(512, kernel_size=(3,3), padding='same',
                        activation='relu'))
        self.add(Conv2D(512, kernel_size=(3,3), padding='same',
                        activation='relu'))
        self.add(Conv2D(512, kernel_size=(3,3), padding='same',
                        activation='relu'))
        self.add(MaxPooling2D(pool_size=(2,2), strides=(2,2)))

        self.add(Flatten())
        self.add(Dense(4096, activation='relu'))
        self.add(Dropout(0.5))
        self.add(Dense(4096, activation='relu'))
        self.add(Dropout(0.5))
        self.add(Dense(1000, activation='softmax'))

        self.compile(optimizer=tf.keras.optimizers.Adam(0.003),
                     loss='categorical_crossentropy',
                     metrics=['accuracy'])
```

앞서 생성한 클래스(VGG19)를 호출하여 VGG19라는 모델을 생성합니다. 이때 VGG19 클래스에 전달되는 입력 값은 (224,224,3)의 형태를 갖습니다.

코드 6-16 VGG19 모델 출력

```python
model = VGG19(input_shape=(224,224,3))
model.summary()
```

다음은 VGG19 모델의 출력 결과입니다.

```
Model: "vg_g19"
_____
Layer (type)                 Output Shape              Param #
=================================================================
conv2d (Conv2D)              (None, 224, 224, 64)      1792
_____
conv2d_1 (Conv2D)            (None, 224, 224, 64)      36928
```

```
--------------------------------------------------------------------
max_pooling2d (MaxPooling2D)  (None, 112, 112, 64)      0
--------------------------------------------------------------------
conv2d_2 (Conv2D)             (None, 112, 112, 128)     73856
--------------------------------------------------------------------
conv2d_3 (Conv2D)             (None, 112, 112, 128)     147584
--------------------------------------------------------------------
max_pooling2d_1 (MaxPooling2  (None, 56, 56, 128)       0
--------------------------------------------------------------------
conv2d_4 (Conv2D)             (None, 56, 56, 256)       295168
--------------------------------------------------------------------
conv2d_5 (Conv2D)             (None, 56, 56, 256)       590080
--------------------------------------------------------------------
conv2d_6 (Conv2D)             (None, 56, 56, 256)       590080
--------------------------------------------------------------------
conv2d_7 (Conv2D)             (None, 56, 56, 256)       590080
--------------------------------------------------------------------
max_pooling2d_2 (MaxPooling2  (None, 28, 28, 256)       0
--------------------------------------------------------------------
conv2d_8 (Conv2D)             (None, 28, 28, 512)       1180160
--------------------------------------------------------------------
conv2d_9 (Conv2D)             (None, 28, 28, 512)       2359808
--------------------------------------------------------------------
conv2d_10 (Conv2D)            (None, 28, 28, 512)       2359808
--------------------------------------------------------------------
conv2d_11 (Conv2D)            (None, 28, 28, 512)       2359808
--------------------------------------------------------------------
max_pooling2d_3 (MaxPooling2  (None, 14, 14, 512)       0
--------------------------------------------------------------------
conv2d_12 (Conv2D)            (None, 14, 14, 512)       2359808
--------------------------------------------------------------------
conv2d_13 (Conv2D)            (None, 14, 14, 512)       2359808
--------------------------------------------------------------------
conv2d_14 (Conv2D)            (None, 14, 14, 512)       2359808
--------------------------------------------------------------------
conv2d_15 (Conv2D)            (None, 14, 14, 512)       2359808
--------------------------------------------------------------------
max_pooling2d_4 (MaxPooling2  (None, 7, 7, 512)         0
--------------------------------------------------------------------
flatten (Flatten)            (None, 25088)             0
--------------------------------------------------------------------
dense (Dense)                (None, 4096)              102764544
--------------------------------------------------------------------
dropout (Dropout)            (None, 4096)              0
```

```
----------------------------------------------------------------------
dense_1 (Dense)              (None, 4096)              16781312
----------------------------------------------------------------------
dropout_1 (Dropout)          (None, 4096)              0
----------------------------------------------------------------------
dense_2 (Dense)              (None, 1000)              4097000
======================================================================
Total params: 143,667,240
Trainable params: 143,667,240
Non-trainable params: 0
----------------------------------------------------------------------
```

VGG19 모델은 파라미터가 1억 4000만 개로 네트워크를 훈련하는 데 시간이 오래 걸리므로 여기에서는 사전 훈련된 모델에서 가중치를 가져와서 사용하겠습니다. load_weights()를 사용하여 가중치를 가져옵니다. 가중치는 https://www.kaggle.com/keras/vgg19?select=vgg19_weights_tf_dim_ordering_tf_kernels.h5에서 내려받을 수 있습니다.[5]

코드 6-17 사전 훈련된 VGG19 가중치 내려받기 및 클래스 정의

```
model.load_weights("../chap6/data/vgg19_weights_tf_dim_ordering_tf_kernels.h5")  ┄┄┄
classes = {282: 'cat',                          사전 훈련된 VGG19 모델의 가중치 내려받기
           681: 'notebook, notebook computer',
           970: 'alp'}  ┄┄┄ 테스트용으로 사용될 클래스 세 개만 적용했으며, 전체 이미지에 대한 클래스는
                              "../chap6/data/"에 위치한 classes.txt 파일을 참고하세요.
```

이제 이미지를 모델에 적용한 후 정확한 분류로 예측이 되었는지 검증하는 코드를 작성합니다.

코드 6-18 이미지 호출 및 예측

```
image1 = cv2.imread('../chap6/data/labtop.jpg')
#image1 = cv2.imread('../chap6/data/starrynight.jpeg')
#image1 = cv2.imread('../chap6/data/cat.jpg')
image1 = cv2.resize(image1, (224,224))
plt.figure()
plt.imshow(image1)
image1 = image1[np.newaxis, :]  ┄┄┄ 차원 확장(행을 추가)
predicted_value = model.predict(image1)  ┄┄┄ ①
predicted_value = np.argmax(predicted_value)

plt.title(classes[predicted_value])  ┄┄┄ 출력에 대한 title(제목) 지정
```

---

5 이 파일은 https://www.kaggle.com/keras/vgg19?select=vgg19_weights_tf_dim_ordering_tf_kernels.h5에서 내려받습니다. 길벗출판사의 깃허브(https://github.com/gilbutITbook/080263) 첫 페이지의 URL을 클릭해도 내려받을 수 있습니다. 내려받은 파일은 data 폴더에 넣어 주세요.

① predict() 메서드의 반환값은 숫자 값이며 샘플이 각 범주에 속할 확률을 나타냅니다. 반면에 predict_classes() 메서드를 사용할 때의 반환 값은 샘플이 속한 카테고리 레이블입니다. 따라서 predict()을 사용할 경우의 반환값은 [[0.23522541] [0.9731412]] 형태가 되며, predict_classes()를 사용할 경우의 반환값은 [[0] [1]] 형태가 됩니다.

▼ 그림 6-17 노트북 예측

결과(notebook, notebook computer)가 비교적 정확하다고 할 수 있습니다. 또 다른 이미지로 테스트를 진행하고 싶다면 https://unsplash.com/ 웹 사이트에서 이미지를 내려받아 진행해 보세요. 참고로 이 웹 사이트에서는 이미지를 무료로 제공하므로 라이선스 걱정 없이 사용할 수 있습니다.

6.1.4 GoogLeNet

GoogLeNet은 주어진 하드웨어 자원을 최대한 효율적으로 이용하면서 학습 능력은 극대화할 수 있는 깊고 넓은 신경망입니다.

깊고 넓은 신경망을 위해 GoogLeNet은 인셉션(Inception) 모듈을 추가했습니다. 인셉션 모듈에서는 특징을 효율적으로 추출하기 위해 1×1, 3×3, 5×5의 합성곱 연산을 각각 수행합니다. 3×3 최대 풀링은 입력과 출력의 높이와 너비가 같아야 하므로 풀링 연산에서는 드물게 패딩을 추가해야 합니다. 결과적으로 GoogLeNet에 적용된 해결 방법은 희소 연결(sparse connectivity)입니다. CNN은 합성곱, 풀링, 완전연결층들이 서로 밀집(dense)(정교하고 빽빽하게)하게 연결되어 있습니다. 빽빽하게 연결된 신경망 대신 관련성(correlation)이 높은 노드끼리만 연결하는 방법을 희소 연결이라고 합니다. 이것으로 연산량이 적어지며 과적합도 해결할 수 있습니다.

▼ 그림 6-18 GoogLeNet의 인셉션 모듈

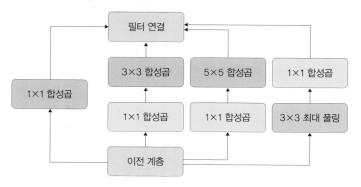

인셉션 모듈의 네 가지 연산은 다음과 같습니다.

- 1×1 합성곱

- 1×1 합성곱 + 3×3 합성곱

- 1×1 합성곱 + 5×5 합성곱

- 3×3 최대 풀링(maxpooling) + 1×1 합성곱(convolutional)

딥러닝을 이용하여 ImageNet과 같은 대회에 참여하거나 서비스를 제공하려면 대용량 데이터를 학습해야 합니다. 심층 신경망의 아키텍처에서 계층이 넓고(뉴런이 많고) 깊으면(계층이 많으면) 인식률은 좋아지지만, 과적합이나 기울기 소멸 문제(vanishing gradient problem)를 비롯한 학습 시간 지연과 연산 속도 등의 문제가 있습니다. 특히 합성곱 신경망에서 이러한 문제들이 자주 나타나는데, GoogLeNet(혹은 인셉션(Inception)이라고도 불림)으로 이러한 문제를 해결할 수 있다고 생각하면 됩니다.

6.1.5 ResNet

ResNet은 마이크로소프트에서 개발한 알고리즘으로 "Deep Residual Learning for Image Recognition"이라는 논문에서 발표되었습니다. ResNet 핵심은 깊어진 신경망을 효과적으로 학습하기 위한 방법으로 레지듀얼(residual) 개념을 고안한 것입니다.

일반적으로 신경망 깊이가 깊어질수록 딥러닝 성능은 좋아질 것 같지만, 실상은 그렇지 않습니다. "Deep Residual Learning for Image Recognition" 논문에 따르면, 신경망은 깊이가 깊어질수록 성능이 좋아지다가 일정한 단계에 다다르면 오히려 성능이 나빠진다고 합니다.

다음 그림과 같이 네트워크 56층이 20층보다 더 나쁜 성능을 보임을 알 수 있습니다. 즉, 네트워크 깊이가 깊다고 해서 무조건 성능이 좋아지지는 않는다는 것을 보여 주고 있습니다. ResNet은 바로 이러한 문제를 해결하기 위해 레지듀얼 블록(residual block)을 도입했습니다. 레지듀얼 블록은 기울기가 잘 전파될 수 있도록 일종의 숏컷(shortcut, skip connection)을 만들어 줍니다.

▼ 그림 6-19 네트워크 56층이 20층보다 더 나쁜 성능을 보임

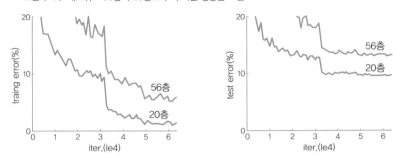

이러한 개념이 필요한 이유는 2014년에 공개된 GoogLeNet은 층이 총 22개로 구성된 것에 비해 ResNet은 층이 총 152개로 구성되어 기울기 소멸 문제가 발생할 수 있기 때문입니다. 따라서 다음 그림과 같이 숏컷을 두어 기울기 소멸 문제를 방지했다고 이해하면 됩니다.

▼ 그림 6-20 ResNet 구조

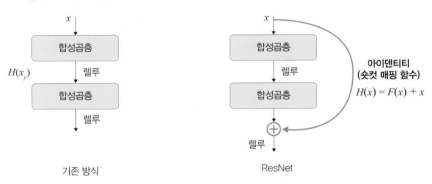

기존 신경망은 입력 값 x를 출력 값 y로 매핑하는 함수 $H(x)$를 얻는 것이 목적이었습니다. 그러나 ResNet은 $F(x)+x$를 최소화하는 것을 목적으로 합니다. 여기에서 $F(x)$는 레지듀얼 함수라고 하며, 두 개의 합성곱층 사이에 위치합니다. 또한, 출력($H(x)$)과 입력 x에 대한 차($F(x)=H(x)-x$)로 표현할 수 있습니다. x는 현시점에서 변할 수 없는 값이므로 $F(x)$를 0에 가깝게 만드는 것이 목적입니다. $F(x)$가 0이 되면 출력과 입력 모두 x로 같아지게 됩니다. 즉, $F(x)=H(x)-x$이므로 $F(x)$를 최소로 한다는 것은 $H(x)-x$를 최소로 한다는 것과 의미가 동일합니다. 여기에서 $H(x)-x$를 레지

233

듀얼이라고 하며, 이때 레지듀얼 이름을 따서 ResNet(Residual Network)으로 부르게 되었습니다.
이 과정을 정리하면 다음과 같습니다.

1. 입력(x)과 레이블(y) 관계를 설명하는 함수 $H(x)=x$가 되도록 학습시킵니다.

2. $F(x)$가 0이 되도록 학습시킵니다.

3. 결국 $F(x)+x=H(x)=x$가 되도록 학습시키면 $F(x)+x$의 미분 값은 $F'(x)+1$로 최소 1 이상의 값이 도출됩니다.

4. 모든 계층에서 기울기가 $F'(x)+1$이므로 (오차가 0에 가깝게 수렴하여 발생하는) 기울기 소멸 문제가 해결됩니다.

결국 ResNet 구조는 다음 그림과 같이 숏컷으로 만들어진 블록인 아이덴티티 블록(identity block)과 합성곱층으로 구성된 합성곱 블록(convolutional block)으로 구성됩니다.

▼ 그림 6-21 아이덴티티 블록

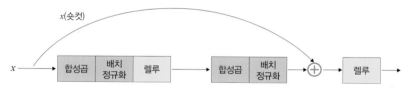

▼ 그림 6-22 합성곱 블록

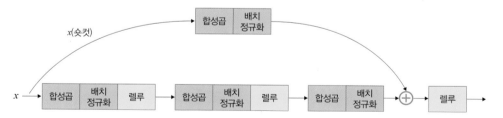

단순히 아이덴티티 블록은 이전까지 설명했듯이 네트워크의 $F(x)$에 x를 그대로 더하는 것이고, 합성곱 블록은 x가 1×1 합성곱층을 거친 후 $F(x)$에 더해 주는 것입니다. 결국 ResNet은 이 두 블록을 다음 그림과 같이 쌓아서 구성합니다.

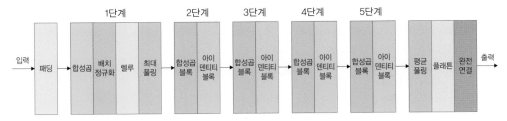

ResNet은 기본적으로 VGG19 구조를 뼈대로 하며, 거기에 합성곱층들을 추가해서 깊게 만든 후 숏컷들을 추가하는 것이 사실상 전부라고 생각하면 됩니다.

▼ 그림 6-24 VGG19와 ResNet 비교

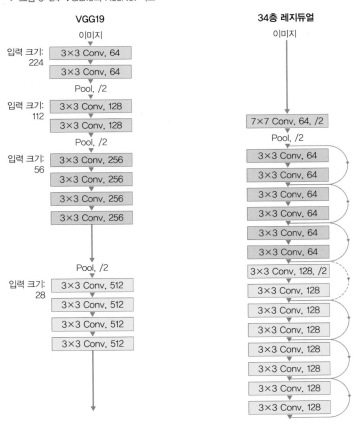

텐서플로 2로 ResNet을 구현해 보겠습니다. 이 예제에서는 아이덴티티 블록과 합성곱 블록만 확인해 보겠습니다. 필요한 라이브러리와 데이터를 호출하고, 생성된 모델로 훈련하는 부분은 앞에서 충분히 살펴보았기 때문에 네트워크 부분만 집중해서 살펴보겠습니다.

먼저 아이텐티티 블록에 대한 코드입니다.

코드 6-19 아이덴티티 블록

```
def res_identity(x, filters):
    x_skip = x ...... 레지듀얼 블록을 추가하는 데 사용
    f1, f2 = filters

    x = Conv2D(f1, kernel_size=(1,1), strides=(1,1), padding='valid',
            kernel_regularizer=l2(0.001))(x)
    x = BatchNormalization()(x) ......①
    x = Activation(activations.relu)(x) ...... 첫 번째 블록

    x = Conv2D(f1, kernel_size=(3,3), strides=(1,1), padding='same',
            kernel_regularizer=l2(0.001))(x)
    x = BatchNormalization()(x)
    x = Activation(activations.relu)(x) ...... 두 번째 블록

    x = Conv2D(f2, kernel_size=(1,1), strides=(1,1), padding='valid',
            kernel_regularizer=l2(0.001))(x)
    x = BatchNormalization()(x) ...... 세 번째 블록

    x = Add()([x, x_skip]) ...... 숏컷
    x = Activation(activations.relu)(x)
    return x
```

① BatchNormalization은 데이터의 평균을 0으로, 표준편차를 1로 분포시키는 것입니다.

각 계층에서 입력 데이터의 분포는 앞 계층에서 업데이트된 가중치에 따라 변합니다. 즉, 각 계층마다 변화되는 분포는 학습 속도를 늦출 뿐만 아니라 학습도 어렵게 합니다. 따라서 각 계층의 입력에 대한 분산을 평균 0, 표준편차 1로 분포시키는 것이 BatchNormalization입니다. BatchNormalization은 '8장 성능 최적화'에서 자세히 다룹니다.

다음은 합성곱 블록에 대한 코드입니다. 합성곱 블록도 아이덴티티 블록에 대한 코드와 크게 다르지 않습니다.

코드 6-20 합성곱 블록

```
def res_conv(x, s, filters):
    x_skip = x
    f1, f2 = filters

x = Conv2D(f1, kernel_size=(1,1), strides=(s,s), padding='valid',
```

```
                kernel_regularizer=l2(0.001))(x)
    x = BatchNormalization()(x)
    x = Activation(activations.relu)(x) ------ 첫 번째 블록


    x = Conv2D(f1, kernel_size=(3,3), strides=(1,1), padding='same',
                kernel_regularizer=l2(0.001))(x)
    x = BatchNormalization()(x)
    x = Activation(activations.relu)(x) ------ 두 번째 블록


    x = Conv2D(f2, kernel_size=(1,1), strides=(1,1), padding='valid',
                kernel_regularizer=l2(0.001))(x)
    x = BatchNormalization()(x) ------ 세 번째 블록


    x_skip = Conv2D(f2, kernel_size=(1,1), strides=(s,s), padding='valid',
                    kernel_regularizer=l2(0.001))(x_skip)
    x_skip = BatchNormalization()(x_skip) ------ 숏컷


    x = Add()([x, x_skip])
    x = Activation(activations.relu)(x)
    return x
```

컴퓨터 비전 분야에서 객체를 분류하는 방법에 대해 감이 좀 오나요? 이때 중요한 것은 데이터이지 모델이 아닙니다. 신경망(혹은 네트워크)은 이미 구현된 모델을 재사용할 수 있는 것이 많기에 우리는 단지 누군가가 만들어 놓은 신경망을 가져다 쓰기만 하면 됩니다. 중요한 점은 내가 가진 데이터에 가장 적합한 모델을 선택하는 것입니다. 또한, 앞서 배운 전이 학습을 사용하여 약간의 튜닝만 진행하면 됩니다.

다음 절에서는 객체 인식에 대해 살펴보겠습니다.

6.2 객체 인식을 위한 신경망

객체 인식(object detection)은 이미지나 영상 내에 있는 객체를 식별하는 컴퓨터 비전 기술입니다. 즉, 객체 인식이란 이미지나 영상 내에 있는 여러 객체에 대해 각 객체가 무엇인지를 분류하는 문제와 그 객체의 위치가 어디인지 박스(bounding box)로 나타내는 위치 검출(localization) 문제를 다루는 분야입니다.

따라서 객체 인식은 다음과 같이 표현할 수 있습니다.

객체 인식 = 여러 가지 객체에 대한 분류 + 객체의 위치 정보를 파악하는 위치 검출

딥러닝을 이용한 객체 인식 알고리즘은 크게 1단계 객체 인식(1-stage detector)과 2단계 객체 인식(2-stage detector)으로 나눌 수 있습니다.

❤ 그림 6-25 1단계 객체 인식 vs 2단계 객체 인식 흐름도

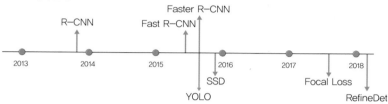

1단계 객체 인식은 이 두 문제(분류와 위치 검출)를 동시에 행하는 방법이고, 2단계 객체 인식은 이 두 문제를 순차적으로 행하는 방법입니다. 따라서 1단계 객체 인식은 비교적 빠르지만 정확도가 낮고, 2단계 객체 인식은 비교적 느리지만 정확도가 높습니다.

2단계 객체 인식은 CNN을 처음으로 적용시킨 R-CNN 계열이 대표적이며, 1단계 객체 인식에는 YOLO(You Only Look Once) 계열과 SSD 계열 등이 포함됩니다.

참고로 객체 인식은 자율 주행 자동차, CCTV, 무인 점포 등 많은 곳에서 활용합니다.

여기에서는 2단계 객체 인식 알고리즘을 알아보겠습니다.

6.2.1 R-CNN

예전의 객체 인식 알고리즘들은 슬라이딩 윈도우(sliding window) 방식[6], 즉 일정한 크기를 가지는 윈도우(window)를 가지고 이미지의 모든 영역을 탐색하면서 객체를 검출해 내는 방식이었습니다. 하지만 알고리즘의 비효율성 때문에 많이 사용하지 않았으며, 현재는 선택적 탐색(selective search) 알고리즘을 적용한 후보 영역(region proposal)[7]을 많이 사용합니다.

---

6 이미지의 객체를 탐색하고자 이미지 왼쪽 상단부터 일정 크기의 경계 상자를 만들고 그 안에서 객체를 탐색하는 과정을 반복하는 방식을 의미합니다.

7 영상/이미지에서 객체가 있을 법한 영역을 의미합니다.

R-CNN(Region-based CNN)은 이미지 분류를 수행하는 CNN과 이미지에서 객체가 있을 만한 영역을 제안해 주는 후보 영역 알고리즘을 결합한 알고리즘입니다. R-CNN의 수행 과정은 다음 그림과 같습니다.

▼ 그림 6-26 R-CNN 학습 절차

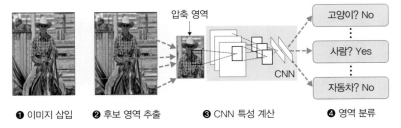

❶ 이미지 삽입   ❷ 후보 영역 추출   ❸ CNN 특성 계산   ❹ 영역 분류

1. 이미지를 입력으로 받습니다.

2. 2000개의 바운딩 박스(bounding box)를 선택적 탐색 알고리즘으로 추출한 후 잘라 내고 (cropping), CNN 모델에 넣기 위해 같은 크기(227×227 픽셀)로 통일합니다(warping).

3. 크기가 동일한 이미지 2000개에 각각 CNN 모델을 적용합니다.

4. 각각 분류를 진행하여 결과를 도출합니다.

Note ≡   **선택적 탐색**

선택적 탐색은 객체 인식이나 검출을 위한 가능한 후보 영역(객체가 있을 만한 위치·영역)을 알아 내는 방법입니다. 선택적 탐색은 분할 방식을 이용하여 시드(seed)를 선정하고, 그 시드에 대한 완전 탐색을 적용합니다.

선택적 탐색은 다음 세 단계 과정을 거칩니다.

1단계. 초기 영역 생성(sub-segmentation)

각각의 객체가 영역 한 개에 할당될 수 있도록 많은 초기 영역을 생성합니다. 즉, 입력된 이미지를 영역 다수 개로 분할하는 과정입니다.

▼ 그림 6-27 R-CNN 학습 1단계

 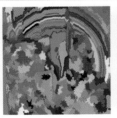 

입력 이미지   분할   후보 영역

◑ 계속

2단계. 작은 영역의 통합

1단계에서 영역 여러 개로 나눈 것들을 비슷한 영역으로 통합하는데, 이때 탐욕(greedy) 알고리즘[8]을 사용하여 비슷한 영역이 하나로 통합될 때까지 반복합니다.

▼ 그림 6-28 R-CNN 학습 2단계

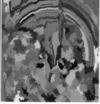

입력 이미지　　　　초기 분할　　　　비슷한 영역 통합　　　　비슷한 영역 통합

3단계. 후보 영역 생성

2에서 통합된 이미지들은 기반으로 그림 6-29와 같이 후보 영역(바운딩 박스)을 추출합니다.

▼ 그림 6-29 R-CNN 학습 3단계

입력 이미지　　　　비슷한 영역을 통합하여 후보 영역 생성

여기에서 사용되는 용어 의미는 다음과 같습니다.

- **완전 탐색(exhaustive search)**: 후보가 될 만한 대상의 크기 및 비율이 모두 다른 상황을 고려하여 후보 영역을 찾는 기법

- **분할(segmentation)**: 영상 데이터의 특성(색상, 모양, 무늬 등)에 따라 분할하여 후보 영역을 선정하는 기법

- **후보 영역(바운딩 박스)**: 3D 객체의 형태를 모두 포함할 수 있는 최소 크기의 박스

- **시드(seed)**: 영상에서는 특정 기준점의 픽셀에서 점점 의미가 같은 영상 범위까지 픽셀을 확장해 나가면서 분할하는데, 이때 특정 기준점이 되는 픽셀

8　여러 가지 경우 중 하나를 결정해야 할 때마다 그 순간에 최적이라고 생각되는 것을 선택해 나가는 방식입니다.

R-CNN은 성능이 뛰어나기는 하지만 다음과 같은 단점으로 크게 발전하지는 못했습니다.

1. 앞서 언급한 세 단계의 복잡한 학습 과정

2. 긴 학습 시간과 대용량 저장 공간

3. 객체 검출(object detection) 속도 문제

이러한 문제를 해결하기 위해 Fast R-CNN이 생겼습니다.

6.2.2 공간 피라미드 풀링

기존 CNN 구조(예 다음 그림의 R-CNN)들은 모두 완전연결층을 위해 입력 이미지를 고정해야 했습니다. 그렇기 때문에 신경망을 통과시키려면 이미지를 고정된 크기로 자르거나(crop) 비율을 조정(warp)해야 했습니다. 하지만 이렇게 하면 물체의 일부분이 잘리거나 본래의 생김새와 달라지는 문제점이 있습니다. 이러한 문제를 해결하고자 공간 피라미드 풀링(spatial pyramid pooling)을 도입했습니다.

▼ 그림 6-30 공간 피라미드 풀링

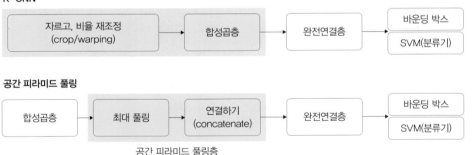

즉, 공간 피라미드 풀링은 입력 이미지의 크기에 관계없이 합성곱층을 통과시키고, 완전연결층에 전달되기 전에 특성 맵들을 동일한 크기로 조절해 주는 풀링층을 적용하는 기법입니다.

입력 이미지의 크기를 조절하지 않고 합성곱층을 통과시키기 때문에 원본 이미지의 특징이 훼손되지 않는 특성 맵을 얻을 수 있습니다. 또한, 이미지 분류나 객체 인식 같은 여러 작업에 적용할 수 있다는 장점이 있습니다.

6.2.3 Fast R-CNN

R-CNN은 바운딩 박스마다 CNN을 돌리고, 분류를 위한 긴 학습 시간이 문제였습니다. Fast R-CNN(Fast Region-based CNN)은 R-CNN의 속도 문제를 개선하려고 RoI 풀링을 도입했습니다. 즉, 선택적 탐색에서 찾은 바운딩 박스 정보가 CNN을 통과하면서 유지되도록 하고 최종 CNN 특성 맵은 풀링을 적용하여 완전연결층을 통과하도록 크기를 조정합니다. 이렇게 하면 바운딩 박스마다 CNN을 돌리는 시간을 단축할 수 있습니다.

▼ 그림 6-31 Fast R-CNN

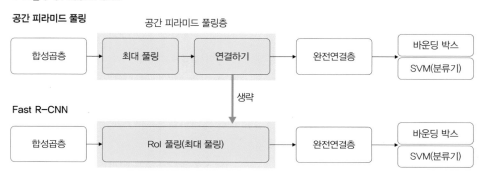

Note ≡   **RoI 풀링**

RoI 풀링(RoI pooling)은 크기가 다른 특성 맵의 영역마다 스트라이드를 다르게 최대 풀링을 적용하여 결괏값 크기를 동일하게 맞추는 방법입니다.

예를 들어 다음 그림과 같이 박스 한 개가 픽셀 한 개를 뜻하는 특성 맵이 있다고 합시다. 즉, 8×8 특성 맵(❶)에서 선택적 탐색으로 뽑아냈던 7×5 후보 영역(❷)이 있으며, 이것을 2×2로 만들기 위해 스트라이드(7/2=3, 5/2=2)로 풀링 영역(❸)을 정하고 최대 풀링을 적용하면 2×2 결과(❹)를 얻을 수 있습니다.

▼ 그림 6-32 RoI 풀링

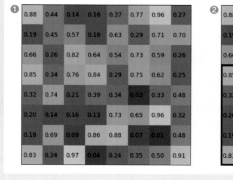

● 계속

③

0.88	0.44	0.14	0.16	0.37	0.77	0.96	0.27
0.19	0.45	0.57	0.16	0.63	0.29	0.71	0.70
0.66	0.26	0.82	0.64	0.54	0.73	0.59	0.26
0.85	0.34	0.76	0.84	0.29	0.75	0.62	0.25
0.32	0.74	0.21	0.39	0.34	0.03	0.33	0.48
0.20	0.14	0.16	0.13	0.73	0.65	0.96	0.32
0.19	0.69	0.09	0.86	0.88	0.07	0.01	0.48
0.83	0.24	0.97	0.04	0.24	0.35	0.50	0.91

④

0.85	0.84
0.97	0.96

6.2.4 Faster R-CNN

Faster R-CNN은 '더욱 빠른' 객체 인식을 수행하기 위한 네트워크입니다. 기존 Fast R-CNN 속도의 걸림돌이었던 후보 영역 생성을 CNN 내부 네트워크에서 진행할 수 있도록 설계했습니다. 즉, Faster R-CNN은 기존 Fast R-CNN에 후보 영역 추출 네트워크(Region Proposal Network, RPN)를 추가한 것이 핵심이라고 할 수 있습니다. Faster R-CNN에서는 외부의 느린 선택적 탐색 (CPU로 계산) 대신 내부의 빠른 RPN(GPU로 계산)을 사용합니다.

RPN은 다음 그림과 같이 마지막 합성곱층 다음에 위치하고, 그 뒤에 Fast R-CNN과 마찬가지로 RoI 풀링과 분류기(classifier), 바운딩 박스 회귀(bounding-box regression)[9]가 위치합니다.

▼ 그림 6-33 Faster R-CNN

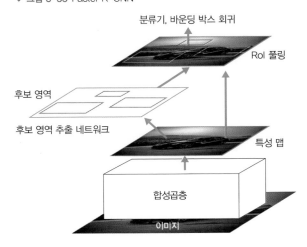

분류기, 바운딩 박스 회귀

RoI 풀링

후보 영역

후보 영역 추출 네트워크

특성 맵

합성곱층

이미지

---

9   바운딩 박스가 이미지의 객체를 정확히 포착하여 포함시킬 수 있도록 조정해주는 역할을 합니다.

후보 영역 추출 네트워크는 특성 맵 N×N 크기의 작은 윈도우 영역을 입력으로 받고, 해당 영역에 객체의 존재 유무 판단을 위해 이진 분류(binary classification)를 수행하는 작은 네트워크를 생성합니다. R-CNN, Fast R-CNN에서 사용되었던 바운딩 박스 회귀 또한 위치 보정(좌표점 추론)을 위해 추가합니다. 또한, 하나의 특성 맵에서 모든 영역에 대한 객체의 존재 유무를 확인하기 위해서는 슬라이딩 윈도우 방식으로 앞서 설계한 작은 윈도우 영역(N×N 크기)을 이용하여 객체를 탐색합니다.

▼ 그림 6-34 후보 영역 추출 네트워크

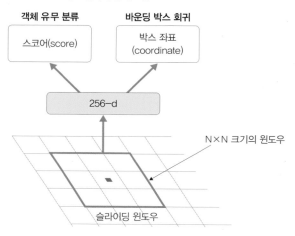

하지만 후보 영역 추출 네트워크는 이미지에 존재하는 객체들의 크기와 비율이 다양하기 때문에 고정된 N×N 크기의 입력만으로 다양한 크기와 비율의 이미지를 수용하기 어려운 단점이 있습니다. 이러한 단점을 보완하기 위해 여러 크기와 비율의 레퍼런스 박스(reference box) k개를 미리 정의하고 각각의 슬라이딩 윈도우 위치마다 박스 k개를 출력하도록 설계하는데, 이 방식을 앵커(anchor)라고 합니다. 즉, 후보 영역 추출 네트워크의 출력 값은 모든 앵커 위치에 대해 각각 객체와 배경을 판단하는 $2k$개의 분류에 대한 출력과 x, y, w, h 위치 보정 값을 위한 $4k$개의 회귀 출력을 갖습니다. 예를 들어 특성 맵 크기가 w×h라면 하나의 특성 맵에 앵커가 총 w×h×k개 존재합니다.

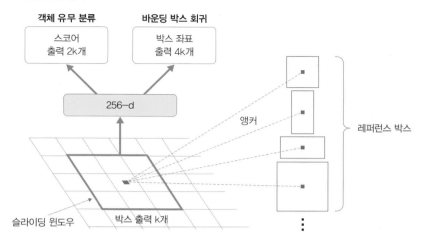

▼ 그림 6-35 앵커

객체 유무 분류

바운딩 박스 회귀

스코어
출력 2k개

박스 좌표
출력 4k개

256-d

앵커

레퍼런스 박스

슬라이딩 윈도우

박스 출력 k개

DEEP LEARNING

6.3 이미지 분할을 위한 신경망

이미지 분할(image segmentation)은 신경망을 훈련시켜 이미지를 픽셀 단위로 분할하는 것입니다. 즉, 이미지를 픽셀 단위로 분할하여 이미지에 포함된 객체를 추출합니다. 이미지 분할의 대표적 네트워크는 완전 합성곱 네트워크, 합성곱 & 역합성곱 네트워크, U-Net, PSPNet, DeepLabv3/DeepLabv3+가 있습니다. 먼저 완전 합성곱 네트워크를 살펴보겠습니다.

6.3.1 완전 합성곱 네트워크

완전연결층의 한계는 고정된 크기의 입력만 받아들이며, 완전연결층을 거친 후에는 위치 정보가 사라진다는 것입니다. 이러한 문제를 해결하기 위해 완전연결층을 1×1 합성곱으로 대체하는 것이 완전 합성곱 네트워크입니다. 즉, 완전 합성곱 네트워크(Fully Convolutional Network, FCN)는 이미지 분류에서 우수한 성능을 보인 CNN 기반 모델(AlexNet, VGG16, GoogLeNet)을 변형시켜 이미지 분할에 적합하도록 만든 네트워크입니다.

예를 들어 다음 그림과 같이 AlexNet의 하단에서 사용되었던 완전연결층 세 개를 1×1 합성곱으로 변환하면 위치 정보가 남아 있기 때문에 히트 맵(heatmap)[10] 그림과 같이 고양이의 위치를 확인할 수 있습니다.

▼ 그림 6-36 완전 합성곱 네트워크

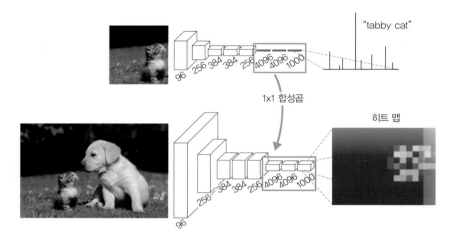

또한, 합성곱층으로 사용되기 때문에 입력 이미지에 대한 크기 제약이 사라지는 장점이 있습니다.

6.3.2 합성곱 & 역합성곱 네트워크

완전 합성곱 네트워크는 위치 정보가 보존된다는 장점에도 다음과 같은 단점이 있습니다.

- 여러 단계의 합성곱층과 풀링층을 거치면서 해상도가 낮아집니다.
- 낮아진 해상도를 복원하기 위해 업 샘플링[11] 방식을 사용하기 때문에 이미지의 세부 정보들을 잃어버리는 문제가 발생합니다.

이러한 문제를 해결하기 위해 역합성곱 네트워크를 도입한 것이 합성곱 & 역합성곱 네트워크 (convolutional & deconvolutional network)입니다.

---

10 히트 맵은 열을 뜻하는 히트와 지도를 뜻하는 맵을 결합한 용어로, 색상으로 표현할 수 있는 다양한 정보를 이미지 위에 열 분포 형태의 그래픽으로 출력하는 것입니다.
11 최종 이미지의 크기가 입력 이미지의 크기와 같도록 하는 것입니다.

역합성곱은 CNN의 최종 출력 결과를 원래의 입력 이미지와 같은 크기를 만들고 싶을 때 사용합니다. 시멘틱 분할(semantic segmentation)[12] 등에 활용할 수 있으며, 역합성곱은 업 샘플링(upsampling)으로 부르기도 합니다.

▼ 그림 6-37 합성곱 & 역합성곱 네트워크

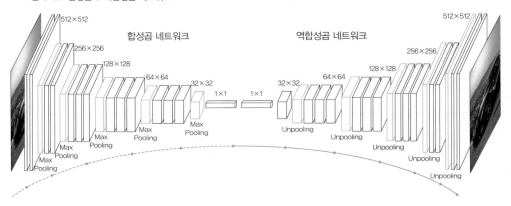

CNN에서 합성곱층은 합성곱을 사용하여 특성 맵 크기를 줄입니다. 하지만 역합성곱은 이와 반대로 특성 맵 크기를 증가시키는 방식으로 동작합니다.

역합성곱은 다음 방식으로 동작합니다.

1. 각각의 픽셀 주위에 제로 패딩(zero-padding)을 추가합니다.

2. 이렇게 패딩된 것에 합성곱 연산을 수행합니다.

오른쪽 그림에서 아래쪽의 파란색 픽셀이 입력이며, 초록색 픽셀이 출력입니다. 이 파란색 픽셀 주위로 흰색 제로 패딩을 수행하고, 회색 필터로 합성곱 연산을 수행하면 초록색이 출력됩니다.

▼ 그림 6-38 역합성곱 진행 방식

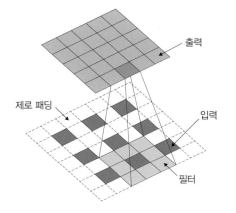

---

12 이미지 내에 있는 물체들을 의미 있는 단위로 분할하는 것입니다.

6.3.3 U-Net

U-Net은 바이오 메디컬 이미지 분할을 위한 합성곱 신경망입니다. 메디컬 이미지의 분할과 관련해서 항상 회자되는 네트워크가 U-Net입니다.

U-Net은 다음 특징이 있습니다.

- **속도가 빠르다:** 기존 슬라이딩 윈도우 방식은 이전 패치(patch)[13]에서 검증이 끝난 부분을 다음 패치에서 또 검증하기 때문에 속도가 느렸습니다. 하지만 U-Net은 이미 검증이 끝난 패치는 건너뛰기 때문에 속도가 빠릅니다.

▼ 그림 6-39 슬라이딩 윈도우 방식

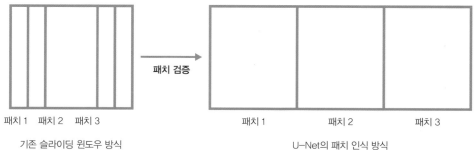

패치 검증

패치 1 패치 2 패치 3   패치 1   패치 2   패치 3

　　기존 슬라이딩 윈도우 방식　　　　　　　　　U-Net의 패치 인식 방식

- **트레이드오프(trade-off)에 빠지지 않는다:** 일반적으로 패치 크기가 커진다면 넓은 범위의 이미지를 인식하는 데 뛰어나기 때문에 컨텍스트(context) 인식에 탁월합니다. 하지만 지역화에는 한계가 있습니다. 즉, 너무 넓은 범위를 한 번에 인식하기 때문에 지역화에는 약하기 마련인데, U-Net은 컨텍스트 인식과 지역화 트레이드오프 문제를 개선했습니다.

Note ≡　**지역화**

지역화(localization)는 오른쪽 그림과 같이 이미지 안에 객체(고양이) 위치 정보를 출력해 주는 것으로, 주로 바운딩 박스를 많이 사용합니다. 바운딩 박스의 네 꼭지점 픽셀 좌표가 출력되는 것이 아닌 왼쪽 위(left top), 오른쪽 아래(right bottom) 좌표를 출력합니다.

▼ 그림 6-40 지역화

---

13 패치(patch)란 이미지 인식 단위입니다.

다음은 U-Net 구조입니다.

U-Net은 FCN을 기반으로 구축되었으며, 수축 경로(contracting path)와 확장 경로(expansive path)로 구성되어 있습니다.

수축 경로는 컨텍스트를 포착하며, 확장 경로는 특성 맵을 업 샘플링하고 수축 경로에서 포착한 특성 맵의 컨텍스트와 결합하여 정확한 지역화를 수행합니다.

U-Net은 3×3 합성곱이 주를 이루는데 각 합성곱 블록은 3×3 합성곱 두 개로 구성되어 있으며, 그 사이에 드롭아웃(dropout)이 있습니다. 다음 그림의 왼쪽 수축 경로에서의 블록은 3×3 합성곱 두 개로 구성된 것이 네 개가 있는 형태입니다. 그리고 각 블록은 최대 풀링(maxpool)을 이용하여 크기를 줄이면서 다음 블록으로 넘어갑니다.

반면 다음 그림의 오른쪽 확장 경로에서는 합성곱 블록에 up-conv라는 것을 앞에 붙였습니다. 즉, 수축 과정에서 줄어든 크기를 다시 키워 가면서 합성곱 블록을 이용하는 형태입니다.

즉, 크기가 다양한 이미지의 객체를 분할하기 위해 크기가 다양한 특성 맵을 병합할 수 있도록 다운 샘플링과 업 샘플링을 순서대로 반복하는 구조로 되어 있습니다.

▼ 그림 6-41 U-Net

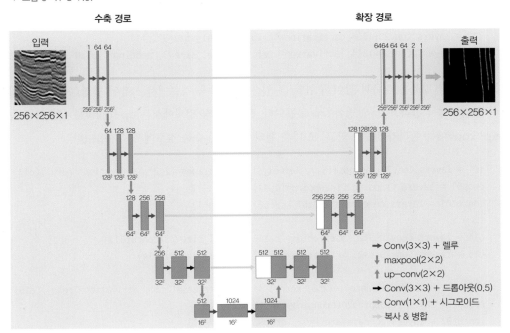

U-Net에 대해서는 네트워크(신경망) 구축 부분만 간단히 예시 코드로 살펴보겠습니다. 먼저 U-Net의 수축 경로를 텐서플로 2로 구현해 보겠습니다. 수축 경로는 다음과 같이 합성곱층 두 개와 하나의 최대 풀링(2×2)으로 구성되어 있습니다.

```
inputs = layers.Input(shape=(572,572,1)) ······ 입력 이미지는 그레이스케일로 구성

c0 = layers.Conv2D(64, activation='relu', kernel_size=3)(inputs)
c1 = layers.Conv2D(64, activation='relu', kernel_size=3)(c0) ······ 확장 경로와 연결하기 위한 계층
c2 = layers.MaxPool2D(pool_size=(2,2), strides=(2,2), padding='valid')(c1) ······
                                                합성곱 두 개와 하나의 최대 풀링으로 구성
c3 = layers.Conv2D(128, activation='relu', kernel_size=3)(c2)
c4 = layers.Conv2D(128, activation='relu', kernel_size=3)(c3) ······ 확장 경로와 연결하기 위한 계층
c5 = layers.MaxPool2D(pool_size=(2,2), strides=(2,2), padding='valid')(c4) ······
                                                합성곱 두 개와 하나의 최대 풀링으로 구성
c6 = layers.Conv2D(256, activation='relu', kernel_size=3)(c5)
c7 = layers.Conv2D(256, activation='relu', kernel_size=3)(c6) ······ 확장 경로와 연결하기 위한 계층
c8 = layers.MaxPool2D(pool_size=(2,2), strides=(2,2), padding='valid')(c7) ······
                                                합성곱 두 개와 하나의 최대 풀링으로 구성
c9 = layers.Conv2D(512, activation='relu', kernel_size=3)(c8)
c10 = layers.Conv2D(512, activation='relu', kernel_size=3)(c9) ······ 확장 경로와 연결하기 위한 계층
c11 = layers.MaxPool2D(pool_size=(2,2), strides=(2,2), padding='valid')(c10)

c12 = layers.Conv2D(1024, activation='relu', kernel_size=3)(c11)
c13 = layers.Conv2D(1024, activation='relu', kernel_size=3, padding='valid')(c12)
```

모델의 확장 경로는 다음과 같이 구현할 수 있습니다. 수축 경로에서 사용된 합성곱층의 출력이 확장 경로에서 잘리고(crop) 병합(concat)됩니다. 또한, 확장 경로에서는 up-conv를 사용하는데, up-conv에는 필터가 512개 있고, 또 다른 필터 512개는 수축 경로에서 가져옵니다.

```
t01 = layers.Conv2DTranspose(512, kernel_size=2, strides=(2,2), activation='relu')(c13) ······
crop01 = layers.Cropping2D(cropping=(4,4))(c10) ······ ②                                    ①
concat01 = layers.concatenate([t01, crop01], axis=-1) ······ ③

c14 = layers.Conv2D(512, activation='relu', kernel_size=3)(concat01)
c15 = layers.Conv2D(512, activation='relu', kernel_size=3)(c14)

t02 = layers.Conv2DTranspose(256, kernel_size=2, strides=(2,2), activation='relu')(c15)
crop02 = layers.Cropping2D(cropping=(16,16))(c7)
concat02 = layers.concatenate([t02, crop02], axis=-1)

c16 = layers.Conv2D(256, activation='relu', kernel_size=3)(concat02)
```

```
c17 = layers.Conv2D(256, activation='relu', kernel_size=3)(c16)

t03 = layers.Conv2DTranspose(128, kernel_size=2, strides=(2,2), activation='relu')(c17)
crop03 = layers.Cropping2D(cropping=(40,40))(c4)
concat03 = layers.concatenate([t03, crop03], axis=-1)


c18 = layers.Conv2D(128, activation='relu', kernel_size=3)(concat03)
c19 = layers.Conv2D(128, activation='relu', kernel_size=3)(c18)
t04 = layers.Conv2DTranspose(64, kernel_size=2, strides=(2,2), activation='relu')(c19)
crop04 = layers.Cropping2D(cropping=(88,88))(c1)
concat04 = layers.concatenate([t04, crop04], axis=-1)


c20 = layers.Conv2D(64, activation='relu', kernel_size=3)(concat04)
c21 = layers.Conv2D(64, activation='relu', kernel_size=3)(c20)

outputs = layers.Conv2D(2, kernel_size=1)(c21)
model = tf.keras.Model(inputs=inputs, outputs=outputs, name="u-netmodel")
```

① Conv2DTranspose는 역합성곱이라고 하며, up-conv를 구현하기 위한 것입니다. 합성곱과 반대 방향으로 가는 변형을 사용하고 싶은 경우, 다시 말해 해당 합성곱과 호환되는 연결 패턴을 유지하면서 출력 형태를 가진 어떤 것을 입력 형태로 바꾸고 싶은 경우에 사용합니다.

② 이미지를 잘라 축소 영역과 확장 영역을 연결합니다. 이미지를 자르는 cropping 파라미터는 (top_crop, bottom_crop), (left_crop, right_crop)에 따라 값을 지정할 수 있습니다. 혹은 (symmetric_height_crop, symmetric_width_crop)으로 지정할 수도 있습니다.

참고로 코드 의미는 c10 계층의 출력 이미지 (64×64)를 (56×56)으로 자르는 것입니다.

③ 병합(concatenation)을 이용하여 모든 특성을 모아 하나의 큰 벡터로 만듭니다. 블록을 연결하듯 하나의 축(axis)에 대하여 데이터를 병합합니다. 이때 중요한 것은 데이터들의 차원이 같아야 하며, 붙이려는 방향의 블록 구조도 같아야 합니다.

6.3.4 PSPNet

PSPNet(Pyramid Scene Parsing Network)은 CVPR(The IEEE Conference on Computer Vision and Pattern Recognition) 2017에서 발표된 시멘틱 분할 알고리즘입니다.

PSPNet 역시 완전연결층의 한계를 극복하기 위해 피라미드 풀링 모듈을 추가했으며 훈련 과정은 다음과 같습니다.

1. 이미지 출력이 서로 다른 크기가 되도록 여러 차례 풀링을 합니다. 즉, 1×1, 2×2, 3×3, 6×6 크기로 풀링을 수행하는데, 이때 1×1 크기의 특성 맵은 가장 광범위한 정보를 담습니다. 각각 다른 크기의 특성 맵은 서로 다른 영역들의 정보를 담는다고 이해하면 됩니다.

2. 이후 1×1 합성곱을 사용하여 채널 개수를 조정합니다. 풀링층 개수를 N이라고 할 때 출력 채널 개수=입력 채널 개수/N이 됩니다.

3. 이후 모듈의 입력 크기에 맞게 특성 맵을 업 샘플링합니다. 이 과정에서 양선형 보간법(bilinear interpolation)이 사용됩니다.

4. 원래의 특성 맵과 1~3 과정에서 생성한 새로운 특성 맵들을 병합합니다.

▼ 그림 6-42 PSPNet

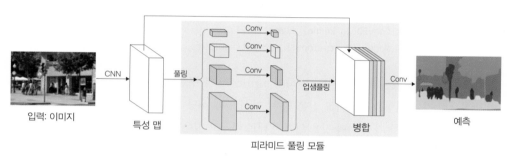

그림 6-42는 풀링을 네 개를 사용했지만, 구현에 따라서 다르게 설정할 수 있습니다.

Note ☰ **양선형 보간법**

양선형 보간법을 알아보기 앞서 보간법(interpolation)을 먼저 살펴보겠습니다. 보간법이란 화소 값을 할당받지 못한 영상(예 영상의 빈 공간)의 품질은 안 좋을 수밖에 없는데, 이때 빈 화소에 값을 할당하여 좋은 품질의 영상을 만드는 방법을 의미합니다. 보간법에는 선형 보간법(linear interpolation)과 양선형 보간법(bilinear interpolation)이 있습니다.

선형 보간법은 원시 영상의 화소 값 두 개를 사용하여 원하는 좌표에서 새로운 화소 값을 계산하는 방법입니다. 반면 양선형 보간법은 화소당 선형 보간을 세 번 수행하며, 새롭게 생성된 화소는 가장 가까운 화소 네 개에 가중치를 곱한 값을 합해서 얻습니다. 예제로 양선형 보간법을 배워 보겠습니다.

다음 그림으로 양선형 보간법을 설명하겠습니다. 다음 그림과 같이 직사각형의 네 꼭지점에 값이 주어져 있을 때, 이 사각형 내부에 있는 임의의 점(P)에 대한 값을 추정해 봅시다.

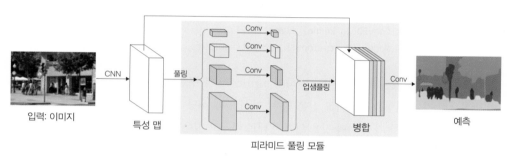계속

▼ 그림 6-43 양선형 보간법

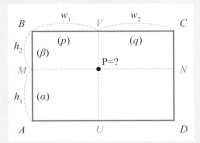

점 P에서 x축 방향으로 거리를 w_1, w_2라고 하며, y축 방향으로 거리를 h_1, h_2라고 합시다. 이때 알려진 네 점에서 데이터 값을 A, B, C, D라고 할 때, 양선형 보간법에 따라 점 P의 값은 다음과 같이 계산됩니다(단 $\alpha = h_1/(h_1+h_2)$, $\beta = h_2/(h_1+h_2)$, $p = w_1/(w_1+w_2)$, $q = w_2/(w_1+w_2)$).

$$P = q(\beta A + \alpha B) + p(\beta D + \alpha C)$$
$$= q\beta A + q\alpha B + p\beta D + p\alpha C$$

6.3.5 DeepLabv3/DeepLabv3+

DeepLabv3/DeepLabv3+ 역시 완전연결층의 단점을 보완하기 위해 Atrous 합성곱을 사용하는 네트워크입니다. 인코더과 디코더 구조를 가지며, 일반적으로 인코더-디코더 구조에서는 불가능했던 인코더에서 추출된 특성 맵의 해상도를 Atrous 합성곱을 도입하여 제어할 수 있도록 했습니다.

▼ 그림 6-44 DeepLab의 인코더-디코더 구조

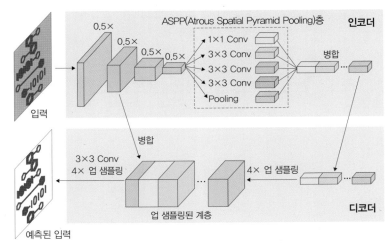

Atrous 합성곱은 다음 그림과 같이 필터 내부에 빈 공간을 둔 채로 작동합니다. 얼마나 많은 빈 공간을 가질지 결정하는 파라미터로 rate가 있습니다. rate r=1일 경우 기존 합성곱과 동일하게 빈 공간을 가지며, r이 커질수록 빈 공간은 더 많아집니다.

▼ 그림 6-45 Atrous 합성곱

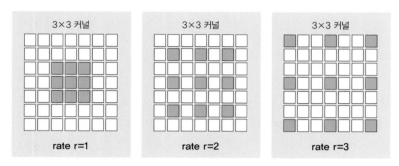

보통 이미지 분할에서 높은 성능을 내려면 수용 영역(receptive field)의 크기가 중요한데, 수용 영역을 확대하여 특성을 찾는 범위를 넓게 해 주기 때문입니다. Atrous 합성곱을 활용하면 파라미터 개수를 늘리지 않으면서도 수용 영역을 크게 키울 수 있기 때문에 이미지 분할 분야에서 많이 사용합니다.

즉, 다음 그림과 같이 일반적인 CNN을 적용하면 출력은 입력에 비해 1/32로 줄어들었지만, Atrous 합성곱을 적용하면 1/8로 줄어들었습니다. 따라서 특성 맵 크기가 기존 대비 4배 보존된 것을 확인할 수 있습니다.

▼ 그림 6-46 Atrous 합성곱 효과

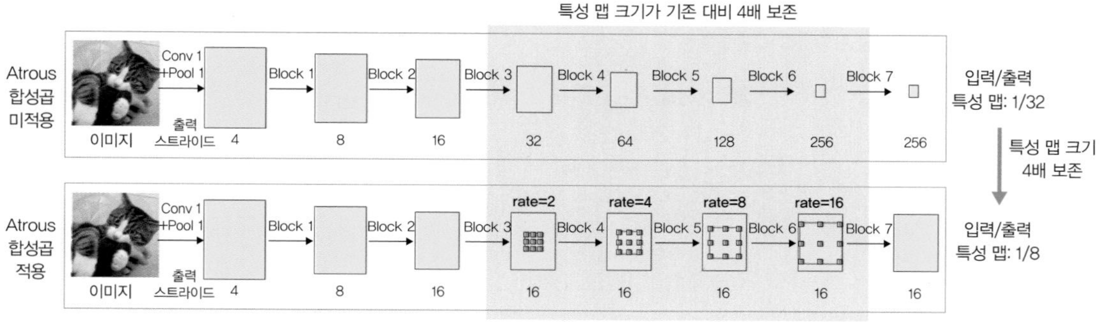

특성 맵 크기가 기존 대비 4배 보존

| Atrous 합성곱 미적용 | 이미지 | Conv 1 +Pool 1 출력 스트라이드 4 | Block 1 8 | Block 2 16 | Block 3 32 | Block 4 64 | Block 5 128 | Block 6 256 | Block 7 256 | 입력/출력 특성 맵: 1/32 |

특성 맵 크기 4배 보존

| Atrous 합성곱 적용 | 이미지 | Conv 1 +Pool 1 출력 스트라이드 4 | Block 1 8 | Block 2 16 | Block 3 rate=2 16 | Block 4 rate=4 16 | Block 5 rate=8 16 | Block 6 rate=16 16 | Block 7 16 | 입력/출력 특성 맵: 1/8 |

Note ≡ **수용 영역**

수용 영역이란 외부 자극이 전체에 영향을 주는 것이 아니라 특정 영역에만 영향을 준다는 의미입니다. 마찬가지로 영상에서 특정 위치에 있는 픽셀들은 그 주변에 있는 일부 픽셀과 연관성은 높지만 거리가 멀어질수록 그 영향은 감소하게 됩니다. 영상 전체 영역에 대해 서로 동일한 중요도를 부여하여 처리하는 대신, 특정 범위를 한정해서 처리하여 효과적으로 훈련을 수행하는 것이 수용 영역입니다.

5~6장에 걸쳐 합성곱 신경망을 자세히 알아보았습니다. 이어서 7장에서는 시계열 분석을 살펴보겠습니다.

memo

7^장

시계열 분석

7.1 / 시계열 문제

시계열 분석이란 시간에 따라 변하는 데이터를 사용하여 추이를 분석하는 것입니다. 예를 들어 주가/환율 변동 및 기온/습도 변화 등이 대표적인 시계열 분석입니다. 즉, 추세를 파악하거나 향후 전망 등을 예측하기 위한 용도로 시계열 분석을 사용합니다.

시계열 형태(the components of time series)는 데이터 변동 유형에 따라 불규칙 변동, 추세 변동, 순환 변동, 계절 변동으로 구분할 수 있습니다.

- **불규칙 변동**(irregular variation): 시계열 자료에서 시간에 따른 규칙적인 움직임과 달리 어떤 규칙성이 없어 예측 불가능하고 우연적으로 발생하는 변동을 의미합니다. 전쟁, 홍수, 화재, 지진, 파업 등이 대표적인 예입니다.

- **추세 변동**(trend variation): 시계열 자료가 갖는 장기적인 변화 추세를 의미합니다. 이때 추세란 장기간에 걸쳐 지속적으로 증가 · 감소하거나 또는 일정한 상태(stationary)를 유지하려는 성향을 의미하기 때문에 짧은 기간 동안에는 추세 변동을 찾기 어려운 단점이 있습니다. 추세 변동의 대표적인 예로는 국내총생산(GDP), 인구증가율 등이 있습니다.

- **순환 변동**(cyclical variation): 대체로 2~3년 정도의 일정한 기간을 주기로 순환적으로 나타나는 변동을 의미합니다. 즉, 1년 이내 주기로 곡선을 그리며 추세 변동에 따라 변동하는 것으로, 경기 변동이 대표적입니다.

- **계절 변동**(seasonal variation): 시계열 자료에서 보통 계절적 영향과 사회적 관습에 따라 1년 주기로 발생하는 것을 의미합니다. 보통 계절에 따라 순환하며 변동하는 특성이 있습니다.

결국 시계열 데이터는 규칙적 시계열과 불규칙적 시계열로 나눌 수 있습니다. 규칙적 시계열은 트렌드와 분산이 불변하는 데이터이며, 불규칙적 시계열은 트렌드 혹은 분산이 변화하는 시계열 데이터입니다. 시계열 데이터를 잘 분석한다는 것은 불규칙성을 갖는 시계열 데이터에 특정한 기법이나 모델을 적용하여 규칙적 패턴을 찾거나 예측하는 것을 의미합니다. 불규칙적 시계열 데이터에 규칙성을 부여하는 방법으로는 AR, MA, ARMA, ARIMA 모델을 적용하는 것이 가장 널리 알려져 있습니다. 하지만 최근에는 딥러닝을 이용하여 시계열 데이터의 연속성을 기계 스스로 찾아내도록 하는 방법이 더 좋은 성능을 내고 있습니다.

7.2 AR, MA, ARMA, ARIMA

시계열 분석은 독립 변수(independent variable)를 사용하여 종속 변수(dependent variable)를 예측하는 일반적인 머신 러닝에서 시간을 독립 변수로 사용한다는 특징이 있습니다. 독립 변수로 시간을 사용하는 특성 때문에 분석하는 데 있어 일반적인 방법론들과 차이가 있는데, 그 차이를 AR, MA, ARMA, ARIMA 모형으로 자세히 살펴보겠습니다.

7.2.1 AR 모델

AR(AutoRegression)(자기 회귀) 모델은 이전 관측 값이 이후 관측 값에 영향을 준다는 아이디어에 대한 모형으로 자기 회귀 모델이라고도 합니다. AR에 대한 수식은 다음과 같습니다.

$$\underset{①}{Z_t} = \underset{②}{\Phi_1 Z_{t-1} + \Phi_2 Z_{t-2} + \cdots + \Phi_p Z_{t-p}} + \underset{③}{a_t}$$

①은 시계열 데이터에서 현재 시점을 의미하며, ②는 과거가 현재에 미치는 영향을 나타내는 모수(Φ)에 시계열 데이터의 과거 시점을 곱한 것입니다. 마지막으로 ③은 시계열 분석에서 오차 항을 의미하며 백색 잡음이라고도 합니다. 따라서 수식은 p 시점을 기준으로 그 이전의 데이터에 의해 현재 시점의 데이터가 영향을 받는 모형이라고 할 수 있습니다.

7.2.2 MA 모델

MA(Moving Average)(이동 평균) 모델은 트렌드(평균 혹은 시계열 그래프에서 y 값)가 변화하는 상황에 적합한 회귀 모델[1]입니다. 이동 평균 모델에서는 윈도우[2]라는 개념을 사용하는데, 시계열을 따라 윈도우 크기만큼 슬라이딩(moving)된다고 하여 이동 평균 모델이라고 합니다. 이동 평균 모델에서 사용하는 수식은 다음과 같습니다. MA에 대한 수식은 다음과 같습니다.

$$\underset{①}{Z_t} = \underset{②}{\theta_1 a_{t-1} + \theta_2 a_{t-2} + \cdots + \theta_p a_{t-p}} + \underset{③}{a_t}$$

---

1 어떤 자료에 대해 그 값에 영향을 주는 조건을 고려하여 구한 평균

①은 시계열 데이터에서 현재 시점을 의미하며, ②는 매개변수(θ)에 과거 시점의 오차를 곱한 것입니다. 마지막으로 ③은 오차 항을 의미합니다. 따라서 수식은 AR 모델처럼 이전 데이터의 '상태'에서 현재 데이터의 상태를 추론하는 것이 아닌, 이전 데이터의 오차에서 현재 데이터의 상태를 추론하겠다는 의미입니다.

7.2.3 ARMA 모델

ARMA(AutoRegressive Moving Average)(자동 회귀 이동 평균) 모델은 AR과 MA를 섞은 모델로 연구 기관에서 주로 사용합니다. 즉, AR, MA 두 가지 관점에서 과거의 데이터를 사용하는 것이 ARMA입니다. 자동 회귀 이동 평균 모델에서 사용하는 수식은 다음과 같습니다.

$$Z_t = a + \Phi_1 Z_{t-1} + \cdots + \Phi_p Z_{t-p} + \theta_1 a_{t-1} + \cdots + \theta_q a_{t-q} + a_t$$

7.2.4 ARIMA 모델

ARIMA(AutoRegressive Integrated Moving Average)(자동 회귀 누적 이동 평균) 모델은 자기 회귀와 이동 평균을 둘 다 고려하는 모형인데, ARMA와 달리 과거 데이터의 선형 관계뿐만 아니라 추세 (cointegration)까지 고려한 모델입니다.

ARIMA는 파이썬 코드를 이용하여 직접 살펴보겠습니다.

statsmodels 라이브러리를 이용하여 ARIMA 모델을 구현하는데, 절차는 다음과 같습니다.

1. ARIMA() 함수를 호출하여 사용하는데, ARIMA(p,d,q) 함수에서 쓰는 파라미터는 다음과 같습니다.

   - **p:** 자기 회귀 차수

   - **d:** 차분 차수

   - **q:** 이동 평균 차수

2. fit() 메서드를 호출하고 모델에 데이터를 적용하여 훈련시킵니다.

3. predict() 메서드를 호출하여 미래의 추세 및 동향에 대해 예측합니다.

예제에서 ARIMA(5, 1, 0)을 적용해 보겠습니다. 자기 회귀 차수를 5로 설정하고 차분 차수는 1을 사용하겠습니다. 또한, 시계열을 정지 상태로 만들고 이동 평균 차수는 0을 사용합니다.

예제는 두 단계로 진행됩니다. 첫 번째 단계에서 ARIMA() 함수를 사용하여 간단한 오차 정보만 보여 주는 예제를 먼저 진행한 후, 두 번째 단계에서 첫 번째 단계를 확장하여 실제 예측해 봅니다(코드를 좀 더 단순화하여 이해하기 쉽게 하기 위해 두 단계로 나누어 진행하는 것이며, 특별한 의미는 없습니다).

먼저 statsmodels 라이브러리를 설치합니다.

```
> conda install -c conda-forge statsmodels
```

혹은

```
> pip install statsmodels
```

설치가 완료되었다면, 첫 번째 단계의 예제를 구현하는 데 필요한 라이브러리와 데이터를 호출합니다. 데이터셋은 7장 예제 파일의 data 폴더에 있는 sales.csv 파일[2]을 사용하며, 자전거 매출 정보가 담겨 있습니다.

코드 7-1 ARIMA() 함수를 호출하여 sales 데이터셋에 대한 예측

```
from pandas import read_csv ------ 파이썬 판다스 라이브러리의 read_csv() 메서드를 사용해서 외부 TEXT 파일,
from pandas import datetime          CSV 파일을 불러와서 DataFrame으로 저장
from pandas import DataFrame
from statsmodels.tsa.arima_model import ARIMA
from matplotlib import pyplot

def parser(x): ------ 시간을 표현하는 함수 정의
```

---

2 캐글에서 제공하는 샴푸 판매 데이터셋(https://www.kaggle.com/minhvo/arima-model-for-time-series-forecasting/data)을 일부 수정하여 사용합니다.

```
    return datetime.strptime('199'+x, '%Y-%m')  ------ strptime()은 날짜와 시간 정보를
                                                         문자열로 바꾸어 주는 메서드
series = read_csv('../chap7/data/sales.csv', header=0, parse_dates=[0], index_col=0,
          squeeze=True, date_parser=parser)  ------ 자전거 매출에 대한 CSV 데이터 호출
model = ARIMA(series, order=(5,1,0))  ------ ARIMA() 함수 호출
model_fit = model.fit(disp=0)  ------------------------------ 모형을 적용할 때 많은 디버그 정보가 제공되는데
print(model_fit.summary())  ------ 모델에 대한 정보 표시        disp 인수를 0으로 설정하여 이 기능을 비활성화
residuals = DataFrame(model_fit.resid)  ------ DataFrame에 모델에 대한 오차 정보를 residuals에 저장
residuals.plot()  ------ residuals 정보를 시각적으로 표현
pyplot.show()
residuals.plot(kind='kde')
pyplot.show()
print(residuals.describe())
```

코드를 실행하면 ARIMA() 함수를 호출하여 sales 데이터셋에 대한 정보를 보여 줍니다.

```
ARIMA Model Results
==============================================================================
Dep. Variable:                D.Sales   No. Observations:                   35
Model:                 ARIMA(5, 1, 0)   Log Likelihood                -197.350
Method:                       css-mle   S.D. of innovations             66.436
Date:                Sun, 02 Aug 2020   AIC                            408.699
Time:                        10:28:58   BIC                            419.587
Sample:                    02-01-1991   HQIC                           412.458
                         - 12-01-1993
==============================================================================
                 coef    std err          z      P>|z|      [0.025      0.975]
------------------------------------------------------------------------------
const         12.4256      3.774      3.292      0.001       5.028      19.823
ar.L1.D.Sales -1.0850      0.188     -5.764      0.000      -1.454      -0.716
ar.L2.D.Sales -0.6688      0.283     -2.365      0.018      -1.223      -0.114
ar.L3.D.Sales -0.4426      0.297     -1.489      0.136      -1.025       0.140
ar.L4.D.Sales -0.0495      0.288     -0.172      0.864      -0.614       0.515
ar.L5.D.Sales  0.1652      0.197      0.840      0.401      -0.220       0.551
                                   Roots
==============================================================================
                 Real          Imaginary           Modulus         Frequency
------------------------------------------------------------------------------
AR.1          -1.1401           -0.4612j            1.2298           -0.4388
AR.2          -1.1401           +0.4612j            1.2298            0.4388
AR.3           0.0222           -1.2562j            1.2564           -0.2472
AR.4           0.0222           +1.2562j            1.2564            0.2472
AR.5           2.5355           -0.0000j            2.5355           -0.0000
------------------------------------------------------------------------------
```

❤ 그림 7-1 예제에 대한 오차 정보

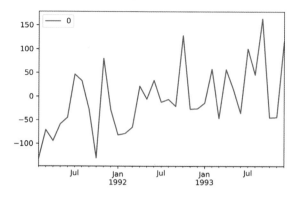

❤ 그림 7-2 예제에 대한 밀도 정보

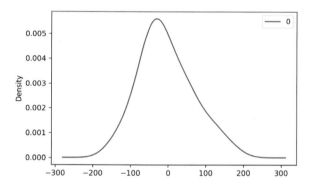

```
count     35.000000
mean      -5.569266
std       70.272666
min     -132.525611
25%      -45.563800
50%      -20.763477
75%       39.933189
max      163.552115
```

이와 같이 실행 결과는 오류 분포가 표시되는데, 결과를 보면 값이 치우쳐 있음을 확인할 수 있습니다(오류 평균(mean) 값이 0이 아닙니다).

두 번째 단계로 ARIMA( ) 함수를 사용한 예측을 진행해 보겠습니다. 먼저 필요한 라이브러리를 호출합니다.

```python
import numpy as np
from pandas import read_csv
from pandas import datetime
from matplotlib import pyplot
from statsmodels.tsa.arima_model import ARIMA
from sklearn.metrics import mean_squared_error

def parser(x):
    return datetime.strptime('199'+x, '%Y-%m')

series = read_csv('../chap7/data/sales.csv', header=0, parse_dates=[0], index_col=0,
                  squeeze=True, date_parser=parser)
X = series.values
X = np.nan_to_num(X)
size = int(len(X) * 0.66)
train, test = X[0:size], X[size:len(X)]   ------ train과 test로 데이터셋 분리
history = [x for x in train]
predictions = list()
for t in range(len(test)):   ------ test 데이터셋의 길이(13번)만큼 반복하여 수행
    model = ARIMA(history, order=(5,1,0))   ------ ARIMA() 함수 호출
    model_fit = model.fit(disp=0)
    output = model_fit.forecast()   ------ forecast() 메서드를 사용하여 예측 수행
    yhat = output[0]   ------ 모델 출력 결과를 yhat에 저장
    predictions.append(yhat)
    obs = test[t]                                    ----- 모델 실행 결과를 predicted로 출력하고,
    history.append(obs)                                    test로 분리해 둔 데이터를
    print('predicted=%f, expected=%f' % (yhat, obs))  ----- expected로 사용하여 출력
error = mean_squared_error(test, predictions)   ------ 손실 함수로 평균 제곱 오차 사용
print('Test MSE: %.3f' % error)
pyplot.plot(test)
pyplot.plot(predictions, color='red')
pyplot.show()
```

다음은 statsmodels 라이브러리를 이용한 sales 데이터셋에 대한 예측을 실행한 결과입니다.

```
predicted=354.377730, expected=346.300000
predicted=288.627290, expected=329.700000
predicted=382.817953, expected=445.400000
predicted=339.543839, expected=325.900000
predicted=392.897253, expected=449.300000
predicted=354.488010, expected=411.300000
```

```
predicted=452.200100, expected=417.400000
predicted=406.806117, expected=545.500000
predicted=430.162052, expected=477.600000
predicted=492.745314, expected=687.000000
predicted=493.604679, expected=435.300000
predicted=657.397158, expected=587.300000
predicted=522.091111, expected=676.900000
Test MSE: 8074.991
```

▼ 그림 7-3 예제에 대한 예측 결과

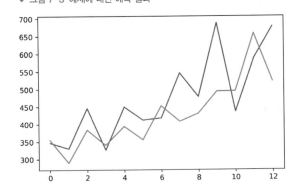

실제 데이터(빨간색)와 모형 실행 결과(파란색)를 표시한 그림이 만들어졌습니다. 데이터가 우상
향 추세를 나타내고 있으므로, 자전거 판매가 향후에도 계속 증가할 것임을 예측할 수 있습니다.
이와 같이 ARIMA를 사용할 경우 데이터 경향을 파악해서 미래를 예측할 수 있습니다.

DEEP LEARNING

7.3 순환 신경망(RNN)

RNN(Recurrent Neural Network)은 시간적으로 연속성이 있는 데이터를 처리하려고 고안된 인공 신
경망입니다. RNN의 'Recurrent(반복되는)'는 이전 은닉층이 현재 은닉층의 입력이 되면서 '반복
되는 순환 구조를 갖는다'는 의미입니다. RNN이 기존 네트워크와 다른 점은 '기억(memory)'을 갖
는다는 것입니다. 이때 기억은 현재까지 입력 데이터를 요약한 정보라고 생각하면 됩니다. 따라서
새로운 입력이 네트워크로 들어올 때마다 기억은 조금씩 수정되며, 결국 최종적으로 남겨진 기억
은 모든 입력 전체를 요약한 정보가 됩니다.

▼ 그림 7-4 순환 신경망(RNN)

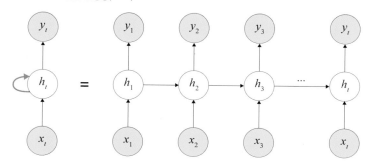

▼ 그림 7-4 순환 신경망(RNN)

그림과 같이 첫 번째 입력이 들어오면 첫 번째 기억(h_1)이 만들어지고, 두 번째 입력이 들어오면 기존 기억(h_1)과 새로운 입력을 참고하여 새 기억(h_2)을 만듭니다. 입력 길이만큼 이 과정을 얼마든지 반복할 수 있습니다. 즉, RNN은 외부 입력과 자신의 이전 상태를 입력받아 현재 상태를 갱신합니다.

RNN은 입력과 출력에 따라 유형이 다양합니다.

1. **일대일**: 순환이 없기 때문에 RNN이라고 말하기 어려우며, 순방향 네트워크가 대표적 사례입니다.

2. **일대다**: 입력이 하나이고, 출력이 다수인 구조입니다. 이미지를 입력해서 이미지에 대한 설명을 문장으로 출력하는 이미지 캡션(image captioning)이 대표적 사례입니다.

3. **다대일**: 입력이 다수이고 출력이 하나인 구조로, 문장을 입력해서 긍정/부정을 출력하는 감성 분석기에서 사용됩니다.

   다대일에 대한 모델은 텐서플로 2에서 다음과 같이 구현합니다. 다음은 예시 코드이며, 이를 이용한 순환 신경망 구현은 7.4절에서 다룹니다.

```
In_layer = tf.keras.input(shape=(3,1), name='input')
RNN_layer = tf.keras.layers.SimpleRNN(100, name='RNN')(In_layer)
Out_layer = tf.keras.layers.Dense(1, name='output')(RNN_layer)
```

   코드를 구조화하면 다음 그림과 같습니다. 하지만 코드는 입력과 출력 사이에 하나의 RNN 셀(cell)만 가지고 있는 것에 주의해야 합니다.

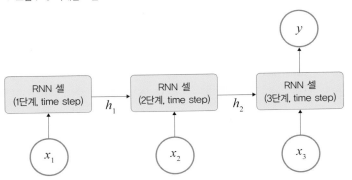

또한, 다대일 구조에 층을 쌓아 올리면 다음과 같이 적층된 구조를 가질 수 있습니다.

```
In_layer = tf.keras.input(shape=(3,1), name='input')
RNN_layer0 = tf.keras.layers.SimpleRNN(100, name='RNN1')(In_layer)
RNN_layer1 = tf.keras.layers.SimpleRNN(100, name='RNN2')(RNN_layer0)
Out_layer = tf.keras.layers.Dense(1, name='output')(RNN_layer1)
```

코드를 구조화하면 다음 그림과 같습니다. 하지만 코드는 입력과 출력 사이에 두 개의 RNN 셀만 가지고 있는 것에 주의해야 합니다.

▼ 그림 7-6 적층된 다대일 모델

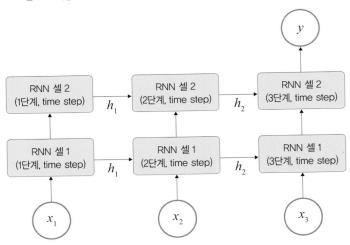

4. 다대다: 입력과 출력이 다수인 구조로, 언어를 번역하는 자동 번역기 등이 대표적인 사례입니다.

예를 들어 다대다에 대한 모델은 텐서플로 2에서 다음과 같이 구현합니다.

```
In_layer = tf.keras.input(shape=(3,1), name='input')
RNN_layer = tf.keras.layers.SimpleRNN(100, return_sequences=True, name='RNN')(In_layer)
Out_layer = tf.keras.layers.TimeDistributed(keras.layers.Dense(1), name='output')(RNN_layer)
```

다음 그림은 다대다에 대한 모델을 표현한 것입니다.

▼ 그림 7-7 다대다 모델

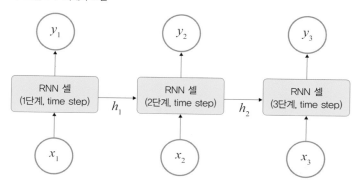

5. 동기화 다대다: 4의 유형처럼 입력과 출력이 다수인 구조입니다. 문장에서 다음에 나올 단어를 예측하는 언어 모델, 즉 프레임 수준의 비디오 분류가 대표적 사례입니다.

다음 그림은 앞서 언급된 순환 신경망 구조들을 그림으로 표현한 것입니다.

▼ 그림 7-8 RNN 모델 유형

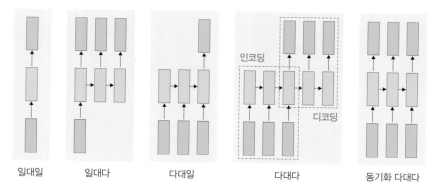

7.3.1 RNN 계층과 셀

이제 RNN을 구성하는 RNN 계층(layer)과 RNN 셀(cell)을 살펴보겠습니다.

RNN은 내장된(built-in) 계층뿐만 아니라 셀 레벨의 API도 제공합니다. RNN 계층이 입력된 배치 순서열을 모두 처리하는 것과 다르게 RNN 셀은 오직 하나의 단계(time step)만 처리합니다. 따라서 RNN 셀은 RNN 계층의 for loop 구문의 내부라고 할 수 있습니다.

▼ 그림 7-9 RNN 계층과 RNN 셀

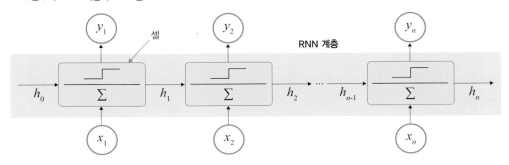

RNN 계층은 셀을 래핑[3]하여 동일한 셀을 여러 단계에 적용합니다. 그림 7-9에서도 동일한 셀이 x_1, x_2, $\cdots$, x_n 등 전체 RNN 네트워크(계층)에서 사용되고 있습니다. 따라서 셀은 입력 시퀀스에서 반복되고 return_sequences 같은 옵션을 기반으로 출력 값을 계산합니다. 즉, 셀은 실제 계산에 사용되는 RNN 계층의 구성 요소로, 단일 입력과 과거 상태(state)를 가져와서 출력과 새로운 상태를 생성합니다.

참고로 셀 유형은 다음과 같습니다.

- **tf.keras.layers.SimpleRNNCell**: SimpleRNN 계층에 대응되는 RNN 셀
- **tf.keras.layers.GRUCell**: GRU 계층에 대응되는 GRU 셀
- **tf.keras.layers.LSTMCell**: LSTM 계층에 대응되는 LSTM 셀

이렇게 RNN의 계층과 셀을 분리해서 설명하는 이유는 텐서플로 2에서 이 둘을 분리해서 구현이 가능하기 때문입니다. 따라서 앞으로 진행될 RNN 예제는 이 둘을 분리해서 진행합니다.

---

3 dll이나 API를 사용하기 쉽도록 한 번 더 dll 등으로 만들어 주는 것입니다.

RNN의 활용 분야로는 대표적으로 '자연어 처리'를 꼽을 수 있습니다. 연속적인 단어들의 나열인 언어(자연어) 처리는 음성 인식, 단어 의미 판단 및 대화 등에 대한 처리가 가능합니다. 이외에도 손글씨, 센서 데이터 등 시계열 데이터 처리에 활용됩니다.

이제 구체적으로 RNN 구조를 살펴보겠습니다.

7.4 RNN 구조

RNN은 은닉층 노드들이 연결되어 이전 단계 정보를 은닉층 노드에 저장할 수 있도록 구성한 신경망입니다.

다음 그림에서 볼 수 있듯이 x_{t-1}에서 h_{t-1}을 얻고 다음 단계에서 h_{t-1}과 x_t를 사용하여 과거 정보와 현재 정보를 모두 반영합니다. 또한, h_t와 x_{t+1}의 정보를 이용하여 과거와 현재 정보를 반복해서 반영하는데, 이러한 구조를 요약한 것이 다음 그림의 오른쪽 부분과 같습니다.

❤ 그림 7-10 RNN 구조

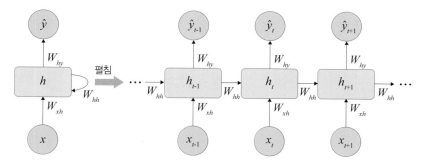

RNN에서는 입력층, 은닉층, 출력층 외에 가중치를 세 개 가집니다. RNN의 가중치는 W_{xh}, W_{hh}, W_{hy}로 분류됩니다.

W_{xh}는 입력층에서 은닉층으로 전달되는 가중치이고, W_{hh}는 t 시점의 은닉층에서 $t+1$ 시점의 은닉층으로 전달되는 가중치입니다. 또한, W_{hy}는 은닉층에서 출력층으로 전달되는 가중치입니다. 가중치 W_{xh}, W_{hh}, W_{hy}는 모든 시점에 동일하다는 것에 주의할 필요가 있습니다. 즉, 가중치를 공유하는데 그림 7-10과 같이 모든 가중치가 동일한 것을 확인할 수 있습니다.

이제 t 단계에서의 RNN 계산에 대해 알아보겠습니다.

1. **은닉층** 계산을 위해 x_t와 h_{t-1}이 필요합니다. 즉, (이전 은닉층×은닉층 → 은닉층 가중치 + 입력
   층 → 은닉층 가중치×(현재) 입력 값)으로 계산할 수 있으며, RNN에서 은닉층은 일반적으로
   하이퍼볼릭 탄젠트 활성화 함수를 사용합니다. 이를 수식으로 나타내면 다음과 같습니다.

$$h_t = \tanh(\hat{y}_t)$$
$$\hat{y}_t = W_{hh} \times h_{t-1} + W_{xh} \times x_t$$

2. **출력층**은 심층 신경망과 계산 방법이 동일합니다. 즉, (은닉층 → 출력층 가중치×현재 은닉층)
   에 소프트맥스 함수를 적용합니다. 이를 수식으로 나타내면 다음과 같습니다.

$$\hat{y}_t = \text{softmax}(W_{hy} \times h_t)$$

3. RNN의 **오차**(E)는 심층 신경망에서 전방향(feedforward) 학습과 달리 각 단계(t)마다 오차를 측
   정합니다. 즉, 각 단계마다 실제 값(y_t)과 예측 값(hat$\hat{y}_t$)으로 오차(평균 제곱 오차(mean square
   error) 적용)를 이용하여 측정합니다.

❤ 그림 7-11 RNN의 순방향 학습

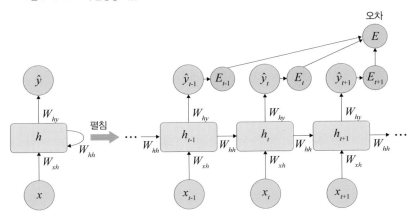

4. RNN에서 **역전파**는 BPTT(BackPropagation Through Time)를 이용하여 모든 단계마다 처음부터
   끝까지 역전파합니다.

   오차는 각 단계(t)마다 오차를 측정하고 이전 단계로 전달되는데, 이것을 BPTT라고 합니다.
   즉, **3**에서 구한 오차를 이용하여 W_{xh}, W_{hh}, W_{hy} 및 바이어스(bias)를 업데이트합니다. 이때

BPTT는 오차가 멀리 전파될 때(왼쪽으로 전파) 계산량이 많아지고 전파되는 양이 점차 적어지는 문제점(기울기 소멸 문제(vanishing gradient problem))이 발생합니다. 기울기 소멸 문제를 보완하기 위해 오차를 몇 단계까지만 전파시키는 생략된-BPTT(truncated BPTT)를 사용할 수도 있고, 근본적으로는 LSTM 및 GRU를 많이 사용합니다.

Note ≡ **생략된-BPTT**

계산량을 줄이기 위해 현재 단계에서 일정 시점까지만(보통 5단계 이전까지만) 오류를 역전파하는데, 이것을 생략된-BPTT라고 합니다.

▼ 그림 7-12 RNN의 역방향 학습

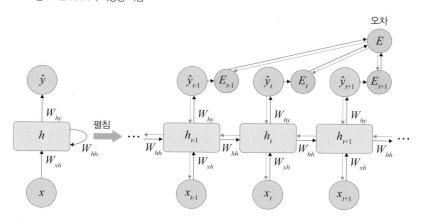

이제 IMDB 데이터셋을 사용하여 텐서플로 2에서 RNN 계층과 셀을 구현해 보겠습니다.

Note ≡ **IMDB 데이터셋**

IMDB 데이터셋은 영화 리뷰에 대한 데이터 5만 개로 구성되어 있습니다. 이것을 훈련 데이터 2만 5000개와 테스트 데이터 2만 5000개로 나누며, 각각 50%씩 긍정 리뷰와 부정 리뷰가 있습니다. 이 데이터는 이미 전처리가 되어 있어 각 리뷰가 숫자로 변환되어 있습니다.

스탠포드 대학교에서 2011년에 낸 논문에서 이 데이터를 소개했으며, 당시 논문에서는 IMDB 데이터셋을 훈련 데이터와 테스트 데이터 50:50 비율로 분할하여 88.89%의 정확도를 얻었다고 소개했습니다.

IMDB 영화 리뷰 데이터셋은 imdb.load_data() 메서드로 바로 내려받아 사용할 수 있도록 지원하고 있습니다. 데이터셋에 대한 더 자세한 내용은 https://www.imdb.com/interfaces/를 확인하세요.

이제 RNN 셀부터 텐서플로 2 코드를 작성해 보겠습니다.

7.4.1 RNN 셀 구현

먼저 필요한 라이브러리들을 호출합니다.

코드 7-3 라이브러리 호출

```
import os ------ 운영 체제의 모듈을 가져옵니다.
os.environ['TF_CPP_MIN_LOG_LEVEL'] = "2" ------ 케라스에서 발생하는 경고(warning) 메시지를 제거합니다.

import tensorflow as tf
import numpy as np
from tensorflow import keras
from tensorflow.keras import layers
from tensorflow.keras.models import Sequential
from tensorflow.keras.layers import Dense
from tensorflow.keras.optimizers import Adam
```

필요한 값들을 초기화합니다.

코드 7-4 값 초기화

```
tf.random.set_seed(22)
np.random.seed(22)
assert tf.__version__.startswith('2.') ------ 텐서플로 버전이 2임을 확인

batch_size = 128
total_words = 10000
max_review_len = 80
embedding_len = 100
```

모형을 적용하기 위한 데이터셋을 준비합니다.

코드 7-5 데이터셋 준비

```
(x_train, y_train), (x_test, y_test) = tf.keras.datasets.imdb.load_data(num_
                                 words=total_words) ------ ①

x_train = tf.keras.preprocessing.sequence.pad_sequences(x_train, maxlen=max_review_len) ---- ②
x_test = tf.keras.preprocessing.sequence.pad_sequences(x_test, maxlen=max_review_len)

train_data = tf.data.Dataset.from_tensor_slices((x_train, y_train)) ------ ③
train_data = train_data.shuffle(10000).batch(batch_size, drop_remainder=True) ------ ④
```

```
test_data = tf.data.Dataset.from_tensor_slices((x_test, y_test)) ......
test_data = test_data.batch(batch_size, drop_remainder=True) ...... 테스트 데이터셋을 변환
print('x_train_shape:', x_train.shape, tf.reduce_max(y_train), tf.reduce_min(y_train))
print('x_test_shape:', x_test.shape)

sample = next(iter(test_data))
print(sample[0].shape)
```

① imdb.load_data() 함수를 사용하여 IMDB 데이터셋을 내려받습니다. imdb.load_data() 파라미터로 num_words를 사용하는데, num_words는 데이터에서 등장 빈도 순위로 몇 번째에 해당하는 단어까지 사용할지를 의미합니다. 앞의 코드에서 10000을 사용하고 있는데, 등장 빈도 순위가 1~10000에 해당하는 단어만 사용하겠다는 의미입니다.

② 전체 훈련 데이터셋에서 각 샘플의 길이는 서로 다를 수 있습니다. 또한, 각 문서 혹은 각 문장은 단어 수가 제각각입니다. 모델의 입력으로 사용하려면 모든 샘플 길이를 동일하게 맞추어야 합니다. 이를 자연어 처리에서는 패딩(padding) 작업이라고 하며, 보통 숫자 0을 넣어서 길이가 다른 샘플들의 길이를 맞추어 줍니다. 케라스에서는 pad_sequence()를 사용합니다. pad_sequence()는 정해 준 길이보다 길이가 긴 샘플은 값을 일부 자르고, 정해 준 길이보다 길이가 짧은 샘플은 값을 0으로 채웁니다.

  - 첫 번째 인자: 패딩을 진행할 데이터

  - maxlen: 모든 데이터에 대해 정규화할 길이

③ 넘파이 배열(NumPy array)을 Dataset으로 변환합니다. 이때 주의할 것은 변환하려는 전체 데이터를 메모리로 로딩해야 하므로 큰 용량의 메모리가 필요합니다. 메모리 문제에 대한 해결책은 Dataset의 from_generator를 사용하는 것입니다. from_generator를 사용하면 데이터를 한 번에 메모리에 로딩하는 것이 아니고, 필요할 때만 파이썬 generator를 통해 가져옵니다.

④ ③에서 만들어 준 데이터셋을 변형해 줍니다.

```
train_data = train_data.shuffle(10000).batch(batch_size,
                        ⓐ                    ⓑ
              drop_remainder=True)
                        ⓒ
```

ⓐ shuffle(): 데이터셋을 임의로 섞어 줍니다. 여기에서 사용되는 것이 buffer_size입니다. 데이터를 메모리로 불러와서 섞는 과정이 진행되므로 buffer_size를 지정합니다. 버퍼에서 임의로 샘플을 뽑고, 뽑은 샘플은 다른 샘플로 대체합니다. 데이터셋이 완벽하게 섞이기 위해 전

체 데이터셋의 크기에 비해 크거나 같은 버퍼 크기로 지정해야 합니다.

ⓑ batch(): 데이터셋의 항목들을 하나의 배치로 묶어 줍니다. batch_size는 몇 개의 샘플로 가중치를 갱신할지 지정합니다.

ⓒ drop_remainder: 마지막 배치 크기를 무시하고 지정한 배치 크기를 사용할 수 있습니다.

다음은 훈련과 테스트 용도의 데이터셋에 대한 형태를 출력한 결과입니다.

```
x_train_shape: (25000, 80) tf.Tensor(1, shape=(), dtype=int64) tf.Tensor(0, shape=(),
dtype=int64)
x_test_shape: (25000, 80)
(128, 80)
```

이제 RNN 셀을 이용한 네트워크(혹은 신경망)를 생성하겠습니다.

코드 7-6 RNN 셀을 이용한 네트워크 생성

```
class RNN_Build(tf.keras.Model): ------ ①
    def __init__(self, units): ------ ②
        super(RNN_Build, self).__init__() ------ ③

        self.state0 = [tf.zeros([batch_size, units])] ------ ④
        self.state1 = [tf.zeros([batch_size, units])]
        self.embedding = tf.keras.layers.Embedding(total_words, embedding_len,
                                        input_length=max_review_len) ------ ⑤

        self.RNNCell0 = tf.keras.layers.SimpleRNNCell(units, dropout=0.2) ------ ⑥
        self.RNNCell1 = tf.keras.layers.SimpleRNNCell(units, dropout=0.2)
        self.outlayer = tf.keras.layers.Dense(1)

    def call(self, inputs, training=None): ------ ②′
        x = inputs
        x = self.embedding(x) ------ 입력 데이터에 원-핫 인코딩 적용
        state0 = self.state0
        state1 = self.state1
        for word in tf.unstack(x, axis=1): ------ ⑦
            out0, state0 = self.RNNCell0(word, state0, training) ----- out0, state0 각각에 self.RNNCell0에서 받아 온 값을 저장
            out1, state1 = self.RNNCell1(out0, state1, training) ------- out1, state1 각각에 self.RNNCell1에서 받아 온 값을 저장
        x = self.outlayer(out1) ------ 출력층 out1을 적용한 후 그 값을 x 변수에 저장
        prob = tf.sigmoid(x) ------ 마지막으로 x에 시그모이드 활성화 함수를 적용하여 prob에 저장
        return prob ------ prob 값을 반환
```

① 객체 지향 프로그램을 파이썬에서 구현한 것입니다. 즉, 구조를 설계한 후 재사용성을 고려하거나 코드의 반복을 최소화하는 데 사용합니다.

②, ②´ __init__은 클래스 인스턴스를 생성할 때 초기화하는 부분입니다. 이때 init은 객체가 생성될 때 호출되며, call은 인스턴스가 생성될 때 호출됩니다.

③ 부모(RNN_Build) 클래스의 __init__ 메서드를 호출해 줍니다. super( ) 뒤에 .(점)을 붙여서 메서드를 호출하는 방식입니다.

④ self는 자신의 인스턴스를 의미하는 것으로, tf.zeros를 사용하여 0 값으로 채워진 텐서를 생성해서 state0에 저장합니다.

⑤ 케라스는 텍스트 데이터에 대해 워드 임베딩을 수행하는 임베딩층(embedding layer)을 제공합니다. 임베딩층을 사용하려면 각 입력이 모두 정수(혹은 실수)로 인코딩되어 있어야 합니다. 즉, 각각의 입력은 정수로 변환된 상태에서 임베딩층을 구성합니다.

```
self.embedding = tf.keras.layers.Embedding(total_words, embedding_len,
                                           ⓐ              ⓑ
                    input_length=max_review_len)
                            ⓒ
```

ⓐ 첫 번째 인자: 텍스트 데이터의 전체 단어 집합 크기입니다. 예를 들어 데이터셋의 단어들이 0부터 20000까지 인코딩되었다면 단어 집합 크기는 20001이 되어야 합니다(이때 인덱스에 주의).

ⓑ 두 번째 인자: 임베딩이 되고 난 후 단어의 차원입니다. 이 값을 256으로 준다면 모든 단어의 차원이 256이 됩니다.

ⓒ input_length: 입력 데이터의 길이입니다. 예를 들어 각 데이터 길이가 단어 500개로 구성되어 있다면 이 값은 500이 됩니다.

⑥ SimpleRNN의 셀 클래스를 의미합니다.

　– units: 출력 공간의 차원

　– dropout: 0과 1 사이의 부동소수점. 입력 중에서 삭제할(고려하지 않을) 유닛의 비율

⑦ unstack( ): 중복된 값(예 날짜, 숫자)이 있을 때 사용하면 유용합니다. 즉, 다음 그림과 같이 그룹으로 묶은 데이터를 행렬 형태로 전환하여 연산할 때 사용합니다.

▼ 그림 7-13 unstack 예시

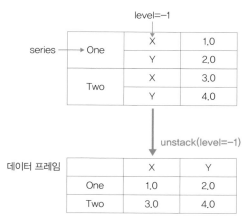

생성된 네트워크를 활용하여 모형을 훈련시킵니다.

코드 7-7 모델 훈련

```
import time
units = 64
epochs = 4
t0 = time.time() ------ 모형의 실행 시간을 위해 시간을 t0에 저장

model = RNN_Build(units)
model.compile(optimizer=tf.keras.optimizers.Adam(0.001),
            loss=tf.losses.BinaryCrossentropy(),
            metrics=['accuracy'],
            experimental_run_tf_function=False) ------ ①

model.fit(train_data, epochs=epochs, validation_data=test_data, validation_freq=2) ----- ②
```

① model.compile()에서는 다양한 하이퍼파라미터를 정의합니다.

model.compile(<u>optimizer=tf.keras.optimizers.Adam(0.001)</u>,
                              ⓐ
        <u>loss=tf.losses.BinaryCrossentropy()</u>, <u>metrics=['accuracy']</u>,
                              ⓑ   ⓒ
        <u>experimental_run_tf_function=False</u>)
                              ⓓ

ⓐ optimizer: 옵티마이저를 설정합니다. 여기에서는 0.001의 학습률을 적용한 Adam을 사용합니다.

ⓑ loss: 훈련 과정에서 사용할 손실 함수(loss function)를 설정합니다. 여기에서는 이진 분류 (binary classification)로 BinaryCrossentropy를 사용합니다.

ⓒ metrics: 훈련을 모니터링하기 위한 지표를 선택합니다. 여기에서는 정확도(accuracy)를 사용합니다.

ⓓ experimental_run_tf_function: 모델을 인스턴스화하는 기능을 제공하며, 실제로 experimental_run_tf_function이 호출되어야 컴파일이 실행됩니다.

② model.fit()은 모델을 학습하는 데 사용됩니다.

```
model.fit(train_data, epochs=epochs, validation_data=test_data, validation_freq=2)
         ⓐ            ⓑ                ⓒ                          ⓓ
```

ⓐ 첫 번째 인자: 입력 데이터

ⓑ epochs: 학습 데이터 반복 횟수

ⓒ validation_data: 검증 데이터

ⓓ validation_freq: 에포크마다 무조건 검증 데이터셋에 대한 계산을 수행하지 않고 적절한 간격을 두고 계산하는 것입니다. 예를 들어 validation_freq=[1, 2, 10]을 설정한다면 첫 번째, 두 번째, 열 번째 에포크 후 검증합니다.

다음은 모델 훈련을 출력한 결과입니다.

```
Epoch 1/4
195/195 [==============================] - 5s 27ms/step - loss: 0.6249 - accuracy:
0.6134
Epoch 2/4
195/195 [==============================] - 8s 42ms/step - loss: 0.3543 - accuracy:
0.8494 - val_loss: 0.4064 - val_accuracy: 0.8224
Epoch 3/4
195/195 [==============================] - 5s 27ms/step - loss: 0.1926 - accuracy:
0.9270
Epoch 4/4
195/195 [==============================] - 7s 37ms/step - loss: 0.0828 - accuracy:
0.9709 - val_loss: 0.6795 - val_accuracy: 0.7970
<tensorflow.python.keras.callbacks.History at 0x21fad010240>
```

이제 모델에 대한 평가를 해 보겠습니다.

```
print("훈련 데이터셋 평가...")
(loss, accuracy) = model.evaluate(train_data, verbose=0) ------①
print("loss={:.4f}, accuracy: {:.4f}%".format(loss,accuracy * 100))
print("테스트 데이터셋 평가...")
(loss, accuracy) = model.evaluate(test_data, verbose=0)
print("loss={:.4f}, accuracy: {:.4f}%".format(loss,accuracy * 100))
t1 = time.time()
print('시간:', t1-t0)
```

① model.evaluate는 모델을 평가하기 위한 함수로 파라미터 의미는 다음과 같습니다.

- train_data: 훈련 데이터

- verbose: 얼마나 자세하게 정보를 표시할지 지정

다음은 모델 평가를 실행한 결과입니다.

```
훈련 데이터셋 평가...
loss=0.0260, accuracy: 99.3550%
테스트 데이터셋 평가...
loss=0.6795, accuracy: 79.7035%
시간: 40.00159311294556
```

훈련 데이터셋의 정확도가 99%이고, 테스트 데이터셋은 80%로 결과가 나쁘지 않습니다. RNN 계층 모델도 훈련한 후 결과를 비교해 봅시다.

RNN 계층을 이용한 네트워크를 만들어 데이터셋을 훈련시켜 보겠습니다. 데이터는 RNN 셀에서 사용했던 동일한 데이터이며, 네트워크만 다르게 구성하여 정확도 및 수행 시간만 비교해 보겠습니다.

7.4.2 RNN 계층 구현

필요한 라이브러리 및 데이터 호출은 RNN 셀에서의 수행과 동일하므로 생략합니다.

바로 RNN 계층 네트워크(신경망)부터 생성하겠습니다.

```
class RNN_Build(tf.keras.Model):
    def __init__(self, units):
        super(RNN_Build, self).__init__()
        self.embedding = tf.keras.layers.Embedding(total_words, embedding_len,
                                                   input_length=max_review_len)

        self.rnn = tf.keras.Sequential([
            tf.keras.layers.SimpleRNN(units, dropout=0.5, return_sequences=True), ------①
            tf.keras.layers.SimpleRNN(units, dropout=0.5)
        ])
        self.outlayer = tf.keras.layers.Dense(1)

    def call(self, inputs, training=None):
        x = inputs
        x = self.embedding(x)
        x = self.rnn(x)
        x = self.outlayer(x)
        prob = tf.sigmoid(x)

        return prob
```

① SimpleRNN 함수를 사용하여 은닉 노드가 다수 개인 RNN 셀을 여러 개 구축할 수 있습니다 (SimpleRNNCell은 셀이 하나였으나, SimpleRNN은 한 번에 셀을 여러 개 구축할 수 있습니다).

```
tf.keras.layers.SimpleRNN(units, dropout=0.5, return_sequences=True)
                          ⓐ        ⓑ              ⓒ
```

ⓐ units: 네트워크의 층 수(출력 공간의 차원)

ⓑ dropout: 전체 노드 중 20% 값을 0으로 설정하여 사용하지 않겠다는 의미

ⓒ return_sequences: 마지막 출력 또는 전체 순서를 반환하는 것입니다. 이때 주의해야 할 점은 return_sequences=True는 출력 순서 중 마지막 값만 출력하는 것이 아니라 전체 순서열을 3차원 텐서 형태로 출력하라는 것입니다.

SimpleRNNCell과 SimpleRNN의 코드 구현은 거의 비슷합니다. 단지 네트워크의 def call 함수에서 SimpleRNNCell은 다음과 같이 for 문을 사용하여 SimpleRNNCell을 반복 수행한다는 점이 다릅니다. 즉, SimpleRNNCell은 셀 단위로 수행되므로 다수의 셀을 수행하려면 다음 예시 코드의 for 문처럼 반복적인 수행이 필요합니다.

```
#SimpleRNNCell
for word in tf.unstack(x, axis=1):
    out0, state0 = self.RNNCell0(word, state0, training)
    out1, state1 = self.RNNCell1(out0, state1, training)

#SimpleRNN
x = self.rnn(x)
```

생성된 네트워크를 활용하여 모델을 훈련시킵니다(RNNCell과 동일한 코드이지만 결과를 확인하고자 또 한 번 실행합니다).

코드 7-10 모델 훈련

```
import time
units = 64
epochs = 4
t0 = time.time()

model = RNN_Build(units)

model.compile(optimizer=tf.keras.optimizers.Adam(0.001),
              loss=tf.losses.BinaryCrossentropy(),
              metrics=['accuracy'],
              experimental_run_tf_function=False)

model.fit(train_data, epochs=epochs, validation_data=test_data, validation_freq=2)
```

다음은 모델 훈련을 실행시킨 결과입니다.

```
Epoch 1/4
195/195 [==============================] - 12s 61ms/step - loss: 0.5376 - accuracy:
0.7124
Epoch 2/4
195/195 [==============================] - 15s 79ms/step - loss: 0.3508 - accuracy:
0.8511 - val_loss: 0.4648 - val_accuracy: 0.8200
Epoch 3/4
195/195 [==============================] - 12s 63ms/step - loss: 0.2842 - accuracy:
0.8864
Epoch 4/4
195/195 [==============================] - 16s 81ms/step - loss: 0.2370 - accuracy:
0.9079 - val_loss: 0.4664 - val_accuracy: 0.8226
<tensorflow.python.keras.callbacks.History at 0x21fb440f780>
```

마지막으로 모델에 대한 평가를 확인합니다.

코드 7-11 모델 평가

```
print("훈련 데이터셋 평가...")
(loss, accuracy) = model.evaluate(train_data, verbose=0)
print("loss={:.4f}, accuracy: {:.4f}%".format(loss,accuracy * 100))
print("테스트 데이터셋 평가...")
(loss, accuracy) = model.evaluate(test_data, verbose=0)
print("loss={:.4f}, accuracy: {:.4f}%".format(loss,accuracy * 100))

t1 = time.time()
print('시간:', t1-t0)
```

다음은 모델 평가를 실행한 결과입니다.

```
훈련 데이터셋 평가...
loss=0.1137, accuracy: 96.3542%
테스트 데이터셋 평가...
loss=0.4664, accuracy: 82.2636%
시간: 69.2024393081665
```

SimpleRNNCell보다 훈련 데이터에 대한 정확도가 낮아졌고, 테스트 데이터셋에 대한 정확도는
조금 높아졌으나 수행 시간은 길어졌습니다.

7.5 LSTM

RNN은 결정적 단점이 있습니다. 앞서 언급했듯이 가중치가 업데이트되는 과정에서 1보다 작은 값
이 계속 곱해지기 때문에 기울기가 사라지는 기울기 소멸 문제가 발생합니다. 이를 해결하기 위해
LSTM이나 GRU 같은 확장된 RNN 방식들을 사용하고 있습니다.

7.5.1 LSTM 구조

LSTM 구조는 순전파와 역전파 과정으로 살펴보겠습니다.

LSTM 순전파

LSTM은 기울기 소멸 문제를 해결하기 위해 망각 게이트, 입력 게이트, 출력 게이트라는 새로운 요소를 은닉층의 각 뉴런에 추가했습니다.

그럼 LSTM에서 사용되는 각 게이트를 자세히 알아보겠습니다.

망각 게이트

망각 게이트(forget gate)는 과거 정보를 어느 정도 기억할지 결정합니다. 과거 정보와 현재 데이터를 입력받아 시그모이드를 취한 후 그 값을 과거 정보에 곱해 줍니다. 따라서 시그모이드의 출력이 0이면 과거 정보는 버리고, 1이면 과거 정보는 온전히 보존합니다.

0과 1 사이의 출력 값을 가지는 h_{t-1}과 x_t를 입력 값으로 받습니다. 이때 x_t는 새로운 입력 값이고 h_{t-1}은 이전 은닉층에서 입력되는 값입니다. 즉, h_{t-1}과 x_t를 이용하여 이전 상태 정보를 현재 메모리에 반영할지 결정하는 역할을 합니다.

- 계산한 값이 1이면 바로 직전의 정보를 메모리에 유지
- 계산한 값이 0이면 초기화

망각 게이트에 대한 수식은 다음과 같습니다.

$$f_t = \sigma(w_f[h_{t-1,}\ x_t])$$
$$c_t = f_t \cdot c_{t-1}$$

그림으로는 다음과 같이 표현할 수 있습니다.

▼ 그림 7-14 망각 게이트

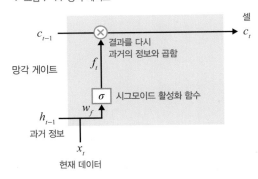

283

입력 게이트

입력 게이트(input gate)는 현재 정보를 기억하기 위해 만들어졌습니다. 과거 정보와 현재 데이터를 입력받아 시그모이드와 하이퍼볼릭 탄젠트 함수를 기반으로 현재 정보에 대한 보존량을 결정합니다.

즉, 현재 메모리에 새로운 정보를 반영할지 결정하는 역할을 합니다.

- 계산한 값이 1이면 입력 x_t가 들어올 수 있도록 허용(open)

- 계산한 값이 0이면 차단

이것을 수식으로 정리하면 다음과 같습니다.

$$i_t = \sigma(w_i[h_{t-1}, x_t])$$
$$\tilde{c}_t = \tanh(w_c[h_{t-1}, x_t])$$
$$c_t = c_{t-1} + i_t \cdot \tilde{c}_t$$

그림으로는 다음과 같이 표현할 수 있습니다.

❤ 그림 7-15 입력 게이트

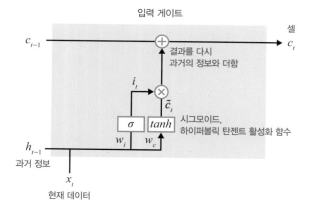

셀

각 단계에 대한 은닉 노드(hidden node)를 메모리 셀이라고 합니다. '총합(sum)'을 사용하여 셀 값을 반영하며, 이것으로 기울기 소멸 문제가 해결됩니다.

셀을 업데이트하는 방법은 다음과 같습니다.

망각 게이트와 입력 게이트의 이전 단계 셀 정보를 계산하여 현재 단계의 셀 상태(cell state)를 업데이트합니다. 다음은 셀에 대한 수식입니다.

$$f_t = \sigma(w_f[h_{t-1}, x_t])$$
$$c_t = c_{t-1} + i_t \cdot \tilde{c}_t$$

그림으로는 다음과 같이 표현할 수 있습니다.

▼ 그림 7-16 셀

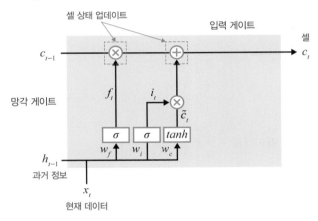

출력 게이트

출력 게이트(output gate)는 과거 정보와 현재 데이터를 사용하여 뉴런의 출력을 결정합니다. 이전 은닉 상태(hidden state)와 t번째 입력을 고려해서 다음 은닉 상태를 계산합니다. 그리고 LSTM에서는 이 은닉 상태가 그 시점에서의 출력이 됩니다.

출력 게이트는 갱신된 메모리의 출력 값을 제어하는 역할을 합니다.

- 계산한 값이 1이면 의미 있는 결과로 최종 출력
- 계산한 값이 0이면 해당 연산 출력을 하지 않음

이것을 수식으로 정리하면 다음과 같습니다.

$$o_t = \sigma(w_o[h_{t-1}, x_t])$$
$$h_t = o_t \cdot \tanh(c_{t-1})$$

그림으로는 다음과 같이 표현할 수 있습니다.

▼ 그림 7-17 출력 게이트

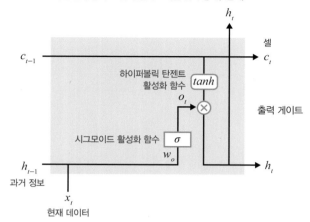

다음 그림은 망각 게이트, 입력 게이트, 출력 게이트를 모두 표현한 것입니다.

▼ 그림 7-18 LSTM 전체 게이트

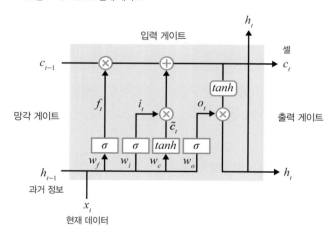

LSTM 역전파

LSTM은 셀을 통해서 역전파를 수행하기 때문에 '중단 없는 기울기(uninterrupted gradient flow)'라고도 합니다.

286

즉, 다음 그림과 같이 최종 오차는 모든 노드에 전파되는데, 이때 셀을 통해서 중단 없이 전파됩니다.

▼ 그림 7-19 LSTM 셀 단위 역전파

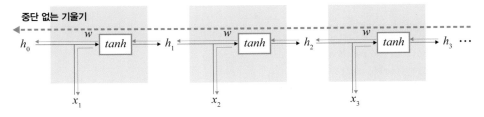

다음은 역전파를 수행하기 위한 공식입니다.

$$t_t = \tanh(w_{hh}h_{t-1} + w_{xh}x_t)$$
$$= \tanh((w_{hh} \quad w_{xh})\begin{pmatrix} h_{t-1} \\ x_t \end{pmatrix})$$
$$= \tanh(w\begin{pmatrix} h_{t-1} \\ x_t \end{pmatrix})$$

이때 주의해야 할 것은 셀 단위로 오차가 전파된다고 해서 입력 방향으로 오차가 전파되지 않는 것은 아닙니다. 다음 그림과 같이 셀 내부적으로는 오차가 입력(x_t)으로 전파된다는 것도 잊지 말아야 합니다.

▼ 그림 7-20 입력층으로의 역전파

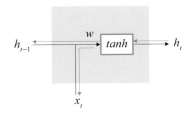

이제 LSTM을 텐서플로 2로 구현해 보겠습니다. RNN과 마찬가지로 동일한 데이터셋을 사용할 예정이며, 네트워크 구성만 LSTM을 이용하여 구현하겠습니다.

7.5.2 LSTM 셀 구현

필요한 라이브러리 및 데이터 호출은 RNN 셀에서의 수행과 동일하므로 생략하고, LSTM 셀을 이용한 네트워크 코드를 살펴보겠습니다.

코드 7-12 네트워크 생성

```
class LSTM_Build(tf.keras.Model):
    def __init__(self, units):
        super(LSTM_Build, self).__init__()

        self.state0 = [tf.zeros([batch_size, units]), tf.zeros([batch_size, units])]
        self.state1 = [tf.zeros([batch_size, units]), tf.zeros([batch_size, units])]

        self.embedding = tf.keras.layers.Embedding(total_words, embedding_len,
                                                input_length=max_review_len)
        self.RNNCell0 = tf.keras.layers.LSTMCell(units, dropout=0.5) ------ ①
        self.RNNCell1 = tf.keras.layers.LSTMCell(units, dropout=0.5)
        self.outlayer = tf.keras.layers.Dense(1)

    def call(self, inputs, training=None):
        x = inputs
        x = self.embedding(x)
        state0 = self.state0 ------ 초기 상태 0으로 설정
        state1 = self.state1
        for word in tf.unstack(x, axis=1):
            out0, state0 = self.RNNCell0(word, state0, training) ------ train 매개변수 추가
            out1, state1 = self.RNNCell1(out0, state1, training)

        x = self.outlayer(out1)
        prob = tf.sigmoid(x)

        return prob
```

① LSTM의 셀 클래스를 의미합니다.

   – 첫 번째 인자: 메모리 셀의 개수

   – dropout: 전체 가중치 중 50% 값을 0으로 설정하여 사용하지 않겠다는 의미

생성된 네트워크를 활용하여 모델을 훈련시킵니다(RNNCell과 동일한 코드이지만 결과를 확인하려고 또 한 번 실행합니다).

```
import time
units = 64
epochs = 4
t0 = time.time()

model = LSTM_Build(units)

model.compile(optimizer=tf.keras.optimizers.Adam(0.001),
              loss=tf.losses.BinaryCrossentropy(),
              metrics=['accuracy'],
              experimental_run_tf_function=False)

model.fit(train_data, epochs=epochs, validation_data=test_data, validation_freq=2)
```

다음은 모델을 훈련시킨 결과입니다.

```
Epoch 1/4
195/195 [==============================] - 18s 91ms/step - loss: 0.4792 - accuracy:
0.7595
Epoch 2/4
195/195 [==============================] - 28s 145ms/step - loss: 0.3136 - accuracy:
0.8711 - val_loss: 0.3617 - val_accuracy: 0.8397
Epoch 3/4
195/195 [==============================] - 20s 103ms/step - loss: 0.2613 - accuracy:
0.8954
Epoch 4/4
195/195 [==============================] - 27s 137ms/step - loss: 0.2258 - accuracy:
0.9129 - val_loss: 0.4071 - val_accuracy: 0.8243
<tensorflow.python.keras.callbacks.History at 0x21fb632da90>
```

다음과 같이 모델에 대한 평가를 확인하는 코드를 추가합니다.

코드 7-14 모델 평가

```
print("훈련 데이터셋 평가...")
(loss, accuracy) = model.evaluate(train_data, verbose=0)
print("loss={:.4f}, accuracy: {:.4f}%".format(loss,accuracy * 100))
print("테스트 데이터셋 평가...")
(loss, accuracy) = model.evaluate(test_data, verbose=0)
print("loss={:.4f}, accuracy: {:.4f}%".format(loss,accuracy * 100))
```

```
t1 = time.time()
print('시간:', t1-t0)
```

다음은 모델 평가에 대한 실행 결과입니다.

```
훈련 데이터셋 평가...
loss=0.1755, accuracy: 93.8301%
테스트 데이터셋 평가...
loss=0.4071, accuracy: 82.4319%
시간: 235.93058919906616
```

RNN을 사용하는 것과 비교할 때 훈련 데이터셋과 테스트 데이터셋에 대한 정확도가 높아졌습니다.

이제 LSTM 계층 네트워크를 이용한 코드를 구현해 보겠습니다.

7.5.3 LSTM 계층 구현

필요한 라이브러리 및 데이터 호출은 RNN 셀에서의 수행과 동일하므로 생략하며, LSTM 계층을 이용한 네트워크 코드를 살펴보겠습니다.

코드 7-15 네트워크 생성

```
class LSTM_Build(tf.keras.Model):

    def __init__(self, units):
        super(LSTM_Build, self).__init__()

        self.embedding = tf.keras.layers.Embedding(total_words, embedding_len,
                                            input_length=max_review_len)
        self.rnn = tf.keras.Sequential([
            tf.keras.layers.LSTM(units, dropout=0.5, return_sequences=True,
                            unroll=True),  ------①
            tf.keras.layers.LSTM(units, dropout=0.5, unroll=True)
        ])
        self.outlayer = tf.keras.layers.Dense(1)

    def call(self, inputs, training=None):
        x = inputs
        x = self.embedding(x)
        x = self.rnn(x)
```

```
        x = self.outlayer(x)
        prob = tf.sigmoid(x)

        return prob
```

① LSTM 함수를 사용하여 LSTM 셀을 다수 개 구축할 수 있습니다(layers.LSTMCell은 셀이 하나였으나, layers.LSTM은 한 번에 셀을 여러 개 구축할 수 있습니다).

```
tf.keras.layers.LSTM(units, dropout=0.5, return_sequences=True, unroll=True)
                     ⓐ      ⓑ          ⓒ                      ⓓ
```

ⓐ units: 네트워크의 층 수(출력 공간의 차원)입니다.

ⓑ dropout: 전체 가중치 중 50% 값을 0으로 설정하여 사용하지 않겠다는 의미입니다.

ⓒ return_sequences: return_sequences를 True로 설정하는 것은 모든 시점의 은닉 상태를 출력하겠다는 의미입니다. 반면에 return_sequences=False는 마지막 셀에서 밀집층이 한 번만 적용되었다는 것을 의미합니다.

ⓓ unroll: 시간 순서에 따라 입력층과 은닉층에 대한 네트워크를 펼치겠다는 의미입니다. 메모리 사용률은 높을 수 있지만 계속 속도는 빨라질 수 있습니다.

layers.LSTMCell과 layers.LSTM의 코드 구현은 거의 비슷합니다. 단지 네트워크의 def call 함수에서 LSTMCell은 다음과 같이 for 문을 사용하여 LSTMCell을 반복 수행한다는 점이 다릅니다. 즉, LSTMCell은 셀 단위로 수행되므로 다수 셀을 수행하려면 for 문처럼 반복적 수행이 필요합니다. 다음은 LSTMCell과 LSTM을 구현하기 위한 예시 코드입니다.

```
#LSTMCell
for word in tf.unstack(x, axis=1):
    out0, state0 = self.RNNCell0(word, state0, training)
    out1, state1 = self.RNNCell1(out0, state1, training)

#LSTM
x = self.rnn(x)
```

생성된 네트워크를 활용하여 모델을 훈련시켜 봅시다(RNNCell과 동일한 코드이지만 결과를 확인하려고 또 한 번 실행합니다).

코드 7-16 모델 훈련

```
import time
units = 64
```

```
epochs = 4
t0 = time.time()

model = LSTM_Build(units)

model.compile(optimizer=tf.keras.optimizers.Adam(0.001),
              loss=tf.losses.BinaryCrossentropy(),
              metrics=['accuracy'],
              experimental_run_tf_function=False)

model.fit(train_data, epochs=epochs, validation_data=test_data, validation_freq=2)
```

다음은 모델을 훈련시킨 결과입니다.

```
Epoch 1/4
195/195 [==============================] - 24s 124ms/step - loss: 0.4885 - accuracy:
0.7488
Epoch 2/4
195/195 [==============================] - 37s 192ms/step - loss: 0.3153 - accuracy:
0.8706 - val_loss: 0.3548 - val_accuracy: 0.8423
Epoch 3/4
195/195 [==============================] - 23s 116ms/step - loss: 0.2572 - accuracy:
0.8968
Epoch 4/4
195/195 [==============================] - 35s 179ms/step - loss: 0.2148 - accuracy:
0.9183 - val_loss: 0.3987 - val_accuracy: 0.8340
<tensorflow.python.keras.callbacks.History at 0x21fbac26c88>
```

이제 모델을 평가해 보겠습니다.

코드 7-17 모델 평가

```
print("훈련 데이터셋 평가...")
(loss, accuracy) = model.evaluate(train_data, verbose=0)
print("loss={:.4f}, accuracy: {:.4f}%".format(loss,accuracy * 100))
print("테스트 데이터셋 평가...")
(loss, accuracy) = model.evaluate(test_data, verbose=0)
print("loss={:.4f}, accuracy: {:.4f}%".format(loss,accuracy * 100))

t1 = time.time()
print('시간:', t1-t0)
```

다음은 모델을 평가한 출력 결과입니다.

```
훈련 데이터셋 평가...
loss=0.1413, accuracy: 95.6090%
테스트 데이터셋 평가...
loss=0.3987, accuracy: 83.4014%
시간: 158.35215830802917
```

LSTMCell을 사용할 때처럼 훈련 데이터셋과 테스트 데이터셋의 정확도가 비슷합니다.

이제 마지막으로 GRU를 이용한 코드를 구현해 보겠습니다.

7.6 게이트 순환 신경망(GRU)

GRU(Gated Recurrent Unit)는 게이트 메커니즘이 적용된 RNN 프레임워크의 한 종류이면서 LSTM 보다 구조가 간단합니다. 그럼 GRU 구조부터 살펴본 후 코드를 구현해 보겠습니다.

7.6.1 GRU 구조

GRU는 LSTM에서 사용하는 망각 게이트와 입력 게이트를 하나로 합친 것이며, 별도의 업데이트 게이트로 구성되어 있습니다.

하나의 게이트 컨트롤러(gate controller)가 망각 게이트와 입력 게이트를 모두 제어합니다. 게이트 컨트롤러가 1을 출력하면 망각 게이트는 열리고 입력 게이트는 닫히며, 반대로 0을 출력하면 망 각 게이트는 닫히고 입력 게이트는 열립니다. 즉, 이전 기억이 저장될 때마다 단계별 입력은 삭제 됩니다.

GRU는 출력 게이트가 없어 전체 상태 벡터가 매 단계마다 출력되며, 이전 상태의 어느 부분이 출 력될지 제어하는 새로운 게이트 컨트롤러가 별도로 존재합니다.

망각 게이트

망각 게이트(reset gate)는 과거 정보를 적당히 초기화(reset)시키려는 목적으로 시그모이드 함수를 출력으로 이용하여 (0,1) 값을 이전 은닉층에 곱합니다. 이전 시점의 은닉층 값에 현시점의 정보 에 대한 가중치를 곱한 것으로 수식은 다음과 같습니다.

$$r_t = \sigma(W_r \cdot [h_{t-1}, \, x_t])$$

그림으로는 다음과 같이 표현할 수 있습니다.

❤ 그림 7-21 망각 게이트

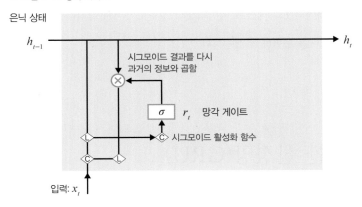

업데이트 게이트

업데이트 게이트(update gate)는 과거와 현재 정보의 최신화 비율을 결정하는 역할을 합니다.

시그모이드로 출력된 결과(z_t)는 현시점의 정보량을 결정하고 1에서 뺀 값($1-z_t$)은 직전 시점의 은닉층 정보와 곱합니다. 이를 수식으로 나타내면 다음과 같습니다.

$$z_t = \sigma(W_z \cdot [h_{t-1}, \, x_t])$$

그림으로는 다음과 같이 표현할 수 있습니다.

❤ 그림 7-22 업데이트 게이트

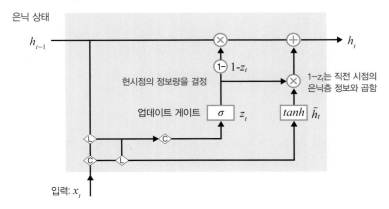

후보군

후보군(candidate)은 현시점의 정보에 대한 후보군을 계산합니다. 과거 은닉층의 정보를 그대로 이용하지 않고 망각 게이트의 결과를 이용하여 후보군을 계산합니다.

$$\tilde{h}_t = \tanh(W \cdot [r_t * h_{t-1},\ x_t])$$

(*는 점 단위 연산(pointwise operation)입니다. 예를 들어 벡터를 더할 때
각각의 차원(dimension)에 맞게 곱하거나 더하는 것이 가능해집니다.)

은닉층 계산

마지막으로 업데이트 게이트 결과와 후보군 결과를 결합하여 현시점의 은닉층을 계산합니다. 시그모이드 함수의 결과는 현시점에서 결과에 대한 정보량을 결정하고, 1−시그모이드 함수의 결과는 과거의 정보량을 결정합니다. 이것을 수식으로 나타내면 다음과 같습니다.

$$h_t = (1 - z_t) * h_{t-1} + z_t \times \tilde{h}_t$$

다음 그림은 GRU 전체에 대한 내부 구조입니다.

▼ 그림 7-23 GRU 내부 구조

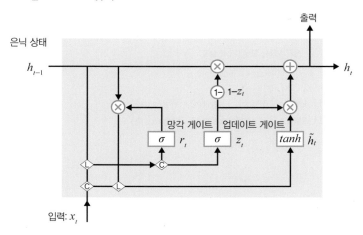

이제 GRU를 이용하여 네트워크를 구성해 보겠습니다.

7.6.2 GRU 셀 구현

필요한 라이브러리 및 데이터 호출은 RNN 셀에서의 수행과 동일하므로 생략하며, GRU 셀을 이용한 네트워크 코드를 살펴보겠습니다.

코드 7-18 네트워크 생성

```python
class GRU_Build(tf.keras.Model):

    def __init__(self, units):
        super(GRU_Build, self).__init__()

        self.state0 = [tf.zeros([batch_size, units])]
        self.state1 = [tf.zeros([batch_size, units])]

        self.embedding = tf.keras.layers.Embedding(total_words, embedding_len,
                                            input_length=max_review_len)
        self.RNNCell0 = tf.keras.layers.GRUCell(units, dropout=0.5) ------ ①
        self.RNNCell1 = tf.keras.layers.GRUCell(units, dropout=0.5)
        self.outlayer = tf.keras.layers.Dense(1)

    def call(self, inputs, training=None):
        x = inputs
        x = self.embedding(x)
        state0 = self.state0 ------ 초기 상태는 모두 0으로 설정
        state1 = self.state1
        for word in tf.unstack(x, axis=1):
            out0, state0 = self.RNNCell0(word, state0, training)
            out1, state1 = self.RNNCell1(out0, state1, training)

        x = self.outlayer(out1)
        prob = tf.sigmoid(x)

        return prob
```

① GRU의 셀 클래스를 의미합니다.

　－ 첫 번째 인자: 메모리 셀의 개수

　－ dropout: 전체 가중치 중 50% 값을 0으로 설정하여 사용하지 않겠다는 의미

생성된 네트워크를 활용하여 모델을 훈련시킵니다(RNNCell과 동일한 코드이지만 결과를 확인하려고 또 한 번 실행합니다).

```
import time
units = 64
epochs = 4
t0 = time.time()

model = GRU_Build(units)

model.compile(optimizer=tf.keras.optimizers.Adam(0.001),
              loss=tf.losses.BinaryCrossentropy(),
              metrics=['accuracy'],
              experimental_run_tf_function=False)

model.fit(train_data, epochs=epochs, validation_data=test_data, validation_freq=2)
```

다음은 모델을 훈련시킨 결과입니다.

```
Epoch 1/4
195/195 [==============================] - 17s 86ms/step - loss: 0.5182 - accuracy:
0.7264
Epoch 2/4
195/195 [==============================] - 25s 129ms/step - loss: 0.3262 - accuracy:
0.8627 - val_loss: 0.3595 - val_accuracy: 0.8411
Epoch 3/4
195/195 [==============================] - 17s 90ms/step - loss: 0.2680 - accuracy:
0.8926
Epoch 4/4
195/195 [==============================] - 24s 121ms/step - loss: 0.2264 - accuracy:
0.9123 - val_loss: 0.3955 - val_accuracy: 0.8282
<tensorflow.python.keras.callbacks.History at 0x21fc6c48710>
```

이제 모델을 평가해 보겠습니다.

```
print("훈련 데이터셋 평가...")
(loss, accuracy) = model.evaluate(train_data, verbose=0)
print("loss={:.4f}, accuracy: {:.4f}%".format(loss,accuracy * 100))
print("테스트 데이터셋 평가...")
(loss, accuracy) = model.evaluate(test_data, verbose=0)
print("loss={:.4f}, accuracy: {:.4f}%".format(loss,accuracy * 100))
```

```
t1 = time.time()
print('시간:', t1-t0)
```

다음은 모델을 평가한 출력 결과입니다.

```
훈련 데이터셋 평가...
loss=0.1771, accuracy: 94.1747%
테스트 데이터셋 평가...
loss=0.3955, accuracy: 82.8245%
시간: 162.60217928886414
```

LSTM과 비교했을 때 훈련 데이터셋에 대한 정확도가 약간 낮습니다. 하지만 전반적인 정확도는
나쁘지 않습니다.

7.6.3 GRU 계층 구현

필요한 라이브러리 및 데이터 호출은 RNN 셀에서의 수행과 동일하므로 생략하며, GRU 계층을
이용한 네트워크 코드를 살펴보겠습니다.

코드 7-21 네트워크 생성

```python
class GRU_Build(tf.keras.Model):

    def __init__(self, units):
        super(GRU_Build, self).__init__()

        self.embedding = tf.keras.layers.Embedding(total_words, embedding_len,
                                            input_length=max_review_len)
        self.rnn = tf.keras.Sequential([
            tf.keras.layers.GRU(units, dropout=0.5, return_sequences=True, unroll=True),
            tf.keras.layers.GRU(units, dropout=0.5, unroll=True)
        ])
        self.outlayer = tf.keras.layers.Dense(1)

    def call(self, inputs, training=None):
        x = inputs
        x = self.embedding(x)
        x = self.rnn(x)
        x = self.outlayer(x)
```

```
        prob = tf.sigmoid(x)

        return prob
```

GRUCell과 GRU의 코드 역시 거의 비슷합니다. GRUCell은 셀 단위로 수행되므로 다수 셀을 수행하려면 for 문처럼 반복적 수행이 필요합니다. 다음은 GRUCell과 GRU를 구현하기 위한 예시 코드입니다.

```
#GRUCell
for word in tf.unstack(x, axis=1):
    out0, state0 = self.RNNCell0(word, state0, training)
    out1, state1 = self.RNNCell1(out0, state1, training)

#GRU
x = self.rnn(x)
```

이제 생성된 네트워크를 활용하여 모델을 훈련시킵니다(RNNCell과 동일한 코드이지만 결과를 확인하려고 또 한 번 실행합니다).

코드 7-22 모델 훈련

```
import time
units = 64
epochs = 4
t0 = time.time()

model = GRU_Build(units)

model.compile(optimizer=tf.keras.optimizers.Adam(0.001),
              loss=tf.losses.BinaryCrossentropy(),
              metrics=['accuracy'],
              experimental_run_tf_function=False)

model.fit(train_data, epochs=epochs, validation_data=test_data, validation_freq=2)
```

다음은 모델을 훈련시킨 결과입니다.

```
Epoch 1/4
195/195 [==============================] - 23s 120ms/step - loss: 0.5033 - accuracy:
0.7383
Epoch 2/4
```

```
195/195 [==============================] - 39s 201ms/step - loss: 0.3166 - accuracy:
0.8670 - val_loss: 0.3613 - val_accuracy: 0.8435
Epoch 3/4
195/195 [==============================] - 24s 124ms/step - loss: 0.2569 - accuracy:
0.8970
Epoch 4/4
195/195 [==============================] - 39s 200ms/step - loss: 0.2165 - accuracy:
0.9168 - val_loss: 0.4122 - val_accuracy: 0.8338
<tensorflow.python.keras.callbacks.History at 0x21f80fd5fd0>
```

이제 모델을 평가해 보겠습니다.

코드 7-23 모델 평가

```
print("훈련 데이터셋 평가...")
(loss, accuracy) = model.evaluate(train_data, verbose=0)
print("loss={:.4f}, accuracy: {:.4f}%".format(loss,accuracy * 100))
print("테스트 데이터셋 평가...")
(loss, accuracy) = model.evaluate(test_data, verbose=0)
print("loss={:.4f}, accuracy: {:.4f}%".format(loss,accuracy * 100))

t1 = time.time()
print('시간:', t1-t0)
```

다음은 모델을 평가한 출력 결과입니다.

```
훈련 데이터셋 평가...
loss=0.1378, accuracy: 95.5889%
테스트 데이터셋 평가...
loss=0.4122, accuracy: 83.3814%
시간: 190.3636932373047
```

LSTM과 성능이 유사합니다.

지금까지 네트워크 여섯 개를 구현(SimpleRNNCell, SimpleRNN, LSTMCell, LSTM, GRUCell, GRU)해 보았는데, 이들에 대한 성능을 비교해 보겠습니다.

7.7 RNN, LSTM, GRU 성능 비교

앞서 구현했던 모델들의 정확도 및 수행 시간을 정리하면 다음 표와 같습니다.

▼ 표 7-1 모델 여섯 개에 대한 평가

구분		RNN 셀	RNN 계층	LSTM 셀	LSTM 계층	GRU 셀	GRU 계층
훈련 데이터	정확도	99%	96%	94%	96%	95%	94%
	오차	0.03	0.1	0.2	0.1	0.1	0.2
테스트 데이터	정확도	80%	82%	82%	83%	83%	83%
	오차	0.7	0.5	0.4	0.4	0.4	0.4
수행 시간		40	69	235	662	158	162

RNN 셀의 훈련 데이터셋에 대한 정확도가 가장 높으나, 테스트 데이터셋에 대한 정확도는 다른 모델에 비해 조금 낮습니다. 훈련 데이터셋과 테스트 데이터셋의 정확도 및 수행 시간을 모두 고려한다면 RNN 계층의 성능이 가장 좋다고 할 수도 있겠습니다(물론 수행 시간이 중요하지 않다고 판단할 때는 GRU를 선택할 수도 있습니다).

하지만 모델 여섯 개에 대한 정확도 차이가 크지 않기 때문에 모든 모델을 실행하여 하이퍼파라미터 값을 제일 빨리 찾는 모델을 사용하길 권장합니다.

7.8 양방향 RNN

RNN은 이전 시점의 데이터들을 참고해서 정답을 예측하지만 실제 문제에서는 과거 시점이 아닌 미래 시점의 데이터에 힌트가 있는 경우도 많습니다. 따라서 이전 시점의 데이터뿐만 아니라, 이후 시점의 데이터도 함께 활용하여 출력 값을 예측하고자 하는 것이 양방향 RNN(bidirectional RNN)입니다. 먼저 양방향 RNN의 구조를 살펴본 후 코드를 구현해 보겠습니다.

7.8.1 양방향 RNN 구조

양방향 RNN은 하나의 출력 값을 예측하는 데 메모리 셀 두 개를 사용합니다. 첫 번째 메모리 셀은 이전 시점의 은닉 상태(forward states)를 전달받아 현재의 은닉 상태를 계산합니다. 다음 그림에서는 초록색 메모리 셀에 해당됩니다. 두 번째 메모리 셀은 다음 시점의 은닉 상태(backward states)를 전달받아 현재의 은닉 상태를 계산합니다. 다음 그림의 주황색 메모리 셀에 해당됩니다. 그리고 이 값 두 개를 모두 출력층에서 출력 값을 예측하는 데 사용합니다.

▼ 그림 7-24 양방향 RNN

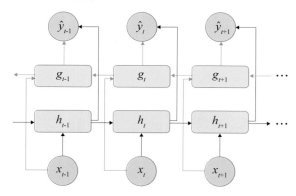

이제 텐서플로 2를 이용하여 양방향 RNN을 구현해 보겠습니다.

7.8.2 양방향 RNN 구현

계속 IMDB 데이터셋을 사용한 예제를 살펴보겠습니다. IMDB 데이터셋을 사용하여 텐서플로 2로 코드를 작성합니다.

코드 7-24 모델을 생성하고 훈련

```python
import numpy as np
from tensorflow.keras.preprocessing import sequence
from tensorflow.keras.models import Sequential
from tensorflow.keras.layers import Dense, Dropout, Embedding, LSTM, Bidirectional
from tensorflow.keras.optimizers import Adam
from tensorflow.keras.datasets import imdb

n_unique_words = 10000
```

```
maxlen = 200
batch_size = 128

(x_train, y_train), (x_test, y_test) = imdb.load_data(num_words=n_unique_words)
x_train = sequence.pad_sequences(x_train, maxlen=maxlen) ------ 데이터 길이가 같지 않을 때 일정한
x_test = sequence.pad_sequences(x_test, maxlen=maxlen)              길이로 맞추어 줍니다.
y_train = np.array(y_train) ------ y_train을 배열로 생성
y_test = np.array(y_test)


model = Sequential()
model.add(Embedding(n_unique_words, 128, input_length=maxlen))
model.add(Bidirectional(LSTM(64))) ------ LSTM에 양방향 RNN을 적용
model.add(Dropout(0.5)) ------ 50%만 모델에 반영
model.add(Dense(1, activation='sigmoid'))

model.compile(loss='binary_crossentropy', optimizer='adam', metrics=['accuracy'])

model.fit(x_train, y_train,
          batch_size=batch_size,
          epochs=4,
          validation_data=[x_test, y_test])
```

다음은 모델을 훈련시킨 결과입니다.

```
Epoch 1/4
196/196 [==============================] - 156s 796ms/step - loss: 0.4357 - accuracy:
0.7910 - val_loss: 0.0000e+00 - val_accuracy: 0.0000e+00
Epoch 2/4
196/196 [==============================] - 162s 826ms/step - loss: 0.2391 - accuracy:
0.9106 - val_loss: 0.0000e+00 - val_accuracy: 0.0000e+00
Epoch 3/4
196/196 [==============================] - 165s 844ms/step - loss: 0.1733 - accuracy:
0.9392 - val_loss: 0.0000e+00 - val_accuracy: 0.0000e+00
Epoch 4/4
196/196 [==============================] - 173s 883ms/step - loss: 0.1379 - accuracy:
0.9528 - val_loss: 0.0000e+00 - val_accuracy: 0.0000e+00
<tensorflow.python.keras.callbacks.History at 0x21ffd686b00>
```

모델 구조를 살펴보면, 다음 결과와 같이 양방향 LSTM을 사용하고 있는 것을 확인할 수 있습니다.

```
model.summary()
```

다음은 출력된 LSTM 모델의 구조입니다.

```
Model: "sequential_3"
_____
Layer (type)                 Output Shape              Param #
=================================================================
embedding_3 (Embedding)      (None, 200, 128)          1280000
_____
bidirectional (Bidirectional (None, 128)               98816
_____
dropout (Dropout)            (None, 128)               0
_____
dense_3 (Dense)              (None, 1)                 129
=================================================================
Total params: 1,378,945
Trainable params: 1,378,945
Non-trainable params: 0
_____
```

모델에 대한 평가를 위해 정확도(accuracy)와 오차(loss)를 확인해 보겠습니다.

코드 7-26 모델 평가

```
loss, acc = model.evaluate(x_train, y_train, batch_size=384, verbose=1)
print('Training accuracy', model.metrics_names, acc)
print('Training accuracy', model.metrics_names, loss)
loss, acc = model.evaluate(x_test, y_test, batch_size=384, verbose=1)
print('Testing accuracy', model.metrics_names, acc)
print('Testing accuracy', model.metrics_names, loss)
```

다음은 모델을 평가한 출력 결과입니다.

```
66/66 [==============================] - 21s 314ms/step - loss: 0.0870 - accuracy:
0.9722
Training accuracy ['loss', 'accuracy'] 0.9721599817276001
Training accuracy ['loss', 'accuracy'] 0.08702150732278824
66/66 [==============================] - 21s 325ms/step - loss: 0.3949 - accuracy:
0.8616
```

```
Testing accuracy ['loss', 'accuracy'] 0.8615999817848206
Testing accuracy ['loss', 'accuracy'] 0.3949168622493744
```

훈련 데이터셋은 97%의 정확도이며, 테스트 데이터셋은 86%의 정확도로 나쁘지 않은 결과를 보입니다.

지금까지 RNN 구현 방법을 알아보았습니다. 앞서 살펴본 것처럼 RNN 구현은 어렵지 않습니다. RNN에서 사용되는 데이터는 시계열 데이터로 모델을 적용하기 전에 전처리 과정이 상당히 중요합니다. 대체로 시계열 데이터들은 일반적인 숫자의 나열보다는 한글 및 영문으로 사람의 언어(자연어)로 구현된 데이터가 대부분이기 때문입니다. 따라서 RNN 구현에서 가장 중요한 것은 데이터에 대한 전처리이며, 이 부분은 '9장 자연어 전처리'에서 자세히 다룹니다.

memo

8^장

성능 최적화

8.1 성능 최적화

딥러닝에는 성능을 최적화할 수 있는 다양한 방법이 있습니다. 최적화 방법들을 하나씩 살펴봅시다.

8.1.1 데이터를 사용한 성능 최적화

데이터를 사용한 성능 최적화 방법은 많은 데이터를 수집하는 것입니다. 하지만 데이터 수집이 여의치 않은 상황에서는 임의로 데이터를 생성하는 방법도 고려해 볼 수 있습니다.

- **최대한 많은 데이터 수집하기**: 일반적으로 딥러닝이나 머신 러닝 알고리즘은 데이터양이 많을수록 성능이 좋습니다. 따라서 가능한 많은 데이터(빅데이터)를 수집해야 합니다.

▼ 그림 8-1 데이터와 딥러닝, 머신 러닝 알고리즘의 성능 비교

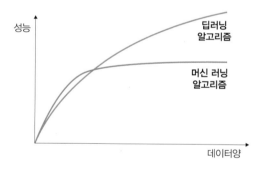

- **데이터 생성하기**: 많은 데이터를 수집할 수 없다면 데이터를 만들어 사용할 수 있습니다. 5장에 데이터 생성(예 ImageDataGenerator( ))에 대한 코드가 있으니 참조하면 됩니다.

- **데이터 범위**(scale) **조정하기**: 활성화 함수로 시그모이드를 사용한다면 데이터셋 범위를 0~1의 값을 갖도록 하고, 하이퍼볼릭 탄젠트를 사용한다면 데이터셋 범위를 −1~1의 값을 갖도록 조정할 수 있습니다.

    또한, 정규화, 규제화, 표준화도 성능 향상에 도움이 됩니다.

8.1.2 알고리즘을 이용한 성능 최적화

머신 러닝과 딥러닝을 위한 알고리즘은 상당히 많습니다. 수많은 알고리즘 중 우리가 선택한 알고리즘이 최적의 알고리즘이 아닐 수도 있습니다. 따라서 유사한 용도의 알고리즘들을 선택하여 모델을 훈련시켜 보고 최적의 성능을 보이는 알고리즘을 선택해야 합니다. 머신 러닝에서는 데이터 분류를 위해 SVM, K-최근접 이웃 알고리즘들을 선택하여 훈련시켜 보거나, 시계열 데이터의 경우 7장에서 다룬 RNN, LSTM, GRU 등의 알고리즘을 훈련시켜 성능이 가장 좋은 모델을 선택하여 사용합니다.

8.1.3 알고리즘 튜닝을 위한 성능 최적화

성능 최적화를 하는 데 가장 많은 시간이 소요되는 부분입니다. 모델을 하나 선택하여 훈련시키려면 다양한 하이퍼파라미터를 변경하면서 훈련시키고 최적의 성능을 도출해야 합니다. 이때 선택할 수 있는 하이퍼파라미터로는 다음 항목들이 있습니다.

- **진단**: 성능 향상이 어느 순간 멈추었다면 원인을 분석할 필요가 있습니다. 문제를 진단하는 데 사용할 수 있는 것이 모델에 대한 평가입니다. 다음과 같은 평가 결과를 바탕으로 모델이 과적합(over-fitting)인지 혹은 다른 원인으로 성능 향상에 문제가 있는지에 대한 인사이트 (insight)를 얻을 수 있습니다.

▼ 그림 8-2 알고리즘 성능 진단

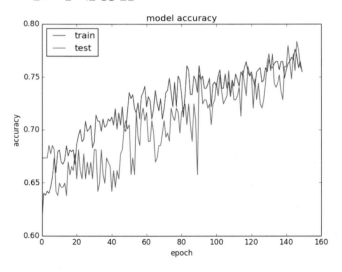

예를 들어 다음과 같은 상황들이 있을 수 있습니다.

- 훈련(train) 성능이 검증(test)보다 눈에 띄게 좋다면 과적합을 의심해 볼 수 있으며, 이것을 해결하기 위해 규제화를 진행한다면 성능 향상에 도움이 됩니다(규제화는 8.3.1절에서 자세히 다룹니다).

- 훈련과 검증 결과가 모두 성능이 좋지 않다면 과소적합(under-fitting)을 의심할 수 있습니다. 과소적합 상황에서는 네트워크 구조를 변경하거나 훈련을 늘리기 위해 에포크 수를 조정해 볼 수 있습니다.

- 훈련 성능이 검증을 넘어서는 변곡점이 있다면 조기 종료를 고려할 수 있습니다.

- **가중치**: 가중치에 대한 초깃값은 작은 난수를 사용합니다. 작은 난수라는 숫자가 애매하다면 오토인코더 같은 비지도 학습을 이용하여 사전 훈련(가중치 정보를 얻기 위한 사전 훈련)을 진행한 후 지도 학습을 진행하는 것도 방법입니다.

- **학습률**: 학습률은 모델의 네트워크 구성에 따라 다르기 때문에 초기에 매우 크거나 작은 임의의 난수를 선택하여 학습 결과를 보고 조금씩 변경해야 합니다. 이때 네트워크의 계층이 많다면 학습률은 높아야 하며, 네트워크의 계층이 몇 개 되지 않는다면 학습률은 작게 설정해야 합니다.

- **활성화 함수**: 활성화 함수의 변경은 신중해야 합니다. 활성화 함수를 변경할 때 손실 함수도 함께 변경해야 하는 경우가 많기 때문입니다. 따라서 다루고자 하는 데이터 유형 및 데이터로 어떤 결과를 얻고 싶은지를 정확하게 이해하지 못했다면 활성화 함수의 변경은 신중해야 합니다. 일반적으로는 활성화 함수로 시그모이드나 하이퍼볼릭 탄젠트를 사용했다면 출력층에서는 소프트맥스나 시그모이드 함수를 많이 선택합니다.

- **배치와 에포크**: 일반적으로 큰 에포크와 작은 배치를 사용하는 것이 최근 딥러닝의 트렌드이기는 하지만, 적절한 배치 크기를 위해 훈련 데이터셋의 크기와 동일하게 하거나 하나의 배치로 훈련을 시켜 보는 등 다양한 테스트를 진행하는 것이 좋습니다.

- **옵티마이저 및 손실 함수**: 일반적으로 옵티마이저는 확률적 경사 하강법을 많이 사용합니다. 네트워크 구성에 따라 차이는 있지만 아담(Adam)이나 알엠에스프롭(RMSProp) 등도 좋은 성능을 보이고 있습니다. 하지만 이것 역시 다양한 옵티마이저와 손실 함수를 적용해 보고 성능이 최고인 것을 선택해야 합니다.

- **네트워크 구성**: 네트워크 구성은 네트워크 토폴로지(topology)라고도 합니다. 최적의 네트워크를 구성하는 것 역시 쉽게 알 수 있는 부분이 아니기 때문에 네트워크 구성을 변경해 가면

서 성능을 테스트해야 합니다. 예를 들어 하나의 은닉층에 뉴런을 여러 개 포함시키거나(네트워크가 넓다고 표현), 네트워크 계층을 늘리되 뉴런 개수는 줄여 봅니다(네트워크가 깊다고 표현). 혹은 두 가지를 결합하는 방법으로 최적의 네트워크가 무엇인지 확인한 후 사용할 네트워크를 결정해야 합니다.

8.1.4 앙상블을 이용한 성능 최적화

앙상블은 간단히 모델을 두 개 이상 섞어서 사용하는 것입니다. 앙상블을 이용하는 것도 성능 향상에 도움이 됩니다.

알고리즘 튜닝을 위한 성능 최적화 방법은 하이퍼파라미터에 대한 경우의 수를 모두 고려해야 하기 때문에 모델 훈련이 수십 번에서 수백 번 필요할 수 있습니다. 따라서 성능 향상은 단시간에 해결되는 것이 아니고, 수많은 시행착오를 겪어야 합니다.

성능 최적화를 위한 또 다른 방법으로 하드웨어를 이용한 방법과 앞서 언급하지 않았던 하이퍼파라미터를 이용한 추가적인 방법들이 있는데, 하나씩 자세히 살펴보겠습니다.

8.2 하드웨어를 이용한 성능 최적화

DEEP LEARNING

딥러닝에서 성능 최적화는 데이터와 알고리즘을 이용하는 것 외에 하드웨어를 이용하는 방법이 있습니다. 즉, 기존 CPU가 아닌 GPU를 이용하는 것인데, GPU를 이용할 경우 성능 향상이 가능한 이유를 살펴보겠습니다.

8.2.1 CPU와 GPU 사용의 차이

CPU와 GPU(Graphics Processing Unit)는 무엇일까요? 딥러닝에서 GPU를 사용해야 분석 시간이 단축된다고 하는데 실제로 맞을까요? 다음 성능 비교 그래프를 살펴보겠습니다.

▼ 그림 8-3 CPU와 GPU 성능 비교[1]

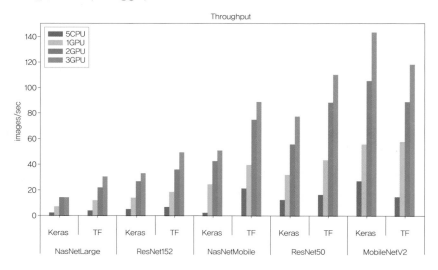

그래프를 살펴보면 CPU 다섯 개(파란색)를 동시에 돌려도 GPU 한 개(노란색)보다 성능이 좋지 못한 것을 확인할 수 있습니다. 그럼 왜 CPU와 GPU의 성능 차이가 발생할까요? CPU와 GPU는 개발된 목적이 다르고, 그에 따라 내부 구조도 다르기 때문입니다.

CPU는 연산을 담당하는 ALU와 명령어를 해석하고 실행하는 컨트롤(control), 그리고 데이터를 담아 두는 캐시(cache)로 구성되어 있습니다. 따라서 CPU는 명령어가 입력되는 순서대로 데이터를 처리하는 직렬 처리 방식입니다. 즉, CPU는 한 번에 하나의 명령어만 처리하기 때문에 연산을 담당하는 ALU(Arithmetic Logic Unit)(산술 논리 장치) 개수가 많을 필요가 없습니다.

반면 GPU는 병렬 처리를 위해 개발되었습니다. 캐시 메모리 비중은 낮고, 연산을 수행하는 ALU 개수가 많아졌습니다. GPU는 서로 다른 명령어를 동시에 병렬적으로 처리하도록 설계되었기 때문에 성능에 부담이 없습니다. 즉, GPU는 연산을 수행하는 많은 ALU로 구성되어 있기 때문에 여러 명령을 동시에 처리하는 병렬 처리 방식에 특화되어 있습니다. 또한, 하나의 코어에 ALU 수백~수천 개가 장착되어 있기 때문에 CPU로는 시간이 많이 걸리는 3D 그래픽 작업 등을 빠르게 수행할 수 있습니다.

개별적 코어 속도는 CPU가 GPU보다 훨씬 빠릅니다. 예전보다 GPU 코어 속도가 빨라졌다고는 하지만 여전히 CPU만큼 성능을 내기는 어렵습니다. 달리 말하면 CPU가 적합한 분야가 따로 있고, GPU가 적합한 분야가 따로 있습니다. 구체적으로 딥러닝을 예로 들어 보겠습니다. 파이썬이

---

1 NasNet은 실시간 비디오에서 사물을 인식하는 데 사용되는 네트워크입니다.

나 매트랩(MATLAB)처럼 행렬 연산을 많이 사용하는 재귀 연산이 대표적인 '직렬' 연산을 수행합니다. 즉, 3×3 행렬에서 A · B · C열이 있을 때 A열이 처리된 후에야 B열이 처리되고 C열이 처리되는 순차적 연산일 때는 CPU가 적합합니다.

▼ 그림 8-4 CPU와 GPU의 구조 비교

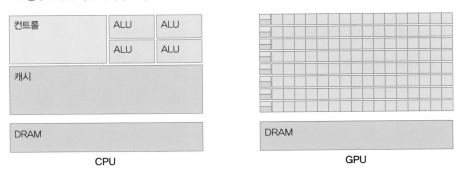

하지만 역전파(backpropagation)처럼 복잡한 미적분은 병렬 연산을 해야 속도가 빨라집니다. A · B · C열을 얼마나 동시에 처리하느냐에 따라 계산 시간이 달라지기 때문입니다. 이처럼 병렬 처리는 복잡한 연산이 수반되는 딥러닝에서 속도와 성능을 높여 주는 주요 요인이 될 수 있습니다. 딥러닝은 데이터를 수백에서 수천만 건까지 다루는데, 여기에서 다룬다는 것은 데이터를 벡터로 변환한 후 연산을 수행한다는 의미입니다. 연산을 수행할 때 CPU에서 한 번에 하나의 명령어만 처리한다면 하나의 모델을 훈련시키는 데 며칠 혹은 몇 달이 걸릴 수 있습니다. 하지만 GPU에서 병렬로 처리할 경우 모델 훈련 시간을 많이 단축시킬 수 있기 때문에 딥러닝에서 GPU 사용은 선택이 아닌 필수라고 할 수 있습니다.

텐서플로에서는 GPU를 어떻게 사용할 수 있을까요? 이제부터 GPU를 사용하기 위해 설치를 진행해 보겠습니다. 책의 전체 예제는 CPU와 GPU 모두에서 실행할 수 있습니다. 다만 책 뒷부분으로 갈수록 CPU를 사용하면 예제 실행에 좀 더 많은 시간이 걸릴 수 있습니다. GPU를 사용하지 않을 예정이라면 8.2.2절은 건너뛰어도 무방합니다.

8.2.2 GPU를 이용한 성능 최적화

윈도 환경에서 GPU용의 텐서플로를 설치하려면 CUDA(쿠다)와 cuDNN을 설치해야 합니다. 그렇다면 왜 CUDA를 사용해야 할까요?

CUDA(Computed Unified Device Architecture)는 NVIDIA에서 개발한 GPU 개발 툴입니다. CUDA 를 사용하면 많은 양의 연산을 동시에 처리할 수 있습니다. 따라서 CUDA는 딥러닝, 채굴[2] 같은 수학적 계산에 많이 사용됩니다.

이전까지는 전문가가 아니면 GPU를 이용한 프로그래밍이 어려웠기 때문에 컴퓨터 연산은 CPU 를 사용하고, 메모리에 의존하여 연산을 진행했습니다. 하지만 CUDA가 등장한 이후 많은 프로 그래머가 GPU를 이용한 프로그래밍을 할 수 있게 되었습니다.

그럼 이제 CUDA를 설치해 볼 텐데, 설치에 앞서 설치 환경을 먼저 조사해 보겠습니다.

사전 환경 조사

1. GPU가 장착되어 있는지 확인하기 위해 **시작** > **찾기**를 선택한 후 '장치 관리자'를 입력합니다.

▼ 그림 8-5 장치 관리자

2. 장치 관리자 화면에서 **디스플레이 어댑터**의 왼쪽 화살표를 클릭하여 다음과 같이 그래픽 카드가 장착되어 있는지 확인합니다.

▼ 그림 8-6 NVIDIA 디스플레이 어댑터

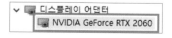

---

2 비트코인의 거래 내역을 기록한 블록을 생성하고 그 대가로 비트코인을 얻는 행위를 의미합니다.

다음은 GPU에서 제공하는 코어(core) 정보입니다.

▼ 표 8-1 GPU 모델 정보

구분	GEFORCE GTX 1080	GEFORCE GTX 1070	GEFORCE GTX 1060(3GB)	GEFORCE GTX 1050
Core	2560	1920	11512	640
Clock(MHz)	1607	1506	1506	1354
Memory	11GB	8GB	6GB	4GB
Memory Speed	10Gbps	8Gbps	8Gbps	7Gbps

대표적인 모델만 언급했기 때문에 기타 모델에 대한 자세한 내용은 https://www.nvidia.com/en-us/geforce/products/10series/compare/를 참고하세요.

CUDA 툴킷 설치

1. 다음 URL에서 자신의 GPU 모델을 지원하는 CUDA 툴킷 버전을 확인합니다. 필자의 GPU 모델은 NVIDIA GeForce RTX 2060이므로 최신 버전인 11을 내려받으면 됩니다(RTX 2060 모델은 7.5 버전과 호환되지만, 최신 버전인 11은 CUDA 3.5~8.6 버전을 사용하는 모델에서도 함께 쓸 수 있도록 지원하고 있습니다). 자세한 내용은 다음 URL을 참고하세요.

    https://en.wikipedia.org/wiki/CUDA

Note ☰　　**드라이버 버전에 따른 CUDA 툴킷 버전**

설치되어 있는 드라이버 버전에 따라 적합한 CUDA 툴킷 버전을 확인할 수도 있습니다. **장치 관리자 > 디스플레이 어댑터 > 그래픽 카드**를 선택한 상태에서 마우스 오른쪽 버튼을 눌러 **속성**을 선택합니다. 거기에서 드라이버 버전을 확인할 수 있습니다.

▼ 그림 8-7 그래픽 카드 선택

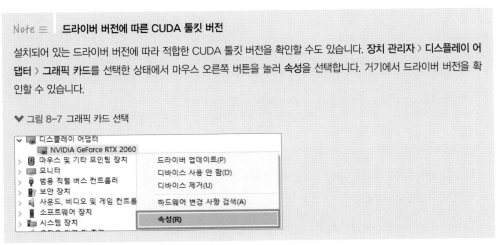

◑ 계속

다음 표를 참고하여 사용하고 있는 환경에 맞는 툴킷을 선택할 수 있습니다. 필자의 드라이버 버전은 27.21.14.5638 (456.38)이므로 CUDA 11 버전을 내려받으면 됩니다(드라이버 버전을 표와 같이 확인하고 싶다면 다음 URL에서 Filename과 Version을 비교하면 됩니다).

https://www.driveridentifier.com/scan/nvidia-geforce-rtx-2060-driver/download/1822552935/8 C413C17522D47C7B44AF750F62FF352/PCI%5CVEN_10DE%26DEV_1E89

▼ 표 8-2 CUDA 툴킷과 드라이버 버전

CUDA 툴킷	리눅스 x86_64 드라이버 버전	윈도 x86_64 드라이버 버전
CUDA 11.0.189 RC	)=450.36.06	)=451.22
CUDA 10.2.89	)=440.33	)=441.22
CUDA 10.1	)=418.39	)=418.96
CUDA 10.0.130	)=410.48	)=411.31
CUDA 9.2(Update1)	)=396.37	)=398.26
CUDA 9.2	)=396.26	)=397.44
CUDA 9.1	)=390.46	)=391.29
CUDA 9.0	)=384.81	)=385.54
CUDA 8.0	)=375.26	)=376.51

자세한 내용은 https://docs.nvidia.com/cuda/archive/를 참고하세요.

2. 알맞은 CUDA 툴킷(toolkit)을 찾았다면 다음 URL에서 설치하고자 하는 환경에 맞는 파일을 내려받습니다. 앞서 확인한 툴킷 버전을 클릭합니다(필자는 CUDA Toolkit 11.0 Update1 툴킷 버전을 선택했습니다).

https://developer.nvidia.com/cuda-toolkit-archive

▼ 그림 8-9 툴킷 버전 선택

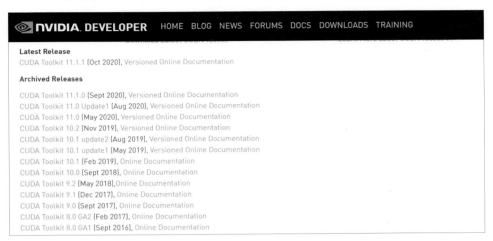

3. 다음 화면이 나오면 Operating System, Architecture, Version, Installer Type을 선택하고 Download를 눌러 파일을 내려받습니다. 필자는 Windows, x86_64, 10, exe (local)을 선택 했습니다.

▼ 그림 8-10 CUDA 툴킷 내려받기

4. 내려받은 CUDA 툴킷(필자는 cuda_11.0.3_451.82_win10.exe) 파일을 더블클릭합니다.

5. 설치 창이 뜨면 **Extraction path**에 압축을 풀기 위한 위치를 지정한 후 **OK**를 누릅니다.

❤ 그림 8-11 CUDA 툴킷 압축 해제

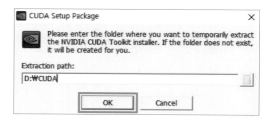

6. 라이선스를 확인한 후 **동의 및 계속**을 누릅니다.

❤ 그림 8-12 라이선스 동의

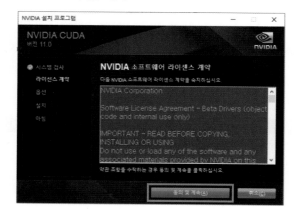

7. 설치 옵션에서 **빠른 설치**를 선택한 후 **다음**을 누릅니다.

❤ 그림 8-13 설치 옵션 선택

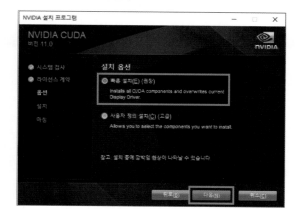

8. 설치하려는 CUDA 툴킷과 호환되는 Visual Studio가 설치되어 있지 않으므로 설치를 진행하겠다는 화면입니다. Visual Studio를 설치하겠다는 체크박스를 선택한 후 **NEXT**를 누릅니다.

▼ 그림 8-14 Visual Studio 통합 설명

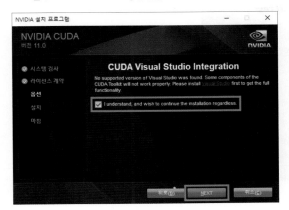

9. 다음 화면은 설치 진행 과정을 보여 줍니다.

▼ 그림 8-15 Visual Studio 설치 진행 화면

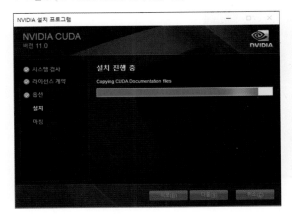

10. 설치 정보를 확인하고 **다음**을 누릅니다.

▼ 그림 8-16 Visual Studio 에디션 요약

11. 설치가 모두 완료되면 **닫기**를 누릅니다.

▼ 그림 8-17 CUDA 툴킷 설치 완료

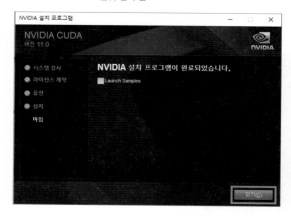

12. 시스템 변수에 등록된 CUDA 항목들을 확인합니다. CUDA 툴킷 설치가 완료되면 자동으로 시스템 변수에 CUDA 항목들이 등록되지만, 종종 자동으로 등록되지 않는 경우가 있으므로 확인이 필요합니다.

▼ 그림 8-18 시스템 변수 확인

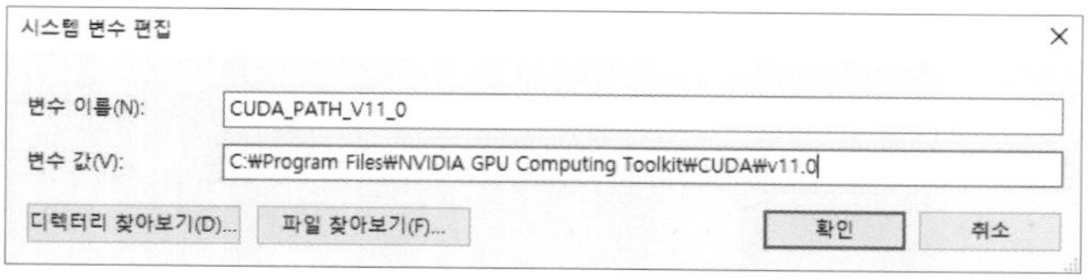

시스템 변수 편집		×
변수 이름(N):	CUDA_PATH_V11_0	
변수 값(V):	C:\Program Files\NVIDIA GPU Computing Toolkit\CUDA\v11.0	
디렉터리 찾아보기(D)... 파일 찾아보기(F)...	확인	취소

시스템 변수 확인하기

시스템 변수를 확인하는 방법은 다음과 같습니다.

1. 탐색기의 **내 PC**에서 마우스 오른쪽 버튼을 누르고 **속성**을 선택합니다.

▼ 그림 8-19 내 PC [속성] 메뉴 선택

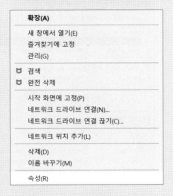

2. **고급 시스템 설정**을 선택합니다.

▼ 그림 8-20 [고급 시스템 설정] 선택

3. **환경 변수**를 누릅니다.

▼ 그림 8-21 [환경 변수] 버튼 선택

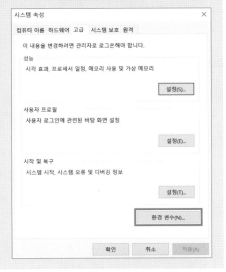

● 계속

4. 시스템 변수에서 CUDA_PATH 관련 항목들이 등록되었는지 확인합니다.

♥ 그림 8-22 시스템 변수

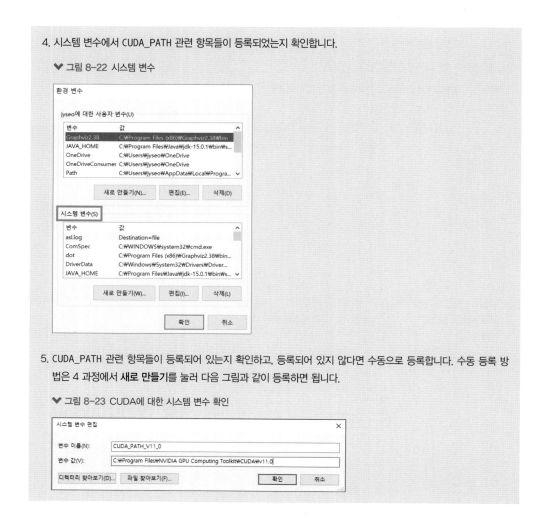

5. CUDA_PATH 관련 항목들이 등록되어 있는지 확인하고, 등록되어 있지 않다면 수동으로 등록합니다. 수동 등록 방법은 4 과정에서 **새로 만들기**를 눌러 다음 그림과 같이 등록하면 됩니다.

♥ 그림 8-23 CUDA에 대한 시스템 변수 확인

cuDNN 설치

1. 다음 URL에서 cuDNN을 내려받겠습니다.

  https://developer.nvidia.com/rdp/cudnn-download#a-collapse714-92

  해당 URL에 접속하면 다음 화면이 나옵니다. cuDNN을 설치하기 위해서는 NVIDIA Developer Program Membership에 가입되어 있어야 합니다. 다음 화면에서 **Join now**를 눌러 멤버십에 가입하세요(여러 단계를 거쳐야 합니다).

▼ 그림 8-24 NVIDIA Developer 접속 화면

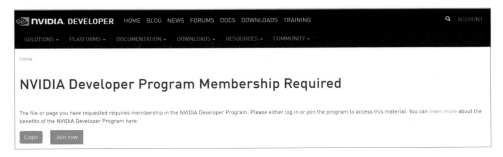

가입했다면 로그인한 후 다시 앞의 URL(https://developer.nvidia.com/rdp/cudnn-download#a-collapse714-92)로 접속해 주세요.

> Note ≡ **cuDNN**
>
> cuDNN은 CUDA 기반 딥러닝 라이브러리입니다. CUDA가 GPU를 이용할 수 있는 고속 연산 처리 수단이므로 cuDNN도 GPU를 이용한 고속 처리가 가능합니다. cuDNN을 활용할 수 있는 딥러닝 프레임워크로는 카페(Caffe), 텐서플로, 씨아노(Theano), 파이토치(PyTorch), CNTK 등이 있습니다.

2. 첫 화면에서 라이선스 동의에 체크합니다.

▼ 그림 8-25 cuDNN 접속 후 라이선스 동의 화면

3. 라이선스에 체크하면 다음 화면이 나오며, 설치한 CUDA 버전에 맞는 cuDNN을 선택합니다. 앞서 CUDA 11 버전을 설치했으므로 cuDNN은 8.0.5 버전을 내려받겠습니다.

❤ 그림 8-26 내려받을 cuDNN 버전 선택

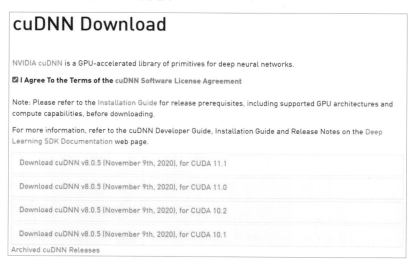

4. 설치하려는 운영 체제에 맞는 파일을 선택하고 내려받습니다. 여기에서는 cuDNN Library for Windows [x86]을 내려받겠습니다.

❤ 그림 8-27 cuDNN 내려받기

5. 내려받은 cuDNN(필자는 cudnn-11.0-windows-x64-v8.0.5.39.zip) 파일의 압축을 해제합니다. 압축을 해제하면 cuda 폴더가 생기고 그 아래에 bin, include, lib 폴더가 있는지 확인합니다.

▼ 그림 8-28 cuDNN 압축 해제

6. bin, include, lib 폴더를 복사한 후 315쪽에서 설치한 CUDA의 경로(일반적으로 C:\Program Files\NVIDIA GPU Computing Toolkit\CUDA\v11.0)에 알맞게 각각 넣어 줍니다(기존 파일을 덮어쓰거나 기존 파일의 이름을 다른 이름으로 바꾼 후 해당 폴더를 붙여 넣어도 됩니다).

▼ 그림 8-29 cuDNN 파일 교체

GPU 설치 확인

GPU가 정상적으로 설치되었는지 확인하기 위해 cmd 창에서 다음 명령어를 입력합니다.

```
> nvidia-smi
```

그러면 다음과 같이 출력됩니다. 실행 결과를 보니 CUDA Version: 11.0이 설치되어 있는 것을 확인할 수 있습니다.

```
Sun Dec 27 18:39:08 2020
+-----------------------------------------------------------------------------+
| NVIDIA-SMI 456.38       Driver Version: 456.38       CUDA Version: 11.0      |
+-------------------------------+----------------------+----------------------+
| GPU  Name            TCC/WDDM | Bus-Id        Disp.A | Volatile Uncorr. ECC |
| Fan  Temp  Perf  Pwr:Usage/Cap|         Memory-Usage | GPU-Util  Compute M. |
|===============================+======================+======================|
|   0  GeForce RTX 2060    WDDM | 00000000:26:00.0  On |                  N/A |
| 30%   67C    P0   111W / 160W |   2205MiB /  6144MiB |     46%      Default |
+-------------------------------+----------------------+----------------------+

+-----------------------------------------------------------------------------+
| Processes:                                                                  |
|  GPU   GI   CI        PID   Type   Process name              GPU Memory      |
|        ID   ID                                               Usage           |
|=============================================================================|
|    0   N/A  N/A      1260    C+G   Insufficient Permissions    N/A           |
|    0   N/A  N/A      7256    C+G   C:\Windows\explorer.exe     N/A           |
|    0   N/A  N/A      8584    C+G   ...artMenuExperienceHost.exe  N/A         |
|    0   N/A  N/A      8972    C+G   ...w5n1h2txyewy\SearchUI.exe  N/A         |
|    0   N/A  N/A      9528    C+G   Insufficient Permissions    N/A           |
|    0   N/A  N/A      9644    C+G   ...ekyb3d8bbwe\YourPhone.exe  N/A         |
|    0   N/A  N/A      9964    C+G   Insufficient Permissions    N/A           |
|    0   N/A  N/A     10372    C+G   Insufficient Permissions    N/A           |
|    0   N/A  N/A     11968    C+G   ...perience\NVIDIA Share.exe  N/A         |
|    0   N/A  N/A     15840    C+G   Insufficient Permissions    N/A           |
|    0   N/A  N/A     16976    C+G   Insufficient Permissions    N/A           |
|    0   N/A  N/A     17476    C+G   Insufficient Permissions    N/A           |
|    0   N/A  N/A     17572    C+G   ...y\ShellExperienceHost.exe  N/A         |
|    0   N/A  N/A     18776    C+G   Insufficient Permissions    N/A           |
|    0   N/A  N/A     20464    C+G   ...lPanel\SystemSettings.exe  N/A         |
|    0   N/A  N/A     20576    C+G   ...es.TextInput.InputApp.exe  N/A         |
|    0   N/A  N/A     21080    C+G   ...ge\Application\msedge.exe   N/A        |
+-----------------------------------------------------------------------------+
```

8.3 하이퍼파라미터를 이용한 성능 최적화

하이퍼파라미터를 이용한 성능 최적화의 추가적인 방법으로 배치 정규화, 드롭아웃, 조기 종료가 있습니다.

먼저 배치 정규화부터 살펴보겠습니다.

8.3.1 배치 정규화를 이용한 성능 최적화

배치 정규화를 진행하기에 앞서 유사한 의미로 사용되는 용어들을 알아보겠습니다.

정규화

정규화(normalization)는 데이터 범위를 사용자가 원하는 범위로 제한하는 것을 의미합니다. 예를 들어 이미지 데이터는 픽셀 정보를 0~255 사이의 값을 갖는데, 이를 255로 나누면 0~1.0 사이의 값을 갖게 됩니다.

▼ 그림 8-30 정규화

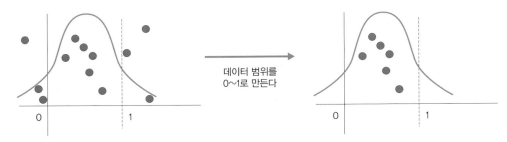

데이터 범위를
0~1로 만든다

정규화는 각 특성 범위(스케일(scale))를 조정한다는 의미로 특성 스케일링(feature scaling)이라고도 하며, 스케일 조정을 위해 MinMaxScaler() 기법을 사용하므로 수식은 다음과 같습니다.

$$\frac{x - x_{min}}{x_{max} - x_{min}}$$

$$(x: 입력 데이터)$$

규제화

규제화(regularization)는 모델 복잡도를 줄이기 위해 제약을 두는 방법입니다. 이때 제약은 데이터가 네트워크에 들어가기 전에 필터를 적용한 것이라고 생각하면 됩니다. 예를 들어 다음 왼쪽 그림은 필터가 적용되지 않을 경우 모든 데이터가 네트워크에 투입되지만, 오른쪽 그림은 필터로 걸러진 데이터만 네트워크에 투입되어 빠르고 정확한 결과를 얻을 수 있습니다.

▼ 그림 8-31 규제화

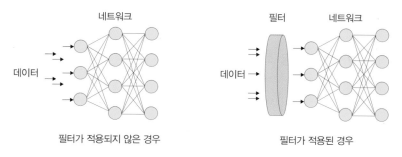

규제를 이용하여 모델 복잡도를 줄이는 방법은 다음과 같습니다.

- 드롭아웃

- 조기 종료

※ 드롭아웃은 8.3.2절에서, 조기 종료는 8.3.3절에서 자세히 다룹니다.

표준화

표준화(standardization)는 기존 데이터를 평균은 0, 표준편차는 1인 형태의 데이터로 만드는 방법입니다. 다른 표현으로 표준화 스칼라(standard scaler) 혹은 z-스코어 정규화(z-score normalization)라고도 합니다.

▼ 그림 8-32 표준화

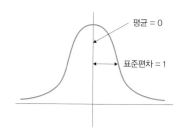

평균을 기준으로 얼마나 떨어져 있는지를 살펴볼 때 사용합니다. 보통 데이터 분포가 가우시안 분포를 따를 때 유용한 방법으로 다음 수식을 사용합니다.

$$\frac{x - m}{\sigma}$$

(σ: 표준편차, x: 관측 값(입력 값), m: 평균)

배치 정규화

배치 정규화(batch normalization)는 2015년 "Batch Normalization: Accelerating Deep Network Training by Reducing Internal Covariate Shift" 논문에 설명되어 있는 기법으로, 데이터 분포가 안정되어 학습 속도를 높일 수 있습니다.

배치 정규화는 기울기 소멸(gradient vanishing)이나 기울기 폭발(gradient exploding) 같은 문제를 해결하기 위한 방법입니다. 일반적으로 기울기 소멸이나 폭발 문제를 해결하기 위해 손실 함수로 렐루(ReLU)를 사용하거나 초깃값 튜닝, 학습률(learning rate) 등을 조정합니다.

8

성능 최적화

Note ≡ **기울기 소멸과 기울기 폭발**

• **기울기 소멸**: 오차 정보를 역전파시키는 과정에서 기울기가 급격히 0에 가까워져 학습이 되지 않는 현상입니다.

• **기울기 폭발**: 학습 과정에서 기울기가 급격히 커지는 현상입니다.

▼ 그림 8-33 기울기 소멸과 기울기 폭발

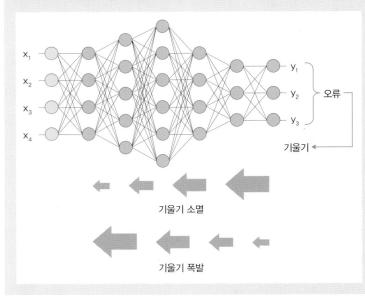

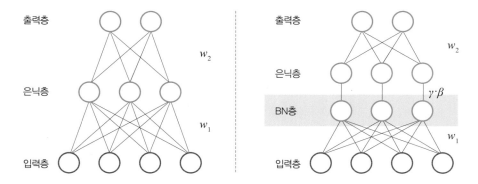

배치 정규화가 소개된 논문에 따르면 기울기 소멸과 폭발 원인은 내부 공변량 변화(internal covariance shift) 때문인데, 이것은 네트워크의 각 층마다 활성화 함수가 적용되면서 입력 값들의 분포가 계속 바뀌는 현상을 의미합니다. 따라서 분산된 분포를 정규 분포로 만들기 위해 표준화와 유사한 방식을 미니 배치(mini-batch)[3]에 적용하여 평균은 0으로, 표준편차는 1로 유지하도록 하며, 수식은 다음과 같습니다.

$$\mu\beta \leftarrow \frac{1}{m}\sum_{i=1}^{m}x_i \qquad \cdots\text{①}$$

$$\sigma^2\beta \leftarrow \frac{1}{m}\sum_{i=1}^{m}(x_i - \mu\beta)^2 \qquad \cdots\text{②}$$

$$\hat{x}_i \leftarrow \frac{x_i - \mu\beta}{\sqrt{\sigma^2\beta + \in}} \qquad \cdots\text{③}$$

$$y_i \leftarrow \gamma\hat{x}_i + \beta \Leftrightarrow BN_{\gamma,\beta}(x_i) \quad\cdots\text{④}$$

$$\left(\begin{array}{l} \text{입력: } \beta = \{x_1, x_2, \cdots, x_n\} \\ \text{학습해야 할 하이퍼파라미터: } \gamma, \beta \\ \text{출력: } y_i = BN_{\gamma,\beta}(x_i) \end{array} \right)$$

① 미니 배치 평균을 구합니다.

② 미니 배치의 분산과 표준편차를 구합니다.

③ 정규화를 수행합니다.

④ 스케일(scale)을 조정(데이터 분포 조정)합니다.

---

3   훈련 데이터에서 일부를 무작위로 뽑아 학습하는 것으로, 표본을 무작위로 샘플링하는 것과 개념적으로 유사합니다.

따라서 매 단계마다 활성화 함수를 거치면서 데이터셋 분포가 일정해지기 때문에 속도를 향상시킬 수 있지만 다음과 같은 단점도 있습니다.

첫째, 배치 크기가 작을 때는 정규화 값이 기존 값과 다른 방향으로 훈련될 수 있습니다. 예를 들어 분산이 0이면 정규화 자체가 안 되는 경우가 생길 수 있습니다.

둘째, RNN은 네트워크 계층별로 미니 정규화를 적용해야 하기 때문에 모델이 더 복잡해지면서 비효율적일 수 있습니다.

따라서 이러한 문제들을 해결하기 위한 가중치 수정, 네트워크 구성 변경 등을 수행하지만, 무엇보다 중요한 것은 배치 정규화를 적용하면 적용하지 않았을 때보다 성능이 좋아지기 때문에 많이 사용됩니다.

그럼 배치 정규화를 텐서플로 예제로 알아보겠습니다. 배치 정규화 예제에서 사용되는 데이터셋은 붓꽃(iris) 데이터셋입니다.

필요한 라이브러리를 호출하고 load_iris()를 사용하여 케라스에 내장된 데이터셋인 붓꽃 데이터셋을 내려받습니다.

코드 8-1 라이브러리 호출 및 데이터셋 내려받기

```
import tensorflow as tf
import pandas as pd
import numpy as np
import matplotlib.pyplot as plt
from sklearn.datasets import load_iris
from sklearn.model_selection import train_test_split
iris = load_iris() ------ 사이킷런을 이용하여 붓꽃 데이터셋 사용
```

Note ≡ **붓꽃 데이터셋**

다음 그림과 같은 붓꽃(iris) 꽃잎 각 부분의 너비와 길이 등을 측정한 데이터이며 레코드 150개로 구성되어 있습니다.

▼ 그림 8-35 붓꽃

🔾 계속

참고로 붓꽃 데이터셋은 다음 특성들로 구성되어 있습니다.

▼ 표 8-3 붓꽃 데이터셋

구분	설명
caseno	일련번호(1~150의 숫자)
Sepal Length	꽃받침 길이 정보
Sepal Width	꽃받침 너비 정보
Petal Length	꽃잎 길이 정보
Petal Width	꽃잎 너비 정보
Species	꽃의 종류(setosa, versicolor, virginica)

데이터프레임(DataFrame)에 데이터셋을 저장하고 정답(target)에 'label'이라는 이름을 붙입니다.

코드 8-2 데이터프레임에 데이터셋 저장

```
df = pd.DataFrame(iris.data, columns=iris.feature_names) ------ 붓꽃 데이터셋을 df(dataframe)에 저장
df = df.astype(float) ------ 데이터 형식을 float으로 변환
df['label'] = iris.target ------ 붓꽃 데이터셋의 정답에 'label'이라는 이름을 붙임
df['label'] = df.label.replace(dict(enumerate(iris.target_names))) ------ ①
```

① 데이터셋의 특정 문자열을 변환합니다.

```
df.label.replace(dict(enumerate(iris.target_names)))
         ⓐ      ⓑ
```

ⓐ 데이터프레임의 특정 문자열을 바꾸고 싶을 때 replace()를 사용합니다. 예를 들어 다음과 같이 사용할 수 있습니다.

```
df.replace(['A', 'B', 'C'], [0, 1, 2])
```

ⓑ 파이썬에서는 리스트(list), 튜플(tuple), 문자열(string) 등 여러 가지 자료형을 입력받으면 인덱스 값을 포함하는 enumerate 객체를 딕셔너리(dict)에 넣습니다. 사용 방법에 대한 예는 다음과 같습니다.

```
datalist = ['this', 'is', 'deep learning', 'book']
b = list(enumerate(datalist))
c = dict(enumerate(datalist))
```

```
print(b)
print(c)
```

코드를 실행하면 다음 결과가 출력됩니다.

```
[(0, 'this'), (1, 'is'), (2, 'deep learning'), (3, 'book')]
{0: 'this', 1: 'is', 2: 'deep learning', 3: 'book'}
```

데이터프레임의 데이터셋에 대해 원-핫 인코딩(one-hot encoding)을 적용해 보겠습니다.

코드 8-3 원-핫 인코딩 적용

```
label = pd.get_dummies(df['label'], prefix='label') ------ ①
df = pd.concat([df, label], axis=1)
df.drop(['label'], axis=1, inplace=True) ------ ②
```

① 문자를 숫자로 바꾸어 주는 방법 중 하나로 원-핫 인코딩이 있는데, 이것은 가변수(dummy variable)로 만들어 주는 방법으로 get_dummies( ) 메서드를 사용합니다. 결과는 0과 1로 된 열을 반환합니다.

② drop 명령어로 열 전체를 삭제할 수 있습니다.

```
df.drop(['label'], axis=1, inplace=True)
                    ⓐ       ⓑ
```

ⓐ axis=1은 열을 삭제하고, axis=0은 행을 삭제합니다. axis=0이 기본값입니다.

ⓑ inplace는 기존 데이터프레임의 데이터를 삭제하고 drop이 적용된 이후의 데이터프레임으로 대체하겠다는 의미입니다.

데이터프레임에서 데이터셋을 가져와 X와 y를 생성합니다.

코드 8-4 데이터셋 분류

```
X = df[['sepal length (cm)', 'sepal width (cm)', 'petal length (cm)', 'petal width (cm)']]
X = np.asarray(X) ----- 'sepal length (cm)', 'sepal width (cm)', 'petal length (cm)', 'petal width (cm)' 열을
                        배열로 변환하여 X 변수에 저장
y = df[['label_setosa', 'label_versicolor', 'label_virginica']]
y = np.asarray(y) ------ 'label_setosa', 'label_versicolor', 'label_virginica' 열을 배열로 변환하여 y 변수에 저장
```

앞서 생성했던 X와 y를 사용하여 훈련과 테스트 데이터셋으로 분리합니다.

```
X_train, X_test, y_train, y_test = train_test_split(
    X,
    y,
    test_size=0.20
) ------ 훈련과 테스트 데이터를 8:2로 분리
```

이제 모델을 생성할 텐데, 배치 정규화가 적용된 모델과 비교하고자 배치 정규화가 적용되지 않는 모델을 생성해 보겠습니다.

코드 8-6 배치 정규화가 적용되지 않은 모델 생성

```
from tensorflow.keras.models import Sequential
from tensorflow.keras.layers import Dense, BatchNormalization

model1 = Sequential([
    Dense(64, input_shape=(4,), activation="relu"),  ----- 입력층은 (4,0)의 형태를 가지며,
                                                           유닛 64개로 구성
    Dense(128, activation='relu'),  ------ 입력층 다음으로 유닛 128개를 갖는 밀집층을 두 개 구성
    Dense(128, activation='relu'),
    Dense(64, activation='relu'),  ------ 유닛 64개로 구성된 밀집층이 두 개 더 있으며, 렐루(ReLU) 활성화 함수 사용
    Dense(64, activation='relu'),
    Dense(3, activation='softmax')  ------ 출력층은 유닛 세 개로 구성되며, 소프트맥스를 활성화 함수로 사용
]);
model1.summary()
```

다음은 배치 정규화가 적용되지 않은 모델 생성 결과입니다.

```
Model: "sequential"
```

Layer (type)	Output Shape	Param #
dense (Dense)	(None, 64)	320
dense_1 (Dense)	(None, 128)	8320
dense_2 (Dense)	(None, 128)	16512
dense_3 (Dense)	(None, 64)	8256
dense_4 (Dense)	(None, 64)	4160
dense_5 (Dense)	(None, 3)	195

```
===============================================================
Total params: 37,763
Trainable params: 37,763
Non-trainable params: 0
---------------------------------------------------------------
```

생성한 모델에 대해 컴파일을 적용하고, fit() 메서드를 사용하여 모델을 학습시켜 보겠습니다.

코드 8-7 모델 훈련

```
model1.compile(
    optimizer='adam',
    loss='categorical_crossentropy',
    metrics=['accuracy']
) ------ ①

history1 = model1.fit(
    X_train,
    y_train,
    epochs=1000,
    validation_split=0.25,
    batch_size=40,
    verbose=2
)
```

① 옵티마이저로 아담(Adam) 알고리즘을 적용하고, 손실 함수로 크로스엔트로피(categorical_crossentropy)를 적용합니다.

다음은 모델을 훈련한 출력 결과입니다.

```
Epoch 1/1000
3/3 - 0s - loss: 1.2154 - accuracy: 0.2667 - val_loss: 0.9972 - val_accuracy: 0.6333
Epoch 2/1000
3/3 - 0s - loss: 0.9531 - accuracy: 0.7556 - val_loss: 0.8798 - val_accuracy: 0.8000
Epoch 3/1000
3/3 - 0s - loss: 0.8276 - accuracy: 0.8000 - val_loss: 0.7616 - val_accuracy: 0.7667
...(중간 생략)...
Epoch 998/1000
3/3 - 0s - loss: 1.1245e-04 - accuracy: 1.0000 - val_loss: 0.3065 - val_accuracy: 0.9667
Epoch 999/1000
3/3 - 0s - loss: 1.0582e-04 - accuracy: 1.0000 - val_loss: 0.3035 - val_accuracy: 0.9667
Epoch 1000/1000
3/3 - 0s - loss: 9.5079e-05 - accuracy: 1.0000 - val_loss: 0.3001 - val_accuracy: 0.9667
```

이제 모델에 대한 훈련 결과를 시각화로 표현해 보겠습니다. 시각화는 맷플롯립(matplotlib) 라이브러리를 사용합니다.

코드 8-8 훈련 결과 시각화

```
%matplotlib inline ------ ①
import matplotlib.pyplot as plt
fig, loss_ax = plt.subplots() ------ subplots는 한 번에 여러 그래프를 보여 주는 데 사용
acc_ax = loss_ax.twinx() ------ twinx()를 사용하여 y축이 두 개 있는 플롯을 구성
loss_ax.plot(history1.history['loss'], 'y', label='train loss') ------ ②
loss_ax.plot(history1.history['val_loss'], 'r', label='val loss') ------ plot()은 선(line) 또는
acc_ax.plot(history1.history['accuracy'], 'b', label='train acc')        마커(marker) 그래프
acc_ax.plot(history1.history['val_accuracy'], 'g', label='val acc')      그리기에 사용되는 함수

loss_ax.set_xlabel('epoch') ------ x축 라벨
loss_ax.set_ylabel('loss') ------ y축 라벨
acc_ax.set_ylabel('accuracy')

loss_ax.legend(loc='lower right')
acc_ax.legend(loc='upper right')
plt.show()
```

① %matplotlib inline의 역할은 주피터 노트북을 실행한 웹 브라우저에서 바로 그림 형태로 출력 결과를 볼 수 있도록 해 줍니다.

② 모델을 학습시키기 위해 fit() 메서드를 사용하며, 이때 반환값으로 학습 이력(history) 정보가 반환됩니다. 반환 정보로는 다음 항목들이 포함되어 있습니다.

다음 항목들은 에포크마다 값들이 저장됩니다.

- **loss**: 훈련 손실 값

- **acc**: 훈련 정확도

- **val_loss**: 검증 손실 값

- **val_acc**: 검증 정확도

다음 그림은 훈련 결과를 시각화한 결과입니다.

▼ 그림 8-36 훈련과 테스트에 대한 정확도와 손실에 대한 시각화[4]

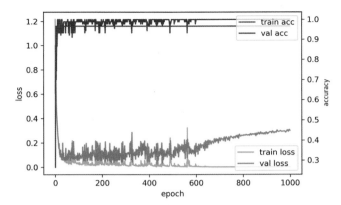

마지막으로 정확도와 손실(오차)에 대한 정보를 수치상 표현하고자 한다면 다음 코드를 이용합니다.

코드 8-9 정확도와 손실 정보 표현

```
loss_and_metrics = model1.evaluate(X_test, y_test)
print('## 손실과 정확도 평가 ##')
print(loss_and_metrics)
```

다음은 정확도와 손실 정보를 표현한 결과입니다.

```
1/1 [==============================] - 0s 1ms/step - loss: 0.5317 - accuracy: 0.9333
## 손실과 정확도 평가 ##
[0.5316773653030396, 0.9333333373069763]
```

결과 그래프가 뭔가 이상합니다. 일반적으로 테스트 데이터에 대한 손실 값(val loss)은 시간이 흐를수록 감소해야 하지만, 앞의 그래프는 시간이 흐를수록 계속 증가합니다. 반면 훈련 정확도(train accuracy)는 100%에 가깝고, 훈련 손실 값(train loss)은 0에 가까운 값을 유지하고 있습니다. 즉, 훈련 데이터셋에 대한 정확도는 높으나 테스트 데이터셋에 대한 정확도는 낮습니다. 이것에 대한 원인은 다양하지만, 해결 방법도 다양합니다. 여기에서는 배치 정규화를 적용하여 문제를 해결해 보겠습니다.

---

4 데이터를 8:2로 랜덤으로 섞기 때문에 실행할 때마다 다른 결과가 나오므로 책의 그래프와 다를 수 있습니다.

학습이 진행될 때마다 은닉층에서는 입력 분포가 변화하면서 가중치가 엉뚱한 방향으로 갱신되는 문제가 종종 발생합니다. 즉, 신경망의 층이 깊어질수록 학습할 때 가정했던 입력 분포가 변화하여 엉뚱한 학습이 진행될 수 있는데, 배치 정규화를 적용해서 입력 분포를 고르게 맞추어 주면서 과적합을 해결해 보겠습니다.

❤ 그림 8-37 배치 정규화

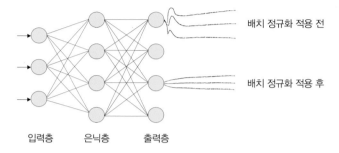

앞서 생성했던 모델에 배치 정규화를 배치해 보겠습니다.

코드 8-10 배치 정규화가 적용된 모델

```
from tensorflow.keras.initializers import RandomNormal, Constant
model2 = Sequential([
    Dense(64, input_shape=(4,), activation="relu"),
    BatchNormalization(),

    Dense(128, activation='relu'),
    BatchNormalization(),
    Dense(128, activation='relu'),
    BatchNormalization(),
    Dense(64, activation='relu'),
    BatchNormalization(),
    Dense(64, activation='relu'),
    BatchNormalization(
        momentum=0.95,
        epsilon=0.005,
        beta_initializer=RandomNormal(mean=0.0, stddev=0.05),
        gamma_initializer=Constant(value=0.9)
    ), ------ ①
    Dense(3, activation='softmax')
]);
model2.summary()
```

① 배치 정규화에서 사용하는 파라미터는 다음과 같습니다.

```
BatchNormalization(momentum=0.95, epsilon=0.005,
                   ⓐ           ⓑ
                   beta_initializer=RandomNormal(mean=0.0, stddev=0.05),
                   ⓒ
                   gamma_initializer=Constant(value=0.9))
                   ⓓ
```

ⓐ momentum: 엄청나게 많은 전체 훈련 데이터셋에 대한 평균과 표준편차를 계산하는 것이 어렵기 때문에 미니 배치마다 평균과 표준편차를 구해서 전체 훈련 데이터셋의 평균과 표준편차로 대체합니다. 미니 배치마다 적용되는 수식은 다음과 같습니다.

$$\hat{\mu} = \frac{1}{n}\sum_{i=1}^{n}\mu\,\beta^{(i)}$$

$$\hat{\sigma} = \frac{1}{n}\sum_{i=1}^{n}\sigma\,\beta^{(i)}$$

하지만 배치 정규화에서는 이 방법 대신 모델 학습 단계에서 지수 감소(exponential decay)를 이용하는 이동 평균법(moving average)을 사용하여 평균과 표준편차를 계산합니다.

$$\hat{\mu} \leftarrow \alpha\hat{\mu} + (1-\alpha)\mu\,\beta^{(i)} \quad \text{이동 평균}$$

$$\hat{\sigma} \leftarrow \alpha\hat{\sigma} + (1-\alpha)\sigma\,\beta^{(i)} \quad \text{이동 표준편차}$$

앞의 식은 모멘텀(momentum) 값으로, 일반적으로 1에 가까운 0.9, 0.99, 0.999로 설정합니다. 이러한 이동 평균(moving mean)과 이동 표준편차(moving stddev)는 학습 단계에서 모든 미니 배치마다 업데이트해 줍니다.

ⓑ epsilon: 분산이 0으로 계산되는 것을 방지하기 위해 분산에 추가되는 작은 실수(float) 값

ⓒ beta_initializer: 베타(β) 가중치 초깃값

ⓓ gamma_initializer: 감마(γ) 가중치 초깃값

다음은 배치 정규화가 적용된 모델의 실행 결과입니다.

```
Model: "sequential_1"
_____
Layer (type)                Output Shape              Param #
=============================================================
dense_6 (Dense)             (None, 64)                320
```

```
--------------------------------------------------------------
batch_normalization (BatchNo (None, 64)             256

--------------------------------------------------------------
dense_7 (Dense)              (None, 128)            8320

--------------------------------------------------------------
batch_normalization_1 (Batch (None, 128)            512

--------------------------------------------------------------
dense_8 (Dense)              (None, 128)            16512

--------------------------------------------------------------
batch_normalization_2 (Batch (None, 128)            512

--------------------------------------------------------------
dense_9 (Dense)              (None, 64)             8256

--------------------------------------------------------------
batch_normalization_3 (Batch (None, 64)             256

--------------------------------------------------------------
dense_10 (Dense)             (None, 64)             4160

--------------------------------------------------------------
batch_normalization_4 (Batch (None, 64)             256

--------------------------------------------------------------
dense_11 (Dense)             (None, 3)              195

==============================================================
Total params: 39,555
Trainable params: 38,659
Non-trainable params: 896

--------------------------------------------------------------
```

모델을 컴파일하고 훈련시키는 코드로, 앞서 진행했던 코드와 동일합니다.

코드 8-11 모델 훈련

```
model2.compile(
    optimizer='adam',
    loss='categorical_crossentropy',
    metrics=['accuracy']
)

history2 = model2.fit(
    X_train,
    y_train,
    epochs=1000,
    validation_split=0.25,
    batch_size=40,
    verbose=2
)
```

다음은 모델 훈련 결과입니다.

```
Epoch 1/1000
3/3 - 0s - loss: 0.7546 - accuracy: 0.6889 - val_loss: 1.0772 - val_accuracy: 0.3333
Epoch 2/1000
3/3 - 0s - loss: 0.2344 - accuracy: 0.9667 - val_loss: 1.0729 - val_accuracy: 0.3333
Epoch 3/1000
3/3 - 0s - loss: 0.1445 - accuracy: 0.9889 - val_loss: 1.0825 - val_accuracy: 0.3333
...(중간 생략)...
Epoch 998/1000
3/3 - 0s - loss: 0.0162 - accuracy: 1.0000 - val_loss: 0.4138 - val_accuracy: 0.9000
Epoch 999/1000
3/3 - 0s - loss: 0.0262 - accuracy: 0.9778 - val_loss: 0.3249 - val_accuracy: 0.9000
Epoch 1000/1000
3/3 - 0s - loss: 0.0049 - accuracy: 1.0000 - val_loss: 0.2700 - val_accuracy: 0.9333
```

마지막으로 훈련 결과를 시각화합니다. 역시 코드는 앞에서 진행했던 것과 동일합니다.

코드 8-12 훈련 결과 시각화

```python
%matplotlib inline
import matplotlib.pyplot as plt

fig, loss_ax = plt.subplots()

acc_ax = loss_ax.twinx()

loss_ax.plot(history2.history['loss'], 'y', label='train loss')
loss_ax.plot(history2.history['val_loss'], 'r', label='val loss')

acc_ax.plot(history2.history['accuracy'], 'b', label='train acc')
acc_ax.plot(history2.history['val_accuracy'], 'g', label='val acc')

loss_ax.set_xlabel('epoch')
loss_ax.set_ylabel('loss')
acc_ax.set_ylabel('accuracy')

loss_ax.legend(loc='lower right')
acc_ax.legend(loc='upper right')

plt.show()
```

다음 그림은 훈련 결과를 시각화한 결과입니다.

▼ 그림 8-38 훈련과 테스트에 대한 정확도와 손실에 대한 시각화[5]

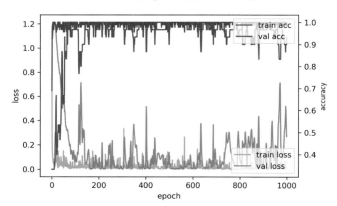

100% 만족할 수는 없지만 어느 정도 결과가 개선되었습니다. 검증 데이터셋의 정확도(val acc)가 시간이 흐를수록 좋아지고 있고, 손실/오차(val loss)도 처음과 비교할 때 낮아지고 있습니다.

마지막으로 모델을 평가해 보겠습니다.

코드 8-13 모델 평가

```
loss_and_metrics = model2.evaluate(X_test, y_test)
print('## 손실과 정확도 평가 ##')
print(loss_and_metrics)
```

다음은 모델 평가 실행 결과입니다.

```
1/1 [==============================] - 0s 2ms/step - loss: 0.0778 - accuracy: 0.9667
## 손실과 정확도 평가 ##
[0.07776810228824615, 0.9666666388511658]
```

정확도는 큰 차이가 없지만 손실/오차가 53%에서 7%로 낮아졌습니다. 즉, 배치 정규화를 사용할 경우 모델 성능이 좋아지는 것을 확인할 수 있습니다.

성능 향상에 도움이 되는 또 다른 항목인 드롭아웃을 살펴보겠습니다.

---

5 실행 결과가 책의 그래프와 다를 수 있습니다.

8.3.2 드롭아웃을 이용한 성능 최적화

과적합은 훈련 데이터셋을 과하게 학습하는 것을 의미합니다. 그렇다면 과하게 훈련 데이터셋을 학습하는 것이 왜 문제일까요? 일반적으로 훈련 데이터셋은 실제 데이터셋의 부분 집합이므로 훈련 데이터셋에 대해서는 오류가 감소하지만, 테스트 데이터셋에 대해서는 오류가 증가합니다. 즉, 훈련 데이터셋에 대해 훈련을 계속한다면 오류는 줄어들지만 테스트 데이터셋에 대한 오류는 어느 순간부터 증가하는데, 이러한 모델을 과적합되어 있다고 합니다.

▼ 그림 8-39 훈련과 오류율

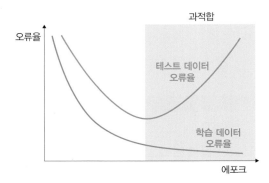

드롭아웃(dropout)이란 훈련할 때 일정 비율의 뉴런만 사용하고, 나머지 뉴런에 해당하는 가중치는 업데이트하지 않는 방법입니다. 물론 매 단계마다 사용하지 않는 뉴런을 바꾸어 가며 훈련시킵니다. 즉, 드롭아웃은 노드를 임의로 끄면서 학습하는 방법으로, 은닉층에 배치된 노드 중 일부를 임의로 끄면서 학습합니다. 꺼진 노드는 신호를 전달하지 않으므로 지나친 학습을 방지하는 효과가 생깁니다.

▼ 그림 8-40 드롭아웃

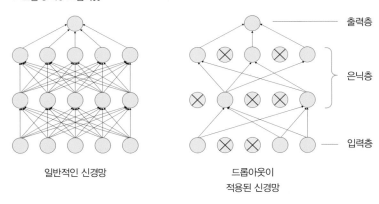

그림 8-40의 왼쪽은 일반적인 신경망이고, 오른쪽은 드롭아웃이 적용된 신경망의 모습입니다. 일부 노드들은 비활성화되고 남은 노드들로 신호가 연결되는 신경망 형태를 띠고 있습니다. 어떤 노드를 비활성화할지는 학습할 때마다 무작위로 선정되며, 테스트 데이터로 평가할 때는 노드들을 모두 사용하여 출력하되 노드 삭제 비율(드롭아웃 비율)을 곱해서 성능을 평가합니다.

드롭아웃을 사용하면 훈련 시간이 길어지는 단점이 있지만, 모델 성능을 향상하기 위해 상당히 자주 쓰는 방법입니다.

드롭아웃 예제는 텐서플로에서 제공하는 데이터셋인 imdb_reviews를 사용하겠습니다. 먼저 imdb_reviews 데이터셋을 사용하는 데 필요한 tensorflow_datasets 라이브러리를 설치합니다.

```
> pip install tensorflow_datasets
```

필요한 라이브러리를 호출합니다.

코드 8-14 라이브러리 호출

```python
import tensorflow_datasets as tfds
import tensorflow as tf
```

tfds.load()를 사용하여 데이터셋을 내려받은 후 훈련과 테스트 데이터셋으로 분리합니다.

코드 8-15 데이터셋 내려받기

```python
(train_data, test_data), info = tfds.load(
    'imdb_reviews/subwords8k',
    split = (tfds.Split.TRAIN, tfds.Split.TEST),
    with_info=True, as_supervised=True) ------ ①

padded_shapes = ([None], ())
train_batches = train_data.shuffle(1000).padded_batch(10, padded_shapes=padded_shapes) ---- ②
test_batches = test_data.shuffle(1000).padded_batch(10, padded_shapes=padded_shapes)
```

① tensorflow_datasets 라이브러리는 다음 메서드를 제공합니다.

  – list_builders(): 데이터 목록 출력

  – load(): 데이터 로드

여기에서는 load() 메서드를 사용하여 'imdb_reviews/subwords8k' 데이터셋을 내려받은 후 훈련과 테스트용으로 데이터셋을 분리합니다.

tfds.load()에서 제공하는 파라미터는 다음과 같습니다.

```
tfds.load('imdb_reviews/subwords8k',
                ⓐ
        split = (tfds.Split.TRAIN, tfds.Split.TEST),
                ⓑ
        with_info=True, as_supervised=True)
            ⓒ              ⓓ
```

ⓐ 내려받을 데이터셋의 이름을 지정합니다.

ⓑ 내려받은 데이터셋을 훈련과 검증용으로 분리합니다.

ⓒ 전체 데이터에 대한 메타 정보도 함께 불러옵니다.

ⓓ 데이터를 (input, label) 튜플 형태로 반환합니다.

② padded_batch() 메서드는 배치에서 가장 긴 문자열의 길이를 기준으로 시퀀스를 0으로 채웁니다. 예를 들어 다음과 같이 패딩을 적용하여 시퀀스 길이를 동일하게 표준화할 수 있습니다.

```python
import tensorflow as tf
dataset = tf.data.Dataset.range(111)
dataset = dataset.map(lambda x: tf.fill([tf.cast(x, tf.int32)], x))
dataset = dataset.padded_batch(2, padded_shapes=(None,))

for batch in dataset.take(3):
print(batch.numpy())
```

예시 코드를 실행하면 다음과 같이 출력될 것입니다.

▼ 그림 8-41 padded_batch() 메서드

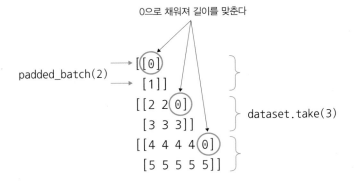

데이터를 배열로 변환합니다.

코드 8-16 데이터 배열로 변환

```
train_batch, train_labels = next(iter(train_batches)) ····   iter는 반복 가능한 객체에서 이터레이터를
                                                              반환하고, next는 이터레이터에서 값을
train_batch.numpy() ······ 배열로 변환합니다.                   차례대로 꺼냅니다.
```

다음은 데이터를 배열로 변환한 결과입니다.[6]

```
array([[1052,    2, 2474, ...,     0,     0,     0],
       [  12,  210,   15, ...,     0,     0,     0],
       [3853, 1087, 1842, ...,     0,     0,     0],
       ...,
       [8002, 8010, 7961, ...,     0,     0,     0],
       [  12,   31, 6261, ...,     0,     0,     0],
       [  12,   52,   14, ...,     0,     0,     0]], dtype=int64)
```

드롭아웃 성능을 확인하기 위해 먼저 드롭아웃이 적용되지 않은 모델을 생성하겠습니다.

코드 8-17 드롭아웃이 적용되지 않은 모델

```
encoder = info.features['text'].encoder
model = tf.keras.Sequential([
tf.keras.layers.Embedding(encoder.vocab_size, 64),
tf.keras.layers.LSTM(64),
tf.keras.layers.Dense(64, activation='relu'),
tf.keras.layers.Dense(1, activation='sigmoid')
]) ······ ①
```

① 임베딩층은 단어당 하나의 벡터를 저장합니다. 임베딩이 호출되면 단어 인덱스 시퀀스를 벡터 시퀀스로 변환합니다. 훈련 후 유사한 의미를 가진 단어는 종종 유사한 벡터를 갖습니다. 임베딩 층 다음으로 RNN의 변형인 LSTM층이 있습니다. LSTM층은 유닛 64개로 구성되어 있고, 이후에 유닛 64개로 구성된 밀집층이 존재하며, 렐루 활성화 함수를 사용합니다. 또한, 마지막으로 출력 층은 하나의 유닛으로 구성되며, 소프트맥스를 활성화 함수로 사용합니다.

이제 모델을 훈련시킵니다.

---

6   데이터가 섞이기 때문에 출력 결과가 책과 다를 수 있습니다.

코드 8-18 모델 훈련

```
model.compile(loss='binary_crossentropy',
            optimizer=tf.keras.optimizers.Adam(1e-4), metrics=['accuracy'])
history = model.fit(train_batches, epochs=5, validation_data=test_batches,
                validation_steps=30)
```

다음은 모델 훈련을 출력한 결과입니다.

```
Epoch 1/5
2500/2500 [==============================] - 612s 245ms/step - loss: 0.6930 -
accuracy: 0.5056 - val_loss: 0.6937 - val_accuracy: 0.4900
Epoch 2/5
2500/2500 [==============================] - 598s 239ms/step - loss: 0.6881 -
accuracy: 0.5210 - val_loss: 0.6776 - val_accuracy: 0.5533
Epoch 3/5
2500/2500 [==============================] - 593s 237ms/step - loss: 0.6675 -
accuracy: 0.5640 - val_loss: 0.6696 - val_accuracy: 0.5500
Epoch 4/5
2500/2500 [==============================] - 592s 237ms/step - loss: 0.6459 -
accuracy: 0.6447 - val_loss: 0.6386 - val_accuracy: 0.6633
Epoch 5/5
2500/2500 [==============================] - 584s 234ms/step - loss: 0.6407 -
accuracy: 0.6562 - val_loss: 0.6557 - val_accuracy: 0.6467
```

이제 훈련 결과를 그래프로 그려 보겠습니다.

코드 8-19 훈련 결과 시각화

```
BUFFER_SIZE = 10000
BATCH_SIZE = 64
train_dataset = train_batches.shuffle(BUFFER_SIZE)
import matplotlib.pyplot as plt
history_dict = history.history ------ 학습 이력 정보를 history_dict에 저장
acc = history_dict['accuracy'] ------ history_dict에 저장된 'accuracy' 데이터를 acc에 저장
val_acc = history_dict['val_accuracy'] ------ history_dict에 저장된 'val_accuracy' 데이터를 val_acc에 저장
loss = history_dict['loss'] ------ history_dict에 저장된 'loss' 데이터를 loss에 저장
val_loss = history_dict['val_loss'] ------ history_dict에 저장된 'val_loss' 데이터를 val_loss에 저장
epochs = range(1, len(acc)+1) ------ 에포크 지정(1~acc의 길이+1)
plt.figure(figsize=(4,3)) ------ figure는 그래프 크기를 지칭하는 것으로, 가로 4인치, 세로 3인치로 지정
plt.plot(epochs, loss, 'bo', label='Training loss')
plt.plot(epochs, val_loss, 'b', label='Validation loss')
plt.title('Training and validation loss')
plt.xlabel('Epochs')
```

```
plt.ylabel('Loss')
plt.legend()
plt.show()

plt.figure(figsize=(4,3))
plt.plot(epochs, acc, 'bo', label='Training acc')
plt.plot(epochs, val_acc, 'b', label='Validation acc')
plt.title('Training and validation accuracy')
plt.xlabel('Epochs')
plt.ylabel('Accuracy')
plt.legend(loc='lower right')
plt.ylim((0.5,1))
plt.show()
```

다음 그림은 훈련 결과를 시각화한 결과입니다.[7]

▼ 그림 8-42 훈련과 테스트에 대한 정확도와 손실에 대한 시각화

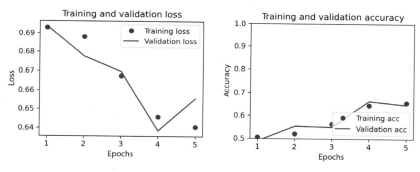

역시 결과가 정상적으로 보이지 않습니다. 테스트 데이터셋에 대한 손실/오차(val_loss)가 네 번째 에포크에서 다시 높아지고 있습니다. 정확도(accuracy) 역시 매우 낮습니다.

성능 향상을 위해 LSTM 대신 양방향 RNN(bidirectional RNN)으로 바꾸고 드롭아웃을 적용해 보겠습니다(일반적으로 LSTM보다 양방향 RNN이 성능이 좋습니다).

코드 8-20 드롭아웃이 적용된 모델

```
model = tf.keras.Sequential([
tf.keras.layers.Embedding(encoder.vocab_size, 64),
tf.keras.layers.Bidirectional(tf.keras.layers.LSTM(64, return_sequences=True)),  ┈┈┈┄
                                                      LSTM 대신 양방향 RNN 사용
```

---

7 실행 결과가 책의 그래프와 다를 수 있습니다.

```
    tf.keras.layers.Bidirectional(tf.keras.layers.LSTM(32)),
    tf.keras.layers.Dense(64, activation='relu'),
    tf.keras.layers.Dropout(0.5), ------ ①
    tf.keras.layers.Dense(1, activation='sigmoid')
])
model.summary()
```

① 드롭아웃을 적용(랜덤하게 노드를 끄는 비율을 0.5(50%)로 적용)하며, 주의할 점은 학습할 때만 드롭아웃을 사용해야 한다는 것입니다. 따라서 정확도(accuracy)를 측정할 때는 모든 노드를 사용해야 합니다.

다음은 드롭아웃이 적용된 모델의 실행 결과입니다.

```
Model: "sequential_3"
_____
Layer (type)                 Output Shape              Param #
=================================================================
embedding_1 (Embedding)      (None, None, 64)          523840
_____
bidirectional (Bidirectional (None, None, 128)         66048
_____
bidirectional_1 (Bidirection (None, 64)                41216
_____
dense_14 (Dense)             (None, 64)                4160
_____
dropout (Dropout)            (None, 64)                0
_____
dense_15 (Dense)             (None, 1)                 65
=================================================================
Total params: 635,329
Trainable params: 635,329
Non-trainable params: 0
_____
```

이제 모델을 컴파일하고 훈련시킵니다.

코드 8-21 모델 컴파일

```
model.compile(loss='binary_crossentropy',
              optimizer=tf.keras.optimizers.Adam(1e-4), metrics=['accuracy'])
history = model.fit(train_batches, epochs=5, validation_data=test_batches,
                    validation_steps=30)
```

다음은 모델의 훈련을 출력한 결과입니다.

```
Epoch 1/5
2500/2500 [==============================] - 1665s 666ms/step - loss: 0.5494 -
accuracy: 0.7013 - val_loss: 0.3577 - val_accuracy: 0.8600
Epoch 2/5
2500/2500 [==============================] - 1898s 759ms/step - loss: 0.3166 -
accuracy: 0.8791 - val_loss: 0.4395 - val_accuracy: 0.8433
Epoch 3/5
2500/2500 [==============================] - 1889s 756ms/step - loss: 0.2472 -
accuracy: 0.9105 - val_loss: 0.4011 - val_accuracy: 0.8267
Epoch 4/5
2500/2500 [==============================] - 1730s 692ms/step - loss: 0.2044 -
accuracy: 0.9292 - val_loss: 0.3639 - val_accuracy: 0.8700
Epoch 5/5
2500/2500 [==============================] - 1802s 721ms/step - loss: 0.1698 -
accuracy: 0.9428 - val_loss: 0.3939 - val_accuracy: 0.8600
```

시각화 코드는 앞서 진행했던 코드와 동일합니다.

코드 8-22 훈련에 대한 시각화

```
BUFFER_SIZE = 10000
BATCH_SIZE = 64
train_dataset = train_batches.shuffle(BUFFER_SIZE)
import matplotlib.pyplot as plt
history_dict = history.history
acc = history_dict['accuracy']
val_acc = history_dict['val_accuracy']
loss = history_dict['loss']
val_loss = history_dict['val_loss']
epochs = range(1, len(acc)+1)
plt.figure(figsize=(4,3))
plt.plot(epochs, loss, 'bo', label='Training loss')
plt.plot(epochs, val_loss, 'b', label='Validation loss')
plt.title('Training and validation loss')
plt.xlabel('Epochs')
plt.ylabel('Loss')
plt.legend()
plt.show()

plt.figure(figsize=(4,3))
plt.plot(epochs, acc, 'bo', label='Training acc')
```

```
plt.plot(epochs, val_acc, 'b', label='Validation acc')
plt.title('Training and validation accuracy')
plt.xlabel('Epochs')
plt.ylabel('Accuracy')
plt.legend(loc='lower right')
plt.ylim((0.5,1))
plt.show()
```

다음 그림은 훈련에 대한 시각화 결과입니다.[8]

❤ 그림 8-43 훈련과 테스트에 대한 정확도와 손실에 대한 시각화

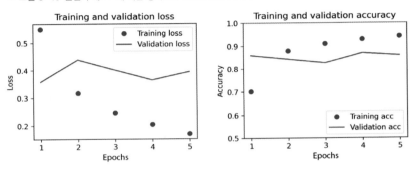

이전 결과와 비교하면 어떤가요? 네 번째 에포크 이후 테스트 데이터셋에 대한 손실/오차(val_loss)는 증가하고는 있지만 이전과 비교하면 나쁘지 않은 결과입니다. 또한, 훈련과 테스트 데이터셋에 대한 정확도 역시 모두 증가했습니다.

그럼 드롭아웃은 제거하고 양방향 RNN만 적용했을 때는 어떨까요? 앞의 모델에서 드롭아웃층만 제거해 보겠습니다.

코드 8-23 양방향 RNN만 적용한 모델

```
model = tf.keras.Sequential([
    tf.keras.layers.Embedding(encoder.vocab_size, 64),
    tf.keras.layers.Bidirectional(tf.keras.layers.LSTM(64)),
    tf.keras.layers.Dense(64, activation='relu'),
    tf.keras.layers.Dense(1, activation='sigmoid')
])
model.summary()
```

---

8   실행 결과가 책의 그래프와 다를 수 있습니다.

다음은 양방향 RNN만 적용한 모델의 결과입니다.

```
Model: "sequential_4"
_____
Layer (type)                  Output Shape              Param #
=================================================================
embedding_2 (Embedding)       (None, None, 64)          523840
_____
bidirectional_2 (Bidirection  (None, 128)               66048
_____
dense_16 (Dense)              (None, 64)                8256
_____
dense_17 (Dense)              (None, 1)                 65
=================================================================
Total params: 598,209
Trainable params: 598,209
Non-trainable params: 0
_____
```

모델을 컴파일하고 훈련시킵니다.

```python
model.compile(loss='binary_crossentropy',
              optimizer=tf.keras.optimizers.Adam(1e-4), metrics=['accuracy'])
history = model.fit(train_batches, epochs=5, validation_data=test_batches,
                    validation_steps=30)
```

다음은 모델을 훈련시킨 결과입니다.

```
Epoch 1/5
2500/2500 [==============================] - 1028s 411ms/step - loss: 0.4898 -
accuracy: 0.7400 - val_loss: 0.3076 - val_accuracy: 0.8900
Epoch 2/5
2500/2500 [==============================] - 1044s 418ms/step - loss: 0.2935 -
accuracy: 0.8872 - val_loss: 0.4201 - val_accuracy: 0.8267
Epoch 3/5
2500/2500 [==============================] - 1064s 426ms/step - loss: 0.2289 -
accuracy: 0.9179 - val_loss: 0.4016 - val_accuracy: 0.8400
Epoch 4/5
2500/2500 [==============================] - 1136s 454ms/step - loss: 0.1936 -
accuracy: 0.9317 - val_loss: 0.4382 - val_accuracy: 0.8367
```

```
Epoch 5/5
2500/2500 [==============================] - 1196s 478ms/step - loss: 0.1723 -
accuracy: 0.9409 - val_loss: 0.5154 - val_accuracy: 0.8367
```

훈련에 대한 결과를 시각화하는 코드는 앞서 사용한 코드와 같습니다.

코드 8-25 모델 훈련에 대한 시각화

```
BUFFER_SIZE = 10000
BATCH_SIZE = 64
train_dataset = train_batches.shuffle(BUFFER_SIZE)
import matplotlib.pyplot as plt
history_dict = history.history
acc = history_dict['accuracy']
val_acc = history_dict['val_accuracy']
loss = history_dict['loss']
val_loss = history_dict['val_loss']
epochs = range(1, len(acc)+1)
plt.figure(figsize=(4,3))
plt.plot(epochs, loss, 'bo', label='Training loss')
plt.plot(epochs, val_loss, 'b', label='Validation loss')
plt.title('Training and validation loss')
plt.xlabel('Epochs')
plt.ylabel('Loss')
plt.legend()
plt.show()

plt.figure(figsize=(4,3))
plt.plot(epochs, acc, 'bo', label='Training acc')
plt.plot(epochs, val_acc, 'b', label='Validation acc')
plt.title('Training and validation accuracy')
plt.xlabel('Epochs')
plt.ylabel('Accuracy')
plt.legend(loc='lower right')
plt.ylim((0.5,1))
plt.show()
```

그림 8-44는 모델 훈련에 대한 시각화 결과입니다.[9]

9　실행 결과가 책의 그래프와 다를 수 있습니다.

▼ 그림 8-44 훈련과 테스트에 대한 정확도와 손실에 대한 시각화

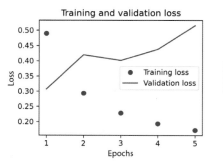
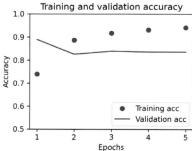

결과가 어떤가요? 정확도는 높아진 상태를 유지하고 있으나, 테스트 데이터셋에 대한 손실/오차
(val_loss)는 높아지고 있습니다.

앞의 세 가지 경우로 드롭아웃이 성능에 어떤 영향을 미치는지 확인해 보았습니다. 적절히 사용되
는 드롭아웃은 성능을 향상시키는 데 도움이 되므로 모델 최적화에 활용하기 좋습니다.

이제 마지막으로 조기 종료를 알아보겠습니다.

8.3.3 조기 종료를 이용한 성능 최적화

조기 종료(early stopping)는 뉴럴 네트워크가 과적합을 회피하는 규제 기법입니다. 훈련 데이터와
별도로 테스트 데이터를 준비하고, 매 에포크마다 테스트 데이터에 대한 오차(validation loss)를 측
정하여 모델의 종료 시점을 제어합니다. 즉, 과적합이 발생하기 전까지 훈련 데이터셋에 대한 오
차(training loss)와 테스트 데이터셋에 대한 오차 모두 감소하지만, 과적합이 발생하면 훈련 데이터
셋에 대한 오차는 감소하는 반면 테스트 데이터셋에 대한 오차는 증가합니다. 따라서 조기 종료는
테스트 데이터셋에 대한 오차가 증가하는 시점에서 훈련을 멈추도록 조정합니다.

▼ 그림 8-45 조기 종료

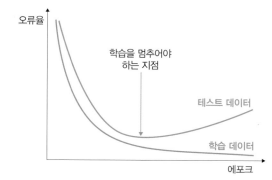

조기 종료는 훈련을 언제 종료시킬지를 결정할 뿐이지 최고의 성능을 갖는 모델은 보장하지 않습니다. 조기 종료는 종료 시점을 확인하기 위한 콜백(callback) 함수를 반드시 함께 사용해야 합니다.

다음 조기 종료에 대한 예제에서는 케라스에 내장된 데이터인 IMDB 데이터셋을 사용합니다.

먼저 필요한 라이브러리들을 호출합니다.

코드 8-26 라이브러리 호출

```
from tensorflow.keras.preprocessing import sequence
from tensorflow.keras.models import Sequential
from tensorflow.keras.layers import Dense, Dropout, Activation
from tensorflow.keras.layers import Embedding
from tensorflow.keras.layers import Conv1D, GlobalMaxPooling1D
from tensorflow.keras.datasets import imdb
import tensorflow as tf
import numpy as np
```

하이퍼파라미터 값을 초기화합니다.

코드 8-27 하이퍼파라미터 초기화

```
max_features = 5000
maxlen = 400
batch_size = 32
embedding_dims = 50
filters = 250
kernel_size = 3
hidden_dims = 250
epochs = 300
np.random.seed(7)
```

에포크를 200000 이상으로 설정하면 더 정확한 결과를 확인할 수 있습니다. 하지만 300 정도로 설정하더라도 4~5시간 정도 소요되므로 훈련시키는 시간을 고려하여 실습을 진행해야 합니다.

체크포인트(checkpoint)를 사용하여 훈련 과정을 저장합니다.

코드 8-28 체크포인트 설정

```
import os
checkpoint_path = "training_1/cp.ckpt"
checkpoint_dir = os.path.dirname(checkpoint_path)

cp_callback = tf.keras.callbacks.ModelCheckpoint(filepath=checkpoint_path, verbose=1) ····①
```

① 훈련하는 동안 체크포인트를 저장하기 위해 tf.keras.callbacks.ModelCheckpoint 콜백 함수를 사용합니다. 콜백 함수는 훈련 중간과 훈련 마지막에 체크포인트를 저장하는 데 많이 사용하는 방법입니다. 또한, 다시 훈련하지 않고 모델을 재사용하거나 의도치 않게 훈련이 중지된 경우 이어서 훈련할 수 있도록 하는 역할을 합니다.

이제 훈련에 사용될 데이터를 불러옵니다.

코드 8-29 데이터셋 메모리로 로딩

```
(x_train, y_train), (x_test, y_test) = imdb.load_data(num_words=max_features)
x_train = sequence.pad_sequences(x_train, maxlen=maxlen) ----- 모양(길이)이 같은 벡터를 만들기
x_test = sequence.pad_sequences(x_test, maxlen=maxlen)        위해 '0'으로 시퀀스를 채웁니다.
```

훈련에 필요한 모델을 생성합니다.

코드 8-30 모델 생성

```
model = Sequential()
model.add(Embedding(max_features,
                    embedding_dims,
                    input_length=maxlen)) ------ ①
model.add(Dropout(0.2)) ------ 무작위로 20%의 뉴런을 다음 층의 입력에서 무시
model.add(Conv1D(filters,
                 kernel_size,
                 padding='valid',
                 activation='relu',
                 strides=1)) ------ ②
model.add(GlobalMaxPooling1D())
model.add(Dense(hidden_dims))
model.add(Dropout(0.2))
model.add(Activation('relu'))
model.add(Dense(1))
model.add(Activation('sigmoid'))
model.summary()
```

① 앞서 임베딩을 다루었지만, 임베딩은 텍스트를 양의 정수로 변환해 주는 역할을 하며 파라미터는 다음과 같습니다.

```
Embedding(max_features, embedding_dims, input_length=maxlen)
              ⓐ              ⓑ              ⓒ
```

ⓐ 첫 번째 인자: 단어 사전의 크기로, 단어 종류가 총 5000개라는 의미입니다. 이 값은 앞서

356

imdb.load_data( ) 메서드의 num_words 파라미터 값과 동일해야 합니다.

ⓑ 두 번째 인자: 단어를 인코딩한 후 나오는 벡터 크기입니다. 이 값이 50이라면 단어가 50차원의 기하 공간에 표현되었다는 의미입니다.

ⓒ input_length: 단어 수, 즉 문장 길이를 나타냅니다. 임베딩층의 출력 크기는 샘플 개수×(output_dim)×(input_length)가 됩니다. 임베딩 다음에 플래튼(flatten)층이 온다면 반드시 input_length를 지정해야 합니다. 플래튼층이라면 입력 크기를 알아야 이를 1차원으로 만들어서 밀집층에 전달할 수 있기 때문입니다.

② 문장 해석을 위해 합성곱층(Conv1D)을 이용합니다. 합성곱층은 위치를 무시하고 지역적인 특성을 잘 뽑아냅니다. 합성곱을 문장에 적용한다면 주요 단어가 문장 앞뒤에 있더라도 전후 문맥을 고려하여 특성을 뽑아낼 수 있습니다. 글로벌 최대 풀링(GlobalMaxPooling1D)층은 합성곱층이 문장을 훑어 가면서 뽑아낸 특성 벡터 중 가장 큰 벡터를 선택합니다. 즉, 문맥을 보면서 주요 특성을 뽑아내고, 그중 가장 두드러지는 특성을 선택합니다.

다음은 모델을 훈련시킨 결과입니다.

```
Model: "sequential_5"
_____
Layer (type)                 Output Shape              Param #
=================================================================
embedding_5 (Embedding)      (None, 400, 50)           250000
_____
dropout_10 (Dropout)         (None, 400, 50)           0
_____
conv1d_5 (Conv1D)            (None, 398, 250)          37750
_____
global_max_pooling1d_5 (Glob (None, 250)               0
_____
dense_10 (Dense)             (None, 250)               62750
_____
dropout_11 (Dropout)         (None, 250)               0
_____
activation_10 (Activation)   (None, 250)               0
_____
dense_11 (Dense)             (None, 1)                 251
_____
activation_11 (Activation)   (None, 1)                 0
=================================================================
Total params: 350,751
```

```
Trainable params: 350,751
Non-trainable params: 0
_____
```

모델을 컴파일하고 훈련시킵니다. 단 조기 종료의 효과를 알아보기 위해 이번에는 조기 종료 코드
는 추가하지 않습니다.

코드 8-31 조기 종료가 추가되지 않은 모델 훈련

```
model.compile(loss='binary_crossentropy',
              optimizer='adam',
              metrics=['accuracy'])

model.fit(x_train, y_train,
          batch_size=batch_size,
          epochs=epochs,
          validation_split=0.2,
          callbacks=[cp_callback])
```

다음은 조기 종료가 추가되지 않은 모델 훈련 결과입니다.

```
Epoch 1/300
624/625 [=============================>.] - ETA: 0s - loss: 0.4360 - accuracy: 0.7764
Epoch 00001: saving model to training_1\cp.ckpt
...(중간 생략)...
Epoch 300/300
625/625 [==============================] - ETA: 0s - loss: 0.0014 - accuracy: 0.9996
Epoch 00300: saving model to training_1\cp.ckpt
INFO:tensorflow:Assets written to: training_1\cp.ckpt\assets
625/625 [==============================] - 33s 52ms/step - loss: 0.0014 - accuracy:
0.9996 - val_loss: 1.8912 - val_accuracy: 0.8754
<tensorflow.python.keras.callbacks.History at 0x26287c0eba8>
```

훈련된 모델의 평가를 확인해 보겠습니다.

코드 8-32 모델 평가

```
from tensorflow.keras.models import load_model
model = load_model(checkpoint_path)
scores = model.evaluate(x_test, y_test, verbose=1)
print(f'Score: {model.metrics_names[0]} of {scores[0]}; {model.metrics_names[1]} of
      {scores[1]*100}%')
```

다음은 모델 평가 실행 결과입니다.

```
782/782 [==============================] - 9s 12ms/step - loss: 1.9404 - accuracy:
0.8711
Score: loss of 1.9403566122055054; accuracy of 87.11199760437012%
```

체크포인트를 이용하여 정확도를 측정했더니 88%가 나왔습니다. 나쁘지 않은 결과이지만, 조기
종료를 적용한 결과와 비교해 보겠습니다.

코드 8-33 조기 종료를 적용한 모델 훈련

```
from tensorflow.keras.callbacks import EarlyStopping, ModelCheckpoint
keras_callbacks = [
    EarlyStopping(monitor='val_loss', patience=30, mode='min', min_delta=0.0001),
    ModelCheckpoint(checkpoint_path, monitor='val_loss', save_best_only=True, mode='min')
] ------ ①

model.fit(x_train, y_train,
        batch_size=batch_size,
        epochs=epochs,
        validation_split=0.2,
        callbacks=keras_callbacks)
```

① 학습 과정에서 EarlyStopping 콜백 함수를 호출하여 해당 조건이 되면 학습을 조기 종료시킵
니다. EarlyStopping 콜백 함수에서 설정할 수 있는 파라미터는 다음과 같습니다.

```
EarlyStopping(monitor='val_loss', patience=30, mode='min',
                ⓐ                    ⓑ            ⓒ
            min_delta=0.0001)
                ⓓ
```

ⓐ monitor: 관찰하고자 하는 항목으로 주로 'val_loss'나 'val_acc'를 관찰합니다.

ⓑ patience: 개선이 없다고 바로 종료하지 않고 개선이 없는 에포크를 얼마나 기다려 줄지를
지정합니다. 30이라고 지정하면 개선이 없는 에포크가 서른 번째 지속될 경우 학습을 종료합
니다.

ⓒ mode: 관찰 항목에 대해 개선이 없다고 판단하기 위한 기준을 지정합니다. 예를 들어 관찰
항목이 'val_loss'라면 감소가 더 이상 발생하지 않을 때 종료되어야 하므로 'min'으로 설정
됩니다.

ⓓ min_delta: 개선되고 있다 판단하기 위한 최소 변화량을 나타냅니다. 변화량이 min_delta
보다 적다면 개선이 없다고 판단합니다.

다음은 조기 종료를 적용한 모델 훈련 결과입니다.

```
Epoch 1/300
624/625 [============================>.] - ETA: 0s - loss: 0.0029 - accuracy:
0.9994INFO:tensorflow:Assets written to: training_1\cp.ckpt\assets
625/625 [=============================] - 34s 54ms/step - loss: 0.0029 - accuracy:
0.9995 - val_loss: 2.8124 - val_accuracy: 0.8792
Epoch 2/300
625/625 [=============================] - 32s 52ms/step - loss: 0.0033 - accuracy:
0.9994 - val_loss: 2.9206 - val_accuracy: 0.8786
...(중간 생략)...
Epoch 82/300
625/625 [=============================] - 40s 64ms/step - loss: 9.3635e-04 -
accuracy: 0.9997 - val_loss: 2.0407 - val_accuracy: 0.8808
Epoch 83/300
625/625 [=============================] - 41s 65ms/step - loss: 9.7220e-04 -
accuracy: 0.9998 - val_loss: 1.7107 - val_accuracy: 0.8850
<tensorflow.python.keras.callbacks.History at 0x262814fccf8>
```

조기 종료를 적용한 결과 300 에포크를 모두 수행하지 않고 83번째에서 중단되었습니다.

마지막으로 모델 평가 결과를 확인해 보겠습니다.

코드 8-34 모델 평가

```
model = load_model(checkpoint_path)
scores = model.evaluate(x_test, y_test, verbose=1)
print(f'Score: {model.metrics_names[0]} of {scores[0]}; {model.metrics_names[1]} of
    {scores[1]*100}%')
```

다음은 모델 평가 결과입니다.

```
782/782 [=============================] - 13s 16ms/step - loss: 1.5000 - accuracy:
0.8696
Score: loss of 1.5000197887420654; accuracy of 86.9599997997284%
```

체크포인트를 이용한 정확도를 확인했지만 크게 높아지지는 않았습니다. 앞에서도 언급했지만, 조기 종료는 성능 최적화를 보장하지 않으며, 단지 훈련의 종료 시점을 알 수 있도록 도와줍니다. 하지만 이번 예제에서는 학습 횟수를 200000 이상 진행한다면 어느 정도 성능이 향상되는 것을 확인할 수 있습니다. 또한, 조기 종료로 훈련 횟수도 많이 줄어들 것입니다(훈련을 300회 진행했을 때는 훈련을 83회 진행했습니다).

추가 학습을 진행한다면 훈련 횟수를 증가시키고 진행해 보기 바랍니다.

9^장

자연어 전처리

9.1 자연어 처리란

자연어 처리란 우리가 일상생활에서 사용하는 언어의 의미를 분석하여 컴퓨터가 처리할 수 있도록 하는 과정입니다. 자연어 처리는 딥러닝에 대한 이해도 필요하지만, 그에 앞서 인간 언어에 대한 이해도 필요하기 때문에 접근하기 어려운 분야입니다. 또한, 언어 종류가 다르고 그 형태가 다양하기 때문에 처리가 매우 어렵습니다. 예를 들어 영어는 명확한 띄어쓰기가 있지만, 중국어는 띄어쓰기가 없기 때문에 단어 단위의 임베딩이 어렵습니다. 또한, 자연어 처리를 위해 사용되는 용어들도 낯섭니다.

다음 그림은 자연어 처리가 가능한 영역과 발전이 필요한 분야입니다. 예를 들어 스팸 처리 및 맞춤법 검사는 완성도가 높은 반면, 질의응답 및 대화는 아직 발전이 더 필요한 분야입니다.

▼ 그림 9-1 자연어 처리 완성도

 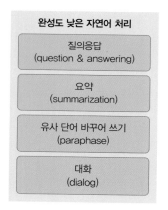

자연어 처리에서 사용하는 용어부터 알아보겠습니다.

9.1.1 자연어 처리 용어 및 과정

자연어 처리 관련 용어와 처리 과정을 먼저 알아보겠습니다.

자연어 처리 관련 용어

- **말뭉치(corpus(코퍼스))**: 자연어 처리에서 모델을 학습시키기 위한 데이터이며, 자연어 연구를 위해 특정한 목적에서 표본을 추출한 집합입니다.

▼ 그림 9-2 말뭉치(corpus)

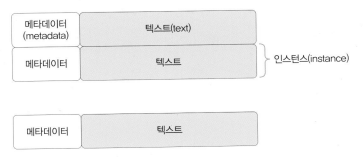

- **토큰(token)**: 자연어 처리를 위한 문서는 작은 단위로 나누어야 하는데, 이때 문서를 나누는 단위가 토큰입니다. 문자열을 토큰으로 나누는 작업을 토큰 생성(tokenizing)이라고 하며, 문자열을 토큰으로 분리하는 함수를 토큰 생성 함수라고 합니다.

- **토큰화(tokenization)**: 텍스트를 문장이나 단어로 분리하는 것을 의미합니다. 토큰화 단계를 마치면 텍스트가 단어 단위로 분리됩니다.

- **불용어(stop words)**: 문장 내에서 많이 등장하는 단어입니다. 분석과 관계없으며, 자주 등장하는 빈도 때문에 성능에 영향을 미치므로 사전에 제거해 주어야 합니다. 불용어 예로 "a", "the", "she", "he" 등이 있습니다.

- **어간 추출(stemming)**: 단어를 기본 형태로 만드는 작업입니다. 예를 들어 'consign', 'consigned', 'consigning', 'consignment'가 있을 때 기본 단어인 'consign'으로 통일하는 것이 어간 추출입니다.

▼ 그림 9-3 어간 추출

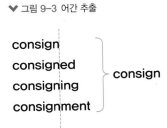

- **품사 태깅**(part-of-speech tagging): 주어진 문장에서 품사를 식별하기 위해 붙여 주는 태그 (식별 정보)를 의미합니다.

▼ 그림 9-4 품사 태깅

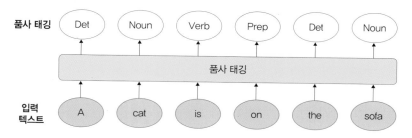

품사 태깅을 위한 정보는 다음과 같습니다.

- **Det**: 한정사
- **Noun**: 명사
- **Verb**: 동사
- **Prep**: 전치사

품사 태깅은 NLTK를 이용할 수 있습니다(NLTK는 9.1.2절에서 설명합니다).

NLTK는 아나콘다가 설치되어 있다면 추가적으로 설치할 필요가 없지만, 책에서는 가상 환경에서 실습하므로 다음 명령으로 설치합니다.

```
> pip install nltk
```

품사 태깅을 위해 주어진 문장에 대해 토큰화를 먼저 진행합니다. 다음 코드를 실행하면 NLTK Downloader 창이 뜹니다. **Download**를 눌러 내려받습니다.

코드 9-1 문장 토큰화

```
import nltk
nltk.download()
text = nltk.word_tokenize("Is it possible distinguishing cats and dogs")
text
```

주피터 노트북에서 `nltk.download()` 코드를 실행하면 다음과 같이 NLTK Downloader 창이 뜹니다(윈도에서는 작업 표시줄에 🖉 표시로 나타납니다). 왼쪽 하단의 **Download**를 눌러야 관련 패키지 등을 내려받을 수 있습니다. 내려받기가 완료된 후에는 File 〉 Exit를 선택해야 다음 단계를 진행할 수 있습니다.

▼ 그림 9-5 NLTK 다운로드

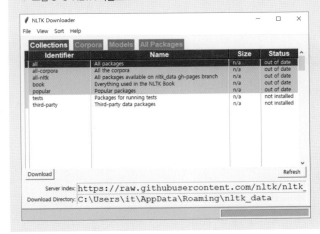

다음은 문장 토큰화를 진행한 결과입니다.

```
['Is', 'it', 'possible', 'distinguishing', 'cats', 'and', 'dogs']
```

태깅에 필요한 자원을 내려받습니다.

코드 9-2 태깅에 필요한 자원 내려받기

```
nltk.download('averaged_perceptron_tagger') ------ 태깅에 필요한 자원 내려받기
```

모두 내려받으면 다음과 같이 출력됩니다.

```
True
```

내려받은 자원을 이용하여 품사를 태깅합니다.

코드 9-3 품사 태깅

```
nltk.pos_tag(text)
```

다음은 품사 태깅에 대한 출력 결과입니다.

```
[('Is', 'VBZ'),
 ('it', 'PRP'),
 ('possible', 'JJ'),
 ('distinguishing', 'VBG'),
 ('cats', 'NNS'),
 ('and', 'CC'),
 ('dogs', 'NNS')]
```

여기에서 사용되는 품사 의미는 다음과 같습니다.

- **VBZ**: 동사, 동명사 또는 현재 분사

- **PRP**: 인칭 대명사(PP)

- **JJ**: 형용사

- **VBG**: 동사, 동명사 또는 현재 분사

- **NNS**: 명사, 복수형

- **CC**: 등위 접속사

자연어 처리 과정

자연어는 인간 언어입니다. 인간 언어는 컴퓨터가 이해할 수 없기 때문에 컴퓨터가 이해할 수 있는 언어로 바꾸고 원하는 결과를 얻기까지 크게 네 단계를 거칩니다.

첫 번째로 인간 언어인 자연어가 입력 텍스트로 들어오게 됩니다. 이때 인간 언어가 다양하듯 처리 방식이 조금씩 다르며, 현재는 영어에 대한 처리 방법들이 잘 알려져 있습니다.

두 번째로는 입력된 텍스트에 대한 전처리 과정이 필요합니다.

세 번째로 전처리가 끝난 단어들을 임베딩합니다. 즉, 단어를 벡터로 변환하는 방법으로 '10장 자연어 처리를 위한 임베딩'에서 자세히 다룹니다.

마지막으로 컴퓨터가 이해할 수 있는 데이터가 완성되었기 때문에 모델/모형(예 결정 트리)을 이용하여 데이터에 대한 분류 및 예측을 수행합니다. 이때 데이터 유형에 따라 분류와 예측에 대한 결과가 달라집니다.

▼ 그림 9-6 자연어 처리 과정

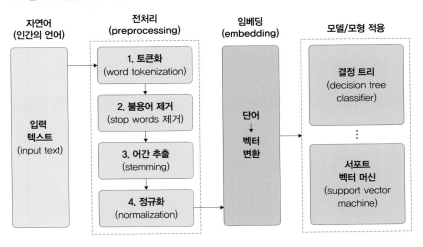

9.1.2 자연어 처리를 위한 라이브러리

NLTK

NLTK(Natural Language ToolKit)는 교육용으로 개발된 자연어 처리 및 문서 분석용 파이썬 라이브러리입니다. 다양한 기능 및 예제를 가지고 있으며 실무 및 연구에서도 많이 사용되고 있습니다.

다음은 NLTK 라이브러리가 제공하는 주요 기능입니다.

- 말뭉치

- 토큰 생성

- 형태소 분석

- 품사 태깅

설치한 NLTK 라이브러리를 이용하여 예제를 살펴보겠습니다.

코드 9-4 nltk 라이브러리 호출 및 문장 정의

```
import nltk
nltk.download('punkt') ------ 문장을 단어로 쪼개기 위한 자원 내려받기
string1 = "my favorite subject is math"
string2 = "my favorite subject is math, english, economic and computer science"
nltk.word_tokenize(string1)
```

다음은 string1에 대해 문장을 단어로 쪼갠 결과입니다.

```
['my', 'favorite', 'subject', 'is', 'math']
```

이번에는 string2를 nltk를 이용해서 단어 단위로 분리해 보겠습니다.

코드 9-5 단어 단위로 분리

```
nltk.word_tokenize(string2)
```

다음은 string2에 대해 문장을 단어로 분리시킨 결과입니다.

```
['my',
 'favorite',
 'subject',
 'is',
 'math',
 ',',
 'english',
 ',',
 'economic',
 'and',
 'computer',
 'science']
```

KoNLPy

KoNLPy(코엔엘파이라고 읽음)는 한국어 처리를 위한 파이썬 라이브러리입니다. KoNLPy는 파이썬에서 사용할 수 있는 오픈 소스 형태소 분석기로, 기존에 공개된 꼬꼬마(Kkma), 코모란 (Komoran), 한나눔(Hannanum), 트위터(Twitter), 메카브(Mecab) 분석기를 한 번에 설치하고 동일한 방법으로 사용할 수 있도록 해 줍니다.

윈도 환경에서 KoNLPy 설치 방법

1단계. Oracle JDK 설치

1. KoNLPy를 설치하기 전에 Oracle JDK를 설치해야 합니다(KoNLPy 공식 사이트에서는 Oracle JDK를 설치하는 것을 권고하고 있으며, 해당 파일을 내려받을 수 있는 URL을 제시합니다). Oracle JDK는 오라클 웹 사이트에 가입해야 내려받을 수 있습니다. 오라클 웹 사이트에 접속합니다. 이미 계정이 있다면 **3**으로 이동하세요.

    https://www.oracle.com/java/technologies/javase-downloads.html

2. 이메일 화면에서 **View Accounts** 〉 **Create an Account**를 클릭하여 계정을 생성합니다.

    ▼ 그림 9-7 오라클 웹 사이트에서 계정 생성

    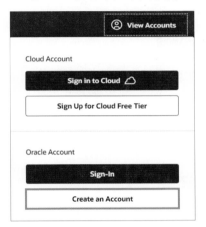

3. 회원 가입이 완료되었다면 다음 URL에 접속하여 자신의 운영 체제에 맞는 Oracle JDK를 선택합니다. 필자는 jdk-8u271-windows-x64.exe를 선택했습니다.

    https://www.oracle.com/java/technologies/javase/javase-jdk8-downloads.html

    ▼ 그림 9-8 Oracle JDK 버전 선택

Solaris SPARC 64-bit (SVR4 package)	125.94 MB	⬇ jdk-8u271-solaris-sparcv9.tar.Z
Solaris SPARC 64-bit	88.75 MB	⬇ jdk-8u271-solaris-sparcv9.tar.gz
Solaris x64 (SVR4 package)	134.42 MB	⬇ jdk-8u271-solaris-x64.tar.Z
Solaris x64	92.52 MB	⬇ jdk-8u271-solaris-x64.tar.gz
Windows x86	154.48 MB	⬇ jdk-8u271-windows-i586.exe
Windows x64	166.79 MB	⬇ jdk-8u271-windows-x64.exe

4. 다음과 같이 알림 창이 뜨면 체크박스를 선택한 후 **Download**를 눌러 선택한 파일을 내려받습니다.

▼ 그림 9-9 Oracle JDK 내려받기

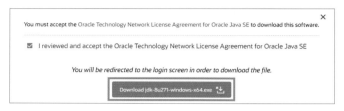

5. 내려받은 파일을 더블클릭하여 설치합니다. JDK 파일을 설치하는 단계입니다. **Next**를 누릅니다.

▼ 그림 9-10 JDK 설치 시작

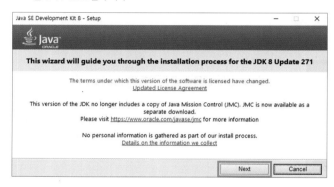

6. 추가적인 기능 설치와 설치 경로를 지정하는 단계입니다. 기본값을 그대로 두고 **Next**를 누릅니다.

▼ 그림 9-11 기능과 설치 경로 지정

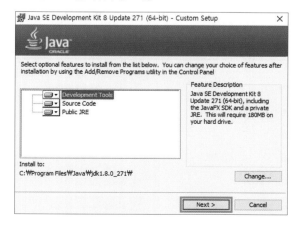

7. 자바를 설치할 폴더를 지정하는 단계로, 기본값을 그대로 두고 **다음**을 누릅니다.

▼ 그림 9-12 자바를 설치할 폴더 지정

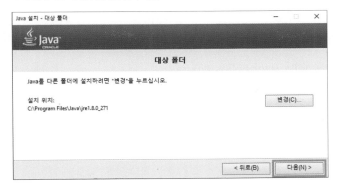

8. 설치가 진행되고 있는 화면입니다.

▼ 그림 9-13 설치 중

9. 설치가 완료되었습니다. **Close**를 누릅니다.

▼ 그림 9-14 설치 완료

2단계. JPype1 설치

1. 다음 URL에서 JPype1을 내려받아 설치합니다. 이때 64비트 윈도는 win-amd64, 32비트 윈도는 win32라고 표시된 파일을 내려받아야 합니다. 필자는 JPype1-1.1.2-cp38-cp38-win_amd64.whl 버전을 내려받았습니다.

   https://www.lfd.uci.edu/~gohlke/pythonlibs/#jpype

   ❤ 그림 9-15 JPype1 버전 선택

   JPype: allows full access to Java class libraries.
   JPype1-1.1.2-cp39-cp39-win_amd64.whl
   JPype1-1.1.2-cp39-cp39-win32.whl
   JPype1-1.1.2-cp38-cp38-win_amd64.whl
   JPype1-1.1.2-cp38-cp38-win32.whl
   JPype1-1.1.2-cp37-cp37m-win_amd64.whl
   JPype1-1.1.2-cp37-cp37m-win32.whl
   JPype1-1.1.2-cp36-cp36m-win_amd64.whl
   JPype1-1.1.2-cp36-cp36m-win32.whl
   JPype1-0.7.1-cp35-cp35m-win_amd64.whl
   JPype1-0.7.1-cp35-cp35m-win32.whl
   JPype1-0.7.1-cp27-cp27m-win_amd64.whl
   JPype1-0.7.1-cp27-cp27m-win32.whl
   JPype1-0.6.3-cp34-cp34m-win_amd64.whl
   JPype1-0.6.3-cp34-cp34m-win32.whl

2. 아나콘다 프롬프트에서 tf2_book 가상 환경으로 접속한 후 내려받은 JPype1 파일을 설치합니다. 이때 내려받은 파일의 경로까지 모두 적어야 합니다.

   ```
   > pip install JPype1-0.5.7-cp27-none-win_amd64.whl
   ```

   Note ☰ **JPype1을 설치할 때 오류가 발생한다면**

   먼저 다음 명령으로 pip를 업그레이드합니다. 그러고 나서 다시 JPype1을 설치해 보세요.

   ```
   > pip install --upgrade pip
   ```

   pip를 업그레이드하는 데 다음과 같은 오류 메시지가 표시되었다면 권한이 부족하다는 이야기이므로 아나콘다 프롬프트를 관리자 권한(아나콘다 프롬프트 메뉴에서 마우스 오른쪽 버튼을 눌러 **관리자 권한** 선택)으로 실행한 후 다시 시도해 보세요.

   ```
   ERROR: Could not install packages due to an EnvironmentError: [WinError 5] 액세스가 거부되었습니다: 'C:\\Users\\it\\AppData\\Local\\Temp\\pip-uninstall-xb8elb6e\\pip.exe'
   Consider using the `--user` option or check the permissions.
   ```

3단계. KoNLPy 설치

KoNLPy를 설치합니다.

```
> pip install konlpy
```

우분투에서 KoNLPy 설치 방법

우분투에서는 다음 명령으로 Oracle JDK와 JPype1을 바로 설치할 수 있습니다.

```
$ sudo apt-get install g++ openjdk-8-jdk
$ sudo apt-get install python3-dev; pip3 install konlpy
```

설치가 완료되었으니, 예제를 살펴보겠습니다.

코드 9-6 라이브러리 호출 및 문장을 형태로 변환

```
from konlpy.tag import Komoran
komoran = Komoran()
print(komoran.morphs('딥러닝이 쉽나요? 어렵나요?'))  ------ 텍스트를 형태소로 반환
```

다음은 문장을 형태소로 변환한 출력 결과입니다.

```
['딥러닝이', '쉽', '나요', '?', '어렵', '나요', '?']
```

이번에는 문장을 형태소로 변환한 후 품사를 태깅해 보겠습니다.

코드 9-7 품사 태깅

```
print(komoran.pos('소파 위에 있는 것이 고양이인가요? 강아지인가요?'))  ------ 텍스트에서 품사를
                                                                          태깅하여 반환
```

다음은 문장을 형태로 분해하여 품사를 태깅한 출력 결과입니다.

```
[('소파', 'NNP'), ('위', 'NNG'), ('에', 'JKB'), ('있', 'VV'), ('는', 'ETM'), ('것',
'NNB'), ('이', 'JKS'), ('고양이', 'NNG'), ('이', 'VCP'), ('ㄴ가요', 'EF'), ('?', 'SF'),
('강아지', 'NNG'), ('이', 'VCP'), ('ㄴ가요', 'EF'), ('?', 'SF')]
```

참고로 KoNLPy에서 제공하는 주요 기능은 다음과 같습니다.

- 형태소 분석

- 품사 태깅

형태소는 언어를 쪼갤 때 의미를 가지는 최소 단위입니다. 다음 그림은 형태소 분석을 위한 단계를 도식화한 것입니다.

▼ 그림 9-16 형태소

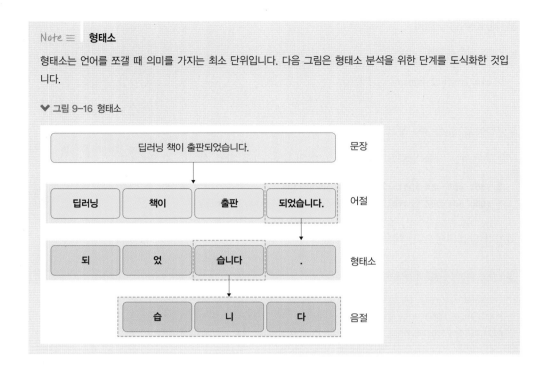

Gensim

Gensim은 파이썬에서 제공하는 워드투벡터(Word2Vec) 라이브러리입니다. 딥러닝 라이브러리는 아니지만 효율적이고 확장 가능하기 때문에 폭넓게 사용하고 있습니다.

다음은 Gensim에서 제공하는 주요 기능입니다.

- **임베딩**: 워드투벡터[1]

- 토픽 모델링[2]

- LDA(Latent Dirichlet Allocation)[3]

Gensim을 사용하려면 다음 명령으로 먼저 설치해야 합니다. 9.2절에서 사용하므로 여기에서 설치합시다.

```
> pip install -U gensim
```

---

1 워드투벡터는 10장에서 자세히 다룹니다.
2 문서 집합의 추상적인 주제를 발견하기 위한 통계적 모델 중 하나로, 텍스트 본문의 숨겨진 의미 구조를 발견하는 데 사용되는 텍스트 마이닝 기법입니다. 한마디로 각 주제별로 단어 표현을 묶어 주는 것입니다.
3 주어진 문서에 대해 각 문서에 어떤 주제들이 존재하는지를 서술하는 확률적 토픽 모델 기법입니다.

사이킷런

사이킷런(scikit-learn)은 파이썬을 이용하여 문서를 전처리할 수 있는 라이브러리를 제공합니다. 특히 자연어 처리에서 특성 추출 용도로 많이 사용됩니다.

다음은 사이킷런에서 제공하는 주요 기능입니다.

- **CountVectorizer**: 텍스트에서 단어의 등장 횟수를 기준으로 특성을 추출합니다.
- **Tfidfvectorizer**: TF-IDF 값을 사용해서 텍스트에서 특성을 추출합니다.
- **HashingVectorizer**: CountVectorizer와 방법이 동일하지만 텍스트를 처리할 때 해시 함수를 사용하기 때문에 실행 시간이 감소합니다.

9.2 / 전처리

머신 러닝이나 딥러닝에서 텍스트 자체를 특성으로 사용할 수는 없습니다. 텍스트 데이터에 대한 전처리 작업이 필요한데, 이때 전처리를 위해 토큰화, 불용어 제거 및 어간 추출 등 작업이 필요합니다.

앞서도 살펴보았지만, 전처리 과정은 다음 그림과 같습니다.

▼ 그림 9-17 전처리 과정

9.2.1 결측치 확인

결측치는 다음 표의 성춘향에 대한 '몸무게'처럼 주어진 데이터셋에서 데이터가 없는(NaN) 것입니다. 결측치 확인 및 처리는 다음 방법을 이용합니다.

▼ 표 9-1 결측치

ID	이름	몸무게	키
1	홍길동	76	177
2	성춘향	NaN	155
3	이도령	65	170

결측치 확인하기

결측치를 확인하기 위해 내려받은 예제 파일의 data 폴더에 있는 class2.csv 파일[4]을 사용합니다.

코드 9-8 결측치를 확인할 데이터 호출

```
import pandas as pd
df = pd.read_csv('..\chap9\data\class2.csv')
df ------ 주어진 데이터를 확인
```

다음과 같이 class2.csv 데이터셋을 확인할 수 있습니다.

▼ 그림 9-18 class2.csv 데이터셋

	Unnamed: 0	id	tissue	class	class2	x	y	r
0	0	mdb000	C	CIRC	N	535.0	475.0	192.0
1	1	mdb001	A	CIRA	N	433.0	268.0	58.0
2	2	mdb002	A	CIRA	I	NaN	NaN	NaN
3	3	mdb003	C	CIRC	B	NaN	NaN	NaN
4	4	mdb004	F	CIRF	I	488.0	145.0	29.0
5	5	mdb005	F	CIRF	B	544.0	178.0	26.0

여기에서 주어진 데이터 중 NaN으로 표시된 부분들이 결측치입니다.

isnull() 메서드를 사용하여 결측치 개수를 확인합니다.

코드 9-9 결측치 개수 확인

```
df.isnull().sum() ------ isnull() 메서드를 사용하여 결측치가 있는지 확인한 후,
                         sum() 메서드를 사용하여 결측치가 몇 개인지 합산하여 보여 줍니다.
```

4　The mini-MIAS database of mammograms(http://peipa.essex.ac.uk/info/mias.html)에서 제공하는 유방 조영술 관련 데이터셋을 수정하여 사용합니다.

다음은 결측치 개수에 대한 출력 결과입니다.

```
Unnamed: 0     0
id             0
tissue         0
class          0
class2         0
x              2
y              2
r              2
dtype: int64
```

결측치는 x, y, r 각각 두 개씩 존재합니다.

전체 데이터 대비 결측치 비율을 확인해 봅시다.

코드 9-10 결측치 비율

```
df.isnull().sum() / len(df)
```

다음은 결측치 비율에 대한 출력 결과입니다.

```
Unnamed: 0    0.000000
id            0.000000
tissue        0.000000
class         0.000000
class2        0.000000
x             0.333333
y             0.333333
r             0.333333
dtype: float64
```

결측치 처리하기

다음은 모든 행에 결측치가 존재한다면(모든 행이 NaN일 때) 해당 행을 삭제하는 처리 방법입니다.

코드 9-11 결측치 삭제 처리

```
df = df.dropna(how='all')  ------ 모든 행이 NaN일 때만 삭제
print(df)  ------ 데이터 확인(삭제 유무 확인)
```

다음은 결측치를 삭제 처리하여 출력된 결과입니다. 모든 행에 NaN이 있는 것이 아니라서 삭제된 행이 없습니다.

```
   Unnamed: 0       id tissue class class2      x      y      r
0           0   mdb000      C  CIRC      N  535.0  475.0  192.0
1           1   mdb001      A  CIRA      N  433.0  268.0   58.0
2           2   mdb002      A  CIRA      I    NaN    NaN    NaN
3           3   mdb003      C  CIRC      B    NaN    NaN    NaN
4           4   mdb004      F  CIRF      I  488.0  145.0   29.0
5           5   mdb005      F  CIRF      B  544.0  178.0   26.0
```

다음은 결측치가 하나라도 존재한다면(데이터가 하나라도 NaN 값이 있을 때) 해당 행을 삭제하는 처리 방법입니다.

코드 9-12 결측치 삭제 처리

```
df1 = df.dropna()  ------ 데이터에 하나라도 NaN 값이 있으면 행을 삭제
print(df1)
```

다음은 결측치를 삭제 처리하여 출력된 결과입니다.

```
   Unnamed: 0       id tissue class class2      x      y      r
0           0   mdb000      C  CIRC      N  535.0  475.0  192.0
1           1   mdb001      A  CIRA      N  433.0  268.0   58.0
4           4   mdb004      F  CIRF      I  488.0  145.0   29.0
5           5   mdb005      F  CIRF      B  544.0  178.0   26.0
```

다음은 결측치를 다른 값으로 채우는 방법입니다. 결측치를 '0'으로 채워 보겠습니다.

코드 9-13 결측치를 0으로 채우기

```
df2 = df.fillna(0)
print(df2)
```

다음은 결측치를 0으로 채운 출력 결과입니다. NaN이 0으로 채워진 것을 확인할 수 있습니다.

```
   Unnamed: 0       id tissue class class2      x      y      r
0           0   mdb000      C  CIRC      N  535.0  475.0  192.0
1           1   mdb001      A  CIRA      N  433.0  268.0   58.0
2           2   mdb002      A  CIRA      I    0.0    0.0    0.0
3           3   mdb003      C  CIRC      B    0.0    0.0    0.0
```

```
4         4  mdb004    F  CIRF    I  488.0  145.0   29.0
5         5  mdb005    F  CIRF    B  544.0  178.0   26.0
```

다음으로 결측치를 해당 열의 평균값으로 채워 보겠습니다.

```
df['x'].fillna(df['x'].mean(), inplace=True)
print(df)
```

다음은 결측치를 평균으로 채운 출력 결과입니다. x열에 대해 평균값(500.0)으로 NaN 값이 채워져 있는 것을 확인할 수 있습니다.

```
   Unnamed: 0      id tissue class class2      x      y      r
0           0  mdb000    C   CIRC      N  535.0  475.0  192.0
1           1  mdb001    A   CIRA      N  433.0  268.0   58.0
2           2  mdb002    A   CIRA      I  500.0    NaN    NaN
3           3  mdb003    C   CIRC      B  500.0    NaN    NaN
4           4  mdb004    F   CIRF      I  488.0  145.0   29.0
5           5  mdb005    F   CIRF      B  544.0  178.0   26.0
```

이외에도 다음 방법들로 결측치를 처리할 수 있습니다.

- 데이터에 하나라도 NaN 값이 있을 때 행 전체를 삭제
- 데이터가 거의 없는 특성(열)은 특성(열) 자체를 삭제
- 최빈값 혹은 평균값으로 NaN 값을 대체

9.2.2 토큰화

토큰화(tokenization)는 주어진 텍스트를 단어/문자 단위로 자르는 것을 의미합니다. 따라서 토큰화는 문장 토큰화와 단어 토큰화로 구분됩니다. 예를 들어 'A cat is on the sofa'라는 문장이 있을 때 단어 토큰화를 진행하면 각각의 단어인 'A', 'cat', 'is', 'on', 'the', 'sofa'로 분리됩니다.

문장 토큰화

주어진 문장을 토큰화한다는 것은 마침표(.), 느낌표(!), 물음표(?) 등 문장의 마지막을 뜻하는 기호에 따라 분리하는 것입니다.

NLTK를 이용하여 문장 토큰화를 구현해 보겠습니다.

코드 9-15 문장 토큰화

```
from nltk import sent_tokenize
text_sample = 'Natural Language Processing, or NLP, is the process of extracting the
meaning, or intent, behind human language. In the field of Conversational artificial
intelligence (AI), NLP allows machines and applications to understand the intent of
human language inputs, and then generate appropriate responses, resulting in a natural
conversation flow.'
tokenized_sentences = sent_tokenize(text_sample)
print(tokenized_sentences)
```

다음은 문장 토큰화를 실행한 결과입니다. 정확하게 문장 단위로 구분되는 것을 확인할 수 있습니다.

```
['Natural Language Processing, or NLP, is the process of extracting the meaning,
or intent, behind human language.', 'In the field of Conversational artificial
intelligence (AI), NLP allows machines and applications to understand the intent of
human language inputs, and then generate appropriate responses, resulting in a natural
conversation flow.']
```

단어 토큰화

단어 토큰화는 다음과 같이 띄어쓰기를 기준으로 문장을 구분합니다.

▼ 그림 9-19 단어 토큰화

하지만 한국어는 띄어쓰기만으로 토큰을 구분하기 어려운 단점이 있습니다(한글 토큰화는 뒤에서 학습할 KoNLPy를 사용합니다). 역시 NLTK 라이브러리를 이용하여 주어진 문장을 단어 단위로 토큰화해 보겠습니다.

코드 9-16 단어 토큰화

```
from nltk import word_tokenize
sentence = "This book is for deep learning learners"
words = word_tokenize(sentence)
print(words)
```

다음은 단어 토큰화를 실행한 결과입니다.

```
['This', 'book', 'is', 'for', 'deep', 'learning', 'learners']
```

그렇다면 아포스트로피(')가 있는 문장은 어떻게 구분할까요?

아포스트로피에 대한 분류는 NLTK에서 제공하는 WordPunctTokenizer를 이용합니다.

예를 들어 it's는 it, ', s로 구분했고, don't는 don, ', t로 구분합니다. 다음 코드는 아포스트로피가 포함된 문장을 구분합니다.

코드 9-17 아포스트로피가 포함된 문장에서 단어 토큰화

```
from nltk.tokenize import WordPunctTokenizer
sentence = "it's nothing that you don't already know except most people aren't aware
of how their inner world works."
words = WordPunctTokenizer().tokenize(sentence)
print(words)
```

다음은 아포스트로피가 포함된 문장에서 단어 토큰화를 실행한 결과입니다.

```
['it', ''', 's', 'nothing', 'that', 'you', 'don', ''', 't', 'already', 'know',
'except', 'most', 'people', 'aren', ''', 't', 'aware', 'of', 'how', 'their', 'inner',
'world', 'works', '.']
```

마지막으로 NLTK가 아닌 케라스를 이용하여 주어진 문장을 구분해 보겠습니다. 케라스에서는 text_to_word_sequence를 이용합니다.

코드 9-18 케라스를 이용한 단어 토큰화

```
from tensorflow.keras.preprocessing.text import text_to_word_sequence
sentence = "it's nothing that you don't already know except most people aren't aware
of how their inner world works."
words = text_to_word_sequence(sentence)
print(words)
```

다음은 케라스를 이용한 단어 토큰화를 실행한 결과입니다.

```
['it's', 'nothing', 'that', 'you', 'don't', 'already', 'know', 'except', 'most',
'people', 'aren't', 'aware', 'of', 'how', 'their', 'inner', 'world', 'works', '.']
```

한글 토큰화 예제

한국어 토큰화는 앞서 배운 KoNLPy 라이브러리를 사용합니다. 9장 예제 data 폴더의 ratings_train.txt[5] 데이터 파일을 사용합니다.

코드 9-19 라이브러리 호출 및 데이터셋 준비

```
import csv
from konlpy.tag import Okt
from gensim.models import word2vec

f = open(r'..\data\ratings_train.txt', 'r', encoding='utf-8')
rdr = csv.reader(f, delimiter='\t')
rdw = list(rdr)
f.close()
```

한글 형태소 분석을 위해 오픈 소스 한글 형태소 분석기(Twitter(Okt))를 사용합니다.

코드 9-20 오픈 소스 한글 형태소 분석기 호출

```
twitter = Okt()

result = []
  for line in rdw: ------ 텍스트를 한 줄씩 처리
      malist = twitter.pos(line[1], norm=True, stem=True) ------ 형태소 분석
      r = []
      for word in malist:
          if not word[1] in ["Josa","Eomi","Punctuation"]: ------ 조사, 어미, 문장 부호는 제외하고 처리
              r.append(word[0])
      rl = (" ".join(r)).strip() ------ 형태소 사이에 공백 " "을 넣고, 양쪽 공백은 삭제
      result.append(rl)
      print(rl)
```

---

5 https://github.com/e9t/nsmc에 오픈된 데이터 중 하나입니다.

다음은 형태소 분석 결과입니다.

```
document
아 더빙 진짜 짜증나다 목소리
흠 포스터 보고 초딩 영화 줄 오버 연기 가볍다 않다
너 무재 밍었 다그 래서 보다 추천 다
교도소 이야기 구먼 솔직하다 재미 없다 평점 조정
...(중간 생략)...
이 뭐 한국인 거들다 먹거리 필리핀 혼혈 착하다
청춘 영화 최고봉 방황 우울하다 날 들 자화상
한국 영화 최초 수간 하다 내용 담기다 영화
```

앞서 생성했던 형태소를 별도 파일로 저장합니다. 이 부분은 한국어 토큰화와 관련성은 없으나 사용 방법을 소개하기 위해 포함했습니다.

코드 9-21 형태소 저장

```
with open("NaverMovie.nlp", 'w', encoding='utf-8') as fp:
    fp.write("\n".join(result))
```

지연어 전처리

Word2Vec 모델을 생성한 후 저장합니다.

코드 9-22 Word2Vec 모델 생성

```
mData = word2vec.LineSentence("NaverMovie.nlp")
mModel = word2vec.Word2Vec(mData, size=200, window=10, hs=1, min_count=2, sg=1)
mModel.save("NaverMovie.model") ------ 모델 저장
```

한글에 대한 토큰화도 크게 다르지 않은 것을 확인할 수 있었습니다. 토큰화를 왜 해야 하고 어떻게 하는지에 대한 방법만 알면 언어에 관계없이 수행할 수 있습니다.

9.2.3 불용어 제거

불용어(stop word)란 문장 내에서 빈번하게 발생하여 의미를 부여하기 어려운 단어들을 의미합니다. 예를 들어 'a', 'the' 같은 단어들은 모든 구문(phrase)에 매우 많이 등장하기 때문에 아무런 의미가 없습니다. 특히 불용어는 자연어 처리에 있어 효율성을 감소시키고 처리 시간이 길어지는 단점이 있기 때문에 반드시 제거가 필요합니다.

다음은 NLTK 라이브러리를 이용한 코드입니다.

코드 9-23 불용어 제거

```python
import nltk
from nltk.corpus import stopwords
nltk.download('stopwords')
nltk.download('punkt')
from nltk.tokenize import word_tokenize

sample_text = "One of the first things that we ask ourselves is what are the pros and
cons of any task we perform."
text_tokens = word_tokenize(sample_text)

tokens_without_sw = [word for word in text_tokens if not word in stopwords.words(
                     'english')]
print("불용어 제거 미적용:", text_tokens, '\n')
print("불용어 제거 적용:", tokens_without_sw)
```

다음은 불용어 제거와 미제거에 대한 실행 결과입니다.

```
불용어 제거 미적용: ['One', 'of', 'the', 'first', 'things', 'that', 'we', 'ask', 'ourselves',
'is', 'what', 'are', 'the', 'pros', 'and', 'cons', 'of', 'any', 'task', 'we', 'perform',
'.']

불용어 제거 적용: ['One', 'first', 'things', 'ask', 'pros', 'cons', 'task', 'perform', '.']
```

불용어 제거를 적용한 결과는 'of', 'the' 같은 단어가 삭제된 것을 확인할 수 있습니다.

9.2.4 어간 추출

어간 추출(stemming)과 표제어 추출(lemmatization)은 단어 원형을 찾아 주는 것입니다. 예를 들어 '쓰다'의 다양한 형태인 writing, writes, wrote에서 write를 찾는 것입니다.

어간 추출은 단어 그 자체만 고려하기 때문에 품사가 달라도 사용 가능합니다. 예를 들어 어간 추출은 다음과 같이 사용됩니다.

- Automates, automatic, automation → automat

반면 표제어 추출은 단어가 문장 속에서 어떤 품사로 쓰였는지 고려하기 때문에 품사가 같아야 사용 가능합니다. 예를 들어 다음 표제어 추출이 가능합니다.

- am, are, is → be

- car, cars, car's, cars' → car

즉, 어간 추출과 표제어 추출은 둘 다 어근 추출이 목적이지만, 어간 추출은 사전에 없는 단어도 추출할 수 있고 표제어 추출은 사전에 있는 단어만 추출할 수 있다는 점에서 차이가 있습니다.

NLTK의 어간 추출로는 대표적으로 포터(porter)와 랭커스터(lancaster) 알고리즘이 있습니다. 이 둘에 대한 차이를 코드로 확인해 보겠습니다.

먼저 포터 알고리즘을 적용해 보겠습니다.

코드 9-24 포터 알고리즘

```
from nltk.stem import PorterStemmer
stemmer = PorterStemmer()

print(stemmer.stem('obesses'), stemmer.stem('obssesed'))
print(stemmer.stem('standardizes'), stemmer.stem('standardization'))
print(stemmer.stem('national'), stemmer.stem('nation'))
print(stemmer.stem('absentness'), stemmer.stem('absently'))
print(stemmer.stem('tribalical'), stemmer.stem('tribalicalized')) ------ 사전에 없는 단어
```

다음은 포터 알고리즘을 실행한 결과입니다.

```
obsess obsess
standard standard
nation nation
absent absent
tribal tribalic
```

포터 알고리즘 수행 결과 단어 원형이 비교적 잘 보존되어 있는 것을 확인할 수 있습니다.

이번에는 랭커스터 알고리즘을 적용해 보겠습니다.

코드 9-25 랭커스터 알고리즘

```
from nltk.stem import LancasterStemmer
stemmer = LancasterStemmer()
```

```
print(stemmer.stem('obsesses'), stemmer.stem('obsessed'))
print(stemmer.stem('standardizes'), stemmer.stem('standardization'))
print(stemmer.stem('national'), stemmer.stem('nation'))
print(stemmer.stem('absentness'), stemmer.stem('absently'))
print(stemmer.stem('tribalical'), stemmer.stem('tribalicalized')) ------ 사전에 없는 단어
```

다음은 랭커스터 알고리즘을 실행한 결과입니다.

```
obsess obsess
standard standard
nat nat
abs abs
trib trib
```

포터 알고리즘과 다르게 랭커스터 알고리즘은 단어 원형을 알아볼 수 없을 정도로 축소시키기 때문에 정확도가 낮습니다. 따라서 일반적인 상황보다는 데이터셋을 축소시켜야 하는 특정 상황에서나 유용합니다.

표제어 추출

일반적으로 어간 추출보다 표제어 추출의 성능이 더 좋습니다. 품사와 같은 문법뿐만 아니라 문장 내에서 단어 의미도 고려하기 때문에 성능이 좋습니다. 하지만 어간 추출보다 시간이 더 오래 걸리는 단점이 있습니다.

표제어 추출은 WordNetLemmatizer를 주로 사용합니다.

코드 9-26 표제어 추출

```
import nltk
nltk.download('wordnet')

from nltk.stem import WordNetLemmatizer ------ 표제어 추출 라이브러리
lemma = WordNetLemmatizer()

print(stemmer.stem('obsesses'), stemmer.stem('obsessed'))
print(lemma.lemmatize('standardizes'), lemma.lemmatize('standardization'))
print(lemma.lemmatize('national'), lemma.lemmatize('nation'))
print(lemma.lemmatize('absentness'), lemma.lemmatize('absently'))
print(lemma.lemmatize('tribalical'), lemma.lemmatize('tribalicalized'))
```

다음은 표제어 추출을 실행한 결과입니다.

```
obesses obssesed
standardizes standardization
national nation
absentness absently
tribalical tribalicalized
```

일반적으로 표제어 추출의 성능을 높이고자 단어에 대한 품사 정보를 추가하곤 합니다. 다음 코드와 같이 두 번째 파라미터에 품사 정보를 넣어 주면 정확하게 어근 단어를 추출할 수 있습니다.

코드 9-27 품사 정보가 추가된 표제어 추출

```
print(lemma.lemmatize('obsesses','v'), lemma.lemmatize('obsessed','a'))
print(lemma.lemmatize('standardizes','v'), lemma.lemmatize('standardization','n'))
print(lemma.lemmatize('national','a'), lemma.lemmatize('nation','n'))
print(lemma.lemmatize('absentness','n'), lemma.lemmatize('absently','r'))
print(lemma.lemmatize('tribalical','a'), lemma.lemmatize('tribalicalized','v'))
```

다음은 품사 정보가 추가된 표제어 추출을 실행한 결과입니다. 몇 개의 단어만 예시로 진행했기 때문에 앞에서 진행했던 결과와 동일하게 나타나지만 수백~수천 단어를 진행할 때는 차이가 크게 나타납니다.

```
obsess obsessed
standardize standardization
national nation
absentness absently
tribalical tribalicalized
```

9.2.5 정규화

정규화(normalization)는 표현 방법이 다른 단어들을 통합시켜서 같은 단어로 만들어 주는 것입니다. 예를 들어 USA와 US는 의미가 같으므로, 같은 의미로 해석되도록 만들어 주는 과정입니다.

머신 러닝/딥러닝은 데이터 특성들을 비교하여 패턴을 분석합니다. 이때 각각의 데이터가 갖는 스케일 차이가 크면 어떤 결과가 나타날까요? 예를 들어 다음과 같은 데이터셋이 있다고 가정해 봅시다. MonthlyIncome은 0~10000의 범위를 갖지만, RelationshipSatisfaction은 0~5의 범위를 갖습니다. 즉, MonthlyIncome과 RelationshipSatisfaction은 상당히 다른 값의 범위를 갖는데, 이 상태에서 데이터를 분석하면 MonthlyIncome 값이 더 크기 때문에 상대적으로 더 많은 영향을 미치게 됩니다. 하지만 중요한 것은 값이 크다고 해서 분석에 더 중요한 요소라고 간주할 수 없기 때문에 정규화가 필요한 것입니다.

▼ 표 9-2 정규화

Monthly Income	Age	PercentSalary Hike	Relationship Satisfaction	TrainingTimes LastYear	YearsInCurrent Role
5993	23	11	1	0	4
5130	55	23	4	3	7
2090	45	15	2	3	0
2909	60	11	3	3	7
3468	47	12	4	3	2
3068	51	13	3	2	7
2670	19	20	1	3	0
2693	33	22	2	2	0
9526	37	21	2	2	7
5237	59	13	2	3	7

좀 더 자세한 내용을 살펴보기 위해 예제 두 개를 진행해 보겠습니다. 동일한 데이터셋을 이용하여 하나의 예제는 정규화를 진행하지 않았을 때의 정확도를 알아보고, 또 다른 예제는 정규화를 진행했을 때의 정확도를 알아보겠습니다.

먼저 정규화를 진행하지 않았을 때의 예제를 살펴보는 데 필요한 라이브러리를 호출합니다.

코드 9-28 라이브러리 호출

```
import pandas as pd
from sklearn.model_selection import train_test_split
import tensorflow as tf
from tensorflow.python.data import Dataset
from tensorflow.keras.utils import to_categorical
from tensorflow.keras import models
from tensorflow.keras import layers
```

내려받은 예제 파일의 data 폴더에 있는 covtype.csv 파일[6]을 메모리로 로딩합니다. covtype.csv 파일은 지역 4곳에 대한 환경과 나무들의 상태에 대해 정리한 데이터셋입니다.

코드 9-29 데이터셋 로딩 및 모델 훈련

```python
df = pd.read_csv('../chap9/data/covtype.csv')
x = df[df.columns[:54]]
y = df.Cover_Type ------ 정답(레이블)을 Cover_Type 칼럼으로 지정

x_train, x_test, y_train, y_test = train_test_split(x, y, train_size=0.7,
                                    random_state=90) ------ 훈련과 테스트 데이터셋으로
                                                             분리하며, 전체 데이터셋 중
                                                             70%를 훈련용으로 사용
model = tf.keras.Sequential([
    tf.keras.layers.Dense(64, activation='relu',
                          input_shape=(x_train.shape[1],)),
    tf.keras.layers.Dense(64, activation='relu'),
    tf.keras.layers.Dense(8, activation='softmax')
]) ------ 출력층은 소프트맥스 활성 함수 사용

model.compile(optimizer=tf.keras.optimizers.Adam(0.001),
              loss='sparse-categorical crossentropy',
              metrics=['accuracy']) ------ y가 다중 분류가 가능한 값을 갖기 때문에
                                            sparse-categorical crossentropy 손실 함수 사용
history1 = model.fit(
    x_train, y_train,
    epochs=26, batch_size=60,
    validation_data=(x_test, y_test)) ------ 모델 훈련
```

다음은 모델 훈련에 대한 출력 결과입니다.

```
Train on 406708 samples, validate on 174304 samples
Epoch 1/26
406708/406708 [==============================] - 9s 23us/step - loss: 3.2084 -
accuracy: 0.5765 - val_loss: 1.1794 - val_accuracy: 0.6811
Epoch 2/26
406708/406708 [==============================] - 10s 23us/step - loss: 1.1763 -
accuracy: 0.6387 - val_loss: 0.8447 - val_accuracy: 0.6538
Epoch 3/26
406708/406708 [==============================] - 10s 25us/step - loss: 0.8390 -
```

---

6 Albert Bifet가 만든 데이터셋입니다(https://datahub.io/machine-learning/covertype). Forest Convertype 데이터셋의 정규화된 버전이며 수치가 0과 1 사이입니다. 해당 URL에서 내려받거나 길벗출판사의 깃허브(https://github.com/gilbutITbook/080263) 첫 페이지의 URL을 클릭해도 내려받을 수 있습니다. 내려받은 파일은 data 폴더에 넣어 주세요.

```
accuracy: 0.6687 - val_loss: 0.7099 - val_accuracy: 0.7046
Epoch 4/26
406708/406708 [==============================] - 10s 23us/step - loss: 0.6936 -
accuracy: 0.7037 - val_loss: 0.6578 - val_accuracy: 0.7269
Epoch 5/26
406708/406708 [==============================] - 10s 25us/step - loss: 0.6383 -
accuracy: 0.7252 - val_loss: 0.5917 - val_accuracy: 0.7517
...(중간 생략)...
Epoch 21/26
406708/406708 [==============================] - 11s 27us/step - loss: 0.5133 -
accuracy: 0.7821 - val_loss: 0.5160 - val_accuracy: 0.7827
Epoch 22/26
406708/406708 [==============================] - 10s 25us/step - loss: 0.5144 -
accuracy: 0.7819 - val_loss: 0.4919 - val_accuracy: 0.7941
Epoch 23/26
406708/406708 [==============================] - 11s 27us/step - loss: 0.5103 -
accuracy: 0.7838 - val_loss: 0.4969 - val_accuracy: 0.7932
Epoch 24/26
406708/406708 [==============================] - 11s 27us/step - loss: 0.5086 -
accuracy: 0.7847 - val_loss: 0.4857 - val_accuracy: 0.7963
Epoch 25/26
406708/406708 [==============================] - 10s 25us/step - loss: 0.5065 -
accuracy: 0.7852 - val_loss: 0.5235 - val_accuracy: 0.7809
Epoch 26/26
406708/406708 [==============================] - 10s 26us/step - loss: 0.5052 -
accuracy: 0.7856 - val_loss: 0.5003 - val_accuracy: 0.7881
```

훈련 결과 테스트 데이터셋에 대한 정확도가 78%이지만 손실도 50%로 상당히 높습니다. 또한, 정확도가 거의 변화되지 않았는데 이것은 26 에포크가 진행되는 동안 모델의 학습이 진행되지 않았음을 의미합니다. 즉, 칼럼들이 비슷한 값의 범위를 갖지 않기 때문에 기울기가 앞뒤로 진동하거나 전역·지역 최솟값에 도달하기까지 오랜 시간이 걸립니다. 이러한 문제를 해결하려고 정규화를 진행합니다. 경사 하강법을 이용하여 빠르게 전역·지역 최소점을 찾기 위해 칼럼의 범위를 비슷한 값으로 취하도록 하는 방법입니다.

이번에는 정규화를 진행했을 때의 정확도에 대해 알아보겠습니다. 먼저 데이터에 대한 정규화를 진행합니다.

코드 9-30 데이터 정규화

```
from sklearn import preprocessing
df = pd.read_csv('../chap9/data/covtype.csv')
x = df[df.columns[:55]]
```

```
y = df.Cover_Type
x_train, x_test, y_train, y_test = train_test_split(x, y, train_size=0.7,
                                                    random_state=90)

train_norm = x_train[x_train.columns[0:10]] ------ 훈련 데이터셋에서 정규화가 필요한 칼럼 선택
test_norm = x_test[x_test.columns[0:10]] ------ 테스트 데이터셋에서 정규화가 필요한 칼럼 선택

std_scale = preprocessing.StandardScaler().fit(train_norm) ------ ①
x_train_norm = std_scale.transform(train_norm)

training_norm_col = pd.DataFrame(x_train_norm, index=train_norm.index,
                                 columns=train_norm.columns) ------ 넘파이(numpy) 배열을 데이터프레임
x_train.update(training_norm_col)                                   (DataFrame)으로 변환
print(x_train.head())

x_test_norm = std_scale.transform(test_norm) ------ 테스트 데이터셋 정규화
testing_norm_col = pd.DataFrame(x_test_norm, index=test_norm.index,
                                columns=test_norm.columns)
x_test.update(testing_norm_col)
print(x_test.head())
```

① 정규화 방법은 예제에서 구현한 StandardScaler() 외에도 세 가지가 더 있습니다.

ⓐ StandardScaler(): 각 특성의 평균을 0, 분산을 1로 변경하여 특성의 스케일을 조정합니다.
StandardScaler()를 구하는 공식은 다음과 같습니다.

$$StandardScaler() = \frac{x - \mu}{\sigma}$$

(x: 입력 데이터, μ: 평균, σ: 표준편차)

다음은 StandardScaler()를 구현하는 예시 코드입니다.

```
from sklearn.preprocessing import StandardScaler
standardScaler = StandardScaler() ------ StandardScaler 객체 생성
print(standardScaler.fit(train_data)) ------ fit() 메서드를 사용하여 훈련 데이터셋을 적용
train_data_standardScaled = standardScaler.transform(train_data) ------
                                     transform() 메서드를 사용하여 훈련 데이터셋을 적용
```

ⓑ RobustScaler(): 평균과 분산 대신 중간 값(median)과 사분위수 범위(InterQuartile Range, IQR)를 사용합니다. StandardScaler()와 비교하면 다음 그림과 같이 정규화 이후 동일한 값이 더 넓게 분포되어 있는 것을 확인할 수 있습니다.

❤ 그림 9-20 StandardScaler와 RobustScaler 비교

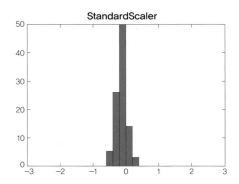
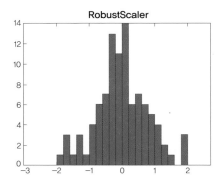

다음은 RobustScaler()를 구현하는 예시 코드입니다.

```
from sklearn.preprocessing import RobustScaler
robustScaler = RobustScaler()
print(robustScaler.fit(train_data))
train_data_robustScaled = robustScaler.transform(train_data)
```

> Note ☰ **사분위수 범위(IQR)**
>
> 사분위수란 전체 관측 값을 오름차순으로 정렬한 후 전체를 사등분하는 값을 나타냅니다. 따라서 다음과 같이 표현할 수 있습니다.
>
> - 제1사분위수 = Q1 = 제25백분위수
> - 제2사분위수 = Q2 = 제50백분위수
> - 제3사분위수 = Q3 = 제75백분위수
>
> 이때 제3사분위수와 제1사분위수 사이 거리를 자료의 흩어진 정도의 척도로 사용할 수 있는데, 이 수치를 사분위수 범위(IQR)라고 합니다. 따라서 사분위수 범위는 다음과 같이 표현할 수 있습니다.
>
> 사분위수 범위: IQR = 제3사분위수 - 제1사분위수 = Q3 - Q1

ⓒ MinMaxScaler(): 모든 특성이 0과 1 사이에 위치하도록 스케일을 조정합니다. 이때 이상치의 데이터가 있을 경우 반환된 값이 매우 좁은 범위로 압축될 수 있습니다. 즉, 이상치에 매우 민감할 수 있기 때문에 주의해야 합니다.

MinMaxScaler()를 구하는 공식은 다음과 같습니다.

$$MinMaxScaler() = \frac{x - x_{\min}}{x_{\max} - x_{\min}}$$

$(x : 입력 데이터)$

다음은 MinMaxScaler()를 구현하는 예시 코드입니다.

```
from sklearn.preprocessing import MinMaxScaler
minMaxScaler = MinMaxScaler()
print(minMaxScaler.fit(train_data))
train_data_minMaxScaled = minMaxScaler.transform(train_data)
```

ⓓ MaxAbsScaler(): 절댓값이 0~1 사이가 되도록 조정합니다. 즉, 모든 데이터가 −1~1의 사이가 되도록 조정하기 때문에 양의 수로만 구성된 데이터는 MinMaxScaler()와 유사하게 동작합니다. 또한, 큰 이상치에 민감하다는 단점이 있습니다.

다음은 MaxAbsScaler()를 구현하는 예시 코드입니다.

```
from sklearn.preprocessing import MaxAbsScaler
maxAbsScaler = MaxAbsScaler()
print(maxAbsScaler.fit(train_data))
train_data_maxAbsScaled = maxAbsScaler.transform(train_data)
```

다음은 코드 9-30으로 데이터 정규화를 진행한 후 x_train과 x_test에 대한 head() 정보를 출력한 결과입니다.

```
        Elevation    Aspect     Slope  Horizontal_Distance_To_Hydrology  \
152044   0.222366 -0.228639 -0.412503                          0.148486
363373   1.980490 -0.469989  0.255453                          3.018822
372733  -1.081933  0.271939  0.389044                         -0.867895
572846  -1.164122 -0.157128 -0.278912                         -1.267860
114145  -0.052787  0.861906  0.255453                         -0.279711


        Vertical_Distance_To_Hydrology  Horizontal_Distance_To_Roadways  \
152044                        0.149095                         1.336119
363373                        4.443372                         0.168073
372733                       -0.160093                        -0.241801
572846                       -0.795646                        -0.461170
114145                       -0.125739                         1.811419


        Hillshade_9am  Hillshade_Noon  Hillshade_3pm  \
152044       1.002687        0.539776      -0.510339
363373       1.227001       -0.270132      -1.190275
372733       0.292357        1.349684       0.378807
572846       0.965301        0.641014      -0.431885
114145      -1.090917        1.299065       1.581770
```

	Horizontal_Distance_To_Fire_Points	...	Soil_Type32	Soil_Type33 \
152044	-0.111226	...	0	0
363373	-0.703030	...	0	0
372733	0.038235	...	0	0
572846	-1.450334	...	0	0
114145	-0.328623	...	0	0

	Soil_Type34	Soil_Type35	Soil_Type36	Soil_Type37	Soil_Type38 \
152044	0	0	0	0	0
363373	0	0	0	0	0
372733	0	0	0	0	0
572846	0	0	0	0	0
114145	0	0	0	0	0

	Soil_Type39	Soil_Type40	Cover_Type
152044	0	0	2
363373	0	1	1
372733	0	0	3
572846	0	0	2
114145	0	0	2

[5 rows x 55 columns]

	Elevation	Aspect	Slope	Horizontal_Distance_To_Hydrology \
204886	0.783394	-1.310245	-0.946867	0.233185
116027	-0.903262	-1.006323	-0.679685	-1.267860
328145	-0.270766	-1.095711	-0.278912	0.379054
579670	-1.139108	-0.961628	-0.412503	0.454342
41341	0.265247	0.736762	-1.347641	2.708261

	Vertical_Distance_To_Hydrology	Horizontal_Distance_To_Roadways \
204886	-1.465554	0.093026
116027	-0.795646	-0.611906
328145	0.200626	-0.948657
579670	0.389574	-0.772905
41341	2.072931	2.321998

	Hillshade_9am	Hillshade_Noon	Hillshade_3pm \
204886	-0.006729	0.084203	0.221899
116027	0.367128	-0.168893	-0.274977
328145	0.217585	-0.472609	-0.301128
579670	0.441900	-0.421989	-0.510339
41341	-0.006729	1.045968	0.718775

```
       Horizontal_Distance_To_Fire_Points  ...  Soil_Type32  Soil_Type33  \
204886                         0.253368     ...            0            0
116027                         0.226194     ...            0            0
328145                        -0.330133     ...            0            0
579670                        -0.882685     ...            0            0
41341                          1.243735     ...            0            0

        Soil_Type34  Soil_Type35  Soil_Type36  Soil_Type37  Soil_Type38  \
204886            0            0            0            0            0
116027            0            0            0            0            0
328145            0            0            0            0            0
579670            0            0            0            0            0
41341             0            0            0            0            0

        Soil_Type39  Soil_Type40  Cover_Type
204886            0            0           1
116027            0            0           2
328145            0            0           2
579670            0            0           3
41341             0            0           2

[5 rows x 55 columns]
```

훈련과 테스트 데이터셋의 정규화도 마쳤으니 모델 훈련을 진행해 봅시다. 다음 코드는 앞서 사용했던 코드와 동일하며, 단지 데이터셋의 정규화 유무만 다릅니다.

코드 9-31 데이터셋 로딩 및 모델 훈련

```python
model = tf.keras.Sequential([
    tf.keras.layers.Dense(64, activation='relu',
                          input_shape=(x_train.shape[1],)),
    tf.keras.layers.Dense(64, activation='relu'),
    tf.keras.layers.Dense(8, activation='softmax')
])

model.compile(optimizer=tf.keras.optimizers.Adam(0.001),
              loss='sparse_categorical_crossentropy',
              metrics=['accuracy'])
history2 = model.fit(
    x_train, y_train,
    epochs=26, batch_size=60,
    validation_data=(x_test, y_test))
```

다음은 모델을 훈련시킨 결과입니다.

```
Train on 406708 samples, validate on 174304 samples
Epoch 1/26
406708/406708 [==============================] - 10s 24us/step - loss: 0.0293 -
accuracy: 0.9922 - val_loss: 0.0015 - val_accuracy: 0.9994
Epoch 2/26
406708/406708 [==============================] - 10s 26us/step - loss: 3.5381e-04 -
accuracy: 0.9999 - val_loss: 1.5352e-05 - val_accuracy: 1.0000
Epoch 3/26
406708/406708 [==============================] - 10s 26us/step - loss: 3.6593e-04 -
accuracy: 0.9999 - val_loss: 1.3790e-04 - val_accuracy: 1.0000
Epoch 4/26
406708/406708 [==============================] - 10s 25us/step - loss: 1.4982e-04 -
accuracy: 1.0000 - val_loss: 3.2008e-06 - val_accuracy: 1.0000
Epoch 5/26
406708/406708 [==============================] - 10s 25us/step - loss: 1.4265e-04 -
accuracy: 1.0000 - val_loss: 5.1801e-06 - val_accuracy: 1.0000
...(중간 생략)...
Epoch 21/26
406708/406708 [==============================] - 11s 27us/step - loss: 1.9403e-08 -
accuracy: 1.0000 - val_loss: 4.8524e-06 - val_accuracy: 1.0000
Epoch 22/26
406708/406708 [==============================] - 11s 27us/step - loss: 1.8890e-04 -
accuracy: 1.0000 - val_loss: 7.9978e-06 - val_accuracy: 1.0000
Epoch 23/26
406708/406708 [==============================] - 11s 27us/step - loss: 6.7900e-08 -
accuracy: 1.0000 - val_loss: 8.8818e-08 - val_accuracy: 1.0000
Epoch 24/26
406708/406708 [==============================] - 11s 28us/step - loss: 1.1787e-04 -
accuracy: 1.0000 - val_loss: 5.3235e-04 - val_accuracy: 0.9999
Epoch 25/26
406708/406708 [==============================] - 11s 28us/step - loss: 8.3980e-07 -
accuracy: 1.0000 - val_loss: 7.2145e-08 - val_accuracy: 1.0000
Epoch 26/26
406708/406708 [==============================] - 11s 27us/step - loss: 1.3516e-08 -
accuracy: 1.0000 - val_loss: 1.1551e-09 - val_accuracy: 1.0000
```

정규화 이후 테스트 데이터셋을 사용한 정확도가 100%가 되었습니다. (이미 두 번째 에포크에서 테스트 데이터셋에 대한 정확도가 100%가 되었기 때문에 예제에서 사용한 데이터셋은 이미 어느 정도 정규화가 되어 있다고 생각하면 됩니다. 일반적인 데이터셋에서는 한두 번의 에포크로 정확도 100%를 얻는 것은 쉽지 않습니다.)

이 장에서는 자연어 전처리를 알아보았습니다. 다음 장에서는 임베딩을 알아보겠습니다.

10^장

자연어 처리를
위한 임베딩

10.1 임베딩

임베딩(embedding)은 사람이 사용하는 언어(자연어)를 컴퓨터가 이해할 수 있는 언어(숫자) 형태인 벡터(vector)로 변환한 결과 혹은 일련의 과정을 의미합니다.

임베딩 역할은 다음과 같습니다.

- 단어 및 문장 간 관련성 계산
- 의미적 혹은 문법적 정보의 함축(**예** 왕-여왕, 교사-학생)

임베딩 방법에 따라 희소 표현 기반 임베딩, 횟수 기반 임베딩, 예측 기반 임베딩, 횟수/예측 기반 임베딩이 있습니다.

10.1.1 희소 표현 기반 임베딩

희소 표현(sparse representation)은 대부분의 값이 0으로 채워져 있는 경우로, 대표적으로 원-핫 인코딩이 있습니다.

원-핫 인코딩

원-핫 인코딩(one-hot encoding)이란 주어진 텍스트를 숫자(벡터)로 변환해 주는 것입니다. 다시 말해 단어 N개를 각각 N차원의 벡터로 표현하는 방식으로, 단어가 포함되어 있는 위치에 1을 넣고 나머지에는 0 값을 채웁니다. 예를 들어 딕셔너리에 [calm, fast, cat] 같은 값이 있다면 fast를 표현하는 벡터는 [0, 1, 0]이 됩니다.

▼ 그림 10-1 원-핫 인코딩

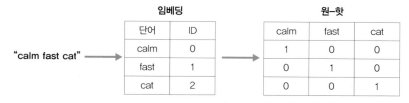

사이킷런을 이용하여 원-핫 인코딩을 적용한 예제를 살펴보겠습니다. 9장에서 사용한 class2.csv 파일을 사용하여 예제를 진행합니다.

코드 10-1 원-핫 인코딩 적용

```
import pandas as pd
class2 = pd.read_csv("..\chap10\data\class2.csv")  ------ 데이터셋을 메모리로 로딩

from sklearn import preprocessing                   ┌--- 데이터를 인코딩하는 데 사용하며, 다음의
label_encoder = preprocessing.LabelEncoder()  ----┘    OneHotEncoder()와 함께 사용
onehot_encoder = preprocessing.OneHotEncoder()  ------ 데이터를 숫자 형식으로 표현

train_x = label_encoder.fit_transform(class2['class2'])
train_x
```

다음은 원-핫 인코딩을 적용한 결과입니다.

```
array([2, 2, 1, 0, 1, 0])
```

하지만 원-핫 인코딩에는 치명적인 단점이 있습니다.

첫째, 수학적인 의미에서 원-핫 벡터들은 하나의 요소만 1 값을 갖고 나머지는 모두 0인 희소 벡터(sparse vector)를 갖습니다. 이때 두 단어에 대한 벡터의 내적(inner product)을 구해 보면 0 값을 갖게 되므로 직교(orthogonal)를 이룹니다. 즉, 단어끼리 관계성(유의어, 반의어) 없이 서로 독립적(independent)인 관계가 됩니다.

둘째, '차원의 저주(curse of dimensionality)' 문제가 발생합니다. 하나의 단어를 표현하는 데 말뭉치(corpus)에 있는 수만큼 차원이 존재하기 때문에 복잡해집니다. 예를 들어 단어 10만 개를 포함한 데이터셋에 원-핫 인코딩 배열을 구성한다면 그 차원 개수는 10만 개에 이르게 됩니다.

원-핫 인코딩에 대한 대안으로 신경망에 기반하여 단어를 벡터로 바꾸는 방법론들이 주목을 받고 있습니다. 예를 들어 워드투벡터(Word2Vec), 글로브(GloVe), 패스트텍스트(FastText) 등이 대표적인 방법론입니다.

10.1.2 횟수 기반 임베딩

횟수 기반은 단어가 출현한 빈도를 고려하여 임베딩하는 방법입니다. 대표적으로 카운터 벡터와 TF-IDF가 있습니다.

카운터 벡터

카운터 벡터(counter vector)는 문서 집합에서 단어를 토큰으로 생성하고 각 단어의 출현 빈도수를 이용하여 인코딩해서 벡터를 만드는 방법입니다. 즉, 토크나이징과 벡터화가 동시에 가능한 방법입니다.

카운터 벡터는 사이킷런의 CountVectorizer()를 사용하여 코드로 구현할 수 있습니다. CountVectorizer()는 다음 작업이 가능합니다.

1. 문서를 토큰 리스트로 변환합니다.

2. 각 문서에서 토큰의 출현 빈도를 셉니다.

3. 각 문서를 인코딩하고 벡터로 변환합니다.

다음은 사이킷런을 이용한 예제입니다.

코퍼스를 정의하고 CountVectorizer() 객체를 생성합니다.

코드 10-2 코퍼스에 카운터 벡터 적용

```python
from sklearn.feature_extraction.text import CountVectorizer
corpus = [
    'This is last chance.',
    'and if you do not have this chance.',
    'you will never get any chance.',
    'will you do get this one?',
    'please, get this chance',
]
vect = CountVectorizer()
vect.fit(corpus)
vect.vocabulary_
```

다음은 코퍼스에 카운터 벡터를 적용한 결과입니다.

```
{'this': 13,
 'is': 7,
 'last': 8,
 'chance': 2,
 'and': 0,
 'if': 6,
 'you': 15,
 'do': 3,
```

```
 'not': 10,
 'have': 5,
 'will': 14,
 'never': 9,
 'get': 4,
 'any': 1,
 'one': 11,
 'please': 12}
```

이번에는 CountVectorizer() 적용 결과를 배열로 변환해 보겠습니다.

코드 10-3 배열 변환

```
vect.transform(['you will never get any chance.']).toarray()
```

다음은 배열로 변환한 출력 결과입니다.

```
array([[0, 1, 1, 0, 1, 0, 0, 0, 0, 1, 0, 0, 0, 0, 1, 1]], dtype=int64)
```

이번에는 불용어를 제거한 카운터 벡터를 확인해 보겠습니다.

코드 10-4 불용어를 제거한 카운터 벡터

stop_words를 사용하여 is, not, an 같은 불용어 제거
```
vect = CountVectorizer(stop_words=["and", "is", "please", "this"]).fit(corpus)
vect.vocabulary_
```

불용어를 제거한 카운터 벡터가 다음과 같이 출력됩니다.

```
{'last': 6,
 'chance': 1,
 'if': 5,
 'you': 11,
 'do': 2,
 'not': 8,
 'have': 4,
 'will': 10,
 'never': 7,
 'get': 3,
 'any': 0,
 'one': 9}
```

TF-IDF

TF-IDF(Term Frequency-Inverse Document Frequency)는 정보 검색론(Information Retrieval, IR)에서 가중치를 구할 때 사용되는 알고리즘입니다.

TF(Term Frequency)(단어 빈도)는 문서 내에서 특정 단어가 출현한 빈도를 의미합니다. 예를 들어 TF에 딥러닝과 신문기사라는 단어가 포함되어 있다고 가정합니다. 이것은 '신문기사'에서 '딥러닝'이라는 단어가 몇 번 등장했는지 의미합니다. 즉, '신문기사'에서 '딥러닝'이라는 단어가 많이 등장한다면 이 기사는 딥러닝과 관련이 높다고 할 수 있으며, 다음 수식을 사용합니다. 이때 $tf_{t,d}$는 특정 문서 d에서 특정 단어 t의 등장 횟수를 의미합니다.

$$tf_{t,d} = \begin{cases} 1 + \log count(t,d) & count(t,d) > 0 일 \ 때 \\ 0 & 그 \ 외 \end{cases}$$

혹은

$$tf_{t,d} = \log(count(t,d) + 1)$$
$$(t(\text{term}): 단어, \ d(\text{document}): 문서 \ 한 \ 개)$$

IDF(Inverse Document Frequency)(역문서 빈도)를 이해하려면 DF(Document Frequency)(문서 빈도)에 대한 개념부터 이해해야 합니다. DF는 한 단어가 전체 문서에서 얼마나 공통적으로 많이 등장하는지 나타내는 값입니다. 즉, 특정 단어가 나타난 문서 개수라고 이해하면 됩니다.

$$df_t = 특정 \ 단어 \ t가 \ 포함된 \ 문서 \ 개수$$

특정 단어 t가 모든 문서에 등장하는 일반적인 단어(예 a, the)라면, TF-IDF 가중치를 낮추어 줄 필요가 있습니다. 따라서 DF 값이 클수록 TF-IDF의 가중치 값을 낮추기 위해 DF 값에 역수를 취하는데, 이 값이 IDF입니다. 역수를 취하면 전체 문서 개수가 많아질수록 IDF 값도 커지므로 IDF는 로그(log)를 취해야 합니다. 이것을 수식으로 표현하면 다음과 같습니다.

$$idf_t = \log(\frac{N}{df_t}) = \log(\frac{전체 \ 문서 \ 개수}{특정 \ 단어 \ t가 \ 포함된 \ 문서 \ 개수})$$

이때 중요한 점은 전체 문서에 특정 단어가 발생하는 빈도가 0이라면 분모가 0이 되는 상황이 발생합니다. 이를 방지하고자 다음과 같이 분모에 1을 더해 주는 것을 스무딩(smoothing)이라고 합니다.

$$idf_t = \log\left(\frac{N}{1+df_t}\right) = \log\left(\frac{\text{전체 문서 개수}}{1+\text{특정 단어 } t\text{가 포함된 문서 개수}}\right)$$

TF-IDF는 다음 상황에서 사용됩니다.

- 키워드 검색을 기반으로 하는 검색 엔진

- 중요 키워드 분석

- 검색 엔진에서 검색 결과의 순위를 결정

사이킷런의 TfidfVectorizer()를 이용한 TF-IDF 예제를 살펴보겠습니다.

코퍼스를 정의하고 TfidfVectorizer()를 적용한 후 유사도를 계산하여 행렬로 표현합니다.

코드 10-5 TF-IDF를 적용한 후 행렬로 표현

```
from sklearn.feature_extraction.text import TfidfVectorizer
doc = ['I like machine learning', 'I love deep learning', 'I run everyday']
tfidf_vectorizer = TfidfVectorizer(min_df=1)
tfidf_matrix = tfidf_vectorizer.fit_transform(doc)
doc_distance = (tfidf_matrix * tfidf_matrix.T)
print('유사도를 위한', str(doc_distance.get_shape()[0]), 'x', str(doc_distance.get_
    shape()[1]), '행렬을 만들었습니다.')
print(doc_distance.toarray())
```

다음은 TF-IDF를 적용한 후 행렬로 표현한 결과입니다.

```
유사도를 위한 3 x 3 행렬을 만들었습니다.
[[1.       0.224325 0.      ]
 [0.224325 1.       0.      ]
 [0.       0.       1.      ]]
```

TF-IDF 값은 특정 문서 내에서 단어의 출현 빈도가 높거나 전체 문서에서 특정 단어가 포함된 문서가 적을수록 TF-IDF 값이 높습니다. 따라서 이 값을 사용하여 문서에 나타나는 흔한 단어(예 a, the)들을 걸러 내거나 특정 단어에 대한 중요도를 찾을 수 있습니다.

10.1.3 예측 기반 임베딩

예측 기반 임베딩은 신경망 구조 혹은 모델을 이용하여 특정 문맥에서 어떤 단어가 나올지를 예측하면서 단어를 벡터로 만드는 방식입니다. 대표적으로 워드투벡터가 있습니다.

워드투벡터

워드투벡터(Word2Vec)는 신경망 알고리즘으로, 주어진 텍스트에서 텍스트의 각 단어마다 하나씩 일련의 벡터를 출력합니다.

워드투벡터의 출력 벡터가 2차원 그래프에 표시될 때, 의미론적으로 유사한 단어의 벡터는 서로 가깝게 표현됩니다. 이때 '서로 가깝다'는 의미는 코사인 유사도를 이용하여 단어 간의 거리를 측정한 결과로 나타나는 관계성을 의미합니다. 즉, 워드투벡터를 이용하면 특정 단어의 동의어를 찾을 수 있습니다.

워드투벡터가 수행되는 과정은 다음과 같습니다. 일정한 크기의 윈도우(window)로 분할된 텍스트를 신경망 입력으로 사용합니다. 이때 모든 분할된 텍스트는 한 쌍의 대상 단어와 컨텍스트로 네트워크에 공급됩니다. 다음 그림과 같이 대상 단어는 'one'이고 컨텍스트는 'and', 'I', 'love', 'this' 단어로 구성됩니다. 또한, 네트워크의 은닉층에는 각 단어에 대한 가중치가 포함되어 있습니다.

▼ 그림 10-2 워드투벡터

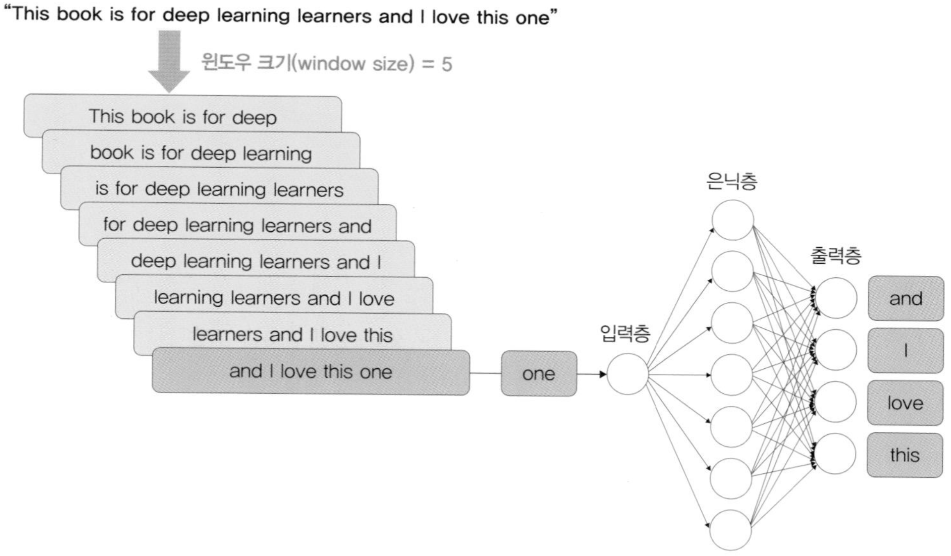
"This book is for deep learning learners and I love this one"
윈도우 크기(window size) = 5
This book is for deep
book is for deep learning
is for deep learning learners
for deep learning learners and
deep learning learners and I
learning learners and I love
learners and I love this
and I love this one
one
입력층
은닉층
출력층
and
I
love
this

워드투벡터를 이용하여 텍스트를 벡터로 변환하는 예제를 살펴보겠습니다.

처음에 할 일은 필요한 모든 라이브러리를 호출하고 텍스트 데이터셋(peter.txt)[1]을 메모리로 로딩합니다. 메모리로 로딩된 데이터셋에 NLTK의 word_tokenize를 적용하여 토큰화합니다.

코드 10-6 데이터셋을 메모리로 로딩하고 토큰화 적용

```
from nltk.tokenize import sent_tokenize, word_tokenize
import warnings
warnings.filterwarnings(action='ignore')
import gensim
from gensim.models import Word2Vec

sample = open("..\chap10\data\peter.txt", "r", encoding='UTF8')  ------ 피터팬 데이터셋 로딩
s = sample.read()

f = s.replace("\n", " ")  ------ 줄바꿈(\n)을 공백(" ")으로 변환
data = []

for i in sent_tokenize(f):  ------ 로딩한 파일의 각 문장마다 반복
    temp = []
    for j in word_tokenize(i):  ------ 문장을 단어로 토큰화
        temp.append(j.lower())  ------ 토큰화된 단어를 소문자로 변환하여 temp에 저장
    data.append(temp)

data
```

다음은 코퍼스에 토큰화를 진행한 결과입니다.

```
[['once',
  'upon',
  'a',
  'time',
  'in',
  'london',
  ',',
  'the',
  'darlings',
  'went',
  'out',
```

---

1 이 데이터셋은 제임스 매슈 배리(James Matthew Barrie)의 〈피터팬〉 무료 이북 텍스트입니다(https://www.gutenberg.org/files/16/16-h/16-h.htm).

```
        'to',
        'a',
        'dinner',
        'party',
        'leaving',
        'their',
        'three',
        'children',
        'wendy',
        ',',
        'jhon',
        ',',
        'and',
        'michael',
        'at',
        'home',
        '.'],
    ...(이하 생략)...
```

출력 결과를 보면 단어 기준으로 토큰화가 되어 있는데, CBOW와 skip-gram을 이용하여 단어 간 유사성을 살펴보겠습니다.

CBOW

CBOW(Continuous Bag Of Words)는 단어를 여러 개 나열한 후 이와 관련된 단어를 추정하는 방식입니다. 즉, 문장에서 등장하는 n개의 단어 열에서 다음에 등장할 단어를 예측합니다. 예를 들어 "calm cat slept on the sofa"라는 문장이 있을 때, "calm cat on the sofa"라는 문맥이 주어지면 "slept"를 예측하는 것이 CBOW입니다.

CBOW는 다음 그림과 같은 신경망 구조를 갖습니다. 여기에서 각 문맥 단어를 은닉층으로 투사하는 가중치 행렬은 모든 단어에서 공통으로 사용됩니다.

▼ 그림 10-3 CBOW 구조와 예시

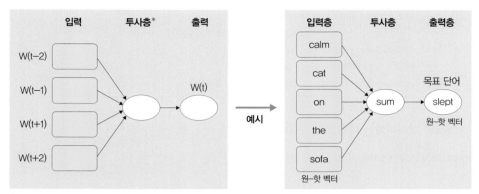

* 투사층(projection layer): 심층 신경망의 은닉층과 유사하지만 활성화 함수가 없으며, 룩업 테이블이라는 연산을 담당

CBOW의 신경망을 좀 더 자세히 살펴보겠습니다. CBOW 신경망에서 크기가 N인 은닉층을 가지고 있을 때, 은닉층 크기 N은 입력 텍스트를 임베딩한 벡터 크기입니다. 다시 말해 다음 그림에서 은닉층 크기는 $N=5$이기 때문에 해당 CBOW를 수행한 후 벡터 크기는 5가 됩니다. 다음으로 입력층과 은닉층 사이의 가중치 W는 V×N 행렬이며, 은닉층에서 출력층 사이의 가중치 W'는 N×V 행렬입니다. 여기에서 V는 단어 집합의 크기를 의미합니다. 즉, 다음 그림과 같이 원-핫 벡터의 차원이 7이고, N이 5라면 가중치 W는 7×5 행렬이고, W'는 5×7 행렬이 됩니다.

▼ 그림 10-4 CBOW 신경망

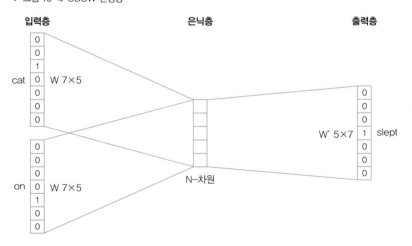

다음은 워드투벡터에서 진행했던 peter.txt 데이터셋을 사용하여 CBOW 코드를 작성한 예제입니다.

```
model1 = gensim.models.Word2Vec(data, min_count=1,
                                size=100, window=5, sg=0) ------ ①
print("Cosine similarity between 'peter' " +
        "'wendy' - CBOW : ",
     model1.similarity('peter', 'wendy')) ------ 결과 출력
```

① Word2Vec의 파라미터는 다음과 같습니다.

```
gensim.models.Word2Vec(data, min_count=1, size=100,
                        ⓐ         ⓑ          ⓒ
                       window=5, sg=0)
                         ⓓ       ⓔ
```

ⓐ 첫 번째 파라미터: CBOW를 적용할 데이터셋

ⓑ min_count: 단어에 대한 최소 빈도수 제한(빈도가 적은 단어들은 학습하지 않음)

ⓒ size: 워드 벡터의 특징 값. 즉, 임베딩된 벡터의 차원

ⓓ window: 컨텍스트 윈도우 크기

ⓔ sg: sg가 0일 때는 CBOW를 의미하며, sg가 1일 때는 skip-gram을 나타냅니다. 그리고 값을 지정하지 않으면 기본값은 CBOW를 의미합니다.

다음은 CBOW를 적용한 후 'peter'와 'wendy'의 유사성에 대한 출력 결과입니다. 참고로 워드투벡터는 무작위로 초기화되고, 훈련 과정에서도 무작위 처리되기 때문에 결과가 책과 다를 수 있습니다. 무작위성 처리에 대한 자세한 내용은 다음 URL의 Q11을 참고하세요.

https://github.com/RaRe-Technologies/gensim/wiki/Recipes-&-FAQ

```
Cosine similarity between 'peter' 'wendy' - CBOW :  1.0
```

'peter'와 'wendy'에 대한 코사인 유사도가 100%로 나타나고 있습니다.

이번에는 'peter'와 'hook'의 유사성에 대해 알아보겠습니다.

```
print("Cosine similarity between 'peter' " +
        "'hook' - CBOW : ",
     model1.similarity('peter', 'hook'))
```

다음은 'peter'와 'hook'의 유사성에 대한 출력 결과입니다.

```
Cosine similarity between 'peter' 'hook' - CBOW :  0.06274099
```

'peter'와 'hook'에 대한 코사인 유사도는 1%도 안 되는 낮은 관계성을 보여 주고 있습니다.

skip-gram

skip-gram 방식은 CBOW 방식과 반대로 특정한 단어에서 문맥이 될 수 있는 단어를 예측합니다. 즉, skip-gram은 다음 그림과 같이 중심 단어에서 주변 단어를 예측하는 방식을 사용합니다.

▼ 그림 10-5 skip-gram

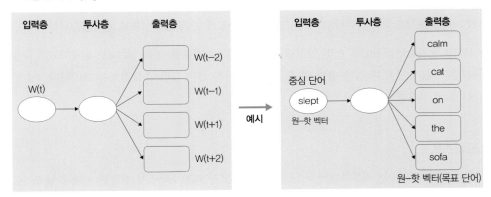

보통 입력 단어 주변의 단어 k개를 문맥으로 보고 예측 모형을 만드는데, 이 k 값을 윈도우 크기라고 합니다.

계속해서 피터팬(peter.txt) 데이터셋을 사용한 예제입니다.

코드 10-9 데이터셋에 skip-gram 적용 후 'peter'와 'wendy'의 유사성 확인

```
model2 = gensim.models.Word2Vec(data, min_count=1, size=100,
                          window=5, sg=1) ------ skip-gram 모델 생성
print("Cosine similarity between 'peter' " +
      "'wendy' - Skip Gram : ",
      model2.similarity('peter', 'wendy')) ------ 결과 출력
```

'peter'와 'wendy'의 유사성을 출력한 결과입니다.

```
Cosine similarity between 'peter' 'wendy' - Skip Gram :  0.31566966
```

CBOW와 다르게 'peter'와 'wendy'의 코사인 유사도가 31%로 떨어졌습니다.

이번에는 'peter'와 'hook'의 유사성에 대해 알아보겠습니다.

코드 10-10 'peter'와 'hook'의 유사성

```
print("Cosine similarity between 'peter' " +
        "'hook' - Skip Gram : ",
    model2.similarity('peter', 'hook'))
```

다음은 'peter'와 'hook'의 유사성에 대한 출력 결과입니다.

```
Cosine similarity between 'peter' 'hook' - Skip Gram :  0.5157193
```

'peter'와 'hook'의 코사인 유사도 역시 CBOW와 다르게 관계성이 51%로 높아졌습니다.

즉, CBOW와 skip-gram 중 어떤 알고리즘이 더 좋다고 결론을 내리기보다는 분석하고자 하는 데이터 성격, 분석에 대한 접근 방법 및 도출하고자 하는 결론 등을 종합적으로 고려하여 필요한 라이브러리를 사용할 수 있어야 합니다.

패스트텍스트

패스트텍스트(FastText)는 워드투벡터의 단점을 보완하고자 페이스북에서 개발한 임베딩 알고리즘입니다. 기존 워드투벡터의 워드 임베딩 방식은 분산 표현(distributed representation)을 이용하여 단어의 분산 분포가 유사한 단어들에 비슷한 벡터 값을 할당하여 표현합니다. 따라서 워드투벡터는 사전에 없는 단어에 대해서는 벡터 값을 얻을 수 없습니다. 또한, 워드투벡터는 자주 사용되지 않는 단어에 대해서는 학습이 불안정합니다.

▼ 그림 10-6 워드투벡터 단점

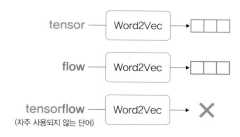

패스트텍스트는 이러한 단점들을 보완하려고 개발된 단어 표현(word representation) 방법을 사용합니다. 패스트텍스트는 노이즈에 강하며, 새로운 단어에 대해서는 형태적 유사성을 고려한 벡터 값을 얻기 때문에 자연어 처리 분야에서 많이 사용되는 알고리즘입니다. 패스트텍스트가 워드투벡터 단점을 극복하는 방법은 다음과 같습니다.

사전에 없는 단어에 벡터 값을 부여하는 방법

패스트텍스트는 주어진 문서의 각 단어를 n-그램(n-gram)으로 표현합니다. 이때 n의 설정에 따라 단어의 분리 수준이 결정됩니다. 예를 들어 n을 3으로 설정(트라이그램(trigram))하면 'This is Deep Learning Book'은 This is Deep, is Deep Learning, Deep Learning Book으로 분리한 후 임베딩합니다. 즉, 다음 그림과 같이 분리됩니다.

▼ 그림 10-7 트라이그램

n 값에 따른 단어의 분리(부분 단어(subword))는 표 10-1과 같습니다.

▼ 표 10-1 n 값에 따른 단어의 분리

문장	n 값	단어의 분리
This is Deep Learning Book	1	〈This, is, Deep, Learning, Book〉
	2	〈This is, is Deep, Deep Learning, Learning Book〉
	3	〈This is Deep, is Deep Learning, Deep Learning Book〉

패스트텍스트는 인공 신경망을 이용하여 학습이 완료된 후 데이터셋의 모든 단어를 각 n-그램에 대해 임베딩합니다. 따라서 사전에 없는 단어가 등장한다면 n-그램으로 분리된 부분 단어와 유사도를 계산하여 의미를 유추할 수 있습니다.

자주 사용되지 않는 단어에 학습 안정성을 확보하는 방법

워드투벡터는 단어의 출현 빈도가 적으면 임베딩의 정확도가 낮은 단점이 있었습니다. 참고할 수 있는 경우의 수가 적기 때문에 상대적으로 정확도가 낮아 임베딩되지 않습니다. 하지만 패스트텍스트는 등장 빈도수가 적더라도, n-그램으로 임베딩하기 때문에 참고할 수 있는 경우의 수가 많습니다. 따라서 상대적으로 자주 사용되지 않는 단어에서도 정확도가 높습니다.

이제 9장에서 배운 Gensim을 이용하여 패스트텍스트를 구현해 보겠습니다.

먼저 필요한 라이브러리와 데이터를 호출합니다. 데이터는 앞서 사용했던 'peter.txt' 파일을 사용합니다.

코드 10-11 라이브러리 및 데이터 호출

```
from gensim.test.utils import common_texts
from gensim.models import FastText

model = FastText('..\chap10\data\peter.txt', size=4, window=3, min_count=1, iter=10) ···· ①
```

① FastText에서 사용하는 파라미터는 Word2Vec와 같습니다. 복습 차원에서 파라미터에 대해 다시 정리하겠습니다.

FastText('..\chap10\data\peter.txt', size=4, window=3, min_count=1, iter=10)
            ⓐ   ⓑ   ⓒ   ⓓ   ⓔ

ⓐ 첫 번째 파라미터: 패스트텍스트를 적용할 데이터셋

ⓑ size: 학습할 임베딩의 크기. 즉, 임베딩된 벡터의 차원

ⓒ window: 고려할 앞뒤 폭(앞뒤 세 단어)

ⓓ min_count: 단어에 대한 최소 빈도수 제한(1회 이하 단어 무시)

ⓔ iter: 반복 횟수(에포크와 같은 의미로 사용)

wv.similarity()에 'peter'와 'wendy' 두 단어를 넘겨 주고 코사인 유사도를 구합니다.

코드 10-12 'peter', 'wendy'에 대한 코사인 유사도

```
sim_score = model.wv.similarity('peter', 'wendy')
print(sim_score)
```

다음은 'peter'와 'wendy'의 코사인 유사도 결과입니다.

```
0.14111584
```

두 단어에 대한 유사도가 매우 낮습니다. 이번에는 'peter', 'hook'의 두 단어에 대한 코사인 유사도를 구합니다.

코드 10-13 'peter'와 'hook'에 대한 코사인 유사도

```
sim_score = model.wv.similarity('peter', 'hook')
print(sim_score)
```

다음은 'peter'와 'hook'에 대한 코사인 유사도 결과입니다.

```
0.22405876
```

'peter'와 'hook' 두 단어에 대한 유사도 역시 매우 낮지만, 'peter'와 'wendy'보다는 높습니다. 앞서 설명이 있었지만, 데이터가 랜덤으로 사용되므로 결과가 책과 다를 수 있습니다.

이번에는 사전 훈련된 패스트텍스트 모델을 사용하는 예제를 살펴보겠습니다. 사전 훈련된 패스트텍스트 예제를 위해 다음 URL에서 한국어 모델(Korean › text 버전으로, 파일 이름은 wiki. co.vec)을 내려받습니다.[2] 다음 URL에 있는 모델은 전 세계 언어 294개로 된 wikipedia 데이터를 사전 학습하여 제공하고 있습니다.

https://fasttext.cc/docs/en/pretrained-vectors.html

---

2   내려받은 wiki.co.vec 파일(약 2GByte)은 chap10의 data 폴더 아래에 넣어 주세요. bin+txt 형태의 압축 파일(약 4GByte)을 내려받았다면 압축을 해제한 후 wiki.co.vec 파일만 data 폴더 안에 넣어 주면 됩니다.

사전 학습된 패스트텍스트는 fastText API 또는 Gensim을 이용합니다. 먼저 필요한 라이브러리
와 사전 훈련된 모델을 호출합니다.

코드 10-14 라이브러리와 사전 훈련된 모델 호출

```
from __future__ import print_function
from gensim.models import KeyedVectors          https://fasttext.cc/docs/en/pretrained-vectors.html에서
                                                 'Korean: bin+text, text' 모델 중 'text'를 선택하여 내려받아 진행합니다.
model_kr = KeyedVectors.load_word2vec_format('../chap10/data/wiki.ko.vec') ·············
```

사전 훈련된 모델을 이용하여 '노력'과 유사한 단어와 유사도를 확인해 보겠습니다.

코드 10-15 '노력'과 유사한 단어와 유사도 확인

```
find_similar_to = '노력'

for similar_word in model_kr.similar_by_word(find_similar_to):
    print("Word: {0}, Similarity: {1:.2f}".format(
        similar_word[0], similar_word[1]
    ))
```

다음은 '노력'과 유사한 단어와 유사도에 대한 결과입니다.

```
Word: 노력함, Similarity: 0.80
Word: 노력중, Similarity: 0.75
Word: 노력만, Similarity: 0.72
Word: 노력과, Similarity: 0.71
Word: 노력의, Similarity: 0.69
Word: 노력가, Similarity: 0.69
Word: 노력이나, Similarity: 0.69
Word: 노력없이, Similarity: 0.68
Word: 노력맨, Similarity: 0.68
Word: 노력보다는, Similarity: 0.68
```

이번에는 '동물', '육식동물'에는 긍정적이지만 '사람'에는 부정적인 단어를 알아보겠습니다.

코드 10-16 '동물', '육식동물'에는 긍정적이지만 '사람'에는 부정적인 단어와 유사도 확인

```
similarities = model_kr.wv.most_similar(positive=['동물', '육식동물'], negative=['사람'])
print(similarities)
```

다음은 '동물', '육식동물'에는 긍정적이지만 '사람'에는 부정적인 단어와 유사도에 대한 결과입니다.

[('초식동물', 0.7804122567176819), ('거대동물', 0.7547270059585571), ('육식동물의',
0.7547166347503662), ('유두동물', 0.7535113096237183), ('반추동물', 0.7470757961273193),
('독동물', 0.7466292381286621), ('육상동물', 0.746031641960144), ('유즐동물',
0.7450904846191406), ('극피동물', 0.7449344992637634), ('복모동물', 0.7424346208572388)]

계속 언급하지만, 워드투벡터 기반은 데이터의 랜덤 사용으로 결과가 책과 다를 수 있습니다.

10.1.4 횟수/예측 기반 임베딩

앞서 살펴본 횟수 기반과 예측 기반의 단점을 보완하기 위한 임베딩 기법에는 대표적으로 글로브
가 있습니다.

글로브

글로브(GloVe, Global Vectors for Word Representation)는 횟수 기반의 LSA(Latent Semantic Analysis)
(잠재 의미 분석)와 예측 기반의 워드투벡터 단점을 보완하기 위한 모델입니다. 글로브는 그 이름
에서 유추할 수 있듯이 단어에 대한 글로벌 동시 발생 확률(global co-occurrence statistics) 정보를
포함하는 단어 임베딩 방법입니다. 즉, 단어에 대한 통계 정보와 skip-gram을 합친 방식이라고
할 수 있습니다. 다시 풀어서 이야기하면 skip-gram 방법을 사용하되 통계적 기법이 추가된 것
이라고 할 수 있습니다. 따라서 글로브를 사용하면 다음 그림과 같이 단어 간 관련성을 통계적 방
법으로 표현해 줍니다.

▼ 그림 10-8 글로브를 이용한 단어 간 관련성 예시

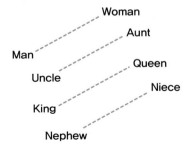

그럼 이제 Gensim을 이용한 예제를 살펴보겠습니다. 먼저 필요한 라이브러리를 호출하고

glove.6B.100d.txt 데이터셋[3]을 메모리로 로딩합니다.

코드 10-17 라이브러리 호출 및 데이터셋 로딩

```python
import numpy as np
%matplotlib notebook
import matplotlib.pyplot as plt
plt.style.use('ggplot')
from sklearn.decomposition import PCA
from gensim.test.utils import datapath, get_tmpfile
from gensim.models import KeyedVectors
from gensim.scripts.glove2word2vec import glove2word2vec

# 아래 상대 경로에 오류가 발생한다면 절대 경로로 지정해 주세요.
glove_file = datapath('..\chap10\data\glove.6B.100d.txt') ------ ①
word2vec_glove_file = get_tmpfile("glove.6B.100d.word2vec.txt") ------ 글로브 데이터를 워드투벡터
glove2word2vec(glove_file, word2vec_glove_file) ------ ②                    형태로 변환
```

① 내려받은 glove.6B.100d.txt 파일을 메모리로 로딩합니다. (인터넷에서 내려받아 ..\chap10\ data 위치에 두고 실습을 진행합니다. txt 파일이 없다는 오류가 표시된다면 절대 경로로 지정해 주세요.) glove.6B.100d.txt는 수많은 단어에 대해 차원 100개를 가지는 임베딩 벡터를 제공합니다.

② Gensim의 glove2word2vec() 함수를 사용하여 glove를 워드투벡터 형태로 변경할 수 있습니다. 이후부터는 변경된 형태를 이용하여 기존 워드투벡터의 함수를 사용할 수 있습니다.

```
glove2word2vec(glove_file, word2vec_glove_file)
                  ⓐ              ⓑ
```

ⓐ 첫 번째 인자: 글로브 입력 파일

ⓑ 두 번째 인자: 워드투벡터 출력 파일

다음은 glove.6B.100d.txt 데이터셋에 대한 정보를 출력한 결과입니다.

```
(400000, 100)
```

글로브가 적용되었다면, 'bill'과 유사한 단어의 리스트를 보여 주는 코드를 작성해 보겠습니다.

---

3 단어 표현을 위한 글로벌 벡터입니다. https://nlp.stanford.edu/projects/glove/에서 제공하는 데이터셋으로, 해당 URL에서 glove.6B. zip을 내려받아 압축을 해제해서 사용합니다. 또는 길벗출판사의 깃허브(https://github.com/gilbutITbook/080263) 첫 페이지의 URL을 클릭해도 내려받을 수 있습니다. 준비된 파일은 data 폴더에 넣어 주세요.

'bill'과 유사한 단어의 리스트를 반환

파이썬 콘솔에서 결과를 확인하기 위해 word2vec_glove_file 파일을 로딩합니다.

```
model = KeyedVectors.load_word2vec_format(word2vec_glove_file) ······
model.most_similar('bill') ······ 단어(bill) 기준으로 가장 유사한 단어들의 리스트를 보여 줍니다.
```

다음은 'bill'과 유사한 단어의 리스트를 반환한 결과입니다.

```
[('legislation', 0.8072140216827393),
 ('proposal', 0.7306863069534302),
 ('senate', 0.7142540812492371),
 ('bills', 0.7044401168823242),
 ('measure', 0.6958035230636597),
 ('passed', 0.6906244158744812),
 ('amendment', 0.6846879720687866),
 ('provision', 0.6845567226409912),
 ('plan', 0.6816462874412537),
 ('clinton', 0.6663139462471008)]
```

이번에는 'cherry'라는 단어와 유사한 단어의 리스트를 보여 주는 코드를 작성해 보겠습니다.

코드 10-19 'cherry'와 유사한 단어의 리스트를 반환

```
model.most_similar('cherry') ······ 단어(cherry) 기준으로 가장 유사한 단어들의 리스트를 보여 줍니다.
```

다음은 'cherry'와 유사한 단어의 리스트를 반환한 결과입니다.

```
[('peach', 0.688809871673584),
 ('mango', 0.6838189959526062),
 ('plum', 0.6684104204177856),
 ('berry', 0.6590359210968018),
 ('grove', 0.6581551432609558),
 ('blossom', 0.6503506302833557),
 ('raspberry', 0.6477391719818115),
 ('strawberry', 0.6442098617553711),
 ('pine', 0.6390928626060486),
 ('almond', 0.6379213333129883)]
```

이번에는 'cherry'와 관련성이 없는 단어의 리스트를 보여 주는 코드를 작성해 보겠습니다.

코드 10-20 'cherry'와 관련성이 없는 단어의 리스트를 반환

```
model.most_similar(negative=['cherry']) ······ 단어(cherry)와 관련성이 없는 단어들을 추출
```

다음은 'cherry'와 관련성이 없는 단어의 리스트를 반환한 결과입니다.

```
[('str94', 0.5899436473846436),
 ('http://www.ecb.int', 0.5723982453346252),
 ('rw95', 0.5641242265701294),
 ('js04bb', 0.5608091354370117),
 ('http://www.opel.com', 0.5586654543876648),
 ('obloquy', 0.5543686747550964),
 ('backstrap', 0.5506628155708313),
 ('disinfects', 0.5451074242591858),
 ('shepherdesses', 0.5444406270980835),
 ('hereros', 0.5441645383834839)]
```

이번에는 'woman', 'king'과 유사성이 높으면서 'man'과 관련성이 없는 단어를 보여 주는 코드를
구현해 보겠습니다.

코드 10-21 'woman', 'king'과 유사성이 높으면서 'man'과 관련성이 없는 단어를 반환

```
                            woman, king과 유사성이 높으면서 man과 관련성이 없는 단어를 반환
result = model.most_similar(positive=['woman', 'king'], negative=['man'])
print("{}: {:.4f}".format(*result[0]))
```

다음은 'woman', 'king'과 유사성이 높으면서 'man'과 관련성이 없는 단어를 반환하는 결과입
니다.

```
queen: 0.7699
```

앞의 계산 결과를 보면 queen을 반환했습니다. 단어 간 긍정적, 부정적 관련성을 고려하여 정확하
게 결과를 반환하고 있는 것을 확인할 수 있습니다.

또는 다음과 같이 다수의 단어 간 긍정적, 부정적 관련성을 표현할 수 있습니다.

코드 10-22 'australia', 'beer', 'france'와 관련성이 있는 단어를 반환

```
def analogy(x1, x2, y1):
    result = model.most_similar(positive=[y1, x2], negative=[x1])
    return result[0][0]
analogy('australia', 'beer', 'france')
```

다음은 'australia'와 관계없으면서 'beer', 'france'와 관련성이 있는 단어를 반환하는 결과입니다.

```
'champagne'
```

주어진 'tall', 'tallest', 'long' 단어를 기반으로 새로운 단어를 유추하는 코드를 작성해 보겠습니다.

코드 10-23 'tall', 'tallest', 'long' 단어를 기반으로 새로운 단어를 유추

```
analogy('tall', 'tallest', 'long')
```

다음은 'tall', 'tallest', 'long' 단어를 기반으로 새로운 단어를 유추한 결과입니다.

```
'longest'
```

이번에는 열거된 단어 중 유사성이 가장 떨어지는 단어를 반환하는 코드를 작성해 보겠습니다.

코드 10-24 'breakfast cereal dinner lunch' 중 유사도가 낮은 단어를 반환

```
print(model.doesnt_match("breakfast cereal dinner lunch".split()))
```
유사도가 가장 낮은 단어를 반환

다음은 'breakfast cereal dinner lunch' 중 유사도가 낮은 단어를 반환하는 결과입니다.

```
cereal
```

DEEP LEARNING

10.2 트랜스포머 어텐션

어텐션(attention)은 주로 언어 번역에서 사용되기 때문에 인코더와 디코더 네트워크를 사용합니다. 즉, 입력에 대한 벡터 변환을 인코더(encoder)에서 처리하고 모든 벡터를 디코더로 보냅니다. 이렇게 모든 벡터를 전달하는 이유는 시간이 흐를수록 초기 정보를 잃어버리는 기울기 소멸 문제를 해결하기 위해서입니다. 하지만 모든 벡터가 전달되기 때문에 행렬 크기가 굉장히 커지는 단점이 있는데, 이것을 해결하기 위해 소프트맥스 함수를 사용하여 가중합을 구하고 그 값을 디코더에 전달합니다.

가중합만 전달되었더라도 정보를 많이 전달받은 디코더는 부담일 수밖에 없습니다. 따라서 디코더는 은닉 상태에 대해 중점적으로 집중(attention)해서 보아야 할 벡터를 소프트맥스 함수로 점수를

매긴 후 각각을 은닉 상태의 벡터들과 곱합니다. 그리고 이 은닉 상태를 모두 더해서 하나의 값으로 만듭니다. 즉, 어텐션은 모든 벡터 중에서 꼭 살펴보아야 할 벡터들에 집중하겠다는 의미입니다.

▼ 그림 10-9 어텐션

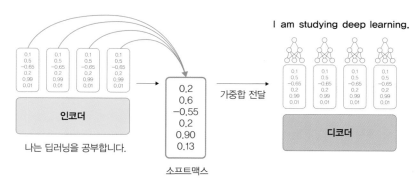

트랜스포머(transformer)는 2017년 6월에 "Attention is All You Need"(Ashish Vaswani et al.) 논문에서 발표된 것으로 어텐션을 극대화하는 방법입니다. 어텐션에서 다룬 인코더와 디코더에는 네트워크가 하나씩 있었습니다. 하지만 트랜스포머는 인코더와 디코더를 여러 개 중첩시킨 구조입니다. 이때 각각의 인코더와 디코더를 블록(block)이라고 합니다(논문에서는 인코더 블록과 디코더 블록을 여섯 개씩 중첩시킨 구조를 사용합니다).

▼ 그림 10-10 어텐션에서 인코더와 디코더

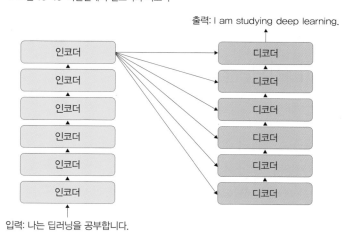

먼저 인코더 블록 구조를 살펴보겠습니다. 참고로 모든 블록 구조는 동일합니다. 하나의 인코더는 셀프 어텐션(self-attention)과 전방향 신경망(feed forward neural network)으로 구성되어 있습니다.

인코더에서는 단어를 벡터로 임베딩하며, 이를 셀프 어텐션과 전방향 신경망으로 전달합니다. 이때 셀프 어텐션은 문장에서 각 단어끼리 얼마나 관계가 있는지를 계산해서 반영합니다. 즉, 셀프 어텐션으로 문장 안에서 단어 간 관계를 파악할 수 있습니다. 셀프 어텐션에서 파악된 단어 간 관계는 전방향 신경망으로 전달됩니다.

♥ 그림 10-11 어텐션의 인코더 상세 구조

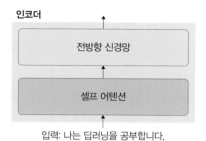

이번에는 디코더를 알아보겠습니다. 디코더는 층을 총 세 개 가지고 있는데, 인코더에서 넘어온 벡터가 처음으로 만나는 것이 셀프 어텐션 층입니다. 즉, 인코더와 동일하다고 이해하면 됩니다. 셀프 어텐션 층을 지나면 인코더-디코더 어텐션(encoder-decoder attention) 층이 있습니다. 인코더-디코더 어텐션 층에서는 인코더가 처리한 정보를 받아 어텐션 메커니즘을 수행하고, 마지막으로 전방향 신경망으로 데이터가 전달됩니다.

♥ 그림 10-12 어텐션의 디코더 상세 구조

자세한 구현 방법은 이어서 seq2seq, 버트(BERT)에서 예제로 알아보겠습니다.

10.2.1 seq2seq

seq2seq(sequence to sequence)는 입력 시퀀스(input sequence)에 대한 출력 시퀀스(output sequence)를 만들기 위한 모델입니다. seq2seq는 품사 판별 같은 시퀀스 레이블링(sequence labeling)과는 차이가 있습니다. 시퀀스 레이블링이란 입력 단어가 x_1, x_2, $\cdots$, x_n이라면 출력은 y_1, y_2, $\cdots$, y_n이 되는 형태입니다. 즉, 입력과 출력에 대한 문자열(sequence)이 같습니다. 하지만 seq2seq는 품사 판별보다는 번역에 초점을 둔 모델입니다. 번역은 입력 시퀀스의 $x_{1:n}$과 의미가 동일한 출력 시퀀스 $y_{1:m}$을 만드는 것이며, x_i, y_j 간 관계는 중요하지 않습니다. 그리고 각 시퀀스 길이도 서로 다를 수 있습니다.

그럼 지금부터 seq2seq를 텐서플로 2를 이용하여 구현해 보겠습니다. 스페인어를 영어로 번역하는 예제입니다. 이 예제는 텐서플로 튜토리얼에 게시된 코드를 일부 수정한 것입니다. 튜토리얼 코드와 비교하면서 실행해도 좋습니다.

먼저 필요한 라이브러리를 호출합니다.

코드 10-25 라이브러리 호출

```
from __future__ import absolute_import, division, print_function, unicode_literals

import tensorflow as tf
import os
import io
import re
import time
import matplotlib.pyplot as plt
import matplotlib.ticker as ticker
from sklearn.model_selection import train_test_split
```

데이터셋의 전처리를 위한 함수를 정의합니다.

코드 10-26 데이터셋 전처리 함수 정의

```
def unicode_to_ascii(s):
    return ''.join(c for c in unicodedata.normalize('NFD', s)
                   if unicodedata.category(c) != 'Mn')


def preprocess_sentence(w):
    w = unicode_to_ascii(w.lower().strip())  ------ 소문자로 전환
    w = re.sub(r"([?.!,¿])", r" \1 ", w)  ------ 특수 문자 제거
    w = re.sub(r'[" "]+', " ", w)  ------ 단어와 그 뒤에 오는 구두점 사이에 공백을 삽입
                  (예 "she is here." → "she is here . ")
```

422

```
w = re.sub(r"[^a-zA-Z?.!,¿]+", " ", w) ------ a-z, A-Z, ., ?, ! 등을 제외하고 모두 공백으로 바꿈
w = w.rstrip().strip() ------ 공백 문자 제거
w = '<start> ' + w + ' <end>' ------ 문장의 시작 <start>와 종료 <end> 토큰 생성(모델이 예측을
                                        시작하고 종료할 시기를 알 수 있도록 시작과 끝을 지정)
return w
```

지금까지의 전처리가 정상적으로 수행되는지 확인해 보겠습니다.

코드 10-27 데이터 전처리 확인

```
en_sentence = u"May I borrow this book?"
sp_sentence = u"¿Puedo tomar prestado este libro?"
print(preprocess_sentence(en_sentence))
print(preprocess_sentence(sp_sentence).encode('utf-8'))
```

다음은 데이터셋 전처리를 진행한 결과입니다.

```
<start> may i borrow this book ? <end>
b'<start> \xc2\xbf puedo tomar prestado este libro ? <end>'
```

문장의 시작과 끝에 <start>와 <end>가 찍혔으며, book 다음에 오는 ? 앞에도 공백이 있는 것을 확인할 수 있습니다.

이제 단어의 악센트를 제거하고 [ENGLISH, SPANISH] 형식으로 단어가 반환되도록 코드로 구현하겠습니다.

코드 10-28 [ENGLISH, SPANISH] 형식의 단어 반환

```
def create_dataset(path, num_examples):
    lines = io.open(path, encoding='UTF-8').read().strip().split('\n')

    word_pairs = [[preprocess_sentence(w) for w in l.split('\t')]  for l in
                    lines[:num_examples]]

    return zip(*word_pairs)
def max_length(tensor):
    return max(len(t) for t in tensor)

def tokenize(lang): ------ 문장의 토큰화
  lang_tokenizer = tf.keras.preprocessing.text.Tokenizer(
      filters='')
  lang_tokenizer.fit_on_texts(lang)
```

```
        tensor = lang_tokenizer.texts_to_sequences(lang)

        tensor = tf.keras.preprocessing.sequence.pad_sequences(tensor,
                                                    padding='post')

    return tensor, lang_tokenizer

def load_dataset(path, num_examples=None): ------ 입력/출력(english, spanish) 쌍 만들기
    targ_lang, inp_lang = create_dataset(path, num_examples)

    input_tensor, inp_lang_tokenizer = tokenize(inp_lang)
    target_tensor, targ_lang_tokenizer = tokenize(targ_lang)

    return input_tensor, target_tensor, inp_lang_tokenizer, targ_lang_tokenizer
```

데이터셋을 메모리로 로딩하고, 데이터가 많으면 수행 시간이 오래 걸리기 때문에 정확도가 조금 낮아지더라도 속도를 위해 데이터셋 크기를 제한하겠습니다(컴퓨팅 성능이 좋다면 이 과정은 생략해도 좋습니다).[4]

코드 10-29 데이터셋 크기 조정

```
num_examples = 30000 ------ 다양한 세트로 수행해 보는 것도 좋습니다.
input_tensor, target_tensor, inp_lang, targ_lang =
    load_dataset('..\chap10\data\spa.txt', num_examples)
                                        대상 텐서의 최대 길이(max_length) 계산
max_length_targ, max_length_inp = max_length(target_tensor), max_length(input_tensor) ------

input_tensor_train, input_tensor_val, target_tensor_train, target_tensor_val =
    train_test_split(input_tensor, target_tensor, test_size=0.2)------ 8:2 비율로 훈련과 테스트
                                                              데이터셋 분리
```

여기까지 데이터셋에 대한 사전 준비가 끝났습니다.

이제 데이터 분석을 준비하기에 앞서 하이퍼파라미터들을 정의합니다.

코드 10-30 하이퍼파라미터 초기화

```
BUFFER_SIZE = len(input_tensor_train)
BATCH_SIZE = 64
```

---

4 코드에서 spa.txt 데이터셋은 http://storage.googleapis.com/download.tensorflow.org/data/spa-eng.zip에서 제공하는 데이터셋 입니다.

```
steps_per_epoch = len(input_tensor_train) // BATCH_SIZE
embedding_dim = 256
units = 1024
vocab_inp_size = len(inp_lang.word_index) + 1
vocab_tar_size = len(targ_lang.word_index) + 1

dataset = tf.data.Dataset.from_tensor_slices((input_tensor_train, target_tensor_
                            train)).shuffle(BUFFER_SIZE)  ------ 데이터 분석을 위한
dataset = dataset.batch(BATCH_SIZE, drop_remainder=True)              데이터셋 준비
```

번역을 수행하는 인코더와 디코더 네트워크를 구축합니다. 먼저 인코더 네트워크를 구축해 보겠습니다.

코드 10-31 인코더 네트워크 구축

```
class Encoder(tf.keras.Model):
  def __init__(self, vocab_size, embedding_dim, enc_units, batch_sz):
    super(Encoder, self).__init__()
    self.batch_sz = batch_sz
    self.enc_units = enc_units
    self.embedding = tf.keras.layers.Embedding(vocab_size, embedding_dim)
    self.gru = tf.keras.layers.GRU(self.enc_units,
                          return_sequences=True,
                          return_state=True,
                          recurrent_initializer='glorot_uniform') ------ 7장에서 학습했던
                                                                           GRU를 이용한
                                                                           모델 생성
  def call(self, x, hidden):
    x = self.embedding(x)
    output, state = self.gru(x, initial_state=hidden)
    return output, state

  def initialize_hidden_state(self):
    return tf.zeros((self.batch_sz, self.enc_units)) ------ 은닉층 초기화

encoder = Encoder(vocab_inp_size, embedding_dim, units, BATCH_SIZE)
```

네트워크가 구축되었으니 어텐션을 구현하겠습니다.

코드 10-32 어텐션 구축

```
class EDAttention(tf.keras.layers.Layer):
  def __init__(self, units):
```

```
        super(EDAttention, self).__init__()
        self.W1 = tf.keras.layers.Dense(units)
        self.W2 = tf.keras.layers.Dense(units)
        self.V = tf.keras.layers.Dense(1)

    def call(self, query, values):
        hidden_with_time_axis = tf.expand_dims(query, 1) ------ ①
        score = self.V(tf.nn.tanh(
                    self.W1(values) + self.W2(hidden_with_time_axis))) ------ ②
        attention_weights = tf.nn.softmax(score, axis=1) ------ 어텐션 가중치(attention_weights)의 형태는
                                                               (배치 크기, 시퀀스 최대 길이, 1)이 됩니다.
        context_vector = attention_weights * values
        context_vector = tf.reduce_sum(context_vector, axis=1) ------ 컨텍스트 벡터(context_vector)의
        return context_vector, attention_weights                      형태는 (배치 크기, 은닉층 크기)입니다.
attention_layer = EDAttention(10)
```

① tf.expand_dims는 텐서의 원하는 위치에 차원을 추가하는 데 사용합니다. 즉, query라는 텐서의 1이라는 위치에 차원을 추가한 것으로 은닉층에 하나의 차원을 추가한다는 의미입니다.

② 스코어(score)의 형태는 (배치 크기, 시퀀스 최대 길이, 1)이 되며, self.W1에 스코어가 적용되기 때문에 마지막 축이 1이 됩니다. 참고로 self.W1을 적용하기 전 텐서의 형태는 (배치 크기, 시퀀스 최대 길이, 유닛(unit))입니다.

디코더 네트워크를 구축합니다.

코드 10-33 디코더 네트워크 구축

```
class Decoder(tf.keras.Model):
    def __init__(self, vocab_size, embedding_dim, dec_units, batch_sz):
        super(Decoder, self).__init__()
        self.batch_sz = batch_sz
        self.dec_units = dec_units
        self.embedding = tf.keras.layers.Embedding(vocab_size, embedding_dim)
        self.gru = tf.keras.layers.GRU(self.dec_units,
                                        return_sequences=True,
                                        return_state=True,
                                        recurrent_initializer='glorot_uniform')
        self.fc = tf.keras.layers.Dense(vocab_size)
        self.attention = EDAttention(self.dec_units) ------ 어텐션 적용

                                                ---- 인코더 출력(enc_output) 형태는
    def call(self, x, hidden, enc_output): ----  (배치 크기, 시퀀스 최대 길이, 은닉층 크기)입니다.
        context_vector, attention_weights = self.attention(hidden, enc_output)
        x = self.embedding(x) ------ 임베딩층을 통과한 후 x의 형태는 (배치 크기, 1, 임베딩 차원)입니다.
```

```
x = tf.concat([tf.expand_dims(context_vector, 1), x], axis=-1)
output, state = self.gru(x) ------ 병합된 벡터를 GRU로 보냅니다.
output = tf.reshape(output, (-1, output.shape[2])) ------ 출력 형태는 (배치 크기×1, 은닉층 크기)입니다.
x = self.fc(output)
    return x, state, attention_weights


decoder = Decoder(vocab_tar_size, embedding_dim, units, BATCH_SIZE)
```

모델 훈련을 위한 옵티마이저와 손실 함수를 정의합니다.

코드 10-34 옵티마이저 및 손실 함수 정의

```
optimizer = tf.keras.optimizers.Adam()
loss_object = tf.keras.losses.SparseCategoricalCrossentropy(
    from_logits=True, reduction='none')

def loss_function(real, pred):
  mask = tf.math.logical_not(tf.math.equal(real, 0))
  loss_ = loss_object(real, pred)
  mask = tf.cast(mask, dtype=loss_.dtype)
  loss_ *= mask
  return tf.reduce_mean(loss_)
```

모델의 저장과 복원을 위해 체크포인트를 설정합니다.

코드 10-35 체크포인트 설정

```
checkpoint_dir = './training_checkpoints'
checkpoint_prefix = os.path.join(checkpoint_dir, "ckpt")
checkpoint = tf.train.Checkpoint(optimizer=optimizer,
                                 encoder=encoder,
                                 decoder=decoder)
```

모델을 훈련시키기 위한 함수를 정의합니다.

코드 10-36 모델 훈련 함수 정의

```
def train_step(inp, targ, enc_hidden):
  loss = 0

  with tf.GradientTape() as tape:
    enc_output, enc_hidden = encoder(inp, enc_hidden)
```

```
       dec_hidden = enc_hidden
       dec_input = tf.expand_dims([targ_lang.word_index['<start>']] * BATCH_SIZE, 1)
       for t in range(1, targ.shape[1]): ------ 대상 단어를 입력으로 사용
         predictions, dec_hidden, _ = decoder(dec_input, dec_hidden, enc_output) ------
                                                    인코더 출력(enc_output)을 디코더로 보냅니다.
         loss += loss_function(targ[:, t], predictions)
         dec_input = tf.expand_dims(targ[:, t], 1)
     batch_loss = (loss / int(targ.shape[1])) ------ 손실/오차 계산
     variables = encoder.trainable_variables + decoder.trainable_variables
     gradients = tape.gradient(loss, variables)
     optimizer.apply_gradients(zip(gradients, variables))
     return batch_loss
```

모델을 훈련시킵니다.

코드 10-37 모델 훈련

```
EPOCHS = 10

for epoch in range(EPOCHS):
  start = time.time()

  enc_hidden = encoder.initialize_hidden_state()
  total_loss = 0

  for (batch, (inp, targ)) in enumerate(dataset.take(steps_per_epoch)):
    batch_loss = train_step(inp, targ, enc_hidden)
    total_loss += batch_loss

    if batch % 100 == 0:
        print('Epoch {} Batch {} Loss {:.4f}'.format(epoch+1,
                                                      batch,
                                                      batch_loss.numpy()))
  if (epoch+1) % 2 == 0: ------ 2 에포크마다 모델을 체크포인트에 저장
    checkpoint.save(file_prefix=checkpoint_prefix)

  print('Epoch {} Loss {:.4f}'.format(epoch+1,
                                      total_loss/steps_per_epoch))
  print('Time taken for 1 epoch {} sec\n'.format(time.time()-start))
```

다음은 모델 훈련에 대한 출력 결과입니다.

```
Epoch 1 Batch 0 Loss 4.5296
Epoch 1 Batch 100 Loss 2.1536
Epoch 1 Batch 200 Loss 1.8774
Epoch 1 Batch 300 Loss 1.7457
...(중간 생략)...
Epoch 10 Batch 0 Loss 0.0844
Epoch 10 Batch 100 Loss 0.0848
Epoch 10 Batch 200 Loss 0.0920
Epoch 10 Batch 300 Loss 0.1320
Epoch 10 Loss 0.1022
Time taken for 1 epoch 902.3556807041168 sec
```

훈련된 모델 평가를 시각화하여 보여 줍니다.

코드 10-38 모델 평가 및 시각화를 위한 함수

```python
def evaluate(sentence):
    attention_plot = np.zeros((max_length_targ, max_length_inp))

    sentence = preprocess_sentence(sentence)

    inputs = [inp_lang.word_index[i] for i in sentence.split(' ')]
    inputs = tf.keras.preprocessing.sequence.pad_sequences([inputs],
                                                maxlen=max_length_inp,
                                                padding='post')
    inputs = tf.convert_to_tensor(inputs)
    result = ''
    hidden = [tf.zeros((1, units))]
    enc_out, enc_hidden = encoder(inputs, hidden)
    dec_hidden = enc_hidden
    dec_input = tf.expand_dims([targ_lang.word_index['<start>']], 0)

    for t in range(max_length_targ):
        predictions, dec_hidden, attention_weights = decoder(dec_input,
                                                dec_hidden,
                                                enc_out)

        attention_weights = tf.reshape(attention_weights, (-1,))  ------ 어텐션 가중치
        attention_plot[t] = attention_weights.numpy()
        predicted_id = tf.argmax(predictions[0]).numpy()
        result += targ_lang.index_word[predicted_id] + ' '
        if targ_lang.index_word[predicted_id] == '<end>':
            return result, sentence, attention_plot
        dec_input = tf.expand_dims([predicted_id], 0)  ------ 예측된 ID가 모델에 피드백됩니다.

    return result, sentence, attention_plot
```

어텐션 가중치를 시각화하기 위한 함수를 정의합니다.

```python
def plot_attention(attention, sentence, predicted_sentence):
    fig = plt.figure(figsize=(10,10))
    ax = fig.add_subplot(1, 1, 1)
    ax.matshow(attention, cmap='viridis')

    fontdict = {'fontsize': 14}

    ax.set_xticklabels([''] + sentence, fontdict=fontdict, rotation=90)
    ax.set_yticklabels([''] + predicted_sentence, fontdict=fontdict)

    ax.xaxis.set_major_locator(ticker.MultipleLocator(1))
    ax.yaxis.set_major_locator(ticker.MultipleLocator(1))

    plt.show()
```

다음은 문장 번역을 위한 함수입니다. 뿐만 아니라 실제로 번역 테스트를 위해 스페인어를 입력합니다.

```python
def translate(sentence):
    result, sentence, attention_plot = evaluate(sentence)

    print('Input: %s' % (sentence))
    print('Predicted translation: {}'.format(result))

    attention_plot = attention_plot[:len(result.split(' ')), :len(sentence.split(' '))]
    plot_attention(attention_plot, sentence.split(' '), result.split(' '))   ┈┈┈┈┐
                                                               어텐션 가중치 매핑 ┊

checkpoint.restore(tf.train.latest_checkpoint(checkpoint_dir))   ┈┈┈┈ ①

translate(u'esta es mi vida.')   ┈┈┈┈ 스페인어를 영어로 번역
```

① 체크포인트 디렉터리(checkpoint_dir)에서 최신 체크포인트를 복원하여 문장 번역에 대한 테스트를 진행합니다. 'esta es mi vida.'라는 스페인어를 영어로 번역합니다.

다음은 모델 평가에 대한 시각화 결과입니다.

```
Input: <start> esta es mi vida . <end>
Predicted translation: this is my life . <end>
```

▼ 그림 10-13 시각화 결과

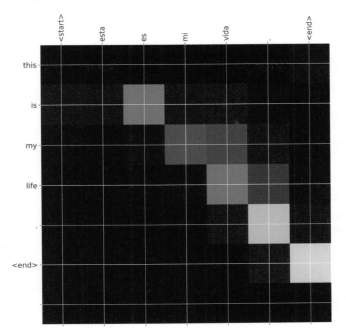

스페인어를 영어로 번역한 결과와 시각화 결과를 보여 주고 있습니다. 스페인어를 구글 번역기에서 돌려 보면 "이것이 내 인생입니다"라고 번역합니다. 이것을 영어로 다시 번역하면 "this is my life"로 정확히 번역될 것 같죠?

또한, 어텐션 가중치도 단어별로 시각화가 잘 표현되고 있습니다.

10.2.2 버트

2018년 11월, 구글이 공개한 인공지능(AI) 언어 모델 BERT(Bidirectional Encoder Representations from Transformers)(이하 버트)는 검색 문장의 단어를 입력된 순서대로 하나씩 처리하는 것이 아니라, 한 문장에서 모든 단어의 연관성을 이해하며 검색 문장을 처리하는 모델입니다.

5장에서 전이 학습을 배웠는데, 버트는 전이 학습 기법에 착안하여 자연어 처리에서도 사전에 학습된 신경망을 이용해서 목적에 맞게 후처리(미세 조정)하는 과정을 거쳐 사용합니다.

버트 모델은 전이 학습을 기반으로 한다고 했는데, 이때 전이는 인코더-디코더로 된 모델입니다. 기존 인코더-디코더 모델들과 다르게 CNN, RNN을 이용하지 않고 어텐션 개념을 도입했습니다.

버트에서 전이 학습은 인코더-디코더 중 인코더만 사용하는 모델입니다.

버트는 두 가지 버전이 있는데, BERT-base(L=12, H=768, A=12)와 BERT-large(L=24, H=1024, A=16)입니다. 이때 L은 전이 블록 숫자이고, H는 은닉층 크기, A는 전이 블록에서 사용되는 어텐션 블록 숫자입니다. 즉, L, H, A가 크다는 것은 블록을 많이 쌓았고, 표현하는 은닉층이 크며 어텐션 개수를 많이 사용했다는 의미입니다. BERT-base는 학습 파라미터 1.1억 개가 있고, BERT-large는 학습 파라미터 3.4억 개가 있습니다.

우리가 알아볼 것은 버트 구조가 아닌 버트를 활용한 임베딩 처리이기 때문에 이제 예제로 버트 사용 방법을 살펴보겠습니다.

텐서플로 2에서 버트용 라이브러리를 사용하려고 다음 명령을 실행합니다.

```
> pip install bert-for-tf2
> pip install sentencepiece
```

판다스 데이터프레임(Pandas dataframe)의 read_csv() 메서드를 사용하여 IMDB Dataset.csv 데이터셋[5]을 메모리로 로딩합니다.

코드 10-41 라이브러리 호출 및 데이터셋 준비

```
import tensorflow as tf
import tensorflow_hub as hub
from tensorflow.keras import layers
import bert
import pandas as pd

movie_reviews = pd.read_csv("..chap10\data\IMDB Dataset.csv")
movie_reviews.isnull().values.any()  ------ 데이터셋(movie_reviews)에서 어떤 항목이
movie_reviews.shape                          NaN을 가지고 있는지 확인
```

그러면 다음과 같이 movie_reviews 데이터셋에 대한 형태를 보여 줍니다. 출력 결과를 보면 행 5만 개와 칼럼 두 개로 구성된 것을 확인할 수 있습니다.

```
(50000, 2)
```

---

5 이 데이터셋은 'ACL-HLT2011'의 논문 "Learning Word Vectors for Sentiment Analysis"(http://www.aclweb.org/anthology/P11-1015)에 사용된 대형 영화 리뷰 데이터셋입니다(https://www.kaggle.com/lakshmi25npathi/imdb-dataset-of-50k-movie-reviews). 내려받은 예제 파일의 data 폴더에 압축 파일로 저장되어 있습니다. 압축을 해제한 후 data 폴더에 넣어 사용해 주세요.

데이터를 호출했으니 훈련에 용이하도록 데이터셋에 대한 전처리를 진행해 봅시다.

코드 10-42 데이터셋 전처리

```
def preprocess_text(sen):
    sentence = remove_tags(sen) ------ html 태그 삭제                     ┌---- 구두점(punctuation) 및 숫자(number) 제거,
    sentence = re.sub('[^a-zA-Z]', ' ', sentence) ----┤     문자(a~z, A~Z)가 아닌 것 제거
    sentence = re.sub(r"\s+[a-zA-Z]\s+", ' ', sentence) ------ 단일 문자 제거(예 a)
    sentence = re.sub(r'\s+', ' ', sentence) ------ 두 개 이상의 공백 제거
    return sentence

TAG_RE = re.compile(r'<[^>]+>') ------ 정규 표현식(<[^>]+>)을 컴파일
def remove_tags(text):
    return TAG_RE.sub('', text)

reviews = []
sentences = list(movie_reviews['review'])
for sen in sentences:
    reviews.append(preprocess_text(sen)) ------ 모든 텍스트 리뷰 데이터를 preprocess_text 함수에 적용

print(movie_reviews.columns.values) ------ 데이터셋의 열에 대한 이름 반환
```

다음은 데이터셋의 열에 대한 이름을 반환한 출력 결과입니다.

```
['review' 'sentiment']
```

실제로 IMDB Dataset.csv 파일을 열어 보면 review와 sentiment 열이 두 개 있습니다.
sentiment 열에 대한 고윳값을 확인해 봅시다.

코드 10-43 sentiment 열에 대한 고윳값 확인

```
movie_reviews.sentiment.unique()
```

코드를 실행하면 다음과 같이 sentiment 열에 대한 고윳값을 출력합니다.

```
array(['positive', 'negative'], dtype=object)
```

review(리뷰) 열에는 텍스트가 포함되고 sentiment(감정) 열에는 감정(positive, negative)이
포함되어 있습니다. 감정 열에는 텍스트 형식의 값 중에서 긍정과 부정을 나타내는 positive와
negative로 채워져 있습니다.

감정 열에 포함된 positive와 negative에 대해 숫자로 바꾸어 주는 작업이 필요합니다. 앞서 계속 언급했지만 딥러닝 알고리즘은 숫자 형태만 인식합니다. 출력 값이 두 개(positive, negative) 뿐이므로 1과 0으로 변환할 수 있습니다. 다음 스크립트는 긍정적인 감정을 1로 변환하고, 부정적인 감정을 0으로 변환합니다.

코드 10-44 긍정/부정 감정 변환

```
y = movie_reviews['sentiment']
y = np.array(list(map(lambda x: 1 if x=="positive" else 0, y)))
```

이제 x 변수에는 텍스트 리뷰가 포함되고 y 변수에는 해당 레이블이 포함되었습니다. 리뷰를 무작위로 출력해 봅시다.

코드 10-45 리뷰 출력

```
print(reviews[10])
```

다음은 리뷰를 무작위로 출력한 결과입니다.

Phil the Alien is one of those quirky films where the humour is based around the oddness of everything rather than actual punchlines At first it was very odd and pretty funny but as the movie progressed didn find the jokes or oddness funny anymore Its low budget film thats never problem in itself there were some pretty interesting characters but eventually just lost interest imagine this film would appeal to stoner who is currently partaking For something similar but better try Brother from another planet

내용을 확인해 보니 부정적인 리뷰처럼 보입니다. 해당 레이블 값을 출력하여 검증해 보겠습니다.

코드 10-46 긍정/부정 리뷰 확인

```
print(y[10])
```

코드를 실행하면 다음과 같이 출력됩니다. 0이 출력되는 것으로 보아 부정적인 리뷰임을 확인할 수 있습니다.

```
0
```

이제 데이터를 전처리했으니 버트를 이용한 모델을 만들 준비가 되었습니다.

입력 값으로 텍스트 리뷰를 사용하려면 토큰화를 먼저 진행해야 합니다. 토큰화는 문장을 개별 단어로 나누는 것으로, 텍스트의 토큰화를 위해 bert.bert_tokenization.FullTokenizer를 사용합니다.

코드 10-47 텍스트의 토큰화

```
bert.bert_tokenization 모듈의 FullTokenizer 클래스를 사용하여 객체를 만듭니다.
BertTokenizer = bert.bert_tokenization.FullTokenizer ┄┄┄┄
bert_layer = hub.KerasLayer("https://tfhub.dev/tensorflow/bert_en_uncased_L-12_H-768_A-12/1",
                    trainable=False) ┄┄┄┄ ①        넘파이 배열 형식의 BERT 어휘 파일을 만듭니다.
vocabulary_file = bert_layer.resolved_object.vocab_file.asset_path.numpy() ┄┄┄┄┄┄┄┄┄┄
to_lower_case = bert_layer.resolved_object.do_lower_case.numpy() ┄┄┄┄ 텍스트를 소문자로
tokenizer = BertTokenizer(vocabulary_file, to_lower_case) ┄┄┄┄        설정합니다.
    vocabulary_file 및 to_lower_case 변수를 BertTokenizer 객체에 전달합니다.
```

① hub.KerasLayer에서 버트 모델을 가져온 후 버트 임베딩 레이어를 생성합니다. 이때 매개변수 trainable이 False로 설정되어 있기 때문에 버트 임베딩은 학습하지 않습니다. 이 예제에서 주의해야 할 점은 BertTokenizer만 사용한다는 것입니다. 즉, 여기에서는 버트 임베딩을 사용하지 않고 있다는 것에 주의해야 합니다.

이제 버트 토크나이저(BertTokenizer)가 실제로 작동하는지 살펴보겠습니다. 이를 위해 다음과 같이 임의의 문장을 토큰화해 보겠습니다.

코드 10-48 임의의 문장 토큰화

```
tokenizer.tokenize("don't be so judgmental")
```

다음은 임의의 문장을 토큰화한 결과입니다.

```
['don', "'", 't', 'be', 'so', 'judgment', '##al']
```

텍스트가 성공적으로 토큰화되었음을 알 수 있습니다.

버트 토크나이저(BertTokenizer) 객체의 convert_tokens_to_ids()를 사용하여 토큰의 ID를 가져올 수도 있습니다.

코드 10-49 토큰의 ID 반환

```
tokenizer.convert_tokens_to_ids(tokenizer.tokenize("don't be so judgmental"))
```

다음은 토큰의 ID를 반환한 결과입니다.

```
[2123, 1005, 1056, 2022, 2061, 8689, 2389]
```

이제 리뷰 텍스트 데이터를 토큰화하는 코드를 작성해 보겠습니다.

코드 10-50 리뷰 텍스트 데이터 토큰화

```
def tokenize_reviews(text_reviews):    단일 텍스트 리뷰를 입력으로 받아들이면 토큰화된 단어의 ID를 반환
    return tokenizer.convert_tokens_to_ids(tokenizer.tokenize(text_reviews))
tokenized_reviews = [tokenize_reviews(review) for review in reviews]
                                   실제로 입력 데이터셋의 모든 리뷰를 토큰화
```

여기까지 버트 토크나이저를 사용한 예제였습니다.

버트 토크나이저를 구현했으므로 데이터를 실습 가능한 데이터셋으로 준비해 봅시다.

데이터셋의 리뷰 텍스트는 길이가 다양합니다. 일부 리뷰는 매우 짧은 반면, 어떤 리뷰는 매우 깁니다. 모델을 훈련시키려면 입력 문장의 길이가 같아야 합니다. 길이가 같은 문장을 만들기 위해 패딩(0으로 채움) 처리를 하지만, 이 방법은 행렬에 많은 수의 0이 포함될 수 있습니다. 따라서 각 배치 내에서 문장을 채우는 방법을 사용할 것입니다. 예제에서는 모델을 배치로 훈련하기 때문에 가장 긴 문장 길이에 맞추어 패딩을 진행해 보겠습니다.

코드 10-51 문장 길이 통일

```
import random
reviews_with_len = [[review, y[i], len(review)]          토큰화된 리뷰, 리뷰 레이블,
                    for i, review in enumerate(tokenized_reviews)]    리뷰 길이가 포함된 리스트
random.shuffle(reviews_with_len) ------ ①                  (list)를 생성
reviews_with_len.sort(key=lambda x: x[2]) ------ sort() 메서드를 사용하여 리뷰를 기준으로 데이터를 정렬
sorted_reviews_labels = [(review_lab[0], review_lab[1])
                         for review_lab in reviews_with_len]
processed_dataset = tf.data.Dataset.from_generator(lambda: sorted_reviews_labels,
                                    output_types=(tf.int32, tf.int32))
                     sorted_reviews_labels, output_types에 대한 결과를 int32 형식으로 출력
BATCH_SIZE = 32 ------ 배치 크기를 32로 설정, 즉 리뷰 32건을 처리한 후 신경망의 가중치를 업데이트
batched_dataset = processed_dataset.padded_batch(BATCH_SIZE, padded_shapes=((None,), ()))
                                                  데이터셋에 패딩을 적용
next(iter(batched_dataset)) ------ 첫 번째 배치를 출력하고 패딩이 어떻게 적용되었는지 확인
```

① CSV 파일에서 전반부는 긍정(positive) 리뷰, 후반부는 부정(negative) 리뷰가 포함되어 있기 때

문에 훈련 배치에서 긍정과 부정 리뷰가 골고루 사용되도록 무작위로 데이터를 섞습니다.

다음은 문장을 가장 긴 길이로 통일시킨 출력 결과입니다.

```
(<tf.Tensor: shape=(32,21), dtype=int32, numpy=
 array([[ 3078,  5436,  3078,  3257,  3532,  7613,     0,     0,     0,
            0,     0,     0,     0,     0,     0,     0,     0,     0,
            0,     0,     0],
 ...(중간 생략)...
        [ 2028,  1997,  1996,  4569, 15580,  2102,  5691,  2081,  1999,
          3522,  2086,  2204, 23191,  5436,  1998, 11813,  6370,  2191,
          2023,  2028,  4438]])>,
<tf.Tensor: shape=(32,), dtype=int32, numpy=
 array([0, 0, 0, 0, 0, 0, 1, 0, 1, 0, 1, 0, 0, 1, 0, 1, 0, 1, 1, 1, 1, 1, 1, 1, 0, 1,
        0, 1, 1, 0, 0, 1])>)
```

이 출력 결과는 리뷰에 대해 첫 번째 다섯 개, 그리고 마지막 다섯 개의 패딩을 적용한 결과를 보여 줍니다(분량상 중간은 생략했습니다). 마지막 리뷰 세 개에서 가장 긴 문장의 총 단어 수는 21개입니다. 따라서 첫 번째 리뷰 세 개에서 문장 끝에 0이 추가되어 전체 문장 길이가 21이 되도록 합니다. 또한, 다음 배치의 패딩은 배치에서 가장 긴 문장의 길이에 따라 달라집니다.

다음은 데이터셋을 훈련과 테스트 세트로 분리합니다.

코드 10-52 데이터셋을 훈련과 테스트 세트로 분리

```
import math              전체 레코드를 32(배치 크기)로 나누어 줌으로써 전체 배치 크기를 구합니다.
TOTAL_BATCHES = math.ceil(len(sorted_reviews_labels) / BATCH_SIZE) ......
TEST_BATCHES = TOTAL_BATCHES // 10 ...... 데이터의 10%는 검증을 위해 남겨 둡니다.
batched_dataset.shuffle(TOTAL_BATCHES)           ... test_data에 데이터를 저장하려고 batched_dataset()
test_data = batched_dataset.take(TEST_BATCHES) ...  객체의 take() 메서드를 사용합니다.
train_data = batched_dataset.skip(TEST_BATCHES) ...... 나머지 데이터는 skip() 메서드를 사용하여
                                                     훈련을 위해 train_data에 저장합니다.
```

데이터셋이 준비되었기 때문에 이제 모델을 만들어 보겠습니다.

tf.keras.Model 클래스에서 상속된 TEXT_MODEL 클래스를 만듭니다. 클래스 내에서 모델 계층을 정의하는 데 합성곱층 세 개를 구성합니다. 이때 추가적인 학습을 하기 위해 LSTM이나 다른 모델을 사용해 볼 수도 있습니다.

```
class TEXT_MODEL(tf.keras.Model):
    def __init__(self,
                 vocabulary_size,
                 embedding_dimensions=128,
                 cnn_filters=50,
                 dnn_units=512,
                 model_output_classes=2,
                 dropout_rate=0.1,
                 training=False,
                 name="text_model"):
        super(TEXT_MODEL, self).__init__(name=name) ------ ①

self.embedding = tf.keras.layers.Embedding(vocabulary_size,
                                           embedding_dimensions)
        self.cnn_layer1 = tf.keras.layers.Conv1D(filters=cnn_filters,
                                                 kernel_size=2,
                                                 padding="valid",
                                                 activation="relu")
        self.cnn_layer2 = tf.keras.layers.Conv1D(filters=cnn_filters,
                                                 kernel_size=3,
                                                 padding="valid",
                                                 activation="relu")
        self.cnn_layer3 = tf.keras.layers.Conv1D(filters=cnn_filters,
                                                 kernel_size=4,
                                                 padding="valid",
                                                 activation="relu")
        self.pool = tf.keras.layers.GlobalMaxPool1D()
```

> 합성곱 신경망 계층 세 개가 각각 커널 또는 필터 값(2, 3, 4)으로 초기화되었습니다. 이때 원한다면 필터 크기를 변경해 볼 수 있습니다.

> 입력과 출력을 모두 연결해 주는 층으로 활성화 함수는 렐루를 사용합니다.

```
        self.dense_1 = tf.keras.layers.Dense(units=dnn_units, activation="relu")
        self.dropout = tf.keras.layers.Dropout(rate=dropout_rate)
        if model_output_classes == 2:
            self.last_dense = tf.keras.layers.Dense(units=1,
                                                    activation="sigmoid")
        else:
            self.last_dense = tf.keras.layers.Dense(units=model_output_classes,
                                                    activation="softmax") ------ ②
```

> 10% 비율에 대해 드롭아웃 (deactivation)을 적용합니다.

```
    def call(self, inputs, training):
        l = self.embedding(inputs)-
        l_1 = self.cnn_layer1(l)
        l_1 = self.pool(l_1)
        l_2 = self.cnn_layer2(l) l_2 = self.pool(l_2)
```

> 함수를 호출하는 것처럼 클래스의 객체도 호출할 수 있게 만들 수 있는데, 이때 필요한 메서드가 __call__입니다.

```
l_3 = self.cnn_layer3(l)          ┄┄ call() 함수 내에서 각 합성곱 신경망 계층의 출력에
l_3 = self.pool(l_3)          ┄┄┄┄    전역 최대 풀링을 적용합니다.
                                                          ┄┄ 합성곱층 세 개가 함께
                                                             연결(concat)되고 그 출력이
concatenated = tf.concat([l_1, l_2, l_3], axis=-1) ┄┄┄       첫 번째 신경망에 공급됩니다.
concatenated = self.dense_1(concatenated) ┄┄┄┄┄┄┄┄┄┄ 두 번째로 연결된 신경망은
concatenated = self.dropout(concatenated, training)    클래스 두 개만 포함하므로
model_output = self.last_dense(concatenated) ┄┄┄       감정을 예측하는 데 사용됩니다.
return model_output                  모델의 출력층
```

① 클래스 생성자에서 일부 속성을 기본값으로 초기화합니다. 이 값들은 추후에 TEXT_MODEL 클래스 객체가 만들어질 때 전달됩니다.

② 출력 클래스가 두 개이면 출력 뉴런을 한 개 갖고 시그모이드 함수를 사용하지만, 그렇지 않다면 출력 뉴런을 두 개 갖고 소프트맥스 함수를 사용합니다. 여기에서는 소프트맥스 함수가 사용되었습니다.

이제 모델의 하이퍼파라미터 값을 정의하겠습니다.

코드 10-54 하이퍼파라미터 초기화

```
VOCAB_LENGTH = len(tokenizer.vocab)
EMB_DIM = 200
CNN_FILTERS = 100
DNN_UNITS = 256
OUTPUT_CLASSES = 2
DROPOUT_RATE = 0.2
NB_EPOCHS = 5
```

TEXT_MODEL 네트워크에 마지막 단계에서 정의한 하이퍼파라미터 값을 전달합니다.

코드 10-55 하이퍼파라미터 값을 네트워크에 전달

```
text_model = TEXT_MODEL(vocabulary_size=VOCAB_LENGTH,
                        embedding_dimensions=EMB_DIM,
                        cnn_filters=CNN_FILTERS,
                        dnn_units=DNN_UNITS,
                        model_output_classes=OUTPUT_CLASSES,
                        dropout_rate=DROPOUT_RATE)
```

모델을 실제로 훈련시키기 전에 컴파일을 진행하고 fit() 메서드를 사용하여 모델을 훈련시킵니다.

```
if OUTPUT_CLASSES == 2:
    text_model.compile(loss="binary_crossentropy",
                       optimizer="adam",
                       metrics=["accuracy"])
else:
    text_model.compile(loss="sparse_categorical_crossentropy",
                       optimizer="adam",
                       metrics=["sparse_categorical_accuracy"])


text_model.fit(train_data, epochs=NB_EPOCHS)
```

다음은 모델 훈련 결과입니다.

```
Epoch 1/5
1407/1407 [==============================] - 188s 134ms/step - loss: 0.3018 -
accuracy: 0.8676
Epoch 2/5
1407/1407 [==============================] - 197s 140ms/step - loss: 0.1321 -
accuracy: 0.9520
Epoch 3/5
1407/1407 [==============================] - 188s 134ms/step - loss: 0.0645 -
accuracy: 0.9770
Epoch 4/5
1407/1407 [==============================] - 188s 134ms/step - loss: 0.0374 -
accuracy: 0.9868
Epoch 5/5
1407/1407 [==============================] - 188s 134ms/step - loss: 0.0280 -
accuracy: 0.9901
<tensorflow.python.keras.callbacks.History at 0x23892c10c88>
```

훈련 데이터셋에서 약 99%의 정확도를 얻었습니다.

이제 테스트 데이터셋을 이용하여 모델 성능을 평가해 보겠습니다.

```
results = text_model.evaluate(test_data)
print(results)
```

다음은 모델 성능 평가를 출력한 결과입니다.

```
156/156 [==============================] - 2s 13ms/step - loss: 0.4185 - accuracy:
0.9000
[0.41852515935897827, 0.9000400900840759]
```

이 예제는 버트를 이용한 토크나이저에 대해 살펴보았습니다. IMDB 영화 리뷰에 대한 감성 분석을 수행했으며, 테스트 데이터셋에서 90%의 정확도를 얻었습니다.

버트 임베딩을 위한 코드를 하나 더 살펴봅시다. 케라스와 텐서플로 2 및 텐서플로 허브 모듈을 사용하는 간단한 버트 임베딩 코드입니다.

먼저 필요한 라이브러리를 호출합니다.

코드 10-58 라이브러리 호출

```python
import pandas as pd
import bert
import tensorflow as tf
import tensorflow_hub as hub
from tensorflow import keras
from tensorflow.keras.optimizers import RMSprop, Adam
from tensorflow.keras.preprocessing.sequence import pad_sequences
```

여기에서 사용할 예제는 트위터에 올라온 재해 관련 트윗[6]입니다.

코드 10-59 데이터셋 메모리로 로딩

```python
train_data = pd.read_csv('..\chap10\data\train.csv')
test_data = pd.read_csv('..\chap10\data\test.csv')
```

이 예제에서는 사전 훈련된 버트를 이용하여 임베딩 벡터를 생성합니다. 따라서 전체 네트워크에서 버트 계층에 필요한 입력 부분만 필요하며, 은닉층은 트랜스포머 블록(transformer block)(버트 계층)을 사용합니다.

---

6   캐글에서 제공하는 트위터의 트윗 관련 데이터입니다(https://www.kaggle.com/vstepanenko/disaster-tweets).

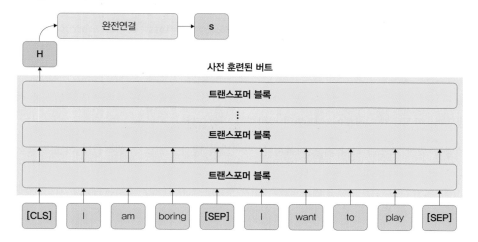

앞서 진행했던 코드와 동일합니다. 트윗 데이터에 대한 토큰화를 진행하려고 bert.bert_tokenization.FullTokenizer를 사용합니다.

코드 10-60 텍스트 토큰화

```
url = 'https://tfhub.dev/tensorflow/bert_en_uncased_L-24_H-1024_A-16/2'
bert_layer = hub.KerasLayer(url, trainable=True) ------ ①

FullTokenizer = bert.bert_tokenization.FullTokenizer

vocab_file = bert_layer.resolved_object.vocab_file.asset_path.numpy()
do_lower_case = bert_layer.resolved_object.do_lower_case.numpy()
tokenizer = FullTokenizer(vocab_file, do_lower_case)
```

① 버트 토크나이저에서 사용했던 예제와 차이는 trainable=True를 사용한다는 것입니다. 즉, 버트 임베딩을 이용(사전 훈련된 가중치를 이용)하여 학습을 진행하겠다는 의미입니다.

train.csv 텍스트 데이터에 대한 전처리를 합니다.

코드 10-61 텍스트 전처리

```
def bert_encoder(texts, tokenizer, max_len=512):
    all_tokens = []
    all_masks = []
    all_segments = []

    for text in texts:
```

```
        text = tokenizer.tokenize(text) ------ 입력 데이터를 토큰으로 변환
        text = text[:max_len-2]
        input_sequence = ["[CLS]"] + text + ["[SEP]"] ----: ---- CLS/SEP 처리(버트에서 입력 값에
        pad_len = max_len - len(input_sequence) ------ 제로 패딩 적용        대한 임베딩을 위한 식별자)
        tokens = tokenizer.convert_tokens_to_ids(input_sequence)
        tokens += [0] * pad_len
        pad_masks = [1] * len(input_sequence) + [0] * pad_len
        segment_ids = [0] * max_len
        all_tokens.append(tokens)
        all_masks.append(pad_masks)
        all_segments.append(segment_ids)

    return np.array(all_tokens), np.array(all_masks), np.array(all_segments)

train_input = bert_encoder(train_data, tokenizer, max_len=160)
train_labels = train_data.target.values
```

따라서 데이터 전처리가 완료되면 다음 구조를 갖게 됩니다.

1. 토큰화

2. CLS/SEP

3. 마스크 제로 패딩

전처리가 완료되었으므로 이제 모델을 생성합니다. 모델은 사전 훈련된 버트(pre-trained BERT)를 이용할 예정이므로 트랜스포머 블록에 대한 입력 값과 완전연결층(밀집층)을 정의합니다(은닉층은 트랜스포머 블록 사용).

코드 10-62 모델 생성

```
def build_model(max_len=512):                                    ··· 입력층에서 사용할
    input_word_ids = tf.keras.layers.Input(shape=(max_len,),         input_word_ids
                        dtype=tf.int32, name='positional_ids') ···  정의
    input_segment_ids = tf.keras.layers.Input(shape=(max_len,),
                            dtype=tf.int32, name='segment_ids') ------ 입력층에서 사용할
    input_mask = tf.keras.layers.Input(shape=(max_len,),                input_segment_ids 정의
                        dtype=tf.int32, name='input_mask') ------ 입력층에서 사용할
    pooled_output, sequence_output = bert_layer([input_word_ids,      input_mask 정의
        버트 계층의 입력 값으로 앞서 정의한 input_word_ids, ···    input_mask,
            input_segment_ids, input_mask 사용  ··· input_segment_ids])
    clf_output = sequence_output[:, 0, :]
    output = tf.keras.layers.Dense(1, activation='sigmoid')(clf_output) ------ 출력층(완전연결층) 정의
```

```
        model = tf.keras.Model(inputs=[input_word_ids, input_mask, input_segment_ids],
                               outputs=output) ------ ①
        model.compile(optimizer=RMSprop(lr=2e-6),
                      loss='binary_crossentropy',
                      metrics=['accuracy'])
        return model

model = build_model(max_len=160)
model.summary()
```

① (input_word_ids, input_mask, input_segment_ids)를 입력으로 사용하는 버트 계층을 생성합니다.

Model(inputs=[input_word_ids, input_mask, input_segment_ids],
      ⓐ   ⓑ   ⓒ

  outputs=output)
    ⓓ

ⓐ 토큰 ID: 버트 토크나이저의 토큰 ID입니다.

ⓑ 마스크 ID: 패딩 토큰 구분을 위한 ID입니다. 즉, 시퀀스마다 동일한 길이를 갖도록 패딩(0)을 붙여 줍니다.

ⓒ 세그먼트 ID: 문장을 구분하는 ID입니다. 한 문장의 시퀀스라면 0, 시퀀스에 문장이 두 개 있으면서 두 번째 문장이라면 1을 표현합니다.

 – 두 문장을 입력하는 경우

  [CLS] The man went to the store. [SEP] He bought a gallon of milk. [SEP]

 – 한 문장을 입력하는 경우

  [CLS] The man went to the store. [SEP]

ⓓ outputs: 모델의 출력층으로 시그모이드 활성화 함수를 사용합니다.

다음은 생성된 네트워크의 출력 결과입니다.

```
Model: "functional_1"
_____
Layer (type)              Output Shape         Param #     Connected to
===============================================================================
positional_ids (InputLayer)  [(None, 160)]        0
_____
```

```
input_mask (InputLayer)          [(None, 160)]          0

segment_ids (InputLayer)         [(None, 160)]          0

keras_layer_1 (KerasLayer)       [(None, 1024), (None  335141889    positional_ids[0][0]
                                                                     input_mask[0][0]
                                                                     segment_ids[0][0]

tf_op_layer_strided_slice (Tens [(None, 1024)]         0            keras_layer_1[0][1]

dense_2 (Dense)                  (None, 1)              1025         tf_op_layer_strided_
slice[0][0]
==================================================================================
Total params: 335,142,914
Trainable params: 335,142,913
Non-trainable params: 1
```

생성된 모델을 훈련시킵니다.

코드 10-63 모델 훈련

```
train_history = model.fit(
    train_input, train_labels,
    validation_split=0.2,
    epochs=3,
    batch_size=8
)
```

다음은 모델을 훈련시킨 결과입니다.

```
Epoch 1/3
1/1 [==============================] - 2s 2s/step - loss: 0.7689 - accuracy: 0.5000 -
val_loss: 0.2230 - val_accuracy: 1.0000
Epoch 2/3
1/1 [==============================] - 1s 1s/step - loss: 0.4062 - accuracy: 1.0000 -
val_loss: 0.1478 - val_accuracy: 1.0000
Epoch 3/3
1/1 [==============================] - 1s 980ms/step - loss: 0.2560 - accuracy: 1.0000 -
val_loss: 0.1091 - val_accuracy: 1.0000
```

훈련이 진행될수록 오차(loss, val_loss) 값은 줄어들고 정확도(accuracy, val_accuracy)는 높아
지고 있으므로 훈련이 잘되었다고 할 수 있습니다.

10.2.3 엘모

엘모(ELMo, Embeddings from Language Model)는 2018년에 제안된 임베딩 모델입니다. 엘모의 가장 큰 특징은 사전 훈련된 언어 모델(pre-trained language model)을 사용하는 것으로, 엘모 이름에 LM(Language Model)이 들어간 이유이기도 합니다.

현재까지 임베딩 한계를 극복하고자 많은 모델에 대한 논문들이 발표되고 있는데, 그중 하나의 방법으로 주어진 문장의 문맥을 고려한 임베딩 방법이 엘모입니다. 엘모는 기존 모델처럼 각 단어에 고정된 임베딩을 사용하는 대신, 전체 문장을 고려하여 각 단어에 임베딩을 합니다. 엘모는 특정 데이터로 사전 훈련된 양방향 LSTM 모델을 이용합니다. 순방향 LSTM은 주어진 문장에서 시작부터 n개의 단어를 이용하여 $n+1$번째 단어를 예측합니다. 역방향 LSTM은 주어진 문장의 n번째에서 역순으로 단어를 예측합니다.

언어를 학습할 때는 양방향 LSTM이 은닉 상태를 이어 붙인 벡터를 소프트맥스 함수에 적용하여 다음 단어를 예측합니다. 간단히 정리하면 기존 단어 임베딩, 순방향 LSTM, 역방향 LSTM을 모두 종합하여 이어 붙인 벡터가 엘모의 임베딩입니다.

❤ 그림 10-15 엘모의 순방향과 역방향

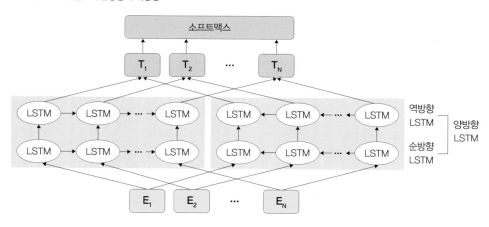

다음은 텐서플로를 이용한 엘모 예제입니다.

현재 텐서플로 2에서는 TF-Hub의 엘모를 사용할 수 없습니다. 따라서 엘모 예제는 눈으로만 보거나 가상 환경을 하나 더 만들어 텐서플로 1.x 버전을 설치한 후 진행해야 합니다.

이 절의 엘모 예제는 모두 예시 코드입니다(텐서플로 1.15 버전 기준). 지금까지 배운 텐서플로 2의 코드와 다른 부분이 있기 때문에 텐서플로 1.x 기준의 코드가 이해하기 어렵다면 새롭게 배우려고 하지 말고 눈으로 보고 넘어간 후 텐서플로 2에서 지원되는 시점에 직접 코드를 작성해 보기 바랍니다.

세션을 생성하고 필요한 라이브러리를 호출합니다.

```
sess = tf.Session(config=tf.ConfigProto(allow_soft_placement=True,
                  log_device_placement=True)) ------①

import tensorflow as tf
import tensorflow_hub as hub
import pandas as pd
from sklearn import preprocessing
import keras
import numpy as np
```

① tf.Session은 실질적인 연산을 수행하며, 여기에서 사용되는 파라미터는 다음과 같습니다.

```
tf.Session(config=tf.ConfigProto(allow_soft_placement=True,
                 ⓐ                          ⓑ
        log_device_placement=True))
                 ⓒ
```

ⓐ 디바이스에서 사용 가능한 메모리 일부분만 할당하거나, 실행 과정에서 메모리를 추가로 할당하는 등 변경을 위해 tf.ConfigProto() 옵션을 설정합니다.

ⓑ 텐서플로가 자동으로 디바이스 중 하나를 선택하게 하려면, 세션을 만들 때 allow_soft_placement 옵션을 True로 설정합니다.

ⓒ 연산과 텐서가 어떤 디바이스에 배치되었는지 알아보기 위해 세션을 만들 때 log_device_placement 옵션을 True로 설정합니다.

엘모를 내려받고 훈련을 위한 데이터셋을 준비합니다.

데이터셋은 스팸 관련 데이터셋[7]을 사용합니다.

```
url = "https://tfhub.dev/google/elmo/2"
embed = hub.Module(url) ------ 텐서플로 허브에서 엘모 내려받기

data = pd.read_csv('..\chap10\data\spam.csv', encoding='latin-1')
```

---

7 이 데이터셋은 UCI Machine Learning Repository에서 연구를 위해 무료로 수집한 데이터셋입니다(https://archive.ics.uci.edu/ml/datasets/SMS+Spam+Collection#).

```
y = list(data['v1'])  ------ list() 메서드는 다중 값을 저장할 때 사용하는 메서드로,
x = list(data['v2'])         여기에서는 spam.csv의 'v1' 데이터들을 y에 저장

le = preprocessing.LabelEncoder()
le.fit(y)  ------ y 값에 대해 인코딩 적용(각 열에 해당하는 고유한 번호를 부여)
```

인코더와 디코더를 포함하여 데이터셋에 대한 전처리를 진행합니다.

```
def encode(le, labels):
    enc = le.transform(labels)  ------ 각 열에 대한 인코딩을 가져와서 enc에 저장
    return keras.utils.to_categorical(enc)  ------ enc에 저장된 데이터에 원-핫 인코딩을 적용

def decode(le, one_hot):
    dec = np.argmax(one_hot, axis=1)  ------ ①
    return le.inverse_transform(dec)  ------ encode() 함수에서 인코딩된 값을 디코딩(즉, 원래 값을 반환)
                                                        ┌--- 'ham', 'spam', 'ham', 'ham'을 label로 받은 후
test = encode(le, ['ham', 'spam', 'ham', 'ham'])  ----┤    원-핫 인코딩을 적용
untest = decode(le, test)  ------ test의 원래 값(디코딩된 값)을 untest에 저장

x_enc = x
y_enc = encode(le, y)  ------ y 값에 인코딩을 적용하여 y_enc에 저장

x_train = np.asarray(x_enc[:5000])  ------ ②
y_train = np.asarray(y_enc[:5000])

x_test = np.asarray(x_enc[5000:])
y_test = np.asarray(y_enc[5000:])
```

앞서 짧게 설명했지만, 인코더는 문자열을 컴퓨터가 이해할 수 있는 바이트로 변환하는 것입니다. 그리고 디코더는 컴퓨터 언어를 사람이 이해할 수 있는 문자열로 변환하는 것입니다.

▼ 그림 10-16 인코더와 디코더

① np.argmax()는 색인에 해당되는 최댓값을 찾습니다. 예를 들어 다음과 같습니다.

```
        np.min(X)          np.max(X)

X = np.array([1, 3, 5, 7, 9])

  색인 ──→ 0, 1, 2, 3, 4

        np.argmin(X)      np.argmax(X)
```

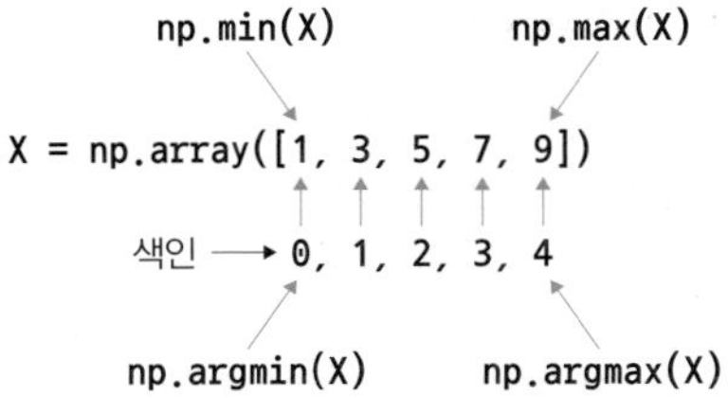

② 데이터를 ndarray(N차원의 배열 객체)로 변환합니다. ndarray는 같은 종류의 데이터를 담을 수 있는 포괄적인 다차원 배열을 의미하며, 배열 표현은 다음과 같습니다.

▼ 그림 10-18 배열 표현

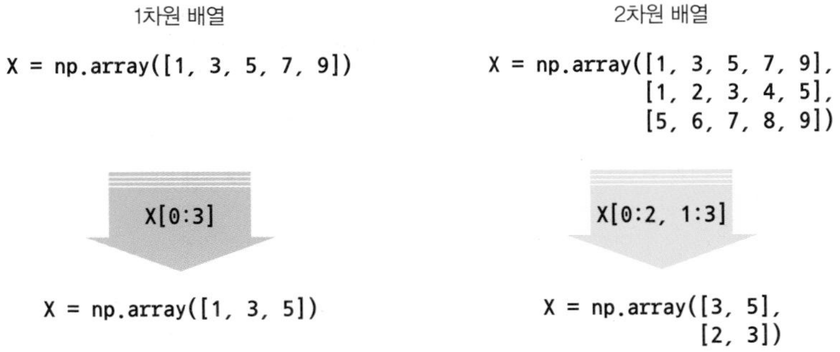

```
      1차원 배열                          2차원 배열

X = np.array([1, 3, 5, 7, 9])      X = np.array([1, 3, 5, 7, 9],
                                                 [1, 2, 3, 4, 5],
                                                 [5, 6, 7, 8, 9])


         X[0:3]                             X[0:2, 1:3]


X = np.array([1, 3, 5])            X = np.array([3, 5],
                                                 [2, 3])
```

따라서 0번째에서 5000번째 열까지의 데이터를 반환합니다.

데이터셋이 준비되었기 때문에 이제 모델을 훈련시킵니다.

```python
from keras.layers import Input, Lambda, Dense
from keras.models import Model
import keras.backend as K

def ELMoEmbedding(x):
    return embed(tf.squeeze(tf.cast(x, tf.string)), signature="default", as_dict=True)
["default"] ------ ①

input_text = Input(shape=(1,), dtype=tf.string)
embedding = Lambda(ELMoEmbedding, output_shape=(1024,))(input_text)
dense = Dense(256, activation='relu')(embedding)
pred = Dense(2, activation='softmax')(dense)
model = Model(inputs=[input_text], outputs=pred)
model.compile(loss='categorical_crossentropy', optimizer='adam', metrics=['accuracy']) ---- ②
```

```
with tf.Session() as session:
    K.set_session(session)
    session.run(tf.global_variables_initializer())
    session.run(tf.tables_initializer())
    history = model.fit(x_train, y_train, epochs=1, batch_size=32)
    model.save_weights('./elmo-model.h5')  ······ 모델을 훈련한 결과 가중치를 h5 파일 포맷으로 만들어 저장

with tf.Session() as session:
    K.set_session(session)
    session.run(tf.global_variables_initializer())
    session.run(tf.tables_initializer())
    model.load_weights('./elmo-model.h5')         ┌··· 앞서 훈련으로 저장되었던 가중치를 이용하여
    predicts = model.predict(x_test, batch_size=32) ····  테스트 데이터셋에 대한 예측 진행

y_test = decode(le, y_test)
y_preds = decode(le, predicts)
```

① 엘모는 텐서플로 허브에서 가져온 것으로, 케라스에서 사용하려면 변환이 필요합니다. 즉, 데이터 이동이 텐서플로→케라스가 되도록 하는 함수를 생성합니다. 참고로 tf.squeeze()는 텐서에서 크기가 1인 차원을 삭제합니다.

② 모델은 엘모를 이용한 임베딩층을 거쳐서 뉴런이 256개 있는 은닉층을 거칩니다. 또한, 출력층에서 뉴런을 두 개 가지며, 활성화 함수로는 소프트맥스를 사용하고 모델의 손실 함수는 크로스 엔트로피(categorical_crossentropy)를 사용합니다.

혼동 행렬을 이용하여 모델에 대한 평가를 진행합니다.

```
from sklearn import metrics
print(metrics.confusion_matrix(y_test, y_preds))
print(metrics.classification_report(y_test, y_preds))
```

다음은 모델 평가에 대한 출력 결과입니다.

```
Epoch 1/1
5000/5000 [==============================] - 531s 106ms/step - loss: 0.0969 -
accuracy: 0.9660
[[495   3]
 [  9  65]]
            precision    recall  f1-score   support

       ham       0.98      0.99      0.99       498
      spam       0.96      0.88      0.92        74
```

accuracy			0.98	572
macro avg	0.97	0.94	0.95	572
weighted avg	0.98	0.98	0.98	572

정확도에 대한 결과가 98%로 나쁘지 않습니다. 하지만 주의해야 할 사항이 있습니다. 엘모 모델을 훈련시킬 때는 CPU 혹은 GPU를 과하게 사용할 수 있으므로 모델을 훈련시키기 전에 CPU 및 GPU에 대한 사용률을 고려해야 합니다.

10.3 한국어 임베딩

지금까지 영어에 대한 임베딩을 진행했는데, 한국어에 대한 임베딩도 영어와 동일합니다. 얼마나 동일한지 코드로 직접 확인해 보겠습니다.

먼저 텍스트를 생성하고 전처리에 필요한 라이브러리를 호출합니다.

코드 10-64 예제를 진행할 텍스트 생성

```
from tensorflow.keras.preprocessing.text import Tokenizer
from tensorflow.keras.preprocessing.sequence import pad_sequences

text = """과일 가게에 사과가 많이 진열되어 있다
그녀가 나에게 사과한 후, 우리는 친해졌다
애플은 사과 모양을 로고로 사용한다\n""" ------ 텍스트 생성
```

생성한 텍스트에 대해 인코더를 진행하기 위해 먼저 토큰화를 합니다.

코드 10-65 텍스트 토큰화

```
tok = Tokenizer() ------ Tokenizer 객체 생성
tok.fit_on_texts([text]) ------ ①

vocSize = len(tok.word_index) + 1

seqs = list()
for word in text.split("\n"):
    encoded = tok.texts_to_sequences([word])[0] ------ 텍스트를 숫자로 변환
    for i in range(1, len(encoded)):
```

```
        seq = encoded[:i+1]
        seqs.append(seq)

maxLen = max(len(i) for i in seqs)

seqs = pad_sequences(seqs, maxlen=maxLen, padding="pre") ------ 패딩을 이용하여 샘플 길이를 동일하게 지정
seqs
```

① 단어 단위로 토큰화하여 딕셔너리에 저장됩니다. 이때 text를 [ ]에 넣지 않으면 한 글자 단위로 인코딩됩니다.

다음은 텍스트를 토큰화한 출력 결과입니다.

```
array([[ 0,  0,  0,  0,  1,  2],
       [ 0,  0,  0,  1,  2,  3],
       [ 0,  0,  1,  2,  3,  4],
       [ 0,  1,  2,  3,  4,  5],
       [ 1,  2,  3,  4,  5,  6],
       [ 0,  0,  0,  0,  7,  8],
       [ 0,  0,  0,  7,  8,  9],
       [ 0,  0,  7,  8,  9, 10],
       [ 0,  7,  8,  9, 10, 11],
       [ 7,  8,  9, 10, 11, 12],
       [ 0,  0,  0,  0, 13, 14],
       [ 0,  0,  0, 13, 14, 15],
       [ 0,  0, 13, 14, 15, 16],
       [ 0, 13, 14, 15, 16, 17]])
```

모델 훈련에 사용될 훈련(x)과 테스트(y) 데이터셋을 정의합니다.

코드 10-66 x 값에 대한 정의

```
seqs = np.array(seqs) ------ seqs를 배열로 변환한 후 seqs에 저장합니다.
x = seqs[:,:-1] ------ 마지막 열을 제외한 모든 행과 열을 가져옵니다.
```

코드 10-67 y 값에 대한 정의

```
from tensorflow.keras.utils import to_categorical
y = seqs[:,-1] ------ 모든 행과 마지막 열만 취합니다(-1은 마지막 열을 의미).
y = to_categorical(y, num_classes=vocSize) ------ 케라스에서 제공하는 to_categorical()을 사용하여
                                                  원-핫 인코딩을 적용합니다.
```

데이터 준비가 완료되었으니 이제 모델을 생성하고 훈련시킵니다.

코드 10-68 모델 생성 및 훈련

```
from tensorflow.keras.layers import LSTM
from tensorflow.keras.models import Sequential, Model
from tensorflow.keras.layers import Flatten, Dense
from tensorflow.keras.layers import Embedding

model = Sequential() ------ 모델 생성
model.add(Embedding(vocSize, 10, input_length=maxLen-1,))
model.add(LSTM(32))
model.add(Dense(vocSize, activation="softmax")) ------ 각 단어의 임베딩 벡터가 10차원
model.compile(loss="categorical_crossentropy", metrics=["accuracy"],
              optimizer="adam")
model.fit(x, y, epochs=200)
```

다음은 모델 훈련 실행 결과입니다.

```
Epoch 1/200
1/1 [==============================] - 0s 2ms/step - loss: 2.8920 - accuracy: 0.0714
Epoch 2/200
1/1 [==============================] - 0s 1ms/step - loss: 2.8903 - accuracy: 0.0714
...(중간 생략)...
Epoch 199/200
1/1 [==============================] - 0s 1ms/step - loss: 0.4413 - accuracy: 1.0000
Epoch 200/200
1/1 [==============================] - 0s 997us/step - loss: 0.4364 - accuracy: 1.0000
<tensorflow.python.keras.callbacks.History at 0x2388cf5ccc0>
```

정확도는 100%이고, 훈련이 반복될수록 손실은 줄어들고 있습니다. 즉, 모델 성능이 좋다는 것을 알 수 있습니다.

이제 생성된 모델을 사용하여 문장을 예측해 보겠습니다. 입력한 단어 이후에 오는 단어를 예측하는 함수를 생성합니다.

코드 10-69 단어 예측

```
def sentGen(model, tok, word, n): ------ 모델, 토크나이저, 입력 단어, 예측 단어 개수를 파라미터로 사용
    sent = ""
    word2 = word
    for _ in range(n): ------ 2회 반복
        encoded = tok.texts_to_sequences([word])[0]
```

```
    encoded = pad_sequences([encoded], maxlen=7, padding="pre")
    res = model.predict_classes(encoded)

    for w, i in tok.word_index.items():
        if i == res: ------ 예측 단어와 인덱스 단어가 동일할 경우 if 문 수행
            break
    word = word + " " + w
    sent = sent + " " + w
    sent = word2 + sent
    return sent
```

앞서 생성한 함수를 사용하여 '과일'을 입력했을 때 이후에 등장하는 단어 두 개를 예측해 보겠습니다.

코드 10-70 '과일' 이후의 예측 단어

```
print(sentGen(model, tok, "과일", 2)) ------ '과일' 뒤에 등장하는 단어 두 개를 예측
```

다음은 '과일' 이후에 등장할 단어들의 실행 결과입니다. 네트워크가 랜덤으로 초기화되기 때문에 결과가 책과 다를 수 있습니다.

    과일 사과 사과

어떤가요? 영어와 다르지 않다는 것을 확인할 수 있었습니다. 즉, 자연어 처리를 위한 임베딩 방법만 알고 있다면 언어와 상관없이 단어/문장에 대한 임베딩을 진행하며, 모델을 생성하고 훈련시킨 후 예측 및 분류를 수행할 수 있습니다.

지금까지 9~10장에 걸쳐 자연어 처리를 간단히 살펴보았습니다. 다음 장에서는 클러스터링을 배워 보겠습니다.

11^장

클러스터링

11.1 클러스터링이란

클러스터링은 어떤 데이터들이 주어졌을 때 특성이 비슷한 데이터끼리 묶어 주는 머신 러닝 기법입니다. 하지만 머신 러닝 알고리즘에 딥러닝을 적용한다면 성능이 더 향상될 수 있습니다. 이 장에서는 그 방법을 배워 보겠습니다.

11.2 클러스터링 알고리즘 유형

클러스터링 알고리즘 유형은 이미 3장에서 배웠습니다. 이 장에서는 3장에서 배운 K-평균 군집화(K-Means) 알고리즘에 딥러닝을 결합한 방법과 3장에서 다루지 않은 추가적인 클러스터링 알고리즘을 알아보겠습니다.

11.2.1 K-평균 군집화

3장에서 K-평균 군집화 알고리즘에 대해 배웠지만, 이번에는 K-평균 군집화에 딥러닝 알고리즘을 적용하여 이미지를 분류하는 방법을 알아보겠습니다.

예제를 확인하기 전에 다시 한 번 K-평균 군집화 원리를 리마인드하고 넘어가겠습니다.

K-평균 군집화 알고리즘 원리

K-평균 군집화 알고리즘의 학습 원리는 다음과 같습니다.

1. 클러스터 중심인 중심점을 구하기 위해 임의의 점 K(여기에서 $K=2$)를 선택합니다.

▼ 그림 11-1 임의의 점 K 선택

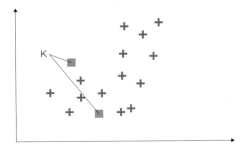

2. 각 중심에 대한 거리를 계산하여 각 데이터를 가장 가까운 클러스터에 할당합니다.

▼ 그림 11-2 클러스터에 할당

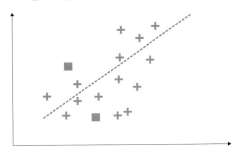

3. 할당된 데이터 평균을 계산하여 새로운 클러스터 중심을 결정합니다.

▼ 그림 11-3 새로운 중심 결정

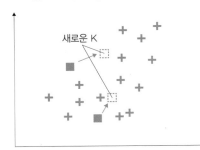

4. 클러스터 할당이 변경되지 않을 때까지 **2~3**을 반복합니다.

▼ 그림 11-4 최종 클러스터 구성

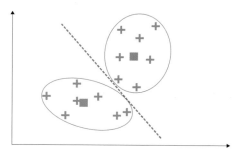

참고로 클러스터 개수(K 개수)를 결정하는 것은 쉽지 않습니다. 클러스터 개수를 좀 더 편리하게 결정할 수 있는 방법은 다음과 같이 클러스터 개수와 WCSS(Within Cluster Sum of Squares) 간 관계를 그래프로 표현한 후, WCSS 변경이 평평하게 하락하는 구간을 선택하는 것입니다(다음 그래프에서는 3이 됩니다).

▼ 그림 11-5 클러스터 개수와 WCSS

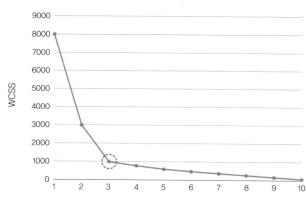

Note ≡　**WCSS**

올바른 클러스터 개수를 알아내는 이상적인 방법은 WCSS를 계산하는 것입니다. WCSS는 모든 클러스터에 있는 각 데이터가 중심까지의 거리를 제곱하여 합을 계산하는 것으로, 수식은 다음과 같습니다.

$$WCSS = \sum_{C_k}^{C_n} (\sum_{d_i in C_i}^{d_m} \text{distance}(d_i, C_k)^2)$$

$$\left(\begin{array}{l} C: \text{클러스터의 중심 값} \\ d: \text{클러스터 내에 있는 데이터} \end{array} \right)$$

● 계속

이때 합계를 최소화하는 것이 가장 이상적입니다. 주어진 데이터셋에 n개의 관측치가 있고 n개의 클러스터 개수($k=n$)를 가정하면, 데이터들이 중심 값이 되어 거리가 0이 되므로 이상적으로는 완벽한 클러스터를 형성하여 WCSS는 0이 됩니다. 그러나 이것은 관측치만큼 많은 클러스터를 가지고 있기 때문에 의미 없는 결과입니다. 이러한 문제를 해결하기 위해 '엘보 그래프(elbow graph)'를 많이 사용합니다.

엘보 그래프는 K 값 범위에 대해 K-평균 알고리즘을 무작위로 초기화하고, 각 K 값을 WCSS에 플로팅합니다. 이것에 대한 결과 그래프는 다음 그림과 같습니다.

최적의 엘보를 찾는 방법은 다음과 같습니다.

1. 곡선의 처음과 마지막 점을 직선으로 연결
2. 각 점에서 직선까지의 수직 거리를 계산
3. 가장 긴 거리를 엘보(elbow)로 선정

❤ 그림 11-6 엘보

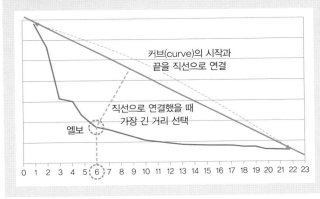

K-평균 군집화를 대략적으로 살펴보았으므로 이제 딥러닝을 적용하는 방법을 예제로 확인해 봅시다. 예제는 사전 훈련된 MobileNet 모델[1]의 가중치를 사용하여 훈련합니다.

딥러닝이 적용된 K-평균 군집화 예제

K-평균 군집화 알고리즘을 텐서플로 2와 함께 사용하여 데이터를 분류하는 방법을 살펴보겠습니다.

먼저 필요한 라이브러리를 가져와서 시작합니다.

---

1 MobileNet은 컴퓨터 성능이 제한되거나 배터리 성능이 중요한 곳에서 사용될 목적으로 설계된 CNN 구조입니다. 즉, AlexNet처럼 비대한 크기의 네트워크보다는 빠른 성능이 필요한 곳에서 MobileNet을 사용합니다.

```
import numpy as np
import tensorflow as tf
import matplotlib.pyplot as plt
from sklearn.cluster import KMeans
from sklearn.metrics import silhouette_score
import cv2 ------ 앞서 설치한 opencv-python 라이브러리를 호출
import os, glob, shutil
```

다음 코드는 GPU를 사용할 때만 실행됩니다. 기본적으로 이미지를 다루는 컴퓨터 비전은 이미지의 용량 관계로 GPU 사용을 권장하지만, 사용하는 환경이 CPU만 지원한다면 다음 코드는 실행하지 않습니다.

```
gpus = tf.config.experimental.list_physical_devices('GPU') ------ cuDNN 초기화에 문제가 있을 때 실행
if gpus:
  try:
    for gpu in gpus: ------ GPU가 두 개 이상이라면 메모리를 균등하게 사용하도록 조정
      tf.config.experimental.set_memory_growth(gpu, True)
    logical_gpus = tf.config.experimental.list_logical_devices('GPU')
    print(len(gpus), "Physical GPUs,", len(logical_gpus), "Logical GPUs") ------
  except RuntimeError as e:                          물리적 GPU와 논리적 GPU의 수량을 표기
    print(e)
```

예제에서 사용할 데이터는 개와 고양이에 대한 이미지[2]입니다. 이미지는 총 2만 5000여 개로 구성되어 있지만, 성능 관계로 일부 이미지만 사용합니다. 예제를 실행하는 환경이 충분한 성능을 제공할 수 있다면 내려받은 전체 이미지를 사용해도 좋습니다.

이미지가 위치한 폴더에서 모든 이미지를 메모리로 로딩하고 특성 추출을 처리합니다. 특성 추출을 위해 모델의 입력층 크기(224×224)와 일치하도록 이미지 크기를 224×224로 조정합니다.

```
input_dir = '..\chap11\data\pets'
glob_dir = input_dir + '/*.jpg'

images = [cv2.resize(cv2.imread(file), (224,224)) for file in glob.glob(glob_dir)]
```

---

2 이 데이터셋은 캐글에서 제공하는 강아지와 고양이 이미지입니다. 데이터셋은 고양이 1만 2501개, 개 1만 2501개로 구성되어 있습니다 (https://www.kaggle.com/c/dogs-vs-cats). 여기에 필자가 일부 이미지들을 추가해서 구성했습니다.

```
paths = [file for file in glob.glob(glob_dir)]
images = np.array(np.float32(images).reshape(len(images),-1)/255)
```

다음 그림은 'chap11/data/pets'에 위치한 이미지들입니다.

▼ 그림 11-7 개와 고양이 예제 이미지

특성 추출은 MobileNetV2 모델을 사용합니다. ResNet50, AlexNet 등의 모델을 사용할 수 있지만, MobileNetV2는 빠르고 코드 길이가 길지 않기 때문에 사용이 편리합니다. 하지만 다른 모델을 선택해도 이미지 분류가 가능하므로 다양한 모델을 적용해 보는 것도 개인적인 학습에 도움이 되므로 진행해 보길 권장합니다.

코드 11-4 특성 추출

```
model = tf.keras.applications.MobileNetV2(include_top=False, weights='imagenet',
                                          input_shape=(224,224,3)) ------ ①
predictions = model.predict(images.reshape(-1,224,224,3)) ------ ②
pred_images = predictions.reshape(images.shape[0], -1)
```

① 특성 추출을 위해 MobileNetV2를 사용하기 위한 파라미터는 다음과 같습니다.

```
model = tf.keras.applications.MobileNetV2(include_top=False, weights='imagenet',
                                          ⓐ                    ⓑ
                          input_shape=(224,224,3))
                                      ⓒ
```

ⓐ include_top: 네트워크 최상단에 완전연결층을 넣을지 여부를 선택하는 것으로, False로 설정했기 때문에 완전연결층을 추가하지 않습니다.

ⓑ weights: 'None'과 'imagenet'을 선택할 수 있습니다. 'None'은 임의의 초깃값을 설정하는 것이고, 'imagenet'은 ImageNet으로 사전 훈련된 가중치를 사용하겠다는 것입니다.

ⓒ input_shape: 입력에 대한 크기를 의미합니다. 입력은 224×224의 크기를 가지며, 3은 RGB로 칼라 이미지를 뜻합니다.

② reshape의 -1은 해당 자리 부분의 형태(shape)는 비워 두고, 다른 차원의 형태가 모두 결정된 후 남은 부분의 형태로부터 수정하겠다는 의미입니다.

데이터셋에서 특성 추출이 완료되었기 때문에 KMeans()를 사용하여 클러스터링을 구현합니다. 데이터셋의 이미지가 개와 고양이로 구성되어 있기 때문에 클래스 두 개로 이미지를 분류합니다.

코드 11-5 클러스터링 구성

```
k = 2 ------ 클래스는 개와 고양이 두 개
kmodel = KMeans(n_clusters=k, n_jobs=-1, random_state=728)
kmodel.fit(pred_images) ------ 모델 훈련
kpredictions = kmodel.predict(pred_images) ------ 모델 예측
shutil.rmtree('..chap11\data\output') ------ 모델이 분류될 폴더의 위치 지정
for i in range(k):
    os.makedirs("..chap11\data\output" + str(i)) ------ 모델이 분류될 폴더를 생성(output0, output1이 생성)
for i in range(len(paths)):
    shutil.copy2(paths[i], "..chap11\data\output" + str(kpredictions[i])) ------
                    pets 폴더의 이미지들이 output0과 output1로 복사되면서 클래스에 적합하게 분류
```

다음 그림은 output0 폴더 위치에 분류된 고양이 이미지입니다.

▼ 그림 11-8 분류된 고양이 이미지

다음 그림은 output1 폴더 위치에 분류된 개 이미지입니다.

▼ 그림 11-9 분류된 개 이미지

Image_12_dog

완벽하지는 않지만, 개와 고양이가 유사한 이미지끼리 분류되었습니다.

참고로 예제 이미지는 개와 고양이로만 구성되어 있기 때문에 클래스가 두 개라는 것을 알 수 있지만, 이미지가 수백 개에서 수천만 개로 구성된 데이터셋이라면 클래스를 결정하기 어려울 수 있습니다. 이때 사용할 수 있는 것이 실루엣(silhouette)과 엘보(elbow) 방법입니다. 엘보는 앞서 살펴보았기 때문에 여기에서는 실루엣 방법을 사용하겠지만, 정확한 클래스를 알아내려면 두 가지 방법을 모두 사용해 보아야 합니다.

코드 11-6 KMeans에서 클래스 개수 알아보기

```
sil = []
kl = []
kmax = 10
for k in range(2, kmax+1):
    kmeans2 = KMeans(n_clusters=k).fit(pred_images)
    labels = kmeans2.labels_
    sil.append(silhouette_score(pred_images, labels, metric='euclidean'))  ┄┄┄┈┄
    kl.append(k)                                                실루엣 방법을 이용한 클래스 개수 확인
```

개와 고양이 데이터셋 외 다른 이미지들로 구성된 데이터셋을 적용하여 확인해 보는 것도 학습하기에 좋은 방법이므로 직접 사용해 보길 권장합니다.

앞서 구현한 실루엣을 시각적으로 표현해 봅시다.

코드 11-7 실루엣의 시각화

```
plt.plot(kl, sil)
plt.ylabel('Silhoutte Score')
plt.ylabel('K')
plt.show()
```

다음 그림은 실루엣을 시각화한 결과입니다.

▼ 그림 11-10 실루엣의 시각화 결과

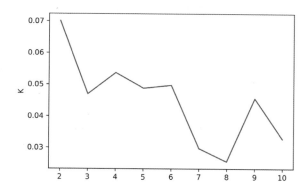

실행 결과 K가 2 값을 갖는 시점부터 낮아지기 때문에 K는 2가 됩니다(그래프의 폭이 커 보여서 2가 아니라고 생각할 수도 있겠지만, Y 좌표 값이 0.0×단위이기 때문에 움직임의 폭이 크지 않습니다).

이미지 분류가 정확하지 않은 문제를 해결하기 위해 ResNet50, InceptionV3, AlexNet 등 다양한 모델을 적용해 볼 수 있습니다.

지금부터는 3장에서 다루지 않은 클러스터링 모델을 좀 더 알아보겠습니다. 대표적으로 가우시안 혼합 모델과 자기 조직화 지도가 있으며, 가우시안 혼합 모델부터 알아보겠습니다.

11.2.2 가우시안 혼합 모델

가우시안 혼합 모델(Gaussian Mixture Model, GMM)은 이름 그대로 가우시안 분포(gaussian distribution)가 여러 개 혼합된 클러스터링 알고리즘입니다. 현실에 있는 복잡한 형태의 확률 분포를 다음 그림과 같이 가우시안 분포 K개를 혼합하여 표현하자는 것이 가우시안 혼합 분포(gaussian mixture distribution)입니다. 이때 K는 하이퍼파라미터입니다.

▼ 그림 11-11 가우시안 분포와 가우시안 혼합 분포

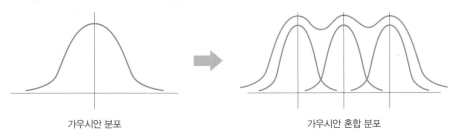

가우시안 분포　　　　　　　　　　　가우시안 혼합 분포

가우시안 혼합 모델을 이용한 분류는 주어진 데이터 x_n에 대해 이 데이터가 어떤 가우시안 분포에 속하는지 찾는 것으로, 다음 수식을 사용합니다.

$$\gamma(z_{nk}) = P(z_{nk} = 1 \mid x_n)$$

$z_{nk}(z_{nk} \in \{0,1\})$은 x_n이 주어졌을 때 가우시안 혼합 모델의 K번째 가우시안 분포가 선택되면 1을 갖고, 아니면 0 값을 갖습니다. 즉, z_{nk}가 1이라는 의미는 x_n이 K번째 가우시안 분포에 속한다는 것입니다. 다시 말해 가우시안 혼합 모델을 이용한 분류는 x_n이 주어졌을 때, K개의 $\gamma(z_{nk})$를 계산하여 가장 높은 값의 가우시안 분포를 선택하는 것이라고 할 수 있습니다.

학습으로 가우시안 혼합 모델의 모든 파라미터 π, μ, Σ의 값이 결정되었다면, 베이즈 정리(Bayes' theorem)를 이용하여 $\gamma(z_{nk})$를 다음과 같이 정리할 수 있습니다.

$$\gamma(z_{nk}) = P(z_{nk} = 1 \mid x_n)$$
$$= \frac{P(z_{nk} = 1)P(x_n \mid z_{nk} = 1)}{\sum_{j=1}^{k} P(z_{nj} = 1)P(x_n \mid z_{nj} = 1)}$$
$$= \frac{\pi_k N(x_n \mid \mu_k, \sum_k)}{\sum_{j=1}^{k} \pi_j N(x_n \mid \mu_j, \sum_k)}$$

π_k와 $p(z_{nk}=1)$은 모두 K번째 가우시안 분포에 선택될 확률을 나타내기 때문에 수식에서 $p(z_{nj}=1)$이 π_j로 치환되었습니다.

π_k는 $z_k=1$일 때의 사전 확률 값이며, $\gamma(z_{nk})$는 관찰 데이터 x가 주어졌을 때의 사후 확률 값입니다. 또한, $\gamma(z_k)$를 성분 K에 대한 책임 값(responsibility)이라고 합니다.

그럼 이제 코드로 확인해 보겠습니다.

사이킷런을 이용하여 GMM을 구현해 보겠습니다. 데이터셋은 data.npy 파일을 사용할 텐데, 이 파일은 배열 한 개를 넘파이 형식으로 저장해 놓은 것입니다.

먼저 필요한 라이브러리를 호출하고, 데이터를 메모리로 로딩합니다. 코드에서 사용된 data.npy 파일은 파이썬 소프트웨어 패키지가 만든 넘파이 배열 파일입니다.

코드 11-8 라이브러리 호출 및 데이터 로딩

```
import numpy as np
import matplotlib.pyplot as plt
from sklearn.mixture import GaussianMixture
X_train = np.load('..\chap11\data\data.npy') ------ ①
```

① 파일을 배열로 불러오는 방법은 다음과 같습니다.

  – np.load(): np.save()로 저장된 data.npy 파일을 배열로 불러옵니다.

  – np.save(): 배열 한 개를 넘파이 형식의 바이너리 파일로 저장합니다.

즉, data.npy는 배열 한 개가 넘파이 형식으로 저장된 것이며, 이 파일을 배열로 불러오겠다는 의미입니다.

클러스터링은 비지도 학습으로, 입력은 정답(레이블)이 없는 2D(2차원) 형식을 갖습니다. 사이킷런의 GaussianMixture 클래스를 사용하여 가우시안 분포 두 개가 겹쳐 보이도록 구성합니다. 사이킷런의 GaussianMixture 클래스를 사용하면 코드 몇 줄로도 쉽게 GMM을 생성할 수 있습니다.

```
gmm = GaussianMixture(n_components=2) ------ n_components는 가우시안 개수를 의미하므로,
gmm.fit(X_train)                             가우시안 두 개가 겹쳐 보이게 구성

print(gmm.means_)
print('\n')
print(gmm.covariances_)

X, Y = np.meshgrid(np.linspace(-1,6), np.linspace(-1,6))
XX = np.array([X.ravel(), Y.ravel()]).T
Z = gmm.score_samples(XX)
Z = Z.reshape((50,50))

plt.contour(X, Y, Z)
plt.scatter(X_train[:,0], X_train[:,1])
plt.show()
```

다음은 GMM을 생성한 출력 결과입니다.

```
[[3.04641134 3.10654272]
 [1.60718016 1.35251723]]

[[[ 0.83656079  0.37865596]
  [ 0.37865596  0.72727426]]

 [[ 0.74995307 -0.5010097 ]
  [-0.5010097   0.74377694]]]
```

▼ 그림 11-12 가우시안 혼합 분포 예제 결과

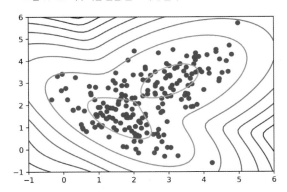

이 코드는 단순히 −1과 6 사이의 X와 Y 좌표에 데이터를 플로팅하는 단순한 예제입니다. 결과를 보면 평균 주위에 대부분의 데이터가 모여 있습니다. 즉, 타원 가장 안쪽 부분에 대부분의 데이터가 있습니다. 이와 같이 가우시안 혼합 모델은 데이터가 두 개 이상의 가우시안 분포를 따르는 경우에 사용할 수 있는 클러스터링 기술입니다.

11.2.3 자기 조직화 지도

자기 조직화 지도(Self-Organizing Map, SOM)는 신경 생리학적 시스템을 모델링한 것으로, 입력 패턴에 대해 정확한 정답을 주지 않고 스스로 학습을 하여 클러스터링(clustering)하는 알고리즘입니다.

SOM 구조

핀란드 헬싱키 공과 대학교의 테우보 코호넌(Teuvo Kohonen)은 자기 조직화 지도를 설명하려고 네트워크를 층 두 개로 구성했습니다. 입력층(input layer)과 2차원 격자(grid)로 된 경쟁층(competitive layer)인데, 입력층과 경쟁층은 서로 연결되어 있습니다. 이때 가중치는 연결 강도(weight)를 나타내며, 0과 1 사이의 정규화(normalize)된 값을 사용합니다.

▼ 그림 11-13 자기 조직화 지도

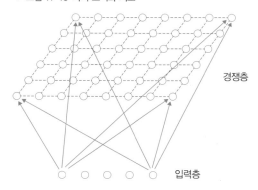

자기 조직화 지도의 학습은 네 단계로 진행됩니다.

1. **초기화**(initialization): 모든 연결 가중치는 작은 임의의 값으로 초기화합니다.

2. **경쟁**(competition): 자기 조직화 지도는 경쟁 학습(competive learning)을 이용하여 입력층과 경쟁층을 연결합니다. 자기 조직화 지도는 연결 강도 벡터가 입력 벡터와 얼마나 가까운지 계산하

여 가장 가까운 뉴런이 승리하는 '승자 독점(winner take all)' 방식을 사용합니다. 이때 사용되는 수식은 다음과 같습니다.

$$D_{ij} = \sum_{i=1}^{n} (W_{ij} - X_i)^2$$

$$\begin{pmatrix} n: \text{입력 벡터 크기} \\ W_{ij}: \text{가중치 테이블에서 } i\text{행 } j\text{열의 값} \\ X_i: \text{입력 벡터의 } i\text{번째 값} \end{pmatrix}$$

D_{ij} 값이 작을수록 연결 강도 벡터와 입력 벡터가 가까운 노드이며, 연결 강도는 다음 식을 사용하여 새로운 값으로 업데이트합니다.

$$W_{ij}(new) = W_{ij}(old) + \alpha(X_i - W_{ij}(old))$$

$$\begin{pmatrix} W_{ij}(old): \text{입력 벡터가 들어오기 전 연결 강도} \\ X_i: \text{입력 벡터} \\ W_{ij}(new): \text{새로운 연결 강도} \\ \alpha: \text{학습률} \end{pmatrix}$$

연결 강도 벡터와 입력 벡터가 가장 가까운 뉴런으로 계산되면 그 뉴런의 이웃 뉴런들도 학습을 하게 되는데, 이때 모든 뉴런이 아닌 제한된 이웃 뉴런들만 학습합니다.

3. **협력**(cooperation): 승자 뉴런은 네트워크에서 가장 좋은 공간 위치를 차지하게 되며, 승자와 함께 학습할 이웃 크기를 정의합니다.

▼ 그림 11-14 최초의 네트워크와 승자 독식 네트워크

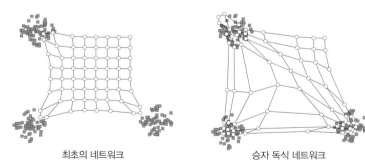

최초의 네트워크　　　　　　　　　승자 독식 네트워크

4. **적응**(adaptation): 승리한 뉴런의 가중치와 이웃 뉴런을 업데이트합니다.

그리고 최종적으로 원하는 횟수만큼 **2~3**의 과정을 반복합니다.

자기 조직화 지도를 예제로 살펴보기

자기 조직화 지도를 구현해 볼 텐데, 데이터셋은 사이킷런에서 제공하는 숫자(digit) 필기 이미지를 사용합니다.

자기 조직화 지도를 위해 MiniSom 라이브러리를 설치합니다.

```
> pip install MiniSom
```

먼저 필요한 라이브러리를 호출하고 사이킷런에서 제공하는 숫자 필기 이미지 데이터셋을 내려받습니다.

코드 11-10 라이브러리 호출 및 데이터셋 내려받기

```python
import numpy as np
from sklearn.datasets import load_digits
from minisom import MiniSom
from pylab import plot, axis, show, pcolor, colorbar, bone

digits = load_digits()  ------ 숫자 필기 이미지 데이터셋 내려받기
data = digits.data  ------ 훈련 데이터셋
labels = digits.target  ------ 정답(레이블)
```

이제 클러스터링을 위해 MiniSom 알고리즘을 사용합니다. MiniSom 알고리즘을 생성하면서 지도에 대한 차원과 입력 데이터의 차원을 함께 정의합니다.

코드 11-11 훈련 데이터셋을 MiniSom 알고리즘에 적용

```python
som = MiniSom(16, 16, 64, sigma=1.0, learning_rate=0.5)  ------ ①
som.random_weights_init(data)
print("SOM 초기화.")
som.train_random(data,10000)
print("\n. SOM 진행 종료")

bone()
pcolor(som.distance_map().T)
colorbar()
```

① MiniSom은 시각화 기능이 거의 없는 SOM을 구현할 수 있는 라이브러리로, 여기에서 사용되는 파라미터는 다음과 같습니다.

```
MiniSom(16, 16, 64, sigma=1.0, learning_rate=0.5)
        ⓐ   ⓑ   ⓒ         ⓓ              ⓔ
```

ⓐ 첫 번째 파라미터: SOM에서 x축에 대한 차원

ⓑ 두 번째 파라미터: SOM에서 y축에 대한 차원

ⓒ 세 번째 파라미터: 입력 벡터 개수

ⓓ sigma: 이웃 노드와의 인접 반경으로 공식은 다음과 같습니다.

$$sigma(t) = sigma/(1+t/T)$$

(이때 T=반복 횟수(iteration number)/2)

ⓔ learning_rate: 한 번 학습할 때 얼마큼 변화를 주는지에 대한 상수로 공식은 다음과 같습니다.

$$Learning\ rate(t) = learning\ rate/((1+t)/(0.5*t))$$

(이때 t=반복 구분자(iteration index))

다음 그림은 훈련 데이터셋을 MiniSom 알고리즘에 적용한 결과입니다.

▼ 그림 11-15 훈련 데이터셋을 MiniSom 알고리즘에 적용한 결과

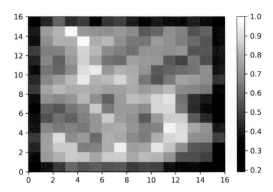

이제 각 클래스에 대한 데이터를 서로 다른 모양과 색상으로 시각적으로 표현해 봅시다.

코드 11-12 클래스에 대해 레이블 설정 및 색상 할당

```
labels[labels=='0'] = 0 ------ 레이블 설정
labels[labels=='1'] = 1
labels[labels=='2'] = 2
labels[labels=='3'] = 3
```

```
labels[labels=='4'] = 4  ------ 레이블 설정
labels[labels=='5'] = 5
labels[labels=='6'] = 6
labels[labels=='7'] = 7
labels[labels=='8'] = 8
labels[labels=='9'] = 9

markers = ['o', 'v', '1', '3', '8', 's', 'p', 'x', 'D', '*']
colors = ["r", "g", "b", "y", "c", (0,0.1,0.8), (1,0.5,0), (1,1,0.3), "m", (0.4,0.6,0)]
for cnt, xx in enumerate(data):  ------ 시각화 처리
    w = som.winner(xx)  ------ 승자(우승 노드) 식별
    plot(w[0]+.5, w[1]+.5, markers[labels[cnt]],  ------ ①
         markerfacecolor='None', markeredgecolor=colors[labels[cnt]],
         markersize=12, markeredgewidth=2)
show()
```

① BMU(Best Matching Unit)를 이용하여 승자를 식별하고 클래스별로 마커를 플로팅합니다. 여기에서 BMU는 MiniSom 알고리즘을 이용해서 모든 가중치 벡터의 데이터 공간에서 유클리드 거리를 측정하여 승자를 식별합니다.

다음 그림은 서로 다른 모양과 색상으로 클래스를 표현한 결과입니다.

❤ 그림 11-16 예제 실행 결과에 레이블과 색상 할당

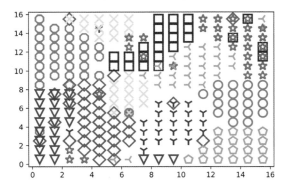

이 코드는 16×16 노드로 구성된 플롯을 제공합니다. 중첩이 있기는 하지만, 대부분의 경우 각 클래스는 별도 영역을 차지하며 잘 분리되어 있는 것을 확인할 수 있습니다.

12^장

강화 학습

12.1 강화 학습이란

강화 학습(reinforcement learning)은 머신 러닝/딥러닝의 한 종류로, 어떤 환경에서 어떤 행동을 했을 때 그것이 잘된 행동인지 잘못된 행동인지를 판단하고 보상(또는 벌칙)을 주는 과정을 반복해서 스스로 학습하게 하는 분야입니다.

이때 어떤 환경에서 어떤 행동을 하는지 알기 위해 '환경(environment)'과 '에이전트(agent)'라는 구성 요소를 사용합니다. 환경이란 에이전트가 다양한 행동을 해 보고, 그에 따른 결과를 관측할 수 있는 시뮬레이터를 가리킵니다. 에이전트는 환경에서 행동하는 주체가 됩니다. 예를 들어 게임에서는 게임기가 환경이 되고 게임을 하는 사람이 에이전트가 됩니다.

강화 학습의 목표는 환경과 상호 작용하는 에이전트를 학습시키는 것입니다. 에이전트는 상태(state)라고 하는 다양한 상황 안에서 행동(action)을 취하며, 조금씩 학습해 나갑니다. 에이전트가 취한 행동은 그에 대한 응답으로 양(+)이나 음(−) 또는 0의 보상(reward)을 돌려받습니다.

❤ 그림 12-1 강화 학습

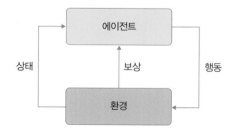

그림을 이해하기 위한 용어를 정리해 보겠습니다.

상태는 에이전트가 관찰 가능한 상태의 집합으로, '자신의 상황에 대한 관찰'입니다. 에이전트의 상태는 시간에 따라 달라집니다. 에이전트가 가질 수 있는 모든 상태의 집합을 S라고 할 때, 시간 t에서 에이전트의 상태 s는 다음과 같이 나타냅니다.

$$S_t = s \quad \{s \in S\}$$

행동이란 에이전트가 상태 S_t에서 가능한 행동입니다. 전체 행동의 집합을 A라고 할 때, 에이전트가 시간 t에서 특정 행동 a를 하는 것을 다음과 같이 나타냅니다.

$$A_t = a \quad \{a \in A\}$$

강화 학습의 문제들은 마르코프 결정 과정으로 표현하고, 이 마르코프 결정 과정은 모두 마르코프 프로세스에 기반합니다. 따라서 마르코프 프로세스부터 차근차근 학습해 보겠습니다.

12.2 / 마르코프 결정 과정

강화 학습은 마르코프 결정 과정에 학습 개념을 추가한 것이라고 할 수 있습니다. 그러므로 마르코프 결정 과정에 대해 잘 이해하는 것이 강화 학습에서는 중요합니다. 마르코프 결정 과정을 포함하여 강화 학습의 주요 이론을 살펴보겠습니다.

12.2.1 마르코프 프로세스

마르코프 프로세스(Markov Process, MP)는 어떤 상태가 일정한 간격으로 변하고, 다음 상태는 현재 상태에만 의존하는 확률적 상태 변화를 의미합니다. 즉, 현재 상태에 대해서만 다음 상태가 결정되며, 현재 상태까지의 과정은 전혀 고려할 필요가 없습니다. 이렇듯 변화 상태들이 체인처럼 엮여 있다고 하여 마르코프 체인(Markov chain)이라고도 합니다.

또 다른 마르코프 프로세스의 정의로는 마르코프 특성(Markov property)을 지니는 이산 시간 (discrete time)에 대한 확률 과정(stochastic process)입니다. 확률 과정은 앞서 살펴보았듯이 시간에 따라 어떤 사건의 확률이 변화하는 과정을 의미하며, 이산 시간은 시간이 연속적이 아닌 이산적으로 변함을 의미합니다. 또한, 마르코프 특성은 과거 상태들(S_1, $\cdots$, S_{t-1})과 현재 상태(S_t)가 주어졌을 때, 미래 상태(S_{t+1})는 과거 상태와는 독립적으로 현재 상태로만 결정된다는 것을 의미합니다. 즉, 과거와 현재 상태 모두를 고려했을 때 미래 상태가 나타날 확률과 현재 상태만 고려했을 때 미래 상태가 발생할 확률이 동일하다는 의미입니다. 이것을 수식으로 표현하면 다음과 같습니다.

$$P(S_{t+1} \mid S_t) = P(S_{t+1} \mid S_1, \cdots, S_t)$$
$$(P: \text{확률을 의미})$$

마르코프 체인은 시간에 따른 상태 변화를 나타내며, 이때 상태 변화를 전이(transition)라고 합니다. 마르코프 프로세스에서 상태 간 이동인 전이는 확률로 표현하게 되는데, 이를 상태 전이 확률

(state transition probability)이라고 합니다. 즉, 시간 t에서의 상태를 s라고 하며, 시간 $t+1$에서의 상태를 s'라고 할 때 상태 전이 확률은 다음과 같이 수식으로 표현할 수 있습니다.

$$P(S_{t+1} = s' \mid S_t = s) = P_{ss'}$$
$$\begin{pmatrix} S: \text{상태의 집합} \\ P_{ss'}: \text{상태의 변화를 확률로 표현} \end{pmatrix}$$

상태 전이 확률은 어떤 상태 i가 있을 때 그다음 상태 j가 될 확률을 의미합니다. 여기에서 $P(A|B)$는 조건부 확률로 B가 발생했을 때 A가 발생할 확률을 의미합니다.

예를 들어 다음 그림은 병원을 방문한 어느 하루에 대한 마르코프 체인을 표현한 것입니다. 이 날의 상태가 병원에서의 대기와 진찰, 독서, 웹 서핑, 취침으로만 구성되어 있다고 가정하면, 다섯 가지 상태가 있는 마르코프 프로세스로 표현할 수 있습니다. 이때 하나의 상태에서 다른 상태로 이동할 확률의 합은 1을 유지한 상태로, 여러 상태가 연쇄적으로 이어져 있습니다. 예를 들어 대기→진찰, 대기→독서, 대기→웹 서핑으로 진행되는 모든 프로세스의 합은 1이 되어야 합니다. 또한, '취침'은 하루를 끝마치는 종료 상태에 해당됩니다.

▼ 그림 12-2 마르코프 프로세스 사례

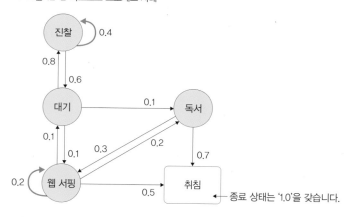

그리고 그림 12-2의 상태 전이 확률을 다음과 같이 행렬 형태로 정리한 것을 상태 전이 확률 행렬(state transition probability matrix)이라고 합니다.

그림 12-3에서 상태 전이 확률 행렬에서 각 행의 요소를 모두 더하면 1이 되는 것을 확인할 수 있습니다.

	대기	독서	웹 서핑	진찰	취침
대기		0.1	0.1	0.8	
독서			0.3		0.7
웹 서핑	0.1	0.2	0.2		0.5
진찰	0.6			0.4	
취침					1.0

한 가지 주의할 사항은 '현재 상태가 바로 이전의 상태로 결정된다'는 말을 오해하면 안 된다는 점입니다. 내용을 글자 그대로 해석하면 현재 상태가 A일 때 다음 상태는 A가 유일하게 결정하는, 다른 경우가 있을 수 없는 것이라고 오해할 수 있습니다. 그러나 핵심은 '유일하게 결정한다'가 아니라 '현재 상태는 바로 직전의 상태에만 의존한다'는 점입니다. 다시 말해 이전에 아무리 많은 상태가 있었더라도 다음 상태에 영향을 미치는 것은 지금 현재 상태뿐이라는 것을 암시하며, 지금 현재 상태에서 다음 상태를 결정할 때는 여러 가지 확률 변수가 개입하게 됩니다.

12.2.2 마르코프 보상 프로세스

마르코프 보상 프로세스(Markov Reward Process, MRP)는 마르코프 프로세스에서 각 상태마다 좋고 나쁨(reward)이 추가된 확률 모델입니다. 다음 그림과 같이 상태 s에서 s'로 이동했을 때 이동 결과가 좋고 나쁨에 대해 보상(혹은 벌칙)을 주는 것이 마르코프 보상 프로세스입니다.

▼ 그림 12-4 마르코프 보상 프로세스

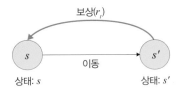

이때 각 상태의 보상 총합을 리턴(return)이라고 하며, 다음과 같이 표현합니다.

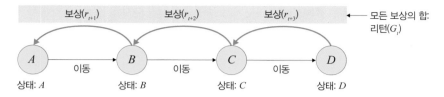

▼ 그림 12-5 리턴

하지만 상태의 정확한 가치를 구하기 위해서는 어느 시점에서 보상을 받을지가 중요합니다. 즉, '특정 상태에 빨리 도달해서 즉시 보상을 받을 것인지? 아니면 나중에 도달해서 보상을 받을 것인지?'에 대한 가치 판단이 필요합니다. 예를 들어 A가 B에게 돈을 빌려주면, A는 원금과 이자를 합산하여 돌려받습니다. 이때 이자는 현재 가치와 미래 가치를 판단하게 해 주는 척도입니다.

(현재 가치)에 (이자: 현재 가치×이자율)을 더하면 (미래 가치)가 됩니다. 그렇다면 (현재 가치)와 (미래 가치)를 비교한다면 (현재 가치) < (미래 가치)가 성립할까요? (현재 가치)와 (미래 가치)를 비교하기 위해서는 시간 개념이 필요합니다. (현재 가치)는 t 시간이고 (미래 가치)는 t 시간보다 더 미래의 시간입니다. 미래 가치는 t 시간으로부터 충분히 시간이 지나고, 그에 따른 이자가 붙어야만 현재 가치와 동일해집니다. 즉, 미래 가치를 현재 시점으로 보면 현재 가치보다 적은 것입니다. 이를 수식적으로 반영한 것이 할인율(discounting factor, γ)입니다. 보통 γ는 0과 1 사이의 값으로 하여 미래 가치를 현재 시점에서의 가치로 변환합니다.

그리고 미래에 받게 될 보상들이 모두 0이 되면, 바로 다음의 보상만 추구하는 근시안적인 행동을 하게 될 것입니다. 반대로 할인율이 1과 가까워질수록 미래 보상에 대한 할인이 적어지기 때문에 미래 보상들을 더 많이 고려하게 되는 원시안적인 행동을 하게 됩니다.

따라서 할인율이 적용된 리턴(G_t)은 다음 수식을 사용합니다.

$$G_t = r_{t+1} + \gamma r_{t+2} + \gamma^2 r_{t+3} + \cdots = \sum_{k=1}^{\infty} \gamma^k r_{t+k+1}$$

$k+1$ 시점 이후부터 γ^k 적용

추가적으로 가치 함수(value function)에 대한 이해도 필요합니다. 현재 상태가 s일 때 앞으로 발생할 것으로 기대되는(E) 모든 보상의 합을 가치(value)라고 합니다. 이것을 수학적으로 표현하면 다음과 같습니다.

$$v(s) = E[G_t \mid S_t = s]$$

즉, 가치 함수는 현재 시점에서 미래의 모든 기대되는 보상을 표현하는 미래 가치라고 할 수 있습니다. 따라서 강화 학습의 핵심은 가치 함수를 최대한 정확하게 찾는 것입니다. 다시 말해 미래 가치가 가장 클 것으로 기대되는 결정을 하고 행동하는 것이 강화 학습의 목표라고 할 수 있습니다.

그러면 병원을 방문한 어느 하루에 대한 마르코프 프로세스에 보상을 추가해 보겠습니다.

▼ 그림 12-6 마르코프 프로세스 사례에 할인율 0 반영

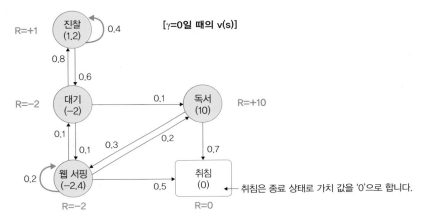

예제에서 $\gamma=0$일 때 '웹 서핑'에 대한 가치(value) 값을 −2.4로, '진찰'에 대한 가치 값을 1.2로 가정하면 '독서'와 '대기'에 대한 가치는 다음과 같이 구할 수 있습니다.

"독서" = $10 + 0 \times [(-2.4 \times 0.3) + (0 \times 0.7)] = 10$

"대기" = $-2 + 0 \times [(-2.4 \times 0.1) + (10 \times 0.1) + (1.2 \times 0.8)] = -2$

할인율이 0이므로 미래의 보상을 고려하지 않았기 때문에 근시안적인 가치 값으로만 나타납니다. 이번에는 할인율이 0.9라고 전제하고 가치 값을 구해 보겠습니다.

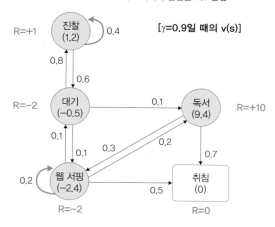

▼ 그림 12-7 마르코프 프로세스 사례에 할인율 0.9 반영

'독서'와 '대기'에 대한 가치는 다음과 같이 구할 수 있습니다.

"독서" = $10 + 0.9 \times [(-2.4 \times 0.3) + (0 \times 0.7)] = 9.4$

"대기" = $-2 + 0.9 \times [(-2.4 \times 0.1) + (9.4 \times 0.1) + (1.2 \times 0.8)] = -0.5$

(소수점 둘째 자리에서 반올림)

할인율이 0일 때와 차이가 있어 보이나요? 이번에는 할인율이 1인 경우를 알아볼 텐데, 좀 더 극적인 효과를 위해 '웹 서핑'에 대한 가치 값을 −24로, '진찰'에 대한 가치 값을 0.3으로 가정해 보겠습니다.

▼ 그림 12-8 마르코프 프로세스 사례에 할인율 1 반영

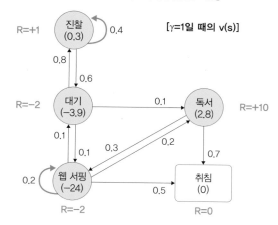

"독서" = $10 + 1 \times [(-24 \times 0.3) + (0 \times 0.7)] = 2.8$

"대기" = $-2 + 1 \times [(-24 \times 0.1) + (2.8 \times 0.1) + (0.3 \times 0.8)] = -3.9$

(소수점 둘째 자리에서 반올림)

할인율이 1일 때는 모든 미래 가치에 대해 할인을 고려하지 않았으므로 매우 원시안적인 상태로 가치 값들이 나타납니다.

12.2.3 마르코프 결정 과정

마르코프 결정 과정(Markov Decision Process, MDP)은 기존 마르코프 보상 과정에서 행동이 추가된 확률 모델입니다. MDP 목표는 정의된 문제에 대해 각 상태마다 전체적인 보상을 최대화하는 행동이 무엇인지 결정하는 것입니다. 이때 각각의 상태마다 행동 분포(행동이 선택될 확률)를 표현하는 함수를 정책(policy, π)이라고 하며, π는 주어진 상태 s에 대한 행동 분포를 표현한 것으로 수식은 다음과 같습니다.

$$\pi(a \mid s) = P(A_t = a \mid S_t = s)$$

MDP가 주어진 π를 따를 때 s에서 s'로 이동할 확률은 다음 수식으로 계산됩니다.

$$P_{ss'\pi}^{\pi} = \sum_{a \in A} \pi(a \mid s) P_{ss'}^{a}$$

이때 s에서 얻을 수 있는 보상(R)은 다음과 같습니다.

$$R_s^{\pi} = \sum_{a \in A} \pi(a \mid s) R_s^{a}$$

또한, MDP를 이해하기 위해서는 가치 함수도 이해해야 합니다. MDP에서 가치 함수는 에이전트가 놓인 상태 가치를 함수로 표현한 상태−가치 함수(state−value function)와 상태와 행동에 대한 가치를 함수로 표현한 행동−가치 함수(action−value function)가 있습니다.

상태−가치 함수

MDP에서 상태−가치 함수($v_\pi(s)$)는 MRP의 가치 함수와 마찬가지로 상태 s에서 얻을 수 있는 리턴의 기댓값을 의미합니다. 하지만 MRP와 차이는 주어진 정책(π)에 따라 행동을 결정하고 다음 상태로 이동하기 때문에 MDP에서 상태−가치 함수는 다음 수식을 사용합니다.

$$v_\pi(s) = E_\pi[G_t \mid S_t = s]$$
$$= E_\pi[\sum_{k=0}^{\infty} \gamma^k R_{t+k+1} \mid S_t = s]$$
$$= E_\pi[R_{t+1} + \gamma G_{t+1} \mid S_t = s]$$
$$= E_\pi[\underbrace{R_{t+1}}_{①} + \underbrace{\gamma v_\pi(S_{t+1})}_{②} \mid S_t = s]$$

여기에서 ①은 $t+1$ 시점에 받는 보상, 즉, **즉각적 보상**이며 ②는 **미래의 보상에 할인율이 곱해진 것**입니다. 주목해야 할 것은 현재 시점(t)의 상태–가치 함수가 바로 다음 시점($t+1$)의 상태–가치 함수로 표현된다는 것입니다. 이 수식에 대한 도출은 12.3.1절에서 알아보겠습니다.

행동–가치 함수

행동–가치 함수($q_\pi(s,a)$)는 상태 s에서 a라는 행동을 취했을 때 얻을 수 있는 리턴의 기댓값을 의미합니다. 행동–가치 함수에 대한 수식은 다음과 같습니다.

$$q_\pi(s,a) = E_\pi[G_t \mid S_t = s, A_t = a]$$
$$= E_\pi[\sum_{k=0}^{\infty} \gamma^k R_{t+k+1} \mid S_t = s, A_t = a]$$
$$= E_\pi[R_{t+1} + \gamma G_{t+1} \mid S_t = s, A_t = a]$$

가치 함수(상태–가치 함수, 행동–가치 함수)를 계산하는 방법은 $O(n^3)$(세제곱 시간) 시간 복잡도가 필요하기 때문에 상태 수가 많으면 적용하기가 어려운데, 이 문제를 해결하는 방법은 다음 네 가지입니다. 각 방법론은 이전 단계의 단점을 보완하고 학습 효율을 높이는 방향으로 발전되었습니다.

1. **다이나믹 프로그래밍**(dynamic programming): 마르코프 결정 과정의 상태와 행동이 많지 않고 모든 상태와 전이 확률을 알고 있다면 다이나믹 프로그래밍 방식으로 각 상태의 가치와 최적의 행동을 찾을 수 있습니다. 하지만 대부분의 강화 학습 문제는 상태도 많고, 상태가 전이되는 경우의 수도 많으므로 다이나믹 프로그래밍을 적용하기 어렵습니다.

2. **몬테카를로**(Monte Carlo method): 마르코프 결정 과정에서 상태가 많거나 모든 상태를 알 수 없는 경우에는 다이나믹 프로그래밍을 적용할 수 없었습니다. 몬테카를로는 전체 상태 중 일부 구간만 방문하여 근사적으로 가치를 추정합니다. 초기 상태에서 시작하여 중간 상태들을 경유해서 최종(terminal) 상태까지 간 후 최종 보상을 측정하고 방문했던 상태들의 가치를 업데이트합니다.

3. **시간 차 학습**(temporal difference learning): 몬테카를로는 최종 상태까지 도달한 후에야 방문한 상태들의 업데이트가 가능하다는 단점이 있습니다. 시간 차 학습 방식은 최종 상태에 도달하기 전에 방문한 상태의 가치를 즉시 업데이트합니다. 즉, 시간 차 학습은 다이나믹 프로그래밍과 몬테카를로의 중간적인 특성을 가지며 본격적인 강화 학습의 단계라고 할 수 있습니다.

4. **함수적 접근 학습**(function approximation learning): 마르코프 결정 과정의 상태가 아주 많거나, 상태가 연속적인 값을 갖는 경우는 상태-가치 함수나 행동-가치 함수를 테이블 형태로 학습하기 어렵습니다. 함수적 접근 학습 방법은 연속적인 상태를 학습하고자 상태와 관련된 특성 벡터를 도입했습니다. 특성의 가중치를 업데이트하여 가치의 근사치를 찾을 수 있습니다.

다이나믹 프로그래밍은 12.3.3절에서 자세히 다룹니다.

12.3 MDP를 위한 벨만 방정식

벨만 방정식(Bellman equation)은 앞서 다룬 상태-가치 함수와 행동-가치 함수의 관계를 나타내는 방정식입니다. 벨만 방정식은 벨만 기대 방정식과 벨만 최적 방정식이 있습니다.

12.3.1 벨만 기대 방정식

가치 함수 $v_\pi(s)$는 단순히 어떤 상황에서 미래의 보상을 포함한 가치를 나타냅니다. 다음 상태로 이동하려면 어떤 정책(policy)에 따라 행동해야 하는데, 이때 정책을 고려한 다음 상태로의 이동이 벨만 기대 방정식(Bellman expectation equation)입니다.

벨만 기대 방정식으로 상태-가치 함수와 행동-가치 함수를 기댓값 E로 표현할 수 있습니다. 상태-가치 함수의 벨만 기대 방정식을 알아보기 전에 MDP의 상태-가치 함수에 대한 도출 과정을 먼저 살펴봅시다.

MDP의 상태-가치 함수에 대한 수식을 다시 써 보겠습니다.

$$v_\pi(s) = E_\pi[R_{t+1} + \gamma v(S_{t+1}) \mid S_t = s]$$

여기에서 $t+2$ 시점부터의 보상($\gamma R_{t+2} + \gamma R_{t+3} + \cdots$)을 할인율($\gamma(R_{t+2} + R_{t+3} + \cdots)$)로 묶어 주면, 이 묶인 수식은 $t+1$ 시점부터 받을 보상을 의미합니다. 다시 말해 $t+1$ 시점에서의 가치 함수로 표현할 수 있습니다. 즉, 다음과 같이 다음 상태와 현재 상태의 가치 함수 관계를 식으로 나타낼 수 있습니다.

$$v_\pi(s) = E_\pi[G_t | S_t = s] \cdots ①$$
$$= E_\pi[R_{t+1} + \gamma R_{t+2} + \gamma^2 R_{t+3} + \cdots | S_t = s] \cdots ②$$
$$= E_\pi[R_{t+1} + \gamma(R_{t+2} + \gamma R_{t+3} + \cdots) | S_t = s] \cdots ③$$
$$= E_\pi[R_{t+1} + \gamma G_{t+1} | S_t = s] \cdots ④$$
$$= E_\pi[R_{t+1} + \gamma v_\pi(S_{t+1}) | S_t = s] \cdots ⑤$$

$$\left(\begin{array}{l} \text{즉각적 보상: } R_{t+1}, \text{ 다음 상태의 가치 함수: } \gamma v(S_{t+1}) \text{은} \\ \text{현재 받을 수 있는 리턴과 앞으로 받을 리턴의 총합} \end{array} \right)$$

이것을 다시 풀어서 설명하겠습니다. 앞 공식에서 가치 함수는 ①처럼 현재 시점에서 미래에 기대되는 보상들의 총합으로 표현합니다(행동을 어느 방향으로 진행할지 모르기 때문에 기댓값(E)으로 정의합니다). 여기에 할인율을 적용하여 풀어서 쓰면 ②와 같습니다. ②의 공식($R_{t+1} + \gamma R_{t+2} + \gamma^2 R_{t+3} + \cdots$)을 할인율을 기준으로 묶어 주면 ③처럼 $R_{t+1} + \gamma(R_{t+2} + \gamma R_{t+3} + \cdots)$으로 정리할 수 있습니다. 이때 ③의 괄호 식을 주의 깊게 살펴봅시다. ②의 식($R_{t+1} + \gamma R_{t+2} + \gamma^2 R_{t+3} + \cdots$)은 현재 상태의 가치($G_t$)이므로 ③의 식($R_{t+2} + \gamma R_{t+3} + \cdots$)은 다음 상태의 가치($G_{t+1}$)가 됩니다. 즉, $G_{t+1} = (R_{t+2} + \gamma R_{t+3} + \cdots)$이므로 ④처럼 정리할 수 있습니다. 이제 마지막으로 ⑤ 식의 도출 과정을 살펴봅시다. ①에서 현재 상태의 가치를 $v_\pi(s) = G_t$라고 했으므로 다음 상태의 가치는 $v_\pi(s_{t+1}) = G_{t+1}$로 정리할 수 있습니다. 따라서 최종적으로 ⑤처럼 $R_{t+1} + \gamma v_\pi(S_{t+1})$로 정리 가능합니다.

지금까지 현재 시점의 가치는 현재의 보상과 다음 시점의 가치로 표현할 수 있다는 것을 학습했습니다. 즉, 재귀적인 형태로서 미래의 가치들이 현재의 가치에 영향을 주고 있는 형태라고 이해하면 됩니다.

이제 MDP에서의 두 가지 가치 함수를 벨만 방정식으로 표현해 보겠습니다.

상태-가치 함수

MDP의 상태-가치 함수를 벨만 방정식으로 표현하기 위해 앞의 수식을 다시 살펴보겠습니다.

$$v_\pi(s) = E_\pi[G_t \mid S_t = s]$$
$$= E_\pi[R_{t+1} + \gamma R_{t+2} + \gamma^2 R_{t+3} + \cdots \mid S_t = s]$$
$$= E_\pi[R_{t+1} + \gamma(R_{t+2} + \gamma R_{t+3} + \cdots) \mid S_t = s]$$
$$= E_\pi[R_{t+1} + \gamma G_{t+1} \mid S_t = s] \cdots ①$$
$$= E_\pi[R_{t+1} + \gamma v_\pi(S_{t+1}) \mid S_t = s]$$

① 수식에서 R_{t+1}, γG_{t+1}과 기댓값을 분리해서 생각해 봅시다.

먼저 기댓값을 풀어서 이야기하면, 기댓값은 현재 상태에서 정책에 따라 행동했을 때 얻을 수 있는 각각의 행동($\pi(a \mid s)$)과 그 행동이 발생할 확률($p(s',r \mid s,a)$)을 곱한 것입니다. 즉, 현재 기대되는 결과에 그 결과가 일어날 확률로 가중치가 곱해진 것과 같습니다.

R_{t+1}은 현재 행동을 선택했을 때 즉각적으로 얻어지는 보상이며, γG_{t+1}은 더 미래에 일어날 보상에 할인율이 곱해진 것이라고 했습니다. γG_{t+1}은 또다시 기댓값으로 풀어 쓴다면 '미래에 일어날 모든 일의 평균치'와 같은 의미로 사용할 수 있습니다. 따라서 이것을 정리하면 다음 수식으로 나타낼 수 있습니다.

$$v_\pi(s) = E_\pi[R_{t+1} + \gamma G_{t+1} \mid S_t = s]$$
$$= \sum_{a \in A} \pi(a \mid s) \sum_{s',r} P(s',r \mid s,a)[r + \gamma E_\pi[G_{t+1} \mid S_{t+1} = s']] \cdots ②$$

또한, 이 기댓값은 다음 상태인 s'의 상태-가치 함수가 되기 때문에 ② 수식의 기댓값을 가치 함수로 변환하면 다음과 같이 사용할 수 있습니다.

$$v_\pi(s) = E_\pi[R_{t+1} + \gamma G_{t+1} \mid S_t = s]$$
$$= \sum_{a \in A} \pi(a \mid s) \sum_{s',r} P(s',r \mid s,a)[r + \gamma E_\pi[G_{t+1} \mid S_{t+1} = s']]$$
$$= \sum_{a \in A} \pi(a \mid s) \sum_{s',r} P(s',r \mid s,a)[r + \gamma v_\pi(s')] \cdots ③$$
$$= \sum_{a \in A} \pi(a \mid s) q_\pi(s,a) \cdots ④$$

위 수식의 ③, ④를 상태-가치 함수의 벨만 방정식이라고 합니다.

이제 ④의 식에서 $q_\pi(s,a)$를 다시 풀어 써 보겠습니다.

그림 12-9와 같이 상태 s에서 행동 a를 했을 때의 행동에 대한 가치는 두 가지 요소로 구성되어 있는데, 상태 s에서 행동 a를 했을 때의 보상과 그다음 상태의 가치 함수입니다. 그런데 이 중 다음 상태-가치 함수($v_\pi(s')$)는 $t+1$ 시점에서의 가치 함수이므로 할인율과 현재(t) 상태 s에서 다음($t+1$) 상태 s'로 전이될 확률도 적용해 주어야 합니다.

▼ 그림 12-9 상태 s에서 행동 a를 했을 때의 보상과 그다음 상태의 가치 함수

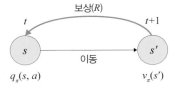

따라서 다음 식이 도출됩니다.

$$q_\pi(s,a) = R_s^a + \gamma \sum_{s'\in S} P_{ss'}^a v_\pi(s') \ \cdots \text{⑤}$$

또한, 수식 ⑤의 행동-가치 함수를 ④의 수식에 대입하면 다음과 같이 정리할 수 있습니다.

$$v_\pi(s) = \sum_{a\in A} \pi(a\,|\,s)(R_s^a + \gamma \sum_{s'\in S} P_{ss'}^a v_\pi(s'))$$

행동-가치 함수

이번에는 행동-가치 함수의 벨만 방정식을 유도해 보겠습니다.

먼저 행동-가치 함수를 정리하면 다음과 같습니다.

$$\begin{aligned}
q_\pi(s,a) &= E_\pi[G_t\,|\,S_t = s, A_t = a] \\
&= E_\pi[R_{t+1} + \gamma E_\pi(G_{t+1}\,|\,S_{t+1} = s')\,|\,S_t = s, A_t = a] \\
&= E_\pi[R_{t+1} + \gamma E(G_{t+1}\,|\,S_{t+1} = s', A_{t+1} = a')\,|\,S_t = s, A_t = a]
\end{aligned}$$

또한, 다음과 같은 정리가 가능합니다.

- $R_s^a = E_\pi[R_{t+1}\,|\,S_t = s,\ A_t = a]$

- $P_{ss'}^a = P(s'\,|\,s,a) = P[S_{t+1} == s'\,|\,S_t = s, A_t = a]$

이제 $q_\pi(s,a) = E_\pi[R_{t+1} + \gamma E(G_{t+1}\,|\,S_{t+1} = s', A_{t+1} = a')\,|\,S_t = s, A_t = a]$ 수식을 R_s^a와 $P_{ss'}^a$으로 바꾸어 주면 다음과 같이 정리할 수 있습니다.

$$q_\pi(s,a) = R_s^a + \gamma \sum_{s'\in S} P_{ss'}^a v_\pi(s')$$

정리된 수식에 또다시 다음의 상태-가치 함수를 적용합니다.

$$q_\pi(s,a) = \mathrm{R}_s^a + \gamma \sum_{s' \in S} P_{ss'}^a v_\pi(s') \qquad v_\pi(s) = \sum_{a \in A} \pi(a \mid s) q_\pi(s,a)$$

적용

이제 행동-가치 함수를 다음과 같이 정리할 수 있습니다.

$$q_\pi(s,a) = \mathrm{R}_s^a + \gamma \sum_{s' \in S} P_{ss'}^a \sum_{a' \in A} \pi(a' \mid s') q_\pi(s',a')$$

행동-가치 함수는 최종적으로 다음과 같이 정리할 수 있습니다.

$$\begin{aligned}
q_\pi(s,a) &= E_\pi[G_t \mid S_t = s, A_t = a] \\
&= E_\pi[R_{t+1} + \gamma E_\pi(G_{t+1} \mid S_{t+1} = s') \mid S_t = s, A_t = a] \\
&= E_\pi[R_{t+1} + \gamma E(G_{t+1} \mid S_{t+1} = s', A_{t+1} = a') \mid S_t = s, A_t = a] \\
&= E_\pi[R_{t+1} + \gamma v_\pi(s') \mid S_t = s, A_t = a] \\
&= \mathrm{R}_s^a + \gamma \sum_{s' \in S} P_{ss'}^a \sum_{a' \in A} \pi(a' \mid s') q_\pi(s',a')
\end{aligned}$$

앞서 정리한 상태-가치 함수와 행동-가치 함수를 사용하여 현재와 바로 다음 상태, 그리고 행동 간 관계가 드러나도록 다음과 같이 수식을 정리했습니다.

$$v_\pi(s) = \sum_{a \in A} \pi(a \mid s)(R_s^a + \gamma \sum_{s' \in S} P_{ss'}^a v_\pi(s'))$$

$$q_\pi(s,a) = \mathrm{R}_s^a + \gamma \sum_{s' \in S} P_{ss'}^a \sum_{a' \in A} \pi(a' \mid s') q_\pi(s',a')$$

또한, 지금까지 학습한 상태-가치 함수와 행동-가치 함수의 벨만 방정식을 다이어그램으로 표현할 수 있습니다. 이것을 백업 다이어그램이라고 하는데, 다음 그림과 같이 표현합니다.

❤ 그림 12-10 백업 다이어그램

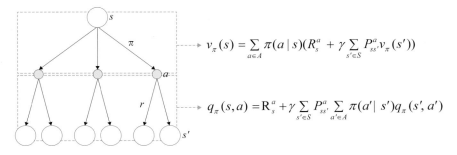

$$v_\pi(s) = \sum_{a \in A} \pi(a \mid s)(R_s^a + \gamma \sum_{s' \in S} P_{ss'}^a v_\pi(s'))$$

$$q_\pi(s,a) = \mathrm{R}_s^a + \gamma \sum_{s' \in S} P_{ss'}^a \sum_{a' \in A} \pi(a' \mid s') q_\pi(s',a')$$

상태-가치 함수 $v_\pi(s)$는 뒤따를 행동-가치 함수의 정책 기반 가중 평균으로 이해하면 되고, 행동-가치 함수 $q_\pi(s,a)$는 다음 상태-가치 함수에 대한 보상과 상태 전이 확률에 대한 결합 확률의 가중 평균으로 이해하면 됩니다.

지금까지 살펴본 벨만 기대 방정식을 좀 더 쉽게 이해할 수 있도록 강화 학습 과정으로 살펴보겠습니다.

1. 처음 에이전트가 접하는 상태 s나 행동 a는 임의의 값으로 설정합니다.

2. 환경과 상호 작용하면서 얻은 보상과 상태에 대한 정보들을 이용하여 어떤 상태에서 어떤 행동을 취하는 것이 좋은지(최대의 보상을 얻을 수 있는지) 판단합니다.

3. 이때 최적의 행동을 판단하는 수단이 상태-가치 함수와 행동-가치 함수이고, 이것을 벨만 기대 방정식을 이용하여 업데이트하면서 점점 높은 보상을 얻을 수 있는 상태와 행동을 학습합니다.

4. 2~3의 과정 속에서 최대 보상을 갖는 행동들을 선택하도록 최적화된 정책을 찾습니다.

따라서 벨만 기대 방정식이 갖는 의미는 미래의 가치 함수 값들을 이용하여 초기화된 임의의 값들을 업데이트하면서 최적의 가치 함수로 다가가는 것입니다. 즉, 강화 학습은 가치 함수 초깃값(0 혹은 랜덤한 숫자들)을 2~3의 과정을 반복하며 얻은 정보들로 업데이트하여 최적의 값을 얻는 것입니다. 그리고 이렇게 반복적으로 얻은 값이 가장 클 때 이를 벨만 최적 방정식이라고 합니다.

이 벨만 최적 방정식을 알아보겠습니다.

12.3.2 벨만 최적 방정식

강화 학습에서 추구하고자 하는 목표는 최적의 가치 함수 값을 찾는 것이 아닌 **최대의 보상을 얻는 정책을 찾는 것**입니다. 즉, 최대의 보상을 얻기 위한 정책을 찾기 위해 가치 함수 값이 가장 큰 값을 찾습니다. 또한, 강화 학습에서 어떤 목표를 이루었을 때를 '최적(optimal)'의 상태, 즉 어떤 목적이 달성된 상태라고 합니다. 그래서 강화 학습 목표에 따라 찾은 정책을 **최적화된 정책**(optimal policy)이라고 하며, 이러한 최적화된 정책을 따르는 벨만 방정식을 **벨만 최적 방정식**(Bellman optimality equation)이라고 합니다.

최적의 가치 함수

최적의 가치 함수(optimal value function)란 최대의 보상을 갖는 가치 함수입니다. 따라서 다음과 같이 두 가지 함수의 최적화를 구할 수 있습니다.

상태-가치 함수는 어떤 상태가 더 많은 보상을 받을 수 있는지 알려 주며, 행동-가치 함수는 어떤 상태에서 어떤 행동을 취해야 더 많은 보상을 받을 수 있는지 알려 줍니다. 따라서 모든 상태에 대해 상태-가치 함수를 계산할 수 있다면, 모든 상태에 대해 최적의 행동(optimal action)을 선택할 수 있습니다.

최적의 행동을 위한 최적의 상태-가치 함수와 최적의 행동-가치 함수를 알아보겠습니다.

최적의 상태-가치 함수(optimal state-value function)

최적의 상태-가치 함수($v_*(s)$)는 주어진 모든 정책에 대한 상태-가치 함수의 최댓값이며, 수식은 다음과 같습니다.

$$v_*(s) = \max_{\pi} v_{\pi}(s)$$

최적의 행동-가치 함수(optimal action-value function)

최적의 상태-가치 함수와 유사하게 최적의 행동-가치 함수($q_*(s,a)$)는 주어진 모든 정책에 대해 행동-가치 함수의 최댓값이며, 다음 수식을 사용합니다.

$$q_*(s,a) = \max_{\pi} q_{\pi}(s,a)$$

행동-가치 함수는 현재 상태 s에서 정책 π를 따라 행동 a를 했을 때의 가치를 의미합니다.

❤ 그림 12-11 행동-가치 함수

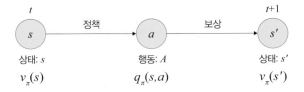

이때 행동-가치 함수(큐-함수라고도 불림)에 대한 최적의 가치 함수를 구할 수 있다면 주어진 상태에서 q 값이 가장 높은 행동을 선택할 수 있게 됩니다. 따라서 최적화된 정책을 구할 수 있습니다. 이렇게 선택된 최적화된 정책은 다음 수식으로 정리할 수 있습니다.

$$\pi_*(a \mid s) = \begin{cases} 1 & a = \arg\max_{a} \ q_*(s,a) \ \text{일 때} \\ 0 & \text{그 외} \end{cases}$$

즉, 행동-가치 함수를 최대로 하는 행동만 취하겠다는 의미입니다. 이렇듯 $q_*(s,a)$를 찾게 되면 최적화된 정책을 구할 수 있습니다.

12.3.3 다이나믹 프로그래밍

다이나믹(dynamic)은 연속적으로 발생되는 문제들을 푸는 것이고, 프로그래밍(programming)은 개발 언어가 아니라 수학적인 문제를 의미합니다. 따라서 다이나믹 프로그래밍(dynamic programming)은 연속적으로 발생되는 문제를 수학적으로 최적화(optimizing)하여 풀어내는 것이라고 할 수 있습니다.

다이나믹 프로그래밍은 MDP의 모든 상황에 대한 것을 이미 알고 있다고 가정합니다. 그렇기 때문에 계획(planning)이 가능합니다. 어떤 행동을 취했을 때 어떤 상태가 되는지 미리 알고 있기에 계획이 가능한 것과 동일합니다.

MDP와 정책을 입력으로 하여 가치 함수를 찾아내는 것이 예측(prediction) 과정입니다. 그리고 MDP를 입력으로 하여 기존 가치 함수를 더욱 최적화하는 것이 컨트롤(control) 과정입니다. 최종적으로 정책은 가치 함수를 사용하여 최적화된 정책을 찾을 수 있습니다.

정책 이터레이션(policy iteration)

정책을 더 좋게 업데이트하려면 어떻게 해야 할까요? 평가와 발전이라는 두 가지 접근 방식으로 정책을 업데이트할 수 있습니다.

현재 정책을 이용해서 가치 함수를 찾는 것을 평가(evaluate)라고 합니다. 그리고 이 가치 값과 행동에 대한 가치 값을 비교하여 더 좋은 정책을 찾아가는 과정을 발전(improve)이라고 합니다. 이 두 가지 과정을 반복하여 수행하면 정책과 가치는 특정 값으로 수렴하게 되고, 그때가 최적화된 정책과 가치라고 할 수 있습니다.

그럼 먼저 정책 평가를 살펴보겠습니다.

정책 평가

정책 이터레이션은 정책을 평가하고 발전시켜 나가는 것이 중요합니다. 앞서 언급했듯이 가치 함수는 정책이 얼마나 좋은지 판단하는 근거가 됩니다. 어떤 정책을 따라야 더 나은 보상을 받을 수 있을지 알 수 있기 때문입니다.

모든 상태에 대해 그다음 상태가 될 수 있는 행동에 대한 보상의 합을 저장하는 것이 정책 평가(policy evaluation)입니다. 즉, 주변 상태의 가치 함수와 바로 다음 상태에서 얻어지는 보상만 고려해서 현재 상태의 다음 가치 함수를 계산하는 것이라고 할 수 있습니다. 이렇게 계산한 값이 실제 가치 함수 값은 아니지만 무한히 반복하다 보면 어떤 값에 수렴하게 되고, 그 수렴된 값을 실제 가치 함수 값으로 유추할 수 있습니다.

정책 발전

정책 발전(policy improvement)으로 가장 많이 알려진 방법이 욕심쟁이 정책 발전(greedy policy improvement)입니다. 욕심쟁이 정책 발전은 에이전트가 할 수 있는 행동들의 행동-가치 함수를 비교하고 가장 큰 함수 값을 가진 행동을 취하는 것입니다. 따라서 욕심쟁이 정책 발전으로 정책을 업데이트하면 이전 가치 함수에 비해 업데이트된 정책으로 움직였을 때 받을 가치 함수는 무조건 크거나 같고, 장기적으로 최적화된 정책에 수렴할 수 있습니다. 정책 발전에서 사용되는 수식은 다음과 같습니다.

$$\pi'(s) = \underset{a \in A}{\operatorname{argmax}} \, q_\pi(s, a)$$

가치 이터레이션

가치 이터레이션(value iteration)은 최적의 정책을 가정하고 벨만 최적 방정식을 이용하여 순차적으로 행동을 결정합니다. 가치 이터레이션은 정책 이터레이션과 달리 따로 정책 발전이 필요하지 않습니다. 벨만 최적 방정식으로 문제를 푸는 이 방법은 한 번의 정책 평가 과정을 거치면 최적의 가치 함수와 최적의 정책이 구해지면서 MDP 문제를 풀 수 있기 때문입니다. 가치 이터레이션에서 사용하는 수식은 다음과 같습니다.

$$v_*(s) = \max_a E[R_{t+1} + \gamma v_*(S_{t+1}) \,|\, S_t = s, \; A_t = a]$$

DEEP LEARNING

12.4 큐-러닝

큐-러닝(Q-learning)은 모델 없이 학습하는 강화 학습 기법 중 하나입니다. 큐-러닝은 마르코프 결정 과정에서 최적의 정책을 찾는 데 사용됩니다.

12.4.1 큐-러닝

큐-러닝은 에이전트가 주어진 상태에서 행동을 취했을 경우 받을 수 있는 보상의 기댓값을 예측하는 큐-함수(Q-function)를 사용하여 최적화된 정책을 학습하는 강화 학습 기법입니다. 즉, 큐-러닝은 여러 실험(episode)을 반복하여 최적의 정책을 학습합니다.

▼ 그림 12-12 큐-러닝

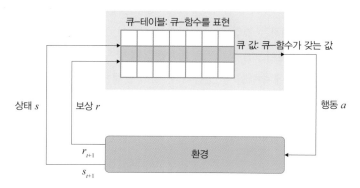

매 실험에서 각 상태마다 행동을 취하는데, 이때 행동은 랜덤한 선택을 하게 합니다. 그 이유는 가보지 않을 곳을 탐험하면서 새로운 좋은 경로를 찾으려고 하기 때문이죠. 이렇듯 새로운 길을 탐험하는 것을 말 그대로 탐험이라 정의하고, 욕심쟁이(greedy) 방법을 이용하여 수행합니다. 0~1 사이로 랜덤하게 난수를 추출해서 그 값이 특정 임계치(threshold)(예 0.1)보다 낮으면 랜덤하게 행동을 취합니다. 그리고 임계치는 실험이 반복되면서(학습이 진행되면서) 점점 낮은 값을 갖습니다. 따라서 학습이 수만 번 진행되면 임계치 값은 거의 0에 수렴되고, 행동을 취하고, 보상을 받고, 다음 상태를 받아 현재 상태와 행동에 대한 큐 값을 업데이트하는 과정을 무수히 반복합니다.

예를 들어 이것을 코드로 구현하면 다음과 같습니다.

```
while not done :                              행동 중 가장 보상(r)이 큰 행동을 고르고, 랜덤 노이즈 방식으로 활용과 탐험 구현
    action = np.argmax(Q[state, :] + np.random.randn(1, env.action_space.n) / (i+1))

    new_state, reward, done, _ = env.step(action) ------ 해당 행동을 했을 때 환경이 변하고, 새로운 상태(state),
                                                        보상(reward), 완료(done) 여부를 반환
    Q[state, action] = reward + dis * np.max(Q[new_state, :]) ------ Q = R + Q

    rAll += reward
    state = new_state
```

앞서 탐험이라는 단어를 정의해 보았습니다. 경험으로 학습하는 강화 학습에서 최단 시간에 주어진 환경의 모든 상태를 관찰하고, 이를 기반으로 보상을 최대화할 수 있는 행동을 수행하려면 활용(exploitation)과 탐험(exploration) 사이의 균형이 필요합니다.

그럼 활용이란 무엇일까요? 활용이란 현재까지 경험 중 현 상태에서 가장 최대의 보상을 받을 수 있는 행동을 하는 것입니다. 이러한 다양한 경험을 쌓기 위한 새로운 시도를 탐험이라고 합니다. 탐험을 통해 얻는 경험이 늘 최상의 결과를 얻는 것은 아니기 때문에 시간과 자원에 대한 낭비가 발생합니다. 즉, 풍부한 경험이 있어야만 더 좋은 선택을 할 수 있지만, 경험을 쌓기 위한 새로운 시도들은 시간과 자원이 낭비되기 때문에 이 둘 사이의 균형이 필요합니다.

활용과 탐험을 반복하는 큐-러닝의 학습 절차는 다음과 같습니다.

1. **초기화**: 큐-테이블(Q-table)[1]에 있는 모든 큐 값을 '0'으로 초기화합니다.

▼ 표 12-1 큐-러닝의 큐-테이블

큐-테이블		행동				
		$Action_1$	$Action_2$	...	$Action_{n-1}$	$Action_n$
상태	$State_1$	0	0	...	0	0
	$State_2$	0	0	...	0	0
	...	...	...	...	...	...
	$State_{n-1}$	0	0	...	0	0
	$State_n$	0	0	...	0	0

12

강화 학습

예를 들어 '0'으로 초기화하는 코드는 다음과 같습니다.

```
Q = np.zeros([env.observation_space.n, env.action_space.n])
```

2. 행동 a를 선택하고 실행합니다.

3. 보상 r과 다음 상태 s'를 관찰합니다.

4. 상태 s'에서 가능한 모든 행동에 대해 가장 높은 큐 값을 갖는 행동인 a'를 선택합니다.

5. 다음 공식을 이용하여 상태에 대한 큐 값을 업데이트합니다.

$$Q_t(s_t, a_t) \leftarrow Q_{t-1}(s_t, a_t) + \alpha[R_{t+1} + \gamma \max_{a'} Q_t(s', a') - Q_{t-1}(s_t, a_t)]$$

---

1 모든 상태와 행동에 대한 기록을 담고 있으며, 이 테이블 용도는 각 상태마다 최적의 행동을 취할 수 있는 가이드를 제공하는 것입니다.

여기에서 R_{t+1}은 현재 상태 s에서 어떤 행동 a를 취했을 때 얻는 즉각적 보상이고, $\max_{a'} Q_t(s', a')$는 미래에 보상이 가장 클 행동을 했다고 가정하고 얻은 다음 단계의 가치입니다. 따라서 목표 값(target value)은 $R_{t+1} + \gamma \max_{a'} Q_t(s', a')$이고, 이 목표 값과 실제로 관측해서 얻은 $Q_{t-1}(s_t, a_t)$ 값의 차이만큼 업데이트를 진행합니다.

6. 종료 상태에 도달할 때까지 **2~5**를 반복합니다.

하지만 이러한 큐-러닝은 실제로 실행해 보면 다음 이유로 잘 동작하지 않는 경우가 빈번합니다.

- 에이전트가 취할 수 있는 상태 개수가 많은 경우 큐-테이블 구축에 한계가 있습니다.
- 데이터 간 상관관계로 학습이 어렵습니다.

이와 같은 이유로 큐-러닝은 잘 동작하지 않습니다. 이러한 큐-러닝의 단점을 보완하고자 큐-러닝 기반의 DQN(Deep Q Network)이 출현했습니다.

12.4.2 딥 큐-러닝

딥 큐-러닝(Deep Q-Learning)은 합성곱 신경망을 이용하여 큐-함수를 학습하는 강화 학습 기법입니다. 이때 합성곱층을 깊게 하여 훈련할 때, 큐 값의 정확도를 높이는 것을 목표로 합니다.

▼ 그림 12-13 딥 큐-러닝

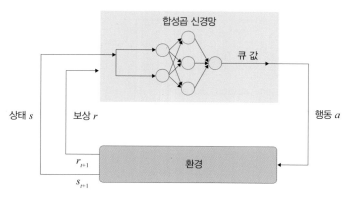

딥 큐-러닝의 특징들을 하나씩 살펴보겠습니다.

강화 학습을 위한 시뮬레이션 환경을 제공(참고로 강화 학습은 주로 게임에서 사용)

강화 학습을 위한 시뮬레이션 환경을 구현하는 데 중요한 함수가 세 개 있습니다.

- reset( ) 함수: 환경을 초기화할 때 사용합니다. 에이전트가 게임을 시작하거나 초기화가 필요할 때 reset( ) 함수를 사용하며, 초기화될 때는 관찰 변수(상태를 관찰하고 그 정보를 저장)를 함께 반환합니다.

- step( ) 함수: 에이전트에 명령을 내리는 함수입니다. 따라서 가장 많이 호출되는 함수로, 이 함수로 행동 명령을 보내고 환경에서 관찰 변수, 보상 및 게임 종료 여부 등 변수를 반환합니다.

- render( ) 함수: 화면에 상태를 표시하는 역할을 합니다.

타깃 큐-네트워크

큐-러닝에서는 큐-함수가 학습되면서 큐 값이 계속 바뀌는 문제가 있었는데, 딥 큐-러닝에서는 이 문제를 해결하기 위해 타깃 큐-네트워크(target Q-network)를 사용합니다. 즉, 큐-네트워크 외에 별도로 타깃 큐-네트워크를 두는 것이 특징입니다. 두 네트워크는 가중치 파라미터만 다르고 완전히 같습니다. DQN에서는 수렴을 원활하게 시키기 위해 타깃 큐-네트워크를 계속 업데이트하는 것이 아니라 주기적으로 한 번씩 업데이트합니다.

▼ 그림 12-14 딥 큐-러닝 네트워크 상세 구조

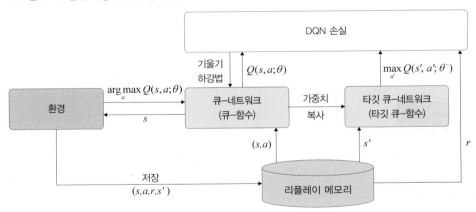

훈련을 수행할 때의 손실 함수로는 MSE를 사용합니다. 네트워크 두 개가 분리되어 있으므로 각 네트워크에서 사용되는 파라미터 θ의 표기가 다른 것을 확인할 수 있습니다.

$$L_i(\theta_i) = E_{(s,a,r,s') \sim U(D)}[(r + \gamma \max_{a'} Q(s', a'; \theta_i^-) - Q(s,a;\theta_i)^2]$$

리플레이 메모리

리플레이 메모리(replay memory)는 에이전트가 수집한 데이터를 저장해 두는 저장소입니다. 큐-러닝에서는 데이터들 간의 상관관계로 학습 속도가 느려지는 문제가 있었는데, 딥 큐-러닝에서는 리플레이 메모리를 도입하여 해결하고 있습니다. 즉, 에이전트 상태가 변경되어도 즉시 훈련시키지 않고 일정 수의 데이터가 수집되는 동안 기다립니다. 나중에 일정 수의 데이터가 리플레이 메모리(버퍼)에 쌓이게 되면 랜덤하게 데이터를 추출하여 미니 배치를 활용해서 학습합니다. 이때 하나의 데이터에는 상태, 행동, 보상, 다음 상태가 저장됩니다.

$$e_t = (s_t, a_t, r_t, s_{t+1})$$

데이터 여러 개로 훈련을 수행한 결과들을 모두 수렴하여 결과를 내므로 상관관계 문제를 해결할 수 있습니다.

합성곱 신경망을 활용한 큐-함수

딥 큐-러닝은 큐 값의 정확도를 높이려고 합성곱 신경망을 도입했습니다.

이제 딥 큐-러닝을 예제로 살펴보겠습니다.

게임에서 택시는 랜덤한 위치에서 시작하고 승객은 랜덤한 위치(R, G, B, Y)에서 탑승합니다. 택시 기사는 승객 위치로 이동하여 승객을 태우고 목적지까지 이동합니다. 여기에서 목적지는 승객이 출발한 위치를 제외한 나머지 위치 중 하나가 됩니다. 승객이 목적지에서 내리면 게임은 끝납니다.

▼ 그림 12-15 딥 큐-러닝 예제

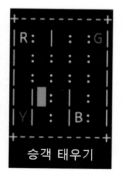

승객 위치에 대한 표현은 다음 표와 같습니다.

0	R
1	G
2	Y
3	B
4	택시 안

승객의 현재 위치 및 목적지에 대한 정보는 다음 표와 같습니다.

▼ 표 12-3 딥 큐-러닝 예제에서 승객의 현재 위치 및 목적지 정보

0	R
1	G
2	Y
3	B

에이전트가 취할 수 있는 행동은 다음 표와 같습니다.

▼ 표 12-4 딥 큐-러닝 예제의 에이전트가 취할 수 있는 행동

0	아래
1	위
2	오른쪽
3	왼쪽
4	승객 태우기
5	승객 내리기

각 행동마다 −1을 보상으로 받는데, 승객을 목적지에 내려 주면 +20을 보상으로 받습니다. 단 승객을 잘못 태우거나 내리면 −10을 보상으로 받습니다.

예제를 실행하기 위해 다음 패키지를 설치합니다.

```
> pip install progressbar2
> pip install gym
```

gym은 손쉽게 강화 학습 환경을 구성할 수 있도록 도와주는 파이썬 패키지입니다. gym 패키지를 이용해서 강화 학습(DQN) 훈련 환경을 만들어 보는 예제를 진행하겠습니다.

먼저 필요한 라이브러리를 호출합니다.

코드 12-1 라이브러리 호출

```
import numpy as np
import random
from IPython.display import clear_output
from collections import deque ------ 에이전트가 환경에 반응한 경험을 저장
import gym
from tensorflow.keras import Model, Sequential
from tensorflow.keras.layers import Dense, Embedding, Reshape
from tensorflow.keras.optimizers import Adam
```

Taxi-v3 객체를 인스턴스로 만들고자 gym.make()를 사용하며, 환경 및 에이전트의 현재 상태를 render 메서드를 사용하여 표시합니다.

코드 12-2 'Taxi-v3'에 대한 환경

```
env = gym.make("Taxi-v3").env ------ Taxi-v3 객체를 인스턴스로 생성
env.render() ------ 환경 및 에이전트의 현재 상태를 render 메서드를 사용하여 표시

print('취할 수 있는 상태 수: {}'.format(env.observation_space.n)) ------ 환경의 모든 상태에 접근
print('취할 수 있는 행동 수: {}'.format(env.action_space.n)) ------ 환경의 모든 행동에 접근
```

참고로 Open Gym API에는 중요한 두 가지가 있습니다. 첫 번째는 환경을 초기화하는 재설정이 필요하고, 또 다른 하나는 환경에서 행동을 한 단계씩 단계적으로 수행합니다.

다음은 Taxi-v3에 대한 환경을 출력한 결과입니다. 랜덤으로 초깃값이 결정되므로 출력 결과가 책과 다를 수 있습니다.

```
+---------+
|R: | : :G|
| : | : : |
| : : : : |
| | : | : |
|Y| : |B: |
+---------+

취할 수 있는 상태 수: 500
취할 수 있는 행동 수: 6
```

실행 결과 Taxi-v3에서 환경은 상태를 500개 가지며, 행동을 여섯 개 취할 수 있습니다.

이제 에이전트를 구현합니다. 에이전트 클래스는 에이전트가 환경에서 취해야 할 행동들을 정의한 함수가 포함됩니다.

코드 12-3 에이전트 구현

```
class Agent:
    def __init__(self, env, optimizer):  ----- 상태와 행동을 초기화
        self._state_size = env.observation_space.n  ----- 환경 속성 observation_space를 초기화
        self._action_size = env.action_space.n  ----- 환경 속성 action_space를 초기화
        self._optimizer = optimizer  ----- 옵티마이저 초기화
        self.expirience_replay = deque(maxlen=2000)  ----- 과거 행동에 대한 기억을 초기화
        self.gamma = 0.6  ----- 할인율 초기화
        self.epsilon = 0.1  ----- 탐험 비율 초기화

        self.q_network = self.build_compile()  ----- build_compile() 함수를 사용하여 큐-네트워크 구성
        self.target_network = self.build_compile()  ----- build_compile() 함수를 사용하여
        self.target_model()                                              타깃 큐-네트워크 구성

    def store(self, state, action, reward, next_state, terminated):
        self.expirience_replay.append((state, action, reward, next_state, terminated))

    def build_compile(self):  ----- 네트워크 구성을 위한 함수
        model = Sequential()
        model.add(Embedding(self._state_size, 10, input_length=1))  ----- ①
        model.add(Reshape((10,)))
        model.add(Dense(50, activation='relu'))
        model.add(Dense(50, activation='relu'))
        model.add(Dense(50, activation='relu'))
        model.add(Dense(self._action_size, activation='linear'))
        model.compile(loss='mse', optimizer=self._optimizer)
        return model

    def target_model(self):  ----- 가중치를 적용하기 위한 함수
        self.target_network.set_weights(self.q_network.get_weights())

    def act(self, state):  ----- 탐험을 위한 함수
        if np.random.rand() <= self.epsilon:  ----- ②
            return env.action_space.sample()
        q_values = self.q_network.predict(state)
        return np.argmax(q_values[0])

    def retrain(self, batch_size):  ----- 큐-네트워크 훈련에 대한 함수
```

12

강화 학습

499

```
        minibatch = random.sample(self.expirience_replay, batch_size) ····· 리플레이 메모리에서
        target = self.q_network.predict(state)                                    랜덤한 데이터 선택
            if terminated:
                target[0][action] = reward
            else:
                t = self.target_network.predict(next_state)
                target[0][action] = reward + self.gamma * np.amax(t)
        self.q_network.fit(state, target, epochs=1, verbose=0) ······ 큐-네트워크 훈련
```

① 네트워크의 첫 번째에 임베딩이 등장합니다. 여기에서 임베딩 역할은 가능한 상태 500개를 값열 개로 표현하는 것입니다.

```
model.add(Embedding(self._state_size, 10, input_length=1))
                    ⓐ                ⓑ        ⓒ
```

ⓐ 입력에 대한 차원(총 입력 개수)으로 500이 됩니다.

ⓑ 출력에 대한 차원(결과로 나오는 임베딩 벡터의 크기)으로 10이 됩니다.

ⓒ 입력 시퀀스의 길이를 의미합니다.

② 택시 기사가 승객을 태우고 목적지로 이동하기 위한 탐험(이동 방향)을 결정하는 방법입니다. 두 가지 방법이 가능한데, 엡실론(epsilon) 값을 기반으로 큐-네트워크를 호출하여 예측하거나 임의의 랜덤 값을 선택하여 경로를 탐험하고 행동을 취할 수 있습니다. 예제에서는 랜덤으로 값을 선택한 후 행동을 취하는 방법을 선택했습니다.

완료된 에이전트(agent) 객체를 생성하고 훈련시킬 준비를 합니다.

코드 12-4 훈련 준비

```
optimizer = Adam(learning_rate=0.01)
agent = Agent(env, optimizer)
batch_size = 32
num_of_episodes = 10
timesteps_per_episode = 10
agent.q_network.summary()
```

실행 시간을 단축하고자 num_of_episodes와 timesteps_per_episode의 값을 10으로 설정했지만, 훈련을 좀 더 정교하게 하려면 100 이상의 값을 설정해 주어야 합니다.

다음은 앞서 생성한 네트워크를 출력한 결과입니다.

```
Model: "sequential"
_____
Layer (type)               Output Shape            Param #
================================================================
embedding (Embedding)      (None, 1, 10)           5000
_____
reshape (Reshape)          (None, 10)              0
_____
dense (Dense)              (None, 50)              550
_____
dense_1 (Dense)            (None, 50)              2550
_____
dense_2 (Dense)            (None, 50)              2550
_____
dense_3 (Dense)            (None, 6)               306
================================================================
Total params: 10,956
Trainable params: 10,956
Non-trainable params: 0
_____
```

이제 모델을 훈련시킬 텐데, 앞서 num_of_episodes와 timesteps_per_episode의 값을 제한했기
때문에 훈련은 한 단계만 진행하고 종료됩니다.

코드 12-5 모델 훈련

```python
for e in range(0, num_of_episodes):
    state = env.reset() ------ 환경 재설정
    state = np.reshape(state, [1,1])

    reward = 0 ------ 보상 변수 초기화
    terminated = False

    for timestep in range(timesteps_per_episode):
        action = agent.act(state) ------ act() 함수 실행

        next_state, reward, terminated, info = env.step(action) ------  에이전트가 단계별 행동을
        next_state = np.reshape(next_state, [1,1])                      취합니다.
        agent.store(state, action, reward, next_state, terminated)
        state = next_state

        if terminated:
            agent.target_model()
```

```
            break

        if len(agent.expirience_replay) > batch_size:
            agent.retrain(batch_size)

    if (e + 1) % 10 == 0:
        print("*********************************")
        print("Episode: {}".format(e+1))
        env.render()
        print("*********************************")
```

다음은 훈련에 대한 출력 결과입니다.

```
*********************************
Episode: 10
+---------+
|R: | : :G|
| : | : : |
| : : : :▮|
| | : | : |
|Y| : |B: |
+---------+
  (East)
*********************************
```

강화 학습은 주로 게임에서 사용하기 때문에 많은 예제가 공개되어 있습니다. 특히 DQN 관련 예제들을 찾아서 추가적으로 구현해 보는 것도 학습에 많은 도움이 될 것입니다.

12.5 / 몬테카를로 트리 탐색

몬테카를로 트리 탐색은 알파고에서 사용된 알고리즘으로 유명합니다. 이 알고리즘은 바둑처럼 다양한 경우의 수를 고려해야 할 때 주로 사용됩니다.

12.5.1 몬테카를로 트리 탐색 원리

몬테카를로 트리 탐색은 모든 트리 노드를 대상으로 탐색하는 대신 게임 시뮬레이션을 이용하여 가장 가능성이 높아 보이는 방향으로 행동을 결정하는 탐색 방법입니다. 즉, 경우의 수가 많을 때 순차적으로 시도하는 것이 아닌 무작위 방법 중 가장 승률이 높은 값을 기반으로 시도하는 것이 몬테카를로 트리 탐색입니다.

▼ 그림 12-16 몬테카를로 트리 탐색 원리

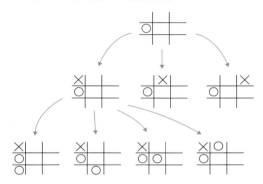

몬테카를로 트리 탐색 알고리즘은 총 네 단계로 학습합니다.

1. **선택**: 루트 R에서 시작하여 현재까지 펼쳐진 트리 중 가장 승산 있는 자식 노드 L을 선택합니다. 이때 선택은 다음 수식을 사용합니다.

$$\frac{w_i}{n_i} + C\sqrt{\frac{\log t}{n_i}}$$

$\left(\begin{array}{l} w_i : i\text{번 움직인 후의 승리 횟수입니다.} \\ n_i : i\text{번 움직인 후의 시뮬레이션 횟수입니다.} \\ C : \text{탐험 파라미터로 } \sqrt{2}\text{를 처음 초깃값으로 많이 사용합니다.} \\ \text{하지만 이 값은 실험을 해서 조정되어야 합니다.} \\ t : \text{시뮬레이션의 전체 횟수입니다. 즉, 모든 } n_i\text{의 합이므로} \\ \text{이 값은 결국 부모 노드의 } n_i \text{ 값입니다.} \end{array}\right)$

2. **확장**: 노드 L에서 게임이 종료되지 않는다면 하나 또는 그 이상의 자식 노드를 생성하고 그중 하나의 노드 C를 선택합니다.

3. **시뮬레이션**: 노드 C에서 랜덤으로 자식 노드를 선택하여 게임을 반복 진행합니다.

4. **역전파**: 시뮬레이션 결과로 C, L, R까지 경로에 있는 노드들의 정보를 갱신합니다.

▼ 그림 12-17 몬테카를로 트리 탐색

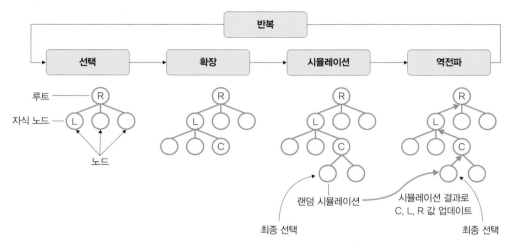

이와 같이 몬테카를로 트리 탐색은 최선의 선택을 하기 위한 방법으로 트리에서 랜덤 시뮬레이션을 이용하여 최적의 선택을 결정합니다. 이때 임의로 시행되는 다수의 시뮬레이션으로 각각의 움직임을 측정한 후 효율적인 경우의 수를 예측합니다. 몬테카를로 트리 탐색을 이용한 대표적 알고리즘이 알파고입니다. 또한, 보드 게임, 실시간 비디오 게임, 포커 같은 비결정적 게임에도 사용됩니다.

12.5.2 몬테카를로 트리 검색을 적용한 틱택토 게임 구현

몬테카를로 트리 검색을 예제로 알아보기 위해 틱택토 게임을 구현해 봅시다. 틱택토(tic-tac-toe)는 강화 학습 중에서도 몬테카를로 트리 검색을 위한 예제로 많이 사용하고 있습니다. 간단한 코드 구현을 위해 텐서플로는 사용하지 않았지만, 유사한 코드가 인터넷에 많으니 찾아서 실습해 보길 권장합니다.

게임 이용 방법

커맨드 라인에서 게임을 진행할 수 있는 2인용 틱택토 게임을 만들 예정입니다. 처음에는 비어 있는 보드를 만든 후 플레이어에게서 입력을 받아 승리 조건을 확인하고 승자를 선언하거나, 전체

보드가 채워졌음에도 아무도 이기지 않으면 결과를 '동점'으로 선언합니다.

보드는 키보드의 숫자 패드처럼 번호가 써 있습니다. 플레이어(X와 Y)가 보드판에 숫자를 가로세로 혹은 대각선으로 채우면 승리합니다.

▼ 그림 12-18 몬테카를로 트리 탐색 예제

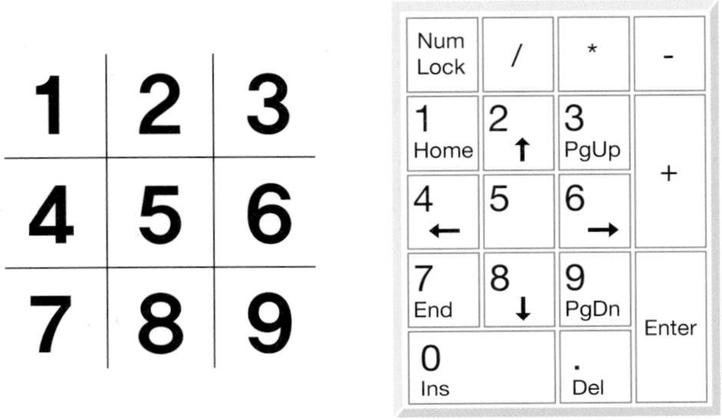

파이썬 코드 구현

틱택토 게임은 딕셔너리를 사용하여 게임 보드를 만듭니다. 딕셔너리는 "key : value" 형식으로 데이터를 저장하는 파이썬의 기본 데이터 유형입니다. 따라서 길이가 9인 딕셔너리를 만드는데 key는 보드의 블록을 나타내며, value는 플레이어의 움직임을 나타냅니다.

먼저 게임에서 사용되는 보드를 생성합니다.

코드 12-6 보드 생성

```python
boarder = {'1': ' ' , '2': ' ' , '3': ' ' ,
           '4': ' ' , '5': ' ' , '6': ' ' ,
           '7': ' ' , '8': ' ' , '9': ' ' }
board_keys = []

for key in boarder:
    board_keys.append(key)
```

보드에 1~9의 숫자를 매핑하는 출력 함수를 정의합니다.

코드 12-7 화면 출력 함수 정의

```python
def visual_Board(board_num): ------ ①
    print(board_num['1'] + '¦' + board_num['2'] + '¦' + board_num['3'])
```

```python
    print('-+-+-')
    print(board_num['4'] + '¦' + board_num['5'] + '¦' + board_num['6'])
    print('-+-+-')
    print(board_num['7'] + '¦' + board_num['8'] + '¦' + board_num['9'])
```

① 게임을 진행할 때마다 업데이트된 보드를 출력해야 하므로 visual_Board( ) 함수를 호출하여 매번 쉽게 보드를 출력할 수 있도록 합니다.

이제 에이전트(플레이어)가 보드를 이동하여 게임을 진행하는 메인 함수를 정의합니다.

코드 12-8 보드 이동 함수 정의

```python
def game():  ------ 플레이어의 보드 이동을 위한 함수
    turn = 'X'
    count = 0
    for i in range(8):
        visual_Board(boarder)
        print("당신 차례입니다," + turn + ". 어디로 이동할까요?")
        move = input()
        if boarder[move] == ' ':
            boarder[move] = turn
            count += 1
        else:
            print("이미 채워져 있습니다.\n어디로 이동할까요?")
            continue

        if count >= 5:  ------ 플레이어 X 또는 Y가 다섯 번 이동 후 이겼는지 확인
            if boarder['1'] == boarder['2'] == boarder['3'] != ' ':  ------
                visual_Board(boarder)                       상단 1, 2, 3이 채워졌을 경우
                print("\n게임 종료.\n")
                print(" ---------- " + turn + "가 승리했습니다. -----------")
                break

            elif boarder['4'] == boarder['5'] == boarder['6'] != ' ':  ------
                visual_Board(boarder)                       중앙 4, 5, 6이 채워졌을 경우
                print("\n게임 종료.\n")
                print(" ---------- " + turn + "가 승리했습니다. -----------")
                break

            elif boarder['7'] == boarder['8'] == boarder['9'] != ' ':  ------
                visual_Board(boarder)                       하단 7, 8, 9가 채워졌을 경우
                print("\n게임 종료.\n")
                print(" ---------- " + turn + "가 승리했습니다. -----------")
```

```python
                break

            elif boarder['1'] == boarder['4'] == boarder['7'] != ' ':
                visual_Board(boarder)
                print("\n게임 종료.\n")
                print(" ---------- " + turn + "가 승리했습니다. ----------")
                break

            elif boarder['2'] == boarder['5'] == boarder['8'] != ' ':
                visual_Board(boarder)
                print("\n게임 종료.\n")
                print(" ---------- " + turn + "가 승리했습니다. ----------")
                break

            elif boarder['3'] == boarder['6'] == boarder['9'] != ' ':
                visual_Board(boarder)
                print("\n게임 종료.\n")
                print(" ---------- " + turn + "가 승리했습니다. ----------")
                break

            elif boarder['1'] == boarder['5'] == boarder['9'] != ' ':
                visual_Board(boarder)
                print("\n게임 종료.\n")
                print(" ---------- " + turn + "가 승리했습니다. ----------")
                break

            elif boarder['3'] == boarder['5'] == boarder['7'] != ' ':
                visual_Board(boarder)
                print("\n게임 종료.\n")
                print(" ---------- " + turn + "가 승리했습니다. ----------")
                break

        if count == 9:
            print("\n게임 종료.\n")
            print("동점입니다")

        if turn == 'X':
            turn = 'Y'
        else:
            turn = 'X'


if __name__ == "__main__":
    game()
```

- `elif boarder['1'] == boarder['4'] == boarder['7'] != ' ':` 보드의 왼쪽 1, 4, 7이 채워졌을 경우
- `elif boarder['2'] == boarder['5'] == boarder['8'] != ' ':` 보드의 중간 2, 5, 8이 채워졌을 경우
- `elif boarder['3'] == boarder['6'] == boarder['9'] != ' ':` 보드의 오른쪽 3, 6, 9가 채워졌을 경우
- `elif boarder['1'] == boarder['5'] == boarder['9'] != ' ':` 대각선 1, 5, 9가 채워졌을 경우
- `elif boarder['3'] == boarder['5'] == boarder['7'] != ' ':` 대각선 3, 5, 7이 채워졌을 경우
- `if count == 9:` X, Y 모두 이기지 않고 보드가 꽉 차면 결과를 '동점(tie)'으로 선언
- `if turn == 'X':` 움직임이 있을 때마다 플레이어 변경(X→Y, Y→X)

다음은 보드를 이동하여 게임을 실행하는 과정입니다. X가 게임에서 승자가 되도록 게임을 진행하겠습니다.

```
 | |
-+-+-
 | |
-+-+-
 | |
당신 차례입니다,X. 어디로 이동할까요?
3
 | |X
-+-+-
 | |
-+-+-
 | |
당신 차례입니다,Y. 어디로 이동할까요?
1
Y| |X
-+-+-
 | |
-+-+-
 | |
당신 차례입니다,X. 어디로 이동할까요?
5
Y| |X
-+-+-
 |X|
-+-+-
 | |
당신 차례입니다,Y. 어디로 이동할까요?
2
Y|Y|X
-+-+-
 |X|
-+-+-
 | |
당신 차례입니다,X. 어디로 이동할까요?
7
Y|Y|X
-+-+-
 |X|
-+-+-
X| |
```

게임 종료.

    ---------- X가 승리했습니다. ----------

지금까지 강화 학습의 가장 기초적인 부분을 알아보았습니다. 강화 학습은 딥러닝의 꽃과 같은 분야로 그 내용이 상당히 어렵고 복잡합니다. 예제도 가장 기초적인 것만 다루었기 때문에 강화 학습에 관심이 많다면 강화 학습만 다루는 도서를 별도로 보는 것도 좋습니다.

memo

13^장

생성 모델

13.1 생성 모델이란

생성 모델(generative model)은 주어진 데이터를 학습하여 데이터 분포를 따르는 유사한 데이터를 생성하는 모델입니다. 그럼 유사한 데이터는 어떻게 만들고, 생성 모델의 유형은 어떤 것들이 있는지 알아보겠습니다.

13.1.1 생성 모델 개념

기존 합성곱 신경망에서 다룬 이미지 분류, 이미지 검출 등은 입력 이미지(x)가 있을 때 그에 따른 정답(y)을 찾는 것이었습니다. 예를 들어 개와 고양이 이미지 데이터셋이 주어졌을 때, 그 이미지를 개와 고양이로 분류하는 문제들을 다루었습니다. 이렇게 이미지를 분류하는 것을 '판별(자) 모델(discriminative model)'이라고 합니다. 일반적으로 판별자 모델에서는 이미지를 정확히 분류(구별)하고자 해당 이미지를 대표하는 특성들을 잘 찾는 것을 목표로 합니다. 예를 들어 개와 고양이를 구별하려면 개의 귀, 꼬리 등 특성을 찾는 것이 중요합니다.

그리고 판별자 모델에서 추출한 특성들의 조합을 이용하여 새로운 개와 고양이 이미지를 생성할 수 있는데, 이것을 '생성(자) 모델(generative model)'이라고 합니다. 즉, 생성 모델은 입력 이미지에 대한 데이터 분포 $p(x)$를 학습하여 새로운 이미지(새로운 이미지이면서 기존 이미지에서 특성을 추출했기 때문에 최대한 입력 이미지와 유사한 이미지)를 생성하는 것을 목표로 합니다.

▼ 그림 13-1 생성 모델

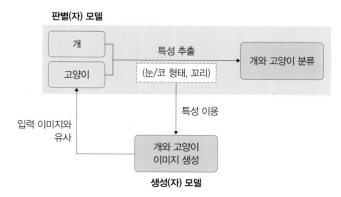

13.1.2 생성 모델의 유형

생성 모델의 유형에는 다음 그림과 같이 모델의 확률 변수를 구하는 '변형 오토인코더 모델'과 확률 변수를 이용하지 않는 'GAN 모델'이 있습니다.

▼ 그림 13-2 생성 모델의 유형

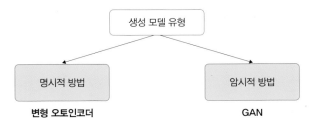

다시 정리하면 생성 모델은 크게 명시적 방법(explicit density)과 암시적 방법(implicit density)으로 분류할 수 있습니다. 명시적 방법은 확률 변수 $p(x)$를 정의하여 사용합니다. 대표적인 모델로 변형 오토인코더(variational autoencoder)가 있습니다. 암시적 방법은 확률 변수 $p(x)$에 대한 정의 없이 $p(x)$를 샘플링하여 사용합니다. 대표적인 모델로 GAN(Generative Adversarial Network)이 있습니다.

변형 오토인코더는 이미지의 잠재 공간(latent space)[1]에서 샘플링[2]하여 완전히 새로운 이미지나 기존 이미지를 변형하는 방식으로 학습을 진행합니다. GAN은 생성자와 판별자가 서로 경쟁하면서 가짜 이미지를 진짜 이미지와 최대한 비슷하게 만들도록 학습을 진행합니다.

변형 오토인코더부터 살펴보겠습니다.

13.2 / 변형 오토인코더

DEEP LEARNING

변형 오토인코더는 오토인코더의 확장입니다. 따라서 오토인코더가 무엇인지 확인한 후 변형 오토인코더로 넘어가겠습니다.

---

1   숫자 5 이미지를 입력하면 인코더는 숫자 5를 받아서 분석한 후 2차원 좌표평면, 예를 들어 (5,5)에 표현합니다. 이때 숫자 5 이미지를 고차원 데이터라고 하며 좌표평면에 표현된 벡터는 점 (5,5)에 해당됩니다. 그리고 2차원 좌표평면을 잠재 공간이라고 합니다.

2   모집단의 데이터에서 최대한 모집단과 유사한 일부 데이터를 추출하는 과정입니다.

13.2.1 오토인코더란

오토인코더는 단순히 입력을 출력으로 복사하는 신경망으로 은닉층(혹은 병목층이라고도 함)의 노드 개수가 입력 값보다 적은 것이 특징입니다. 따라서 입력과 출력이 동일한 이미지라고 예상할 수 있습니다. 하지만 왜 입력을 출력으로 복사하는 방법을 사용할까요? 바로 은닉층 때문입니다. 오토인코더의 병목층은 입력과 출력의 뉴런보다 훨씬 적습니다. 즉, 적은 수의 병목층 뉴런으로 데이터를 가장 잘 표현할 수 있는 방법이 오토인코더입니다. 오토인코더는 네 가지 주요 부분으로 구성됩니다.

1. **인코더**: 인지 네트워크(recognition network)라고도 하며, 특성에 대한 학습을 수행하는 부분입니다.

2. **병목층(은닉층)**: 모델의 뉴런 개수가 최소인 계층입니다. 이 계층에서는 차원이 가장 낮은 입력 데이터의 압축 표현이 포함됩니다.

3. **디코더**: 생성 네트워크(generative network)라고도 하며, 이 부분은 병목층에서 압축된 데이터를 원래대로 재구성(reconstruction)하는 역할을 합니다. 즉, 최대한 입력에 가까운 출력을 생성하도록 합니다.

4. **손실 재구성**: 오토인코더는 다음 그림과 같이 입력층과 출력층의 뉴런 개수가 동일하다는 것만 제외하면 일반적인 다층 퍼셉트론(Multi-Layer Perceptron, MLP)[3]과 구조가 동일합니다. 오토인코더는 압축된 입력을 출력층에서 재구성하며, 손실 함수는 입력과 출력(인코더와 디코더)의 차이를 가지고 계산합니다.

▼ 그림 13-3 오토인코더

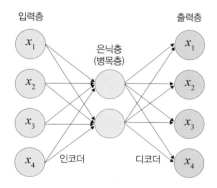

오토인코더 개념을 이해했다면 이번에는 수학적으로 접근해 보겠습니다. 미리 이야기하지만 수학

---

3 입력층과 출력층 사이에 하나 이상의 은닉층을 두어 비선형적으로 분리되는 데이터에 대해서도 학습이 가능하도록 고안된 것으로 심층 신경망의 기초가 됩니다.

적 접근은 언제나 어렵게 느껴질 수 있습니다. 따라서 한 번 읽어 보고 이해하기 어려운 부분들이 있다면 인공지능 수학 관련 도서를 참고하기 바랍니다.

입력 x와 출력 y는 같은 차원(R^d)에 존재한다는 가정하에 입력 데이터를 인코더 네트워크에 통과시켜 압축된 잠재 벡터[4] z 값을 얻습니다. 이때 z를 구하는 공식은 다음과 같습니다.

$$z = h(x)$$

압축된 z 벡터에서 입력 데이터와 크기가 같은 출력 값은 다음과 같이 계산합니다.

$$y = g(z) = g(h(x))$$

이때 손실(loss) 값은 입력 값 x와 디코더를 통과한 y 값의 차이로 다음과 같이 계산합니다.

$$Loss = \sum_{x \in D} L(x, g(h(x)))$$
$$= \| x - y \|^2$$

즉, 디코더 네트워크를 통과한 출력 값은 입력 값의 크기와 같아야 합니다.

▼ 그림 13-4 오토인코더의 인코더와 디코더

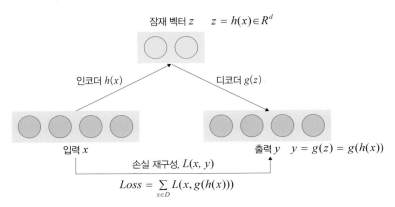

오토인코더가 중요한 이유는 다음 세 가지 때문입니다.

1. **데이터 압축**: 데이터 압축은 메모리 측면에서 상당한 장점입니다. 오토인코더를 이용하여 이미지나 음성 파일의 중요 특성만 압축하면 용량도 작고 품질도 더 좋아집니다.

---

4 잠재 공간에 위치한 벡터를 잠재 벡터라고 하며, 잠재 공간상의 점 하나를 표현 벡터(representation vector)라고 합니다.

2. **차원의 저주**(curse of dimensionality)[5] **예방**: 차원의 저주 문제를 예방할 수 있습니다. 오토인코더는 특성 개수를 줄여 주기 때문에 데이터 차원이 감소하여 차원의 저주를 피할 수 있습니다.

3. **특성 추출**: 오토인코더는 비지도 학습으로 자동으로 중요한 특성을 찾아 줍니다. 예를 들어 눈 모양, 털 색, 꼬리 길이 등 개의 중요한 특성을 자동으로 찾아 줍니다.

이제 텐서플로 2에서 오토인코더를 구현해 보겠습니다.

먼저 필요한 라이브러리를 호출합니다.

코드 13-1 라이브러리 호출

```
import tensorflow as tf
import numpy as np
import matplotlib.pyplot as plt
```

앞서 언급했듯이 인코더 및 디코더를 사용하여 간단한 오토인코더를 만들 것입니다.

이 예제는 케라스에 내장되어 제공하는 MNIST 데이터셋을 사용합니다.

Note ≡ **MNIST**

MNIST는 인공지능 연구의 권위자 얀 르쿤(Yann LeCun) 교수가 만든 데이터셋으로 훈련 데이터셋 6만 개와 검증 데이터셋 1만 개로 구성되어 있습니다. MNIST는 간단하게 컴퓨터 비전을 사용할 수 있는 데이터셋으로, 손으로 쓴 숫자 이미지(0에서 9까지 값을 갖는 고정 크기 이미지(28×28 픽셀))들로 구성되어 있습니다.

인코더와 디코더를 정의하여 오토인코더 네트워크를 생성합니다.

코드 13-2 네트워크(신경망) 생성

인코딩 출력을 디코딩에 적용하여 재구성됩니다(입력의 원래 크기로 변환).

입력의 크기 (784,)

```
input_image = tf.keras.layers.Input(shape=(784,))
encoded_input = tf.keras.layers.Dense(32, activation='relu')(input_image)
decoded_output = tf.keras.layers.Dense(784, activation='sigmoid')(encoded_input)
autoencoder = tf.keras.models.Model(input_image, decoded_output)
```

입력을 인코딩에 적용

인코더와 디코더로 구성된 오토인코더 모델 생성

모델의 훈련 과정에 필요한 손실 함수와 옵티마이저를 설정합니다.

---

5   훈련 데이터셋이 특성을 수천에서 수만 개까지 가지고 있기 때문에 훈련이 느려지고 최적의 솔루션을 찾기 어렵게 만드는 현상입니다.

```
autoencoder.compile(optimizer='adam', loss='binary_crossentropy')
```

오토인코더에서 가장 널리 사용되는 손실 함수는 '평균 제곱 오차'와 '(이진) 크로스 엔트로피'입니다. 입력 값이 (0,1) 범위에 있으면 (이진) 크로스 엔트로피를 사용하고, 그렇지 않으면 평균 제곱 오차를 사용합니다. 여기에서는 아담(Adam)을 사용했지만 알엠에스프롭(RMSProp) 또는 아다델타(Adadelta) 같은 옵티마이저를 이용하여 성능을 비교해 보는 것도 학습에 도움이 많이 되니, 옵션을 변경하여 테스트를 진행해 보기 바랍니다.

앞서 언급했듯이 예제에서 사용된 데이터셋은 MNIST입니다. MNIST 데이터셋은 케라스에 내장된 데이터셋으로, keras.datasets 모듈을 사용하여 쉽게 내려받아 사용할 수 있습니다. 데이터셋을 내려받은 후 훈련 데이터셋과 테스트 데이터셋으로 분리합니다.

코드 13-4 데이터셋 준비

```
(X_train, _), (X_test, _) = tf.keras.datasets.mnist.load_data()
X_train = X_train.astype('float32') / 255
X_test = X_test.astype('float32') / 255
X_train = X_train.reshape((len(X_train), np.prod(X_train.shape[1:])))
X_test = X_test.reshape((len(X_test), np.prod(X_test.shape[1:])))
```

이제 오토인코더 모델이 준비되었으므로 모델을 훈련시키겠습니다.

코드 13-5 모델 훈련

```
autoencoder.fit(
    X_train,
    X_train,
    epochs=30,
    batch_size=256,
    shuffle=True,
    validation_data=(X_test, X_test))
```

X_train을 훈련 데이터셋으로 사용하고 X_test를 테스트 데이터셋으로 사용합니다. 여기에서도 마찬가지로 추가적인 학습을 위해 에포크를 변경하면서 성능을 비교해 볼 수 있습니다. 에포크를 50 혹은 100으로 변경했을 때 성능 차이를 비교하면서 학습하길 권장합니다.

다음은 모델을 훈련시킨 출력 결과입니다.

```
Epoch 1/30
235/235 [==============================] - 4s 16ms/step - loss: 0.2754 - val_loss:
0.1915
Epoch 2/30
235/235 [==============================] - 3s 14ms/step - loss: 0.1714 - val_loss:
0.1534
Epoch 3/30
235/235 [==============================] - 3s 13ms/step - loss: 0.1437 - val_loss:
0.1336
...(중간 생략)...
Epoch 28/30
235/235 [==============================] - 3s 14ms/step - loss: 0.0932 - val_loss:
0.0919
Epoch 29/30
235/235 [==============================] - 3s 13ms/step - loss: 0.0932 - val_loss:
0.0920
Epoch 30/30
235/235 [==============================] - 3s 13ms/step - loss: 0.0932 - val_loss:
0.0919
```

이제 원래 입력과 재구성된 입력을 시각화해 보겠습니다. 이를 위해 테스트 데이터셋을 사용합니다.

코드 13-6 이미지 시각화

```
reconstructed_img = autoencoder.predict(X_test)
n = 10 ······ 입력/출력 이미지 열 개를 표현
plt.figure(figsize=(20,4))
for i in range(n):
    ax = plt.subplot(2, n, i+1) ······ 실제 이미지를 시각화
    plt.imshow(X_test[i].reshape(28,28))
    plt.gray()
    ax.get_xaxis().set_visible(False)
    ax.get_yaxis().set_visible(False)

    ax = plt.subplot(2, n, i+1+n) ······ 재구성된 이미지를 시각화
    plt.imshow(reconstructed_img[i].reshape(28,28))
    plt.gray()
    ax.get_xaxis().set_visible(False)
    ax.get_yaxis().set_visible(False)
plt.show()
```

다음 그림의 위쪽은 원래 이미지이고, 아래쪽은 재구성된 이미지를 시각화한 출력 결과입니다.

▼ 그림 13-5 이미지 실행 결과

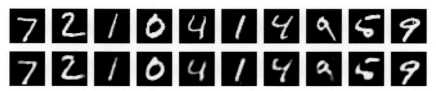

재구성된 이미지가 명확하지 않고 다소 흐릿합니다. 더 깨끗한 출력을 얻기 위해 변형 오토인코더를 사용할 수 있습니다.

13.2.2 변형 오토인코더

변형 오토인코더(variational autoencoder)를 좀 더 쉽게 이해할 수 있게 오토인코더와 비교하면서 설명하겠습니다. 오토인코더는 다음 그림과 같이 입력(숫자 2) → 인코더 → 압축(차원 축소) → 디코더 → 출력(숫자 2)이 나오게 하는 방법입니다.

▼ 그림 13-6 오토인코더 실행 과정

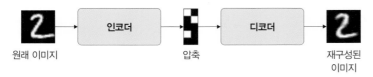

오토인코더는 차원을 줄이는 것이 목표이기 때문에 새롭게 생성된 데이터의 확률 분포에는 관심이 없습니다.

반면 변형 오토인코더는 표준편차와 평균을 이용하여 확률 분포를 만들고, 거기에서 샘플링하여 디코더를 통과시킨 후 새로운 데이터를 만들어 냅니다. 즉, 변형 오토인코더는 입력 데이터와 조금 다른 출력 데이터를 만들어 내는데, 이때 z라는 가우시안 분포를 이용합니다(z를 잠재 벡터 (latent vector)[6]라고 합니다). 중요한 특성의 파라미터를 담고 있는 z 분포에서 벡터를 랜덤하게 샘플링하고 이 분포의 오차를 이용하여 입력 데이터와 유사한 다양한 데이터를 만들어 내는 것이 변형 오토인코더입니다.

---

6 잠재 공간에 위치한 벡터를 잠재 벡터라고 하며, 잠재 공간상의 점 하나를 표현 벡터(representation vector)라고 합니다.

▼ 그림 13-7 변형 오토인코더 실행 과정

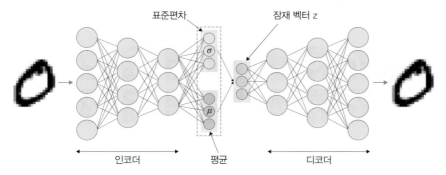

오토인코더는 데이터 벡터에 대한 차원을 축소하여 실제 이미지와 동일한 이미지를 출력하는 것이 목적이었다면, 변형 오토인코더는 데이터가 만들어지는 확률 분포를 찾아 비슷한 데이터를 생성하는 것이 목적입니다.

변형 오토인코더에서 인코더와 디코더에 대한 네트워크는 다음과 같습니다.

▼ 그림 13-8 변형 오토인코더의 인코더와 디코더

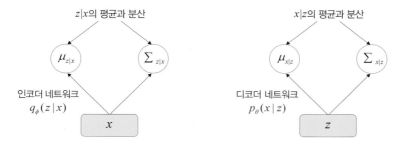

- $q_\phi(z|x)$: x를 입력받아 잠재 벡터 z와 대응되는 평균과 분산을 구하는 네트워크로 인코더 네트워크를 의미합니다.

- $p_\theta(x|z)$: z를 입력받아 x와 대응되는 평균과 분산을 구하는 네트워크로 디코더 네트워크를 의미합니다.

그럼 인코더 네트워크부터 자세히 살펴보겠습니다.

▼ 그림 13-9 변형 오토인코더의 인코더 상세

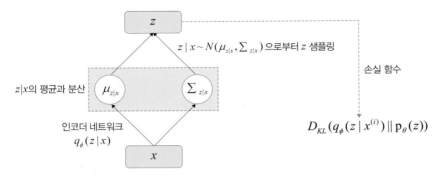

1. 입력 x를 인코더 네트워크 $q_\phi(z|x)$에 보내 $(\mu_{z|x}, \Sigma_{z|x})$를 출력하고, 이를 이용하여 다음 수식의
   ②항에 대한 값을 구합니다.

$$D_{KL}(q_\phi(z|x^{(i)}) \| \mathrm{p}_\theta(z))$$

2. $(\mu_{z|x}, \Sigma_{z|x})$의 가우시안 분포에서 z를 샘플링합니다.

$$z \leftarrow z|x \sim N(\mu_{z|x}, \Sigma_{z|x})$$

이렇게 구해진 z는 디코더 네트워크의 입력으로 사용됩니다. 그럼 디코더 네트워크를 살펴보겠습니다.

▼ 그림 13-10 변형 오토인코더의 디코더 상세

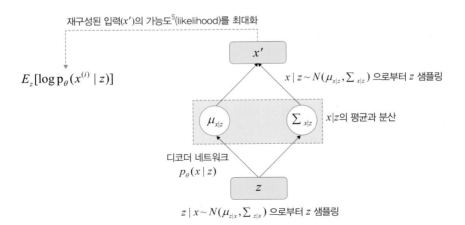

---

7   주어진 표본에서 가장 그럴듯한(likely) 모수를 추정하는 척도입니다.

1. 샘플링한 z를 디코더 네트워크 $p_\theta(x|z)$에 보내 $(\mu_{z|x}, \Sigma_{z|x})$를 출력한 후 이를 이용하여 ①항의 값을 구합니다(다음 수식의 앞의 수식과 동일합니다).

$$E_z[\log p_\theta(x^{(i)} | z)]$$

2. $(\mu_{x|z}, \Sigma_{x|z})$의 가우시안 분포에서 z를 샘플링한 후 x'를 구합니다.

$$x' \leftarrow x|z \sim N(\mu_{x|z}, \Sigma_{x|z})$$

3. 역전파를 이용하여 $L(x^{(i)}, \theta, \phi)$의 값이 높아지는 방향으로 기울기를 업데이트합니다. 즉, 가능도(likelihood)[8]가 증가하는 방향으로 파라미터 θ와 ϕ를 업데이트합니다.

최종적으로 x와 유사한 x'라는 이미지가 생성됩니다.

다음은 인코더와 디코더에서 사용된 수식을 정리한 내용입니다.

$$L(x^{(i)}, \theta, \phi) = \underbrace{E_z[\log p_\theta(x^{(i)} | z)]}_{①} - \underbrace{D_{KL}(q_\phi(z | x^{(i)}) \| p_\theta(z))}_{②}$$

①항은 z가 주어졌을 때 x'를 표현하기 위한 확률밀도 함수로 디코더 네트워크를 나타냅니다. 즉, 디코더 네트워크의 가능도(likelihood)가 크면 클수록 θ가 그 데이터를 잘 표현한다고 해석할 수 있습니다. 따라서 ①항이 크면 클수록 모델 가능도가 커집니다.

②항은 x에서 z를 표현하는 확률밀도 함수로 인코더 네트워크와 가우시안 분포가 얼마나 유사한지 나타냅니다. 유사한 정도가 높을수록 쿨백-라이블러 발산(Kullback – Leibler Divergence, D_{KL}[9])은 낮은 값을 나타내므로, 인코더 네트워크가 가우시안 분포를 최대한 잘 표현할 수 있도록 가능도가 최대화됩니다. 다시 정리하면 ①항은 그 값이 클수록 ②항은 그 값이 작을수록 가짜 데이터를 잘 생성한다고 할 수 있습니다.

이제 변형 오토인코더를 예제로 알아보겠습니다. 변형 오토인코더 예제를 시작하기에 앞서 필요한 라이브러리를 설치합니다.

```
> pip install tensorflow_probability
```

---

8 주어진 표본에서 가장 그럴듯한(likely) 모수를 추정하는 척도

9 두 확률 분포의 차이를 계산하는 데 사용하는 함수입니다. 딥러닝 모델을 예로 들면, 수집된 데이터 분포 P(x)와 모델이 추정한 데이터 분포 Q(x)의 차이를 구할 때 사용합니다.

tensorflow_probability(TFP)는 확률적 추론 및 통계 분석을 위한 라이브러리입니다. TFP를 사용하여 다양한 확률 분포 및 마르코프 체인 등을 구현할 수 있습니다.

MNIST와 마찬가지로 케라스에 내장된 fashion_mnist 데이터셋을 사용하여 변형 오토인코더 사용 방법을 알아보겠습니다. 먼저 필요한 라이브러리를 호출합니다.

코드 13-7 필요한 라이브러리 호출

```python
import tensorflow as tf
import numpy as np
import matplotlib.pyplot as plt
from tqdm.autonotebook import tqdm
%matplotlib inline
from IPython import display
import pandas as pd
import tensorflow_probability as tfp
ds = tfp.distributions
```

하이퍼파라미터 값들을 초기화합니다.

코드 13-8 초깃값 설정

```python
TRAIN_BUF = 60000
TEST_BUF = 10000
BATCH_SIZE = 512
N_TRAIN_BATCHES = int(TRAIN_BUF/BATCH_SIZE)
N_TEST_BATCHES = int(TEST_BUF/BATCH_SIZE)
```

fashion_mnist 데이터셋을 내려받은 후 메모리로 로딩하고 훈련과 테스트 데이터셋으로 분리합니다.

코드 13-9 fashion_mnist 데이터셋 로딩 및 데이터셋 분리

```python
(train_images, train_lebels), (test_images, test_lebels) =
                    tf.keras.datasets.fashion_mnist.load_data()  # 훈련과 테스트 데이터셋으로 분리
train_images = train_images.reshape(train_images.shape[0], 28, 28,
                    1).astype("float32") / 255.0
test_images = test_images.reshape(test_images.shape[0], 28, 28, 1).astype("float32") / 255.0

train_dataset = (
    tf.data.Dataset.from_tensor_slices(train_images)
    .shuffle(60000)
```

```
        .batch(512)
    ) ------ 훈련 데이터셋 준비
test_dataset = (
        tf.data.Dataset.from_tensor_slices(test_images)
        .shuffle(10000)
        .batch(512)
    ) ------ 테스트 데이터셋 준비
```

변형 오토인코더를 위한 네트워크를 생성합니다.

코드 13-10 변형 오토인코더 네트워크 생성

```
class VAE(tf.keras.Model):
    def __init__(self, **kwargs):
        super(VAE, self).__init__()
        self.__dict__.update(kwargs)

        self.enc = tf.keras.Sequential(self.enc)
        self.dec = tf.keras.Sequential(self.dec)

    def encode(self, x):
        mu, sigma = tf.split(self.enc(x), num_or_size_splits=2, axis=1)
        return ds.MultivariateNormalDiag(loc=mu, scale_diag=sigma) ------
                인코더에서 평균과 표준편차를 정의하고 z의 평균과 분산을 모수로 하는 정규 분포 생성
    def reparameterize(self, mean, logvar):
        epsilon = tf.random.normal(shape=mean.shape)
        return epsilon * tf.exp(logvar * 0.5) + mean ------ ①

    def reconstruct(self, x):
        mu, _ = tf.split(self.enc(x), num_or_size_splits=2, axis=1)
        return self.decode(mu) ------ 입력 데이터를 출력 데이터로 재구성

    def decode(self, z):
        return self.dec(z) ------ 인코더가 만든 z를 받아 입력 데이터(x)를 복원

    def loss_function(self, x):
        q_z = self.encode(x)
        z = q_z.sample()
        x_recon = self.decode(z)
        p_z = ds.MultivariateNormalDiag(
            loc=[0.] * z.shape[-1], scale_diag=[1.] * z.shape[-1]
        )
        kl_div = ds.kl_divergence(q_z, p_z)
```

```
        latent_loss = tf.reduce_mean(tf.maximum(kl_div, 0))
        recon_loss = tf.reduce_mean(tf.reduce_sum(tf.math.square(x-x_recon), axis=0))
        return recon_loss, latent_loss ······ ②

    def gradients(self, x):
        with tf.GradientTape() as tape:
            loss = self.loss_function(x)
        return tape.gradient(loss, self.trainable_variables) ······ ③

    @tf.function ······ 파이썬 제어문을 텐서플로에서 자동으로 컴파일
    def train(self, train_x):
        gradients = self.gradients(train_x)
        self.optimizer.apply_gradients(zip(gradients, self.trainable_variables))
```

① reparameterize 함수는 z 분포를 이용하여 z 벡터를 샘플링합니다. z는 가우시안 분포라고 가정했기 때문에 평균(μ)과 표준편차(σ)를 이용하여 z에 노이즈(epsilon)를 적용하여 샘플링합니다. 그리고 샘플링한 z 벡터를 디코더에 다시 통과시켜서 입력과 동일한 데이터(x')를 만들어 내는 작업을 합니다.

샘플링 작업에 노이즈를 부여해서 z 벡터를 여러 개 뽑고, $p(x|z)$를 거치면서 기존 입력 데이터(x)와 다른 분포를 가지는 데이터(x')가 출력됩니다.

② 손실(오차)을 구하는 함수입니다. 변분추론(variational inference)[10]으로 $p(z|x)$와 $q(z)$ 사이의 쿨백–라이블러 발산(KLD)을 계산하고, KLD가 줄어드는 쪽으로 $q(z)$를 조금씩 업데이트합니다. 즉, 변형 오토인코더에서 손실 함수가 쿨백–라이블러 발산이 되며, 다음 수식을 사용합니다.

$$L = - \underbrace{E_{z \sim q(z|x)}[\log p_\theta(x|z)]}_{ⓐ} + \underbrace{D_{KL}(q(z|x) \| p_\theta(z))}_{ⓑ}$$

ⓐ항은 재구성 손실(reconstruction loss)에 해당하며, 인코더가 데이터 x를 받아 q에서 z를 뽑습니다. 디코더는 인코더가 만든 z를 받아 원래의 데이터 x를 복원합니다. 즉, 원 데이터에 대한 가능도를 선택합니다. ⓑ항은 인코더와 디코더 사이의 손실 함수(크로스 엔트로피)를 가리키며, 쿨백–라이블러 발산 정규화(KL divergence regularizer)에 해당됩니다. 이때 변형 오토인코더는 z의 평균이 0에 수렴하는 가우시안 분포를 가정합니다.

---

10 변분추론은 이상적인 확률 분포를 모르지만, 이를 추정하고자 다루기 쉬운 분포(예 가우시안 분포(gaussian distribution))를 가정하고, 이 확률 분포의 모수를 바꾸어 가며 이상적 확률 분포에 근사하게 만들어 그 확률 분포를 대신 사용하는 것입니다.

③ GradientTape는 미분을 자동으로 계산합니다. 즉, 미분을 자동 계산해서 동적으로 기울기 값들을 확인할 수 있는 장점이 있습니다. 따라서 tape.gradient(loss, self.trainable_variables)는 self.trainable_variables에 대한 손실(loss)의 미분 값을 의미입니다.

인코더와 디코더를 위한 네트워크(신경망)를 생성합니다.

코드 13-11 인코더와 디코더 네트워크 생성

```
encoder = [
    tf.keras.layers.InputLayer(input_shape=(28,28,1)),
    tf.keras.layers.Conv2D(
        filters=32, kernel_size=3, strides=(2,2), activation="relu"
    ),
    tf.keras.layers.Conv2D(
        filters=64, kernel_size=3, strides=(2,2), activation="relu"
    ),
    tf.keras.layers.Flatten(),
    tf.keras.layers.Dense(units=2*2),
] ------ ①

decoder = [
    tf.keras.layers.Dense(units=7 * 7 * 64, activation="relu"),
    tf.keras.layers.Reshape(target_shape=(7,7,64)),
    tf.keras.layers.Conv2DTranspose(
        filters=64, kernel_size=3, strides=(2,2), padding="SAME", activation="relu"
    ),
    tf.keras.layers.Conv2DTranspose(
        filters=32, kernel_size=3, strides=(2,2), padding="SAME", activation="relu"
    ),
    tf.keras.layers.Conv2DTranspose(
        filters=1, kernel_size=3, strides=(1,1), padding="SAME", activation="sigmoid"
    ),
] ------ ②
```

① 인코더 역할은 데이터(x)가 주어졌을 때 디코더가 원래 데이터로 잘 복원할 수 있는 z를 샘플링하여 이상적인 확률 분포 $p(z|x)$를 찾는 것입니다. 변형 오토인코더에서는 이상적인 확률 분포를 찾는 데 변분추론을 사용합니다.

② 디코더는 추출한 샘플을 입력으로 받아 다시 원본 데이터와 유사한 데이터를 재구축하는 역할을 수행합니다.

앞서 생성한 네트워크를 이용하여 모델을 정의합니다.

코드 13-12 모델 정의

```python
model = VAE(
    enc=encoder,
    dec=decoder,
    optimizer=tf.keras.optimizers.Adam(1e-3)
)
```

모델 훈련 결과를 시각화하는 함수를 생성합니다.

코드 13-13 모델 훈련 결과 시각화

```python
example_data = next(iter(test_dataset))
def plot_reconstruction(model, example_data, nex=8, zm=2):

    example_data_reconstructed = model.reconstruct(example_data)
    samples = model.decode(tf.random.normal(shape=(BATCH_SIZE,2)))
    fig, axs = plt.subplots(ncols=nex, nrows=3, figsize=(zm*nex, zm*3))
    for axi, (dat, lab) in enumerate(
        zip(
            [example_data, example_data_reconstructed, samples],
            ["data", "data recon", "samples"],
        )
    ):
        for ex in range(nex):
            axs[axi, ex].matshow(
                dat.numpy()[ex].squeeze(), cmap=plt.cm.Greys, vmin=0, vmax=1
            )
            axs[axi, ex].axes.get_xaxis().set_ticks([])
            axs[axi, ex].axes.get_yaxis().set_ticks([])
        axs[axi, 0].set_ylabel(lab)
    plt.show()
```

시각화에 사용될 손실/오차(loss) 정보를 데이터프레임(DataFrame)에 저장합니다.

코드 13-14 손실 정보 저장

```python
losses = pd.DataFrame(columns=['recon_loss', 'latent_loss'])  ------ 손실/오차 정보를 데이터프레임
                                                                      (dataframe)에 저장
```

데이터셋이 준비되었고, 네트워크가 생성되었기 때문에 이제 모델을 훈련시킵니다.

코드 13-15 모델 훈련

```
n_epochs = 50

for epoch in range(n_epochs):
    for batch, train_x in tqdm(
        zip(range(N_TRAIN_BATCHES), train_dataset), total=N_TRAIN_BATCHES):
        model.train(train_x) ------ 훈련 데이터셋을 사용하여 훈련
        loss = []

    for batch, test_x in tqdm(
        zip(range(N_TEST_BATCHES), test_dataset), total=N_TEST_BATCHES):
        loss.append(model.loss_function(train_x))
    losses.loc[len(losses)] = np.mean(loss, axis=0)
    display.clear_output()
    print(
        "Epoch: {} | recon_loss: {} | latent_loss: {}".format(
            epoch, losses.recon_loss.values[-1], losses.latent_loss.values[-1]
        ) ------ 재구성 오차(reconstruction_loss)와 인코더-디코더 사이의 오차(latent_loss) 출력
    )
    plot_reconstruction(model, example_data) ------ 결과를 시각화
```

다음 그림은 모델을 훈련시킨 출력 결과입니다.

```
Epoch: 49 | recon_loss: 17.165164947509766 | latent_loss: 4.169501781463623
```

▼ **그림 13-11** 모델 출력 결과

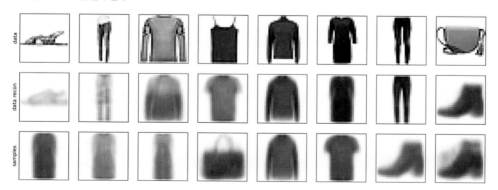

책에서는 결과가 명확하지 않은데, 에포크를 늘려서 훈련시키면 선명한 결과를 얻을 수 있습니다.

13.3 적대적 생성 신경망(GAN)이란

처음 적대적 생성 신경망(Generative Adversarial Network, GAN)을 제안한 이안 굿펠로우(Ian Goodfellow)는 GAN을 경찰과 위조지폐범 사이의 게임에 비유했습니다. 위조지폐범은 진짜와 같은 위조 화폐를 만들어 경찰을 속이고, 경찰은 진짜 화폐와 위조 화폐를 판별하여 위조지폐범을 검거합니다. 위조지폐범과 경찰의 경쟁이 지속되면 어느 순간 위조지폐범은 진짜와 같은 위조지폐를 만들 수 있게 되고, 결국 경찰은 위조지폐와 실제 화폐를 구분할 수 없는 상태에 이르게 됩니다.

▼ 그림 13-12 적대적 생성 신경망

딥러닝 용어로 설명하자면, 경찰은 진짜 지폐와 위조지폐를 구분하는 판별자가 되며, 위조지폐범은 위조지폐를 생성하는 생성자가 됩니다. 생성 모델은 최대한 진짜와 비슷한 데이터를 생성하려는 **생성자**와 진짜와 가짜를 구별하는 **판별자**가 각각 존재하여 서로 적대적으로 학습합니다.

적대적 학습에서는 판별자를 먼저 학습시킨 후 생성자를 학습시키는 과정을 반복합니다. 판별자 학습은 크게 두 단계로 진행됩니다. 먼저 실제 이미지를 입력해서 네트워크(신경망)가 해당 이미지를 진짜로 분류하도록 학습시킵니다. 그런 다음 생성자가 생성한 모조 이미지를 입력해서 해당 이미지를 가짜로 분류하도록 학습시킵니다. 이 과정을 거쳐 판별자는 실제 이미지를 진짜로 분류하고, 모조 이미지를 가짜로 분류합니다.

13

생성모델

▼ 그림 13-13 적대적 생성 신경망 학습 과정

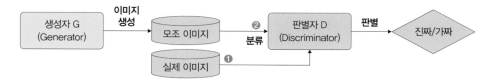

이와 같은 학습 과정을 반복하면 판별자와 생성자가 서로를 적대적인 경쟁자로 인식하여 모두 발전하게 됩니다. 결과적으로 생성자는 진짜 이미지에 완벽히 가까울 정도의 유사한 모조 이미지를 만들고, 이에 따라 판별자는 실제 이미지와 모조 이미지를 구분할 수 없게 됩니다. 즉, 생성자는 분류에 성공할 확률을 낮추고 판별자는 분류에 성공할 확률을 높이면서 서로 경쟁적으로 발전시키는 구조입니다.

13.3.1 GAN 동작 원리

적대적 생성 신경망(GAN)은 생성자(generator)와 판별자(discriminator) 네트워크 두 개로 구성되어 있습니다. 이름에서 알 수 있듯이 두 네트워크는 서로 적대적으로 경쟁하여 학습을 진행합니다. 생성자 G는 판별자 D를 속이려고 원래 이미지와 최대한 비슷한 이미지를 만들도록 학습합니다. 반대로 판별자 D는 원래 이미지와 생성자 G가 만든 이미지를 잘 구분하도록 학습을 진행합니다.

▼ 그림 13-14 GAN 동작 원리

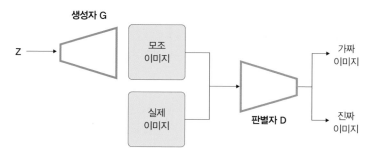

먼저 판별자 D부터 살펴보겠습니다. 판별자 D의 역할은 주어진 입력 이미지가 진짜 이미지인지 가짜 이미지인지 구별하는 것입니다. 즉, 이미지 x가 입력으로 주어졌을 때 판별자 D의 출력에 해당하는 $D(x)$가 진짜 이미지일 확률을 반환합니다.

반면 생성자 G의 역할은 판별자 D가 진짜인지 가짜인지 구별할 수 없을 만큼 진짜와 같은 모조 이미지를 노이즈 데이터를 사용하여 만들어 내는 것입니다. 예를 들어 실제 이미지인 알파벳 z가 입력으로 주어졌을 때 판별자는 z를 학습합니다. 또한, 생성자는 임의의 노이즈 데이터를 사용하여 모조 이미지 z' $(G(z))$를 생성합니다. 이러한 $G(z)$를 다시 판별자 D의 입력으로 주면 판별자는 $G(z)$가 실제 이미지일 확률을 반환합니다.

▼ 그림 13-15 생성자와 판별자

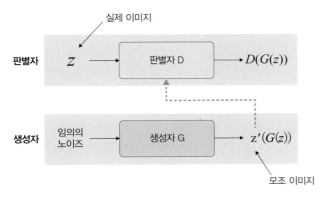

실제 데이터를 판단하려고 판별자 D를 학습시킬 때는 생성자 G를 고정시킨 채 실제 이미지는 높은 확률을 반환하는 방향으로, 모조 이미지는 낮은 확률을 반환하는 방향으로 가중치를 업데이트합니다.

GAN 구조를 살펴보았으니, 이제 GAN의 손실 함수를 살펴보겠습니다. 먼저 GAN의 손실 함수는 다음과 같습니다.

$$\min_{G} \max_{D} V(D, G) = E_{x \sim pdata(x)}[\log D(x)] + E_{z \sim pz(z)}[\log(1 - D(G(z)))]$$

- **$x \sim pdata(x)$**: 실제 데이터에 대한 확률 분포에서 샘플링한 데이터

- **$z \sim pz(z)$**: 가우시안 분포를 사용하는 임의의 노이즈에서 샘플링한 데이터

- **$D(x)$**: 판별자 $D(x)$가 1에 가까우면 진짜 데이터로, 0에 가까우면 가짜 데이터로 판단, 0이면 가짜를 의미

- **$D(G(z))$**: 생성자 G가 생성한 이미지인 $G(z)$가 1에 가까우면 진짜 데이터로, 0에 가까우면 가짜 데이터로 판단

수식에서 판별자 D는 실제 이미지 x를 입력받을 경우 $D(x)$를 1로 예측하고, 생성자가 잠재 벡터에서 생성한 모조 이미지 $G(z)$를 입력받을 경우 $D(G(z))$를 0으로 예측합니다. 따라서 판별자가 모조 이미지 $G(z)$를 입력받을 경우 1로 예측하도록 하는 것이 목표입니다.

다시 손실 함수 전체로 돌아오면, 눈으로 보는 것처럼 상당히 복잡해 보입니다. 따라서 판별자 D와 생성자 G 부분으로 나누어서 살펴보겠습니다. 판별자 D는 다음 식의 최댓값으로 파라미터를 업데이트하는 것을 목표로 합니다.

$$\max_{D} \log(D(x)) + \log(1 - D(G(z)))$$

이때 판별자 입장에서는 $D(x)=1$, $D(G(z))=0$이 최상의 결과(진짜 이미지는 1, 가짜 이미지는 0을 출력할 경우)가 될 것이기 때문에 이 식의 최댓값으로 업데이트해야 합니다.

또한, 판별자 입장에서는 $\log D(x)$와 $\log(1-D(G(z)))$ 모두 최대가 되어야 합니다. 즉, $D(x)$는 1이 되어야 실제 이미지를 진짜라고 분류하며, $1-D(G(z))$는 1이 되어야 생성자가 만든 모조 이미지를 가짜라고 분류합니다.

또한, 생성자 G는 다음 식의 최솟값으로 파라미터를 업데이트하는 것을 목표로 합니다.

$$\min_{G} \log(1 - D(G(z)))$$

이때 생성자 입장에서는 $D(G(z))=1$이 최상의 결과(판별자가 가짜 이미지를 1로 출력한 경우)가 될 것이기 때문에 이 식의 최솟값으로 업데이트해야 합니다.

참고로 GAN을 학습시키려면 판별자와 생성자의 파라미터를 번갈아 가며 업데이트해야 합니다. 또한, 판별자의 파라미터를 업데이트할 때는 생성자의 파라미터를 고정시키고, 생성자의 파라미터를 업데이트할 때는 판별자의 파라미터를 고정해야 합니다.

그럼 이제 예제로 GAN의 구현 방법을 알아보겠습니다.

13.3.2 GAN 구현

케라스에 내장된 MNIST 데이터셋을 사용하여 GAN을 구현하는 방법을 알아보겠습니다.

먼저 필요한 라이브러리를 호출합니다.

```
import tensorflow as tf
import matplotlib.pyplot as plt
import numpy as np
import os
from tensorflow.keras.layers import Reshape, Dense, Dropout,LeakyReLU,
Conv2DTranspose, Conv2D, Flatten, BatchNormalization
from tensorflow.keras import Model, Sequential
from tensorflow.keras.datasets import mnist
import time
from IPython import display
```

MNIST 데이터셋을 내려받은 후 0~255의 값을 갖는 데이터셋을 −1~1의 값을 갖도록 변환합니다.

코드 13-17 MNIST 데이터셋 내려받기 및 전처리

0~255의 값을 갖는 이미지를 −1~1의 벡터 값을 갖도록 변환합니다.   load_data()를 사용하여 MNIST
데이터셋을 내려받습니다.

```
(x_train, y_train), (x_test, y_test) = mnist.load_data()
train_images = x_train.reshape(x_train.shape[0], 28, 28, 1).astype('float32')
train_images = (train_images - 127.5) / 127.5
train_dataset = tf.data.Dataset.from_tensor_slices(train_images).shuffle(60000).batch(256)
```

벡터 값들을 섞고, 이미지 256개의 배치 단위로 데이터를 메모리로 불러옵니다.

데이터셋이 준비되었기 때문에 네트워크를 생성할 텐데, 먼저 생성자 네트워크를 만들어 보겠습니다.

코드 13-18 생성자 네트워크 생성

```
def create_generator():
    generator = Sequential()
    generator.add(Dense(7*7*256, input_dim=100)) ------ ①
    generator.add(LeakyReLU(0.2))
    generator.add(Reshape((7,7,256)))

    generator.add(Conv2DTranspose(128, (5,5), strides=(1,1), padding='same',
                  use_bias=True)) ------ ②
    generator.add(BatchNormalization()) ------ 이미지에서 노이즈를 줄이는 정규화 목적으로 사용
    generator.add(LeakyReLU(0.2)) ------ 활성화 함수로 리키렐루(LeakyReLU) 사용
    generator.add(Dropout(0.3))
```

```python
generator.add(Conv2DTranspose(64, (5,5), strides=(2,2), padding='same',
            use_bias=True))
    generator.add(BatchNormalization())
    generator.add(LeakyReLU(0.2))

    generator.add(Conv2DTranspose(1, (5,5), strides=(2,2), padding='same',
            use_bias=True, activation='tanh'))

    return generator
g = create_generator()
g.summary()
```

---

① 모델의 은닉층(layers.Dense)에 대한 파라미터는 다음과 같습니다.

```python
generator.add(Dense(7*7*256, input_dim=100))
```
ⓐ   ⓑ

ⓐ 첫 번째 파라미터: 출력 뉴런(노드)의 수(7*7*256)

ⓑ input_dim: 입력 뉴런(노드)의 수(100)

② 전치 합성곱(Conv2DTranspose)은 필터를 이용한 합성곱 연산의 역이라고 생각하면 됩니다. 전치 합성곱의 파라미터는 다음과 같습니다.

```python
generator.add(Conv2DTranspose(128, (5,5), strides=(1,1),
```
       ⓐ   ⓑ   ⓒ

```python
            padding='same', use_bias=True))
```
    ⓓ   ⓔ

ⓐ 첫 번째 파라미터: 서로 다른 종류의 필터를 몇 개 활용할지 나타내는 것으로, 출력 모양의 깊이(depth)를 결정합니다.

ⓑ 두 번째 파라미터: 커널 크기를 의미하는 것으로, 여기에서는 (5,5) 형태의 커널을 사용합니다.

ⓒ strides: 연산을 수행할 때 윈도우가 한 번에 얼마나 움직일지 의미합니다.

ⓓ padding: 패딩이 'same'으로 설정되어 있기 때문에 입력과 출력 이미지의 크기를 동일하게 맞추어 줍니다.

ⓔ use_bias: True로 설정했기 때문에 바이어스 벡터를 사용합니다.

다음은 생성자 네트워크에 대한 출력 결과입니다.

```
Model: "sequential"
_____
Layer (type)                 Output Shape              Param #
=================================================================
dense (Dense)                (None, 12544)             1266944
_____
leaky_re_lu (LeakyReLU)      (None, 12544)             0
_____
reshape (Reshape)            (None, 7, 7, 256)         0
_____
conv2d_transpose (Conv2DTran (None, 7, 7, 128)         819328
_____
batch_normalization (BatchNo (None, 7, 7, 128)         512
_____
leaky_re_lu_1 (LeakyReLU)    (None, 7, 7, 128)         0
_____
dropout (Dropout)            (None, 7, 7, 128)         0
_____
conv2d_transpose_1 (Conv2DTr (None, 14, 14, 64)        204864
_____
batch_normalization_1 (Batch (None, 14, 14, 64)        256
_____
leaky_re_lu_2 (LeakyReLU)    (None, 14, 14, 64)        0
_____
conv2d_transpose_2 (Conv2DTr (None, 28, 28, 1)         1601
=================================================================
Total params: 2,293,505
Trainable params: 2,293,121
Non-trainable params: 384
_____
```

생성자 네트워크가 완료되었고, 이제 판별자 네트워크를 생성해 보겠습니다.

판별자는 생성자와 정반대로 수행되고, 이미지가 진짜인지 가짜인지에 대한 결과를 스칼라 확률로 반환합니다.

코드 13-19 판별자 네트워크 생성

```
def create_discriminator():
    discriminator = Sequential()
    discriminator.add(Conv2D(64, (5,5), strides=(2,2), padding='same',
                  input_shape=[28,28,1]))  ┈┈ Conv2DTranspose의 역을 계산하려고 Conv2D 사용
```

```
    discriminator.add(LeakyReLU())  ------ 활성화 함수는 생성자와 같은 리키렐루(LeakyReLU) 사용
    discriminator.add(Dropout(0.3))  ------ 훈련 데이터셋의 30%를 제외하고 훈련

discriminator.add(Conv2D(128, (5,5), strides=(2,2), padding='same'))
    discriminator.add(LeakyReLU())
    discriminator.add(Dropout(0.3))

    discriminator.add(Flatten())
    discriminator.add(Dense(1))

    return discriminator
d = create_discriminator()
d.summary()
```

다음은 판별자 네트워크에 대한 실행 결과입니다.

```
Model: "sequential_1"
_____
Layer (type)                 Output Shape              Param #
=================================================================
conv2d (Conv2D)              (None, 14, 14, 64)        1664
_____
leaky_re_lu_3 (LeakyReLU)    (None, 14, 14, 64)        0
_____
dropout_1 (Dropout)          (None, 14, 14, 64)        0
_____
conv2d_1 (Conv2D)            (None, 7, 7, 128)         204928
_____
leaky_re_lu_4 (LeakyReLU)    (None, 7, 7, 128)         0
_____
dropout_2 (Dropout)          (None, 7, 7, 128)         0
_____
flatten (Flatten)            (None, 6272)              0
_____
dense_1 (Dense)              (None, 1)                 6273
=================================================================
Total params: 212,865
Trainable params: 212,865
Non-trainable params: 0
_____
```

생성자와 판별자의 손실 함수로 (이진) 크로스 엔트로피(BinaryCrossentropy)를 사용합니다.

코드 13-20 손실 함수 정의

```
loss_function = tf.keras.losses.BinaryCrossentropy(from_logits=True) ------ ①

def D_loss(real_output, fake_output): ------ 판별자에 대한 오차(loss) 정의
    real_loss = loss_function(tf.ones_like(real_output), real_output) ------ ②
    fake_loss = loss_function(tf.zeros_like(fake_output), fake_output) ------ ③
    final_loss = real_loss + fake_loss
    return final_loss

def G_loss(fake_output): ------ 생성자에 대한 오차(loss) 정의
    return loss_function(tf.ones_like(fake_output), fake_output)
```

① 이진 분류 문제이면서 모델이 확률 값을 출력하므로 BinaryCrossentropy를 사용합니다.

또한, tf.keras.losses.BinaryCrossentropy 혹은 binary_cross_entropy는 from_logits라는 파라미터를 받습니다. 이것이 True로 설정되면 logits를 직접 사용합니다. logits는 주로 소프트맥스 활성화 함수를 사용하지 않을 때 씁니다.

② tf.ones_like: 모든 원소 값이 1인 텐서를 생성합니다.

③ tf.zeros_like: 모든 원소 값이 0인 텐서를 생성합니다.

생성자와 판별자 모두 옵티마이저로 아담(Adam)을 사용하도록 설정합니다.

코드 13-21 옵티마이저 정의

```
G_optimizer = tf.keras.optimizers.Adam()
D_optimizer = tf.keras.optimizers.Adam()
```

파라미터의 초깃값을 설정합니다.

코드 13-22 파라미터의 초깃값 설정

```
noise_dim = 100
num_of_generated_examples = 16
BATCH_SIZE = 1

seed = tf.random.normal([num_of_generated_examples, noise_dim]) ----- 정규 분포의 난수를
                                                                        생성한 후 seed에 저장
```

이제 생성자에서 데이터 생성을 위한 노이즈 데이터를 준비합니다. 그런 다음 자동 실행(eager execution)을 이용하여 반복 학습을 진행할 함수를 만듭니다.

또한, 생성자와 판별자의 오차를 계산하고, 오차 값을 사용하여 기울기를 계산한 후 옵티마이저로 오차 값이 0에 가깝도록 훈련을 반복하는 함수를 정의합니다.

코드 13-23 모델 훈련을 위한 파이프라인 정의

```
generator = create_generator()
discriminator = create_discriminator()

@tf.function
def train_step(images):
    noise = tf.random.normal([BATCH_SIZE, noise_dim])

    with tf.GradientTape() as gen_tape, tf.GradientTape() as disc_tape: ------ ①
        generated_images = generator(noise, training=True)      ---- 실제 이미지를 사용하여 판별자
        real_output = discriminator(images, training=True)  ----    훈련 후 판별 값 반환
        fake_output = discriminator(generated_images, training=True) ------ 모조 이미지를 사용하여
        gen_loss = G_loss(fake_output) ------ 생성자에 대한 오차 계산         판별자 훈련 후 판별 값 반환
        disc_loss = D_loss(real_output, fake_output) ------ 판별자에 대한 오차 계산
        gradients_of_generator = gen_tape.gradient(gen_loss, generator.trainable_variables) ----
                                                                      생성자의 오차 계산
        gradients_of_discriminator = disc_tape.gradient(disc_loss, discriminator.
                                    trainable_variables) ------ 판별자의 오차 계산

        G_optimizer.apply_gradients(zip(gradients_of_generator,
                                    generator.trainable_variables)) ------ 생성자의 기울기 계산
        D_optimizer.apply_gradients(zip(gradients_of_discriminator,    ---- 판별자의
                                    discriminator.trainable_variables)) --- 기울기 계산
```

① 텐서플로에서는 GradientTape를 사용해서 주어진 입력에 대한 연산의 미분 값을 자동으로 계산할 수 있습니다. tf.GradientTape는 실행된 모든 연산을 테이프(tape)에 기록하고, 후진 자동 미분(reverse mode differentiation)을 사용하여 기록된 연산의 기울기를 계산합니다.

다음은 생성된 이미지를 시각적으로 출력하는 함수입니다.

```
def generate_images(model, epoch, test_input):
  predictions = model(test_input, training=False)
  fig = plt.figure(figsize=(4,4))

  for i in range(predictions.shape[0]):
      plt.subplot(4, 4, i+1)
      plt.imshow(predictions[i,:,:,0] * 127.5 + 127.5, cmap='rainbow')
```

이제 모든 준비가 완료되었으므로 모델을 훈련시키는 함수를 정의합니다.

```
def train_GAN(dataset, epochs):
    for epoch in range(epochs):
        start = time.time()  ------ 매 에포크마다 시작 시간 표시
        for image_batch in dataset:
            train_step(image_batch)  ------ train_step() 함수를 호출하여 모델 훈련
        if epoch % 10 == 0:
            generate_images(generator, epoch+1, seed)
        print('에포크 {} 은/는 {} 초'.format(epoch+1, time.time()-start))  ------
    generate_images(generator, epochs, seed)            매 에포크마다 걸린 시간을 표시
```

모델을 훈련시키려고 train_GAN을 호출합니다. train_dataset 입력을 사용하여 30 에포크만큼 학습시킵니다.

```
train_GAN(train_dataset, 30)
```

다음은 모델을 훈련시킨 후 이미지를 생성한 결과입니다.

```
에포크 1 은/는 72.8335235118866 초
에포크 2 은/는 59.848169565200806 초
에포크 3 은/는 60.672967195510864 초
...(중간 생략)...
에포크 28 은/는 63.24000358581543 초
에포크 29 은/는 61.53556036949158 초
에포크 30 은/는 61.84970951080322 초
```

13

생성 모델

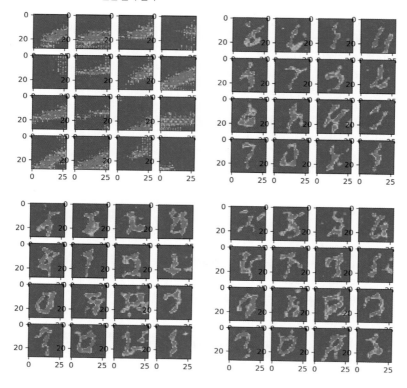

에포크 수가 증가할수록 진짜 이미지와 유사한 결과가 출력되는 것을 확인할 수 있습니다. 더 많은 에포크를 사용한다면 더욱 진짜 같은 이미지를 생성할 수 있을 것입니다.

13.4 GAN 파생 기술

GAN은 생성자와 판별자가 서로 대결하면서 학습하는 구조이기 때문에 학습이 매우 불안정합니다. 생성자와 판별자 중 한쪽으로 치우친 훈련이 발생하면 성능에 문제가 생겨 정상적인 분류(진짜 혹은 가짜 분류)가 불가능합니다. 이러한 제약을 해결한 모델이 DCGAN(Deep Convolutional GAN)입니다. DCGAN은 GAN 학습에 CNN을 사용하는 것입니다.

GAN과 DCGAN이 가짜 이미지 생성을 위해 임의의 노이즈 값을 사용했다면 cGAN(convolutional GAN)은 출력에 어떤 조건을 주어 변형하는 모델입니다. 즉, GAN이 임의의 노이즈로 무작위 이미지를 출력한다면, cGAN은 시드 역할을 하는 임의의 노이즈와 함께 어떤 조건이 추가됩니다. 조건이 추가되고 데이터 훈련 과정에서 인간이 통제할 수 있게 되면서 실제 이미지와 가깝거나 원래 이미지에 없던 문자열 태그 등도 넣는 것이 가능해졌습니다.

또한, CycleGAN이라는 것도 있습니다. CycleGAN은 사진이 주어졌을 때 다른 사진으로 변형시키는 모델입니다. 예를 들어 말을 얼룩말로 변환하는 것이 가능합니다. 참고로 CycleGAN은 PIX2PIX라는 원리를 이용하는데, 이 부분은 CycleGAN에서 자세히 다루겠습니다.

그럼 DCGAN을 먼저 살펴보겠습니다.

13.4.1 DCGAN

DCGAN은 GAN과 동일하게 입력된 이미지를 바탕으로 그것과 매우 유사한 가짜 이미지를 만들고, 이를 평가하는 과정을 반복하여 실제와 매우 유사한 이미지를 생산하는 학습법입니다. 따라서 DCGAN 역시 생성자와 판별자 네트워크 두 개가 서로 경쟁적으로 학습하는 구조입니다.

생성자 네트워크

생성자는 임의의 입력을 받아들여 판별자에서 사용할 수 있는 이미지 데이터를 생성하며, 출력은 64×64가 됩니다. 임의의 입력으로 주어지는 노이즈 데이터는 '가로×세로' 형태가 아니기 때문에 입력 형태를 '가로×세로'로 변경(reshape)해야 합니다. 형태가 변경된 입력은 합성곱층으로 넘겨진 후 이미지 형태의 출력을 위해 분수-스트라이드 합성곱(fractional-strided convolution)을 사용하여 출력 값을 키웁니다.

▼ 그림 13-17 DCGAN 생성자

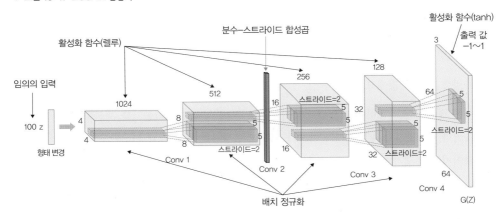

생성자 네트워크 특징은 다음과 같습니다.

- 풀링층을 모두 없애고, 분수-스트라이드 합성곱을 사용합니다.

- 배치 정규화(batch normalization)를 이용하여 네트워크의 층이 많아도 안정적으로 기울기를 계산할 수 있도록 했습니다. 단 배치 정규화를 모든 계층마다 추가할 경우 안정성이 떨어지는 문제가 있으므로 최종 출력층에서는 사용하지 않았습니다.

- 활성화 함수는 렐루(ReLU)를 사용하며, 최종 출력층에서는 하이퍼볼릭 탄젠트(tanh)를 사용합니다.

판별자 네트워크

판별자 네트워크는 64×64 크기의 이미지를 입력받아 진짜 혹은 가짜의 1차원 결과를 출력합니다. 활성화 함수로 리키렐루(LeakyReLU)를 사용하며, 최종 출력층에서는 시그모이드 함수를 사용하여 0~1의 값을 출력합니다.

▼ 그림 13-18 DCGAN 판별자

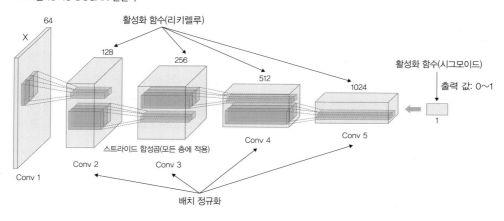

즉, 판별자 네트워크 특징은 다음과 같습니다.

- 풀링층을 모두 없애고, 스트라이드 합성곱을 사용합니다.

- 배치 정규화를 이용하여 네트워크의 층이 많아도 안정적으로 기울기를 계산할 수 있도록 했습니다. 단 생성자 네트워크와 마찬가지로 배치 정규화를 모든 계층마다 추가하면 안정성이 떨어지는 문제가 있으므로 최초 입력층에서는 사용하지 않았습니다.

- 활성화 함수는 리키렐루를 사용하며, 최종 출력층에서는 시그모이드를 사용합니다.

스트라이드 합성곱과 분수-스트라이드 합성곱

판별자 네트워크에서 사용하는 스트라이드 합성곱은 합성곱에 단순히 스트라이드를 적용한 것이라고 생각하면 됩니다. 이때 스트라이드(stride) 값을 1 이상의 정수로 사용하면 풀링과 마찬가지로 출력 크기를 줄일 수 있습니다. 예를 들어 다음 그림과 같이 스트라이드 합성곱을 이용하여 2×2 크기의 특성 맵을 추출할 수 있습니다.

▼ 그림 13-19 스트라이드 합성곱

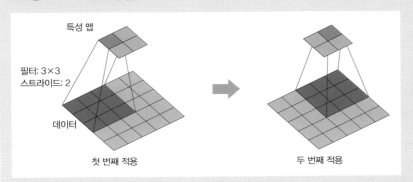

생성자 네트워크에서 쓰는 분수-스트라이드 합성곱은 스트라이드 값을 1보다 작은 분수를 사용하여 출력 크기를 키웁니다. 예를 들어 특성 맵의 크기를 키우려면 2×2 크기의 특성 맵(다음 그림의 빨간색 박스 안의 파란색 부분)의 각 원소 사이와 바깥 부분에 모두 패딩(0)을 넣어 준 상태에서 3×3 필터로 합성곱을 수행하면 됩니다.

▼ 그림 13-20 분수-스트라이드 합성곱

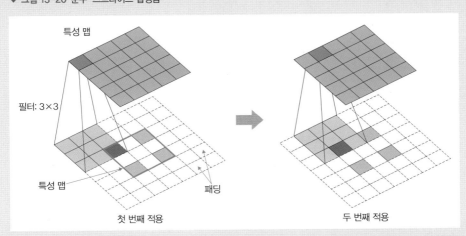

그럼 왜 생성자 네트워크에서는 분수-스트라이드 합성곱을 사용하고, 판별자 네트워크에서는 스트라이드 합성곱을 사용할까요? 생성자 네트워크에서는 노이즈를 입력으로 받아 훈련 데이터셋의 이미지와 같은 공간 해상도를 갖는 이미지를 생성해야 하기 때문에 공간을 확장시켜야 하는 분수-스트라이드 합성곱이 필요합니다. 반면 판별자 네트워크는 실제 이미지와 생성자가 생성한 이미지 사이에서 어떤 이미지가 진짜인지 판별해야 하기 때문에 각 이미지의 특성을 추출할 수 있는 합성곱 연산을 수행합니다. 그리고 이때 스트라이드 합성곱을 사용하면 특성을 잘 추출할 수 있습니다.

13.4.2 cGAN

cGAN은 GAN의 출력에 조건을 주어 통제하려는 시도에서 만들어졌습니다. 기존 GAN은 노이즈 벡터를 받아들여서 출력을 만들어 내는데, 이때 사람이 통제할 수 있는 부분이 없었습니다. 그렇다면 통제는 왜 필요할까요?

GAN을 이용하면 입력 이미지와 유사한 출력 이미지가 생성되었습니다. 그런데 입력 이미지에 새로운 객체를 추가하거나 이미지에 자동으로 문자열 태그를 붙이고 싶다면 어떻게 해야 할까요? 기존 GAN 기술을 이용할 때는 불가능했습니다. 하지만 cGAN을 이용하여 조건을 변경한다면 이 모든 것이 가능합니다.

cGAN 원리를 좀 더 자세히 살펴보겠습니다.

기본적으로 GAN 원리와 비슷하지만, 다음 그림과 같이 생성자와 판별자에 조건을 입력하는 부분에서 차이가 있습니다.

❤ 그림 13-21 cGAN 원리

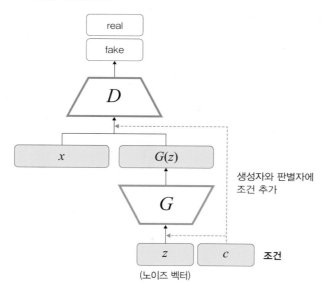

예를 들어 MNIST 데이터셋을 사용하여 데이터를 훈련시킨 후 숫자 1을 출력한다고 합시다. 이때 생성자에 노이즈 벡터와 더불어 그것을 뜻하는 조건 C(Condition C)(예 [0,0,1])를 넣어 줍니다. 물론 판별자에도 조건 C([0,0,1])가 추가되어야 합니다.

이런 식으로 생성자와 판별자에 조건이 추가되면서 이미지에 대한 변형(기존 이미지에서 변형된 이미지를 생성)이 가능하게 됩니다.

13.4.3 CycleGAN

CycleGAN은 스타일 변형(style transfer) 분야에서 사용됩니다. 먼저 CycleGAN의 근간이라고 할수 있는 PIX2PIX를 알아보겠습니다.

PIX2PIX

PIX2PIX는 임의의 노이즈 벡터가 아닌 이미지를 입력으로 받아 다른 스타일의 이미지를 출력하는 지도 학습 알고리즘입니다. 따라서 PIX2PIX를 학습하려면 입력을 위한 데이터셋과 PIX2PIX를 거쳐서 나올 정답 이미지가 필요합니다.

▼ 그림 13-22 PIX2PIX

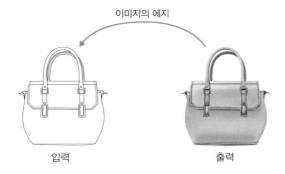

이미지의 에지

입력　　　　　　　　출력

PIX2PIX의 훈련 역시 생성자와 판별자 네트워크를 이용하는데, 하나씩 살펴보겠습니다.

생성자 네트워크

PIX2PIX의 생성자 네트워크는 일반적인 생성자의 구조와 조금 다릅니다. 입력과 출력이 모두 이미지이기 때문에 전체적으로 크기가 줄어들었다가 다시 커지는 인코더-디코더의 구조입니다. 크기가 줄어드는 인코더에서는 입력 데이터의 특징을 찾아내고, 크기가 다시 커지는 디코더에서는 이미지를 생성하는 역할을 합니다. 출력층의 활성화 함수는 하이퍼볼릭 탄젠트로 $-1 \sim 1$ 사이의 값을 갖습니다. 그렇기 때문에 입력 또한 $-1 \sim 1$ 사이의 값으로 정규화한 후 사용해야 합니다.

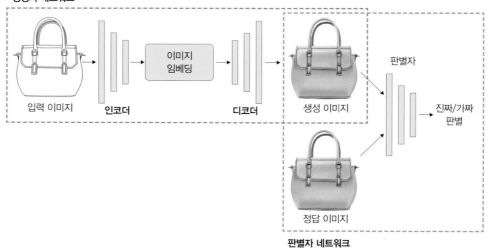

판별자 네트워크

판별자 네트워크는 DCGAN과 마찬가지로 스트라이드가 2인 합성곱층으로 구성되어 있습니다. 하지만 뒤의 두 계층은 스트라이드가 1인 밸리드 합성곱(valid convolutional)[11]을 이용하여 최종적으로 30×30 형태의 데이터를 출력합니다. 일반적인 GAN 모델의 출력이 0~1 사이의 스칼라인 것과는 차이가 있는데, 출력에서 차이가 있는 이유는 판별자를 이미지의 각 부분별로 진행하기 위해서입니다. 즉, 이미지를 통째로 진짜인지 아닌지 판별하는 것이 아니라 이미지의 각 부분이 진짜인지 아닌지 판별하기 위해서입니다. 이 과정에 따라 좀 더 디테일한 부분에 집중한 이미지를 판별할 수 있습니다.

또한, PIX2PIX의 훈련을 위한 손실 함수는 다음과 같습니다.

$$L_{cGAN}(G, D) = E_{x,y}[\log D(x, y)] +$$
$$E_{x,y}[\log(1 - D(x, G(x, z)))]$$

이때 생성자는 판별자를 속이는 것 말고도 생성한 이미지가 정답(입력 이미지)과 같아야 하는 과제가 있습니다. 이를 위해 PIX2PIX에서는 L1 손실 함수(L1 loss)[12]를 사용하며 수식은 다음과 같습니다.

---

11 합성곱층에 패딩을 적용하지 않은 것입니다.

12 실제 값과 예측 값 사이의 차이(오차)에 대한 절댓값을 구하고, 그 오차들의 합을 구합니다.

$$L_{L1}(G) = E_{x,y,z}[\|\, y - G(x,z)\,\|_1]$$

따라서 L1 손실 함수가 추가된 최종 손실 함수는 다음과 같이 수정하여 사용됩니다.

$$G^* = \arg \min_{G} \max_{D} L_{cGAN}(G,D) + \lambda L_{L1}(G)$$

CycleGAN

PIX2PIX가 강력한 모델이기는 하지만 데이터 쌍이 필요하다는 단점이 있습니다. 예를 들어 다음 그림의 PIX2PIX 모델처럼 신발의 외곽선(에지)만 표현된 이미지에서 완전한 신발 이미지를 생성하고 싶다면, 신발의 외곽선(에지) 이미지(x_i)와 신발 이미지(y_i)에 대한 데이터 쌍이 필요합니다.

▼ 그림 13-24 PIX2PIX와 CycleGAN

그런데 이러한 데이터 쌍의 이미지를 구하는 것이 쉽지 않습니다. 예를 들어 흑백 이미지를 컬러 이미지로 변경하고 싶다면 동일한 그림에서 채색의 유/무만 다른 이미지 두 개가 필요한데, 이러한 데이터를 얻기 어렵기 때문에 PIX2PIX 모델을 사용하기가 쉽지 않습니다. 따라서 쌍(paired)을 이루지 않는 이미지(unpaired image)로 학습할 수 있는 방법이 필요한데, 이때 사용하는 것이 CycleGAN입니다.

그럼 이제 CycleGAN을 자세히 살펴보겠습니다.

CycleGAN은 하나가 아닌 두 개의 생성자(G, F)를 갖습니다.

생성자 G는 이미지 X를 이미지 Y로 변환하며, 생성자 F는 이미지 Y를 다시 이미지 X로 변환합니다. 이때 D_X와 D_Y는 각각 이미지 X와 Y를 위한 판별자입니다. 따라서 생성자 G는 D_Y에 대한 적대적 학습을 하며, 생성자 F는 D_X에 대한 적대적 학습을 합니다.

▼ 그림 13-25 CycleGAN의 생성자 두 개

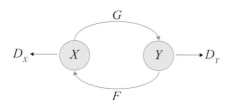

그림 13-26과 같이 생성자 G는 조랑말 이미지 X를 얼룩말 이미지 Y'로 바꾸어 주며, 생성자 F는 얼룩말 이미지 Y'를 조랑말 이미지 X'로 바꾸어 줍니다. 이때 $G(X)$는 조랑말 이미지 X가 생성자 G를 통해 변환된 이미지가 되며, 함수 적용 결과는 얼룩말 Y'가 됩니다. X가 얼마나 X'와 가까운지는 L1 손실 함수를 사용해서 계산합니다. 또한, $F(Y')$는 얼룩말 이미지 Y'를 생성자 F를 통해 조랑말 X'로 변환합니다. 즉, CycleGAN에서는 $G(X)=Y'$에 대한 생성자, Y' 값을 다시 X'로 복원하는 $F(Y')=X'$에 대한 생성자와 이 값을 판별하는 판별자(D_Y, D_X)가 추가되어 네트워크를 총 네 개 사용합니다. 이때 $X{\rightarrow}Y'$, $Y'{\rightarrow}X'$로 연결되는 것을 순환 일관성이라고 합니다. 다음 그림은 $X{\rightarrow}Y'$, $Y'{\rightarrow}X'$로 연결되는 동작 과정을 보여 줍니다. $X{\rightarrow}Y'$을 정방향 일관성(forward consistency)이라고 하며, $Y'{\rightarrow}X'$을 역방향 일관성(backward consistency)이라고 합니다.

▼ 그림 13-26 CycleGAN의 순환 일관성

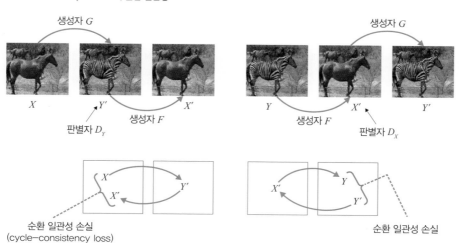

또한, 이때 사용되는 순환 일관성 손실 함수($L_{cyc}(G, F)$)의 수학적 정의는 다음과 같습니다.

$$L_{cyc}(G,F) = E_{x \sim pdata(x)}[\| F(G(x)) - x \|_1] + E_{y \sim p_y(y)}[\| G(F(y)) - y \|_1]$$

$G(X)$로 나온 y 값을 다시 $F(y)$를 통해 원본 이미지로 복원하고, 마찬가지로 $F(y)$로 나온 x 값을 다시 $G(x)$를 통해 y로 복원하는 원리를 이용해서 전체 손실에 대한 함수를 정의하면 다음과 같습니다.

$$L(G,F,D_X,D_Y) = L_{GAN}(G,D_Y,X,Y)$$
$$+ L_{GAN}(F,D_X,X,Y)$$
$$+ \lambda L_{cyc}(G,F)$$

따라서 CycleGAN의 최종 목표는 다음 수식을 푸는 것이라고 할 수 있습니다.

$$G*F* = \arg \min_{G,F} \max_{D_x,D_Y} L(G,F,D_X,D_Y)$$

지금까지 학습한 CycleGAN을 정리하면 다음과 같습니다.

CycleGAN은 PIX2PIX처럼 생성자 하나, 판별자 하나를 사용하는 대신 생성자 둘, 판별자 둘을 사용합니다. 따라서 CycleGAN은 이미지 X에서 이미지 Y로 변환하는 것뿐만 아니라 역방향으로도 변환이 진행됩니다. 그리고 생성자를 학습할 때는 손실 함수 L_{cyc}를 사용합니다. 즉, CycleGAN은 PIX2PIX와 다르게(PIX2PIX 모델 학습은 L1 손실 함수에 의존적이므로 상대적으로 GAN 손실 함수의 역할이 작음) GAN 손실 함수가 핵심적인 역할을 하기 때문에 더 유연하게 이미지를 변환할 수 있습니다.

memo

부록

A.1 코랩

A.1.1 코랩이란

책에서는 주피터 노트북을 이용하여 실습을 진행했습니다. 책의 예제는 CPU나 GPU에서 모두 실행 가능합니다. 더불어 요즘 많이 사용하는 코랩에서 예제 파일을 실행하는 방법을 간단히 알아 보겠습니다.

코랩(Colab)의 정식 명칭은 Colaboratory이지만 줄여서 Colab이라고 부릅니다. 코랩을 사용하 면 웹 브라우저에서 파이썬을 작성하고 실행할 수 있습니다.

▼ 그림 A-1 구글 코랩

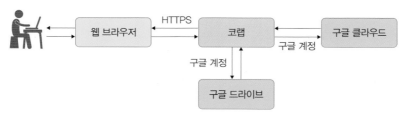

코랩을 사용하는 이유는 다음과 같습니다.

- 무료입니다.
- 머신 러닝/딥러닝을 사용할 수 있는 별도의 환경 설정이 필요하지 않습니다.
- 클라우드 환경으로 여러 명이 동시에 수정할 수 있습니다.
- GPU를 손쉽게 사용할 수 있습니다.

하지만 단점도 있으므로 주의하여 사용해야 합니다.

- 세션 시간에 제약이 있습니다.
- 세션 시간이 만료되면 작업하던 데이터가 유실됩니다.

참고로 클라우드에 올려서 사용할 수 없는 데이터(예 개인 정보가 포함된 데이터)가 있기 때문에 사용하기 전에 확인이 필요합니다.

A.1.2 코랩에서 예제 파일 실행

책의 예제 파일을 코랩에 업로드하여 실행해 보겠습니다.

1. 구글 웹 사이트에 접속한 후 계정을 생성합니다. 이미 계정이 있다면 이 과정은 생략합니다.

▼ 그림 A-2 구글 계정 생성

2. 코랩 웹 사이트에 접속한 후 **새 노트**를 클릭합니다.

    https://colab.research.google.com/

▼ 그림 A-3 새 노트 시작

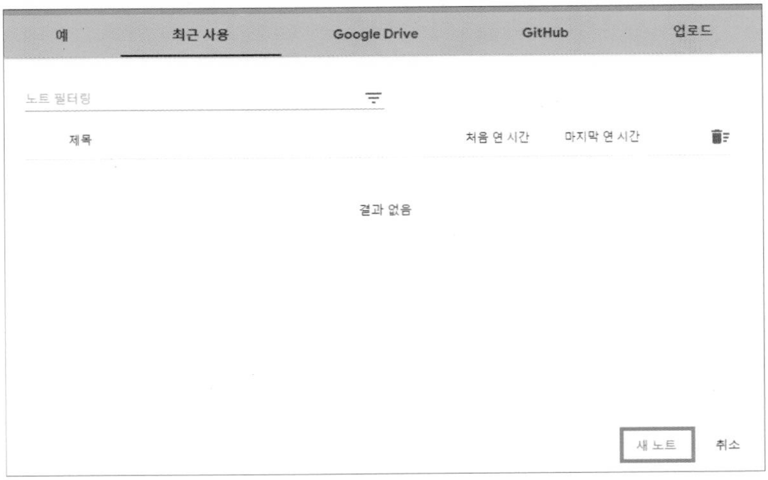

예	최근 사용	Google Drive	GitHub	업로드

노트 필터링

제목		처음 연 시간	마지막 연 시간	

결과 없음

새 노트   취소

3. 다음 코드를 입력하여 텐서플로 버전을 확인합니다.  실행 버튼을 클릭하거나 Shift + Enter 를 눌러 실행합니다. 결과가 나오면 책의 버전과 맞는지 확인해 주세요.

▼ 그림 A-4 텐서플로 버전 확인

4. 파일 > 노트 업로드를 선택합니다.

▼ 그림 A-5 [노트 업로드] 메뉴 선택

5. 다음 창이 뜨면 **파일 선택**을 클릭하여 업로드할 파일을 선택하면 됩니다. 3장 예제 파일을 선택하겠습니다.

▼ 그림 A-6 업로드할 예제 파일 선택

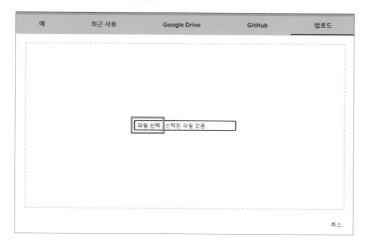

6. 다음과 같이 3장 예제 파일을 불러왔습니다.

▼ 그림 A-7 업로드한 예제 파일 확인

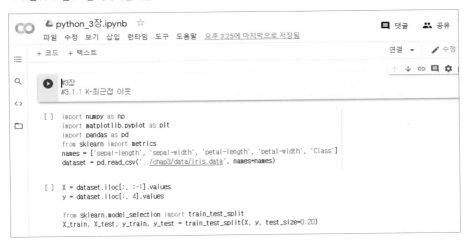

7. 지금은 파이썬 파일만 불러온 것입니다. 필요한 데이터셋들을 업로드해야 합니다. 데이터를 불러오는 코드가 나오면 다음과 같이 수정합니다. 자세한 설명은 '코랩에 데이터를 업로드하는 두 가지 방법' 노트를 참고하세요.

수정 전

```
dataset = pd.read_csv('../chap3/data/iris.data', names=names)
```

수정 후

```
from google.colab import files # 데이터 불러오기
file_uploaded = files.upload() # 데이터 불러오기
dataset = pd.read_csv('iris.data', names=names) # 경로를 수정해야 합니다.
```

8. 코드를 실행하면 다음과 같이 **파일 선택**이 나타나는데, 이것을 클릭합니다.

▼ 그림 A-8 업로드할 데이터 파일 선택

9. 사용할 iris.data 파일을 선택하면 다음과 같이 코랩에 데이터가 업로드됩니다.

▼ 그림 A-9 데이터 파일이 업로드된 상태

코랩에서는 GPU도 무료로 제공합니다. GPU를 사용하고 싶다면 **런타임 > 런타임 유형 변경**을 선택한 후 **하드웨어 가속기** 옵션에서 GPU를 설정하면 됩니다.

▼ 그림 A-10 GPU 설정

다음 코드를 실행하면 GPU를 사용하고 있는 것을 알 수 있습니다.

```
import tensorflow as tf
tf.config.list_physical_devices('GPU')
```

▼ 그림 A-11 GPU 구동 여부 확인

Note ≡　**코랩에 데이터를 업로드하는 두 가지 방법**

코랩에 데이터를 업로드하는 방법은 다음과 같이 두 가지입니다.

▼ 그림 A-12 코랩에서 데이터를 호출하는 방법

❶ **사용자 PC에서 파일 업로드하기**

```
from google.colab import files
file_uploaded=files.upload()
```

❷ **구글 드라이브에서 파일 업로드하기**

```
from google.colab import drive
drive.mount('/content/drive/')
```

· **사용자 PC에서 파일 업로드하기**

1. 다음 코드를 입력합니다. 데이터를 불러오는 코드입니다.

```
from google.colab import files
file_uploaded = files.upload()
```

2. **파일 선택**이 나타나면 필요한 파일을 클릭하여 업로드합니다.

▼ 그림 A-13 사용자 PC에서 파일 업로드

3. 데이터가 업로드되면 경로가 바뀌므로 꼭 다음과 같이 코드의 데이터 경로를 수정해야 합니다.

　수정 전

```
dataset = pd.read_csv('../chap3/data/iris.data', names=names)
```

⬇

　수정 후

```
dataset = pd.read_csv('iris.data', names=names)
```

◑ 계속

· 구글 드라이브에서 파일 업로드하기

1. 구글 드라이브에 폴더를 만들고 필요한 데이터를 업로드합니다.

2. 다음 코드를 입력하여 실행합니다. 구글 드라이브와 연결하는 코드입니다.

```
from google.colab import drive
drive.mount('/content/drive/')
```

3. 다음과 같이 'Enter your authorization code'를 입력하라는 문구가 나옵니다. 'Go to this URL in a browser' 옆의 URL을 클릭합니다.

▼ 그림 A-14 구글 드라이브와 연결

4. 계정 선택 화면이 나오면 '자신의 계정을 선택'하고 액세스 허용 메시지가 표시되면 **허용**을 누릅니다.

5. 다음과 같이 코드가 생성되면 복사합니다.

▼ 그림 A-15 생성된 코드 복사

6. 생성된 코드를 그림 A-14의 빈칸에 입력하면 다음과 같이 구글 드라이브와 연결됩니다.

▼ 그림 A-16 복사된 코드 붙여넣기

○ 계속

7. 그러고 나서 왼쪽 폴더 아이콘을 클릭하여 원하는 데이터 파일을 선택한 후 마우스 오른쪽 버튼을 눌러 **경로 복사**를 선택합니다.

▼ 그림 A-17 데이터 파일 선택 및 경로 복사

8. 복사한 경로로 코드의 데이터셋 위치를 수정한 후 실행합니다.

▼ 그림 A-18 코드에서 데이터셋 경로 수정 후 실행

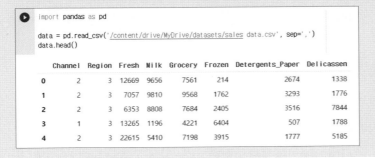

A

부록

Note ≡　**코랩에서 필요한 라이브러리를 설치하려면?**

코랩에서 필요한 라이브러리는 다음과 같이 설치할 수 있습니다.

```
!pip install pandas
```

A.2 / 캐글

캐글(Kaggle)은 데이터 사이언스 경진 대회 플랫폼입니다. 즉, 개인, 기업, 단체가 제시한 문제와 함께 데이터를 분석하는 대회입니다. 또한, 머신 러닝 혹은 딥러닝을 연습하는 좋은 플랫폼이기도 합니다.

A.2.1 캐글이란

캐글은 전 세계적인 데이터 사이언스 경진 대회 플랫폼입니다. 기업 및 단체에서 데이터와 해결 과제를 등록하면 데이터 과학자들이 이를 해결하는 모델을 개발하고 경쟁하며, 우승자에게는 상금과 명예가 주어집니다. 캐글이 사람들의 관심을 받게 된 이유는 다른 사람과 코드를 공유할 수 있기 때문입니다. 다른 사람의 코드를 수정하고 변형해서 좀 더 효율적인 코드를 만들 수 있다 보니 지식 범위를 넓힐 수 있는 소통 창구 역할을 하고 있습니다. 또한, 초보자도 쉽게 데이터를 사용하여 분석 결과를 도출할 수 있도록 튜토리얼(tutorial)을 제공합니다.

캐글에서 경진 대회에 참여하려면 사용자 PC의 주피터 노트북 대신 캐글에서 제공하는 노트북을 사용해야 합니다.

캐글에서 제공하는 노트북은 몇 가지 장점이 있습니다.

- 작성된 코드를 바로 제출하고 점수를 확인할 수 있습니다.
- 생성된 코드를 서버에 저장해 줍니다.
- 사용자 PC에 환경 구성을 위한 기본 패키지들을 설치할 필요가 없습니다. 캐글에서 제공되는 노트북에는 기본적인 패키지들이 설치되어 있습니다.
- GPU 자원을 '무료'로 사용할 수 있습니다.

A.2.2 캐글 시작

1. 캐글 웹 사이트에 접속합니다.

    https://www.kaggle.com/

▼ 그림 A-19 캐글 웹 사이트

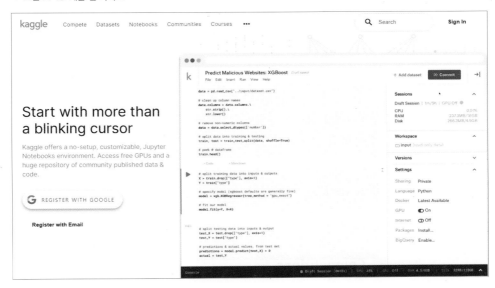

2. 다음과 같이 회원 가입 화면이 보입니다. 앞서 구글 계정을 생성했기 때문에 구글 계정을 이용합니다.

▼ 그림 A-20 구글 계정을 이용한 회원 가입

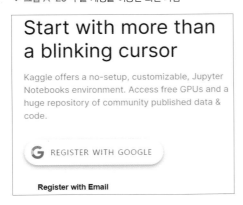

3. 회원 가입 후 로그인하면 다음 화면이 나옵니다.

▼ 그림 A–21 로그인 화면

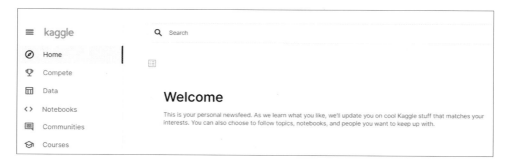

4. Compete를 선택하여 참여할 문제를 찾습니다. 오른쪽에 $100,000처럼 달러가 표시된다면 상금이 걸려 있고, 달러가 표시되지 않는 것은 초보자가 학습 용도로 사용하기 좋은 문제들입니다. 여기에서는 'Jane Street Market Prediction'을 클릭합니다.

▼ 그림 A–22 참여할 경진 대회 목록 찾기

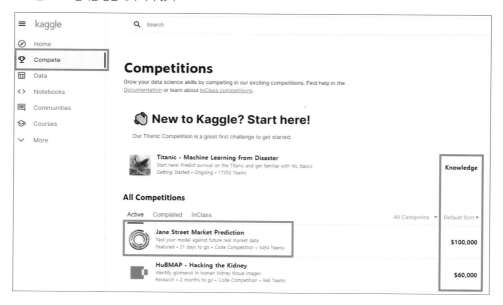

5. 'Jane Street Market Prediction'에 참여하기 위해 **Join Competition**을 누릅니다.

▼ 그림 A-23 경진 대회 참여

6. 규칙을 이해했는지 확인하는 팝업 창이 뜨는데, **I Understand and Accept**를 누릅니다.[1]

▼ 그림 A-24 참여할 경진 대회의 규칙 확인

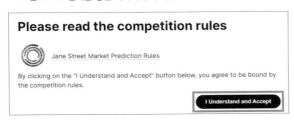

7. **Overview**를 클릭하여 주어진 문제의 목표를 확인합니다. Evaluation에서는 평가 방법을 확인할 수 있습니다.

▼ 그림 A-25 참여할 경진 대회 목표 확인

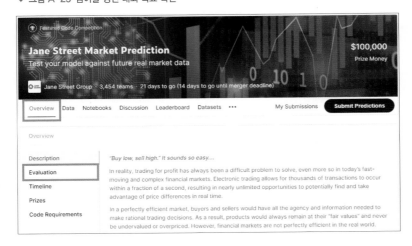

---

1 모바일 인증 창이 뜬다면 간단히 핸드폰 문자 인증을 진행하면 됩니다.

8. Evaluation에서 제출 파일들도 확인합니다.

▼ 그림 A-26 참여할 경진 대회 평가 방법 확인

9. 문제와 제출해야 할 파일을 확인했으면 실제로 코드를 작성합니다. 코드 작성을 위해 먼저 **Data**를 클릭하고 데이터셋을 확인합니다.

▼ 그림 A-27 참여할 경진 대회 데이터셋 확인

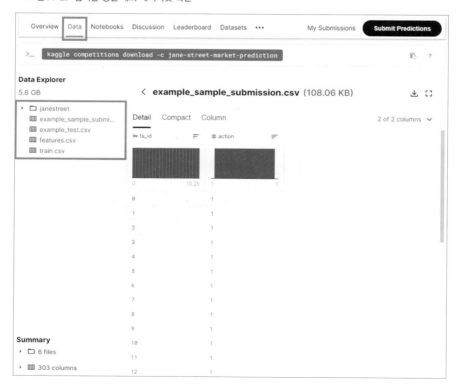

10. 코드를 작성하려면 Notebooks 〉 New Notebook을 차례대로 클릭합니다.

▼ 그림 A-28 경진 대회 참여를 위한 노트북 생성

11. 새 노트북이 실행되면 다음과 같이 코드가 주어집니다. 이를 실행하면 데이터셋에 대한 .csv 파일의 경로를 출력해 줍니다.

▼ 그림 A-29 데이터셋 경로 확인

12. + Code를 누른 후 이렇게 출력된 데이터 경로를 그대로 복사하여 다음과 같이 판다스(Pandas)로 호출해서 사용합니다.

▼ 그림 A-30 데이터셋 경로를 복사하여 사용

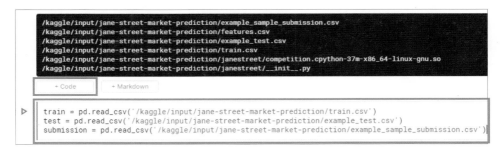

13. 코드 작성이 완료되었다면 다음 경로에 파일을 저장합니다(그림의 파일은 예시 용도로 실제 노트북 코드와는 무관한 submission.csv 파일을 저장했습니다).

▼ 그림 A-31 완성된 코드 저장

14. 이제 파일을 제출해 봅시다. ❶처럼 'Settings' 항목에서 인터넷 접근(internet access)을 비활성화(disable)한 상태로 두고, ❷처럼 버전을 저장합니다(인터넷 접근이 활성화된 상태이면 파일 제출이 불가능합니다).

▼ 그림 A-32 제출을 위한 버전 저장

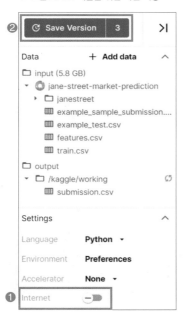

15. 코드가 완성되었다면 파일을 제출하기 위해 왼쪽 메뉴에서 Jane Street Market Prediction을 선택하여 메인 화면으로 돌아간 후 **Submit Predictions**를 누릅니다.

▼ 그림 A-33 노트북 파일 제출

16. 그러면 다음과 같이 제출한 파일을 실행하고 점수(score)를 결정하겠다는 내용이 담긴 화면이 나옵니다. **Submit**을 누르면 경진 대회 참가가 완료됩니다.

▼ 그림 A-34 파일 확인 후 제출

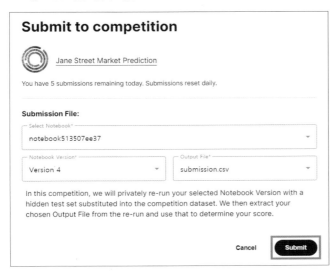

지금까지 딥러닝과 텐서플로 2에 대한 기초적인 내용을 배웠습니다. 책에서는 딥러닝에서 배워야할 많은 부분을 다루는 대신 깊이 있는 내용은 다루지 않았습니다. 많은 내용을 학습하느라 고생하셨습니다.

새로운 지식을 추상적으로 학습하면 이해하기 어려운 경우가 많습니다. 이러한 어려움을 해소하고자 가능하면 많은 예제를 다루었습니다. 하지만 예제들은 딥러닝 원리를 이해하는 용도로 사용해야지 코드에 집중하여 학습하면 응용이 어려울 수 있습니다. 반드시 딥러닝 모델에 대한 개념과 원리를 이해하는 용도로 코드를 활용하기 바랍니다.

딥러닝 기초 학습이 완료되었기 때문에 다음 단계의 학습을 진행해야 합니다. 다음은 딥러닝 심화학습을 위해 필요한 부분입니다.

관심 있는 분야 정하기

딥러닝은 크게 시계열 데이터 분석, 컴퓨터 비전 및 강화 학습에 대한 연구로 나눌 수 있습니다. 물론 두루두루 잘할 수 있으면 좋겠지만, 시간은 한계가 있고 기술은 하루가 다르게 발전하고 있습니다.

따라서 개인적으로 관심이 있거나 회사에서 진행하는 프로젝트 주제에 맞는 딥러닝 모델을 선택하여 꾸준히 학습하는 것이 좋습니다.

지속적인 관심 갖기

딥러닝 책을 집필하고 있는 지금 이 시점에도 수많은 논문이 쏟아져 나오고 있습니다. 시중에 출판된 도서들을 보는 것도 좋지만, 출간되기까지는 시간이 걸립니다. 따라서 발표되는 논문들을 실시간으로 반영하기는 어렵습니다.

책은 기본적인 개념을 익히는 데만 사용하고, 그 개념을 확장하고 응용하는 데는 꾸준하게 논문들을 살펴보는 것이 중요합니다. 또한, 기본적인 개념을 익힌 후에는 심화 학습을 위해 분야(예 시계열 분석, 컴퓨터 비전 등)별로 집중해서 다룬 도서를 선택해서 보길 권장합니다.

활용 능력 키우기

딥러닝이 존재하는 이유는 데이터 분석입니다. 즉, 딥러닝 기술 자체가 중요한 것이 아니라 데이터를 분석하는 도구로 사용해야 하는 것입니다. 따라서 주변에서 수집할 수 있는 데이터를 딥러닝 기술을 이용하여 실제로 분석해서 결론을 내리는 연습을 많이 해야 합니다.

이론에 머물러 있는 지식은 죽은 지식과 같습니다. 다양한 데이터를 수집하고, 딥러닝 기술을 적용하여 의미 있는 결론을 도출하는 과정을 많이 했을 때 '나 자신'의 지식과 경험으로 남을 수 있습니다.

딥러닝을 이용하면 인간 생활의 많은 부분이 바뀐다고 합니다. 아마 앞으로는 더 많은 부분이 바뀌겠죠. 이 책을 학습하는 여러분은 바뀔 세상에서 혜택을 보는 수혜자가 아니라 그 세상을 이끌어 갈 리더가 될 수 있을 것입니다.

이 책과 함께 세상의 리더가 될 여러분에게 행운이 가득하길 기원합니다.

감사합니다.